LES OFFICIERS DE VILLE

attachés à l'ancienne administration municipale

DE SAINT-OMER

ET LES ARGENTIERS

1302 A 1790

Par M. PAGART d'HERMANSART

Correspondant honoraire du Ministère de l'Instruction publique

SAINT-OMER
IMPRIMERIE ET LITHOGRAPHIE H. D'HOMONT
14, RUE DES CLOUTERIES, 14

1902

LES OFFICIERS DE VILLE

attachés à l'ancienne administration municipale

DE SAINT-OMER

ET LES ARGENTIERS

1302 A 1790

Par M. PAGART d'HERMANSART

Correspondant honoraire du Ministère de l'Instruction publique

SAINT-OMER
IMPRIMERIE ET LITHOGRAPHIE H. D'HOMONT
14, RUE DES CLOUTERIES, 14

1902

LES OFFICIERS DE VILLE

ATTACHÉS A L'ANCIENNE ADMINISTRATION MUNICIPALE

DE SAINT-OMER

ET LES ARGENTIERS

1302 à 1790

AVANT-PROPOS

Le Magistrat de Saint-Omer était composé à l'origine de 27 personnes, savoir :

12 échevins parmi lesquels on prenait le mayeur et le lieutenant-mayeur. En 1764 et 1773 ils furent réduits à 10 échevins et un mayeur.

12 échevins de l'année précédente appelés *jurés au Conseil*. Ils furent supprimés par l'édit d'août 1764, mais celui de novembre 1773 rétablit le conseil des anciens échevins.

10 jurés pour la communauté ou *banc des dix* avec leur mayeur, supprimés en 1764.

Et 5 officiers du bureau de l'hôtel de ville ou simplement officiers de ville :

2 conseillers pensionnaires qui disparurent en 1764.

1 procureur de ville.

2 greffiers.

Il y avait en outre des argentiers ou receveurs qui ne faisaient point partie du bureau.

Dans notre histoire sommaire des institutions

municipales qui ouvre : *Les Anciennes Communautés d'arts et métiers à Saint-Omer*[1], nous nous sommes bornés à mentionner ces six derniers officiers[2] ; nous étudions maintenant en détail les attributions de chacun d'eux. Nous avons aussi recueilli leurs noms dans des listes qui terminent chacune des notices qui leur sont consacrées ; pour les conseillers pensionnaires et les procureurs de ville, nous avons de plus indiqué leurs armoiries.

On trouve de 1317 à 1764 :

Conseillers pensionnaires principaux		57
Conseillers pensionnaires seconds...		25
De 1302 à 1794, procureurs de ville...		58
De 1311 à 1790, greffiers............		54
De 1316 à 1402 environ, rentiers......	42	
De 1412 à 1570 environ, clercs de l'argenterie.	9	
De 1316 à 1790 environ, argentiers différents.	85	
	136	136
Soit environ 330 officiers............		330

En étudiant leurs fonctions à Saint-Omer, nous ne sommes cependant point resté cantonné dans notre sujet ; nous les avons comparées avec les attributions des officiers de même nature établis dans les anciennes cités du nord de la France : Amiens, Abbeville, Doullens en Picardie, Lille en Flandre, et aussi dans quelques villes du midi de la Belgique actuelle soumises à un régime municipal identique.

1. Saint-Omer, D'Homont 1879-1881. Cette histoire sommaire comprend dans le tome I le livre I entier, de la page 1 à la page 92.
2. Id. p. 66-67.

LES CONSEILLERS PENSIONNAIRES

DE

LA VILLE DE SAINT-OMER

AVEC LEURS SCEAUX ET ARMOIRIES

1317 A 1764

Par M. PAGART d'HERMANSART

Secrétaire-général de la Société des Antiquaires de la Morinie, membre correspondant de la Société des Antiquaires de France, de la Société des Études historiques de Paris, et de diverses autres Sociétés savantes françaises et étrangères.

SAINT-OMER
IMPRIMERIE ET LITHOGRAPHIE H. D'HOMONT
RUE DES CLOUTERIES, 14

1892

LES CONSEILLERS PENSIONNAIRES

DE LA VILLE DE SAINT-OMER

1317 à 1764

A côté du corps échevinal existait un personnel attaché à l'administration, dont les membres étaient appelés *officiers des bureaux de l'hôtel de ville* ou simplement *officiers de ville* [1]. Parmi eux, les *conseillers pensionnaires de la ville* étaient les plus importants parce que leurs attributions touchaient aussi bien à la justice qu'à l'administration, et embrassaient également les affaires extérieures ; on les appelait aussi simplement *conseillers de ville*, mais on distingua les *conseillers principaux* et les *conseillers seconds*.

Conseillers principaux.

Leur création. — Le Magistrat [2] était composé d'hommes pris parmi les familles les plus distinguées ou les plus influentes de la ville ; mais, habiles à administrer leurs concitoyens, ils pouvaient n'être

---

[1] C'étaient les conseillers pensionnaires, les procureurs de ville, les clers ou greffiers principaux, les greffiers du crime et de police, et les receveurs ou argentiers.

[2] On appelait *Magistrat* en Flandre, le corps des mayeur et échevins d'une ville.

pas aussi capables en matière de jurisprudence. De plus, en dehors de la cité, il y avait à traiter, soit devant divers tribunaux d'appel, soit à la cour des princes, une foule de questions qui exigeaient la présence d'un agent de l'échevinage ; et ni le mayeur ou son lieutenant, ni un échevin, ne pouvaient sans inconvénient quitter trop longtemps la ville et abandonner la direction des intérêts locaux qui leur étaient confiés. Aussi, de bonne heure, l'échevinage s'était adjoint des jurisconsultes capables de le diriger dans la conduite des affaires litigieuses, soit dans la ville même, soit au dehors.

La création des conseillers pensionnaires, ainsi nommés de la pension annuelle que leur allouait la ville, remonte à Saint-Omer au commencement du xive siècle, car on trouve la mention de ces officiers dès 1317, sur l'un des registres au renouvellement de la loi. C'est d'ailleurs l'époque où ils furent créés dans les autres villes de Flandre ; on voit figurer en effet dans les comptes de la ville de Bruges, en 1315, les gages d'un conseiller pensionnaire. Mais en Artois l'état de conseiller pensionnaire n'était point de l'essence des municipalités, excepté pour la ville d'Arras qui en fut pourvue en 1394 ; en effet la ville de Béthune n'en eut qu'en 1757, lorsque l'intendant créa cette fonction en faveur de son subdélégué ; à Aire l'établissement d'un conseiller était aussi peu ancien, et les six autres villes d'Artois n'en avaient point [1].

Fonctions. — A l'origine, ces conseillers ne résidaient pas nécessairement à Saint-Omer ; les uns habitaient dans la ville où siégeait le tribunal d'ap-

[1] *Mémoire sur l'état de conseiller pensionnaire en Artois,* après l'édit de 1764 qui supprima cette fonction. (s. l. n. d.)

pel auprès duquel ils étaient employés par l'échevinage : Beauquesne et Montreuil avec leurs prévôtés, Amiens à cause de son bailliage royal, et Paris à raison de la juridiction du Parlement. C'étaient des hommes versés dans l'étude du droit, des avocats que le Magistrat choisissait dans ces villes pour leur confier la défense des intérêts communaux. Aussi en voit-on plusieurs nommés presque en même temps pour suivre diverses affaires de la ville devant un siège déterminé. Le 1er décembre 1361, Nicolas d'Arcy ou d'Arceus est chargé des procès devant le bailliage d'Amiens, et les 1er et 2 février de la même année on voit Rose, Rivault et Ligny le Châtel, avocats au Parlement de Paris, défendre également les intérêts de la cité devant cette même juridiction.

Cependant d'autres étaient reçus pour s'occuper aussi des affaires pendantes devant les juridictions royales de Saint-Omer et de celles traitées devant l'échevinage même, et ils se déplaçaient pour plaider devant d'autres tribunaux. Tels sont Pierre de Verchin qui, dès 1317, était reçu au conseil de la ville pour « parler au castel de Saint-Omer », c'est-à-dire devant le tribunal du châtelain « et ailleurs » ; Willes de Clermont, qui recevait en 1322 une pension différente selon qu'il plaidait en ville ou au dehors; Pierre de Maucreus qui devait « estre au consel de le ville, » au parlement et ailleurs », en 1331 [1].

A partir de 1364, lors de la nomination de Guy Ponche, les conseillers résidèrent à Saint-Omer, et s'occupèrent tant des affaires intérieures de la ville que de celles qui l'intéressaient à l'extérieur. Dès lors leurs fonctions furent doubles.

[1] Voir les listes publiées à la fin de ce travail,

Dans la ville, ils assistaient à toutes les assemblées et aux plaids des lundi, mercredi et vendredi, ils devaient être aussi présents aux audiences du tribunal inférieur du petit auditoire ; ils minutaient les résolutions, lettres et mémoires, leurs rapports devaient être écrits. Mais les échevins n'étaient point obligés de conformer leurs sentences à l'avis de leurs conseillers ; ces derniers n'avaient pas voix délibérative [1], ils opinaient seulement les premiers.

Ils faisaient la lecture des serments que les comtes d'Artois étaient dans l'usage de prêter lors de leur avènement, ils recevaient aussi ceux des baillis ou gouverneurs.

Ils assistaient aux délibérations que nécessitait l'examen des fréquentes modifications apportées par le souverain à l'élection annuelle du Magistrat, et ils donnaient leur avis relativement au maintien des privilèges de la ville. Ils parlaient même souvent au nom du corps échevinal. C'est ainsi qu'en 1500, c'est le conseiller principal qui, lors des élections du 19 février, protesta au nom de l'échevinage contre l'ordonnance décidant pour la première fois que les quatre premiers échevins seraient nommés par le grand bailli. En 1524, le conseiller Goffette prit aussi la parole pour transmettre à messire de Bulleux, maître d'hôtel de la reine douairière de Hongrie, régente des Pays-Bas, chargé de présider à l'élection, les observations du Magistrat relatives au maintien du mayeur élu l'année précédente. Ce zélé conseiller affirma encore en 1526, en présence de Denis de Bersaques, lieutenant général du bailliage, le droit de la ville de procéder la veille des

[1] Sauf à Arras.

Rois, et non plus tard, à l'élection des échevins.

On voit encore intervenir le conseiller principal lors de la réception de divers baillis, dont les lettres patentes contenaient diverses atteintes aux privilèges du Magistrat, en 1533 lors de la lecture des lettres nommant Jehan de Sainte-Aldegonde, s^r de Noircarme, en 1539 lors de la nomination de Jaque de Recourt, baron de Licques, en 1554, 1600, 1653 à propos des commissions de Robert de Montmorency, seigneur de Wismes, de Charles de Bonnières, seigneur de Souastre et de Maximilien de Lières, seigneur de Saint-Venant.

Ils convoquaient au besoin les personnes notables des trois états qui, aux termes de l'article 3 de l'ordonnance de 1449, devaient procéder à l'élection du corps municipal conjointement avec les mayeur et échevins en exercice et les dix jurés. En 1695, le 17 juillet, le premier conseiller pensionnaire Guillaume Le François eut même une difficulté avec l'évêque vers lequel il avait été député par Messieurs du Magistrat pour le prier de se rendre à l'élection. Celui-ci avait déclaré ne pouvoir y aller, et prétendit que le conseiller principal allât convoquer chez lui son grand vicaire qui le remplacerait. Le François s'y refusa et sa conduite fut approuvée par Messieurs, qui, de plus, passèrent outre à l'élection.

Quand Saint-Omer devint la capitale de l'Artois réservé (1640-1677), et que les États d'Artois se tinrent dans cette ville au nom du roi d'Espagne, le conseiller principal assistait avec l'échevinage à toutes les assemblées des États [1].

---

[1] Règlement du 29 mars 1658 imposé au s^t Louis Liot. Reg. aux délib. CC. f. 155. — Voir aussi notre brochure :

Au dehors, ils étaient employés dans toutes les affaires litigieuses qui exigeaient un déplacement et défendaient la ville aux assises et aux plaids des prévôtés ou des bailliages royaux, et aux divers Conseils et Parlements sous la juridiction desquels se trouva placé successivement l'échevinage.

Ils représentèrent plusieurs fois aussi la *bonne ville* de Saint-Omer aux États généraux. C'est ainsi qu'on voit assister Nicole de Fauquembergue à ceux tenus à Paris en 1420 [1], de Wissocq à l'assemblée des quatre membres de Flandre et des trois États d'Artois réunie à Valenciennes en 1427, de Sus-Saint-Légier à l'assemblée des trois membres de Flandre tenue à

L'Artois réservé, son Conseil, ses États, son Élection à Saint-Omer de 1640 à 1677. Saint-Omer, D'Homont, 1883, 50 p. in-8° (T. XVIII. *Mém. des Antiq. de la Morinie*).

[1] A Maistre Nicole de Faukenbergue, sire Jacques de le Desuerene (le Deverne, échevin), Philippe de Sus Sainlégier pour le voiage qu'ilz ont fait à Paris à l'assamblée des trois estas de ce roiaume mandez de part le Roy notre Sire, eulx envoiez de par les religieux de Saint-Bertin et de par le ville pour avoir advis sur le fait du gouvernement de ce Roiaume tant en fait de justice et au fait de la guerre comme ou fait des monnoies, auquel voiage eulx à huit chevaulx vacquèrent par LIII jours et partirent le VII jour de novembre l'an mil IIII° et vint, pour despens de bouche et de louage de chevaulx seulement dont lesdiz religieulx pour leur part paient XLIII escus d'or, icy pour la part de le ville III° I¹ XII^d par. d'une part et XXXII escus d'or d'autre part. Et oultre leur a esté ordonné par mess^rs pour consideracion de leurs paines et du dangereux voiage, aud. maistre Nicole XX escus, audit s^r Jacques XVI escus, et audit Philippe XII escus d'or ; Tous lesquels escuz d'or furent accatez à Willaume Bourgois, et aud. sire Jacques pour IIII^l et XV^s par la pièce le X jour de mars oudit an vint, laquelle somme monte en parisis VI° IIII^{xx} V¹ 1^s.

(Comptes de la ville 1419-1420.)

Ypres en 1480 ; Hannedouche fut aussi délégué aux États d'Artois lors de l'abdication de Charles Quint [1].

Chargés encore de négociations importantes, ils étaient envoyés, au lieu et place d'un membre de l'échevinage, à la cour des princes, soit afin d'obtenir modération des impôts, allégement de la garnison, ou des secours divers, soit pour implorer des ménagements quand la ville était compromise dans quelque affaire politique, ou pour revendiquer certains privilèges menacés ou supprimés que les protestations des échevins n'avaient pas suffi pour maintenir. Dans les 24 heures de leur retour ils devaient rendre compte de leur mission [2]. La correspondance du Magistrat aux archives municipales est remplie des nombreuses instructions qui leur étaient adressées, et les comptes de la ville mentionnent fréquemment leurs frais de voyage ou de séjour à l'étranger, de sorte qu'il serait impossible d'énumérer leurs services sans faire en quelque sorte l'histoire entière des relations extérieures de la ville.

Ces missions étaient remplies le plus souvent pendant des temps de troubles et de guerres, et n'étaient pas sans danger. Le voyage à Paris de Nicole de Fauquembergue en 1420, que nous avons relaté, est qualifié dans les comptes municipaux de « dangereux ». Vers 1489 le conseiller Philippe de Sus Saint-Légier eut le bras cassé par les Français

---

[1] Voir notre brochure : *Convocation du Tiers État de Saint-Omer aux États généraux de France et des Pays-Bas, de 1308 à 1789.* Saint-Omer, d'Homont, 1882, 60 p. in-8. *Mém. des Antiq. de la Morinie,* t. XVIII. Nous y avons appelé Nicole de Fauquembergue Nicole de Faulst, par suite d'une abréviation dans le texte que nous avons cité alors.

[2] Règlement de 1596, art. 4. *Pièces justificatives,* III-1.

et resta huit mois leur prisonnier; en 1598, Doresmieulx allant en députation vers le comte de Bucquoy dont les gens pillaient le pays, fut arrêté par eux à la Maladrerie aux portes de Saint-Omer, et il fallut de longues négociations pour le faire remettre en liberté.

Des ambassades purement honorifiques, telles que la réception de princes ou de hauts personnages à une certaine distance de la ville, leur étaient souvent confiées, ils leur offraient les présents du Magistrat. Sans même attendre la venue des hauts dignitaires laïques ou ecclésiastiques, baillis ou évêques nommés à la résidence de Saint-Omer, ils allaient aussi, de la part de l'échevinage, les complimenter jusque dans leur résidence ou à la cour des princes.

C'étaient donc des personnages considérables que Messieurs les Conseillers de la ville de Saint-Omer ; à leurs attributions judiciaires, ils joignaient d'importantes fonctions politiques, et au dehors ils étaient souvent les représentants de la ville, en quelque sorte les ambasssadeurs habituels de Messeigneurs les mayeur et échevins.

Choisis parmi les hommes capables et habiles dans l'art de la parole, connaissant souvent plusieurs langues et notamment le flamand, appartenant à des familles distinguées, ils mettaient également au service de la ville leurs talents, leur situation et leur influence personnelles. Comme ils restaient en charge un certain nombre d'années, tandis que le Magistrat se renouvelait tous les ans, ils pouvaient suivre, mieux encore que les échevins, les affaires de la ville, et les diriger avec l'esprit de mesure et de tradition qui devait en assurer le succès ; ils étaient de perpétuels interprètes de la volonté publique, et en même temps pour ainsi dire des répertoires de tout ce qui s'était fait et ordonné dans le gouvernement échevinal. Aussi se trouvèrent-ils à même de rendre de grands services, et leur influence fut-elle considérable, notamment aux XVI° et XVII° siècles.

Recrutement. — Il était important pour la ville que ses conseillers fussent rompus à la pratique des affaires devant les divers tribunaux ou conseils supérieurs qui jugeaient souvent en appel les causes déjà résolues par le Magistrat. Aussi on les choisissait parmi les licenciés en droit et parmi les avocats qui exerçaient déjà devant les prévôtés royales de Montreuil et de Beauquesne, le bailliage d'Amiens, le parlement de Paris, le conseil d'Artois, et même parmi les conseillers du prince au baillage de Saint-Omer.

Pour mieux assurer leur indépendance on n'attribuait point autrefois ces fonctions à des personnes de la ville. Guilbert d'Ausques, nommé en 1467, y était bien né, mais il était avocat à Montreuil, d'où on le fit venir, et ce ne fut en réalité seulement qu'en 1576, qu'un avocat, né à Saint-Omer, Adrien Doresmieulx, qui avait été auparavant conseiller second, c'est-à-dire substitut du premier, fut revêtu pour la première fois des fonctions de conseiller principal, remplies jusque-là par des étrangers.

Du reste, leur recrutement n'était pas toujours facile. Ainsi, en 1467, lorsque Jehan de Pardieu devenu infirme ne put continuer à exercer ses fonctions, les mayeurs et échevins envoyèrent successivement à Amiens et à Abbeville Pierre de le Nesse, clercq du registre criminel, afin de déterminer un avocat de ces villes à venir à Saint-Omer, mais il ne trouva personne, et il dut se transporter à Montreuil. Là il rencontra trois candidats : Guilbert d'Ausques, Philippe le Prévost et Loys le Mire, tous avocats capables. Le premier, dont nous venons de parler et qui avait déjà en 1451 sollicité la place, fut choisi sur la recommandation de Mme de Crévecœur, femme du bailli d'Amiens.

Guillaume de le Motte, avocat à Lille, nommé en 1492, après le refus de Gilles de la Porte « et sous le bon plaisir d'Ulrich de Nockenot, capitaine de la ville », ne voulut plus continuer ses fonctions à cause de la guerre, et on dut le remplacer. Les mayeur, les échevins des deux années et les dix jurés délibérèrent que pour le dédommager des pertes qu'il avait subies, on lui compterait une somme de 30 livres parisis, et que lorsque la paix arriverait, il lui serait loisible d'être conseiller second aux gages de 150 livres. Mais quand plus tard la charge devint vacante par la mort du titulaire, on lui dépêcha Emon de Salperwick, en 1500, à Béthune, pour lui offrir de nouveau la place de conseiller principal, le s^r de le Motte accepta et se contenta même, à raison de la rigueur des temps, d'une pension plus modique.

Jehan Arthus, licencié en droit, qui demeurait à Lille, céda aux sollicitations de Nicole Sire Dieu et de Robert d'Ablain qui avaient été envoyés en 1594 à Arras et à Lille pour choisir un homme capable, mais après avoir prêté serment, il refusa d'entrer en fonctions.

De même, en 1527, le greffier de l'échevinage avait été député à Arras pour s'informer s'il ne trouverait pas une personne experte et de bonne volonté, et il fit agréer Gérard Loquet. Le Magistrat s'adressa même le 23 juin 1546 au célèbre avocat Gosson d'Arras, qui refusa.

Le 15 juin 1565, messieurs des trois bancs délibérèrent d'offrir l'office à M. Pierre de Bellevalet, avocat au conseil d'Artois, qui ne voulut point accepter, non plus que M. Jean de Briois ; et l'échevinage se décida à élire Antoine Aubron, qui était aussi avocat au même conseil. A Aubron succéda en 1596 Adrien Doresmieulx, qui comme conseiller second avait déjà fait une espèce d'apprentissage ; à cause des services qu'il avait rendus à la ville en cette qualité, ils le préférèrent au fils même d'Antoine Aubron. L'usage de prendre les premiers conseillers parmi les conseillers seconds se perpétua.

Obligations: Résidence. — Amovibilité. — Cette difficulté qui se présenta jusqu'au xvi° siècle de trouver des conseillers tenait particulièrement aux conditions qu'on leur imposait. A partir de 1364, ils devaient résider toujours en la ville et ne point s'en absenter sans permission, sauf pour défendre les causes de la ville devant les tribunaux. Il fallait donc, puisqu'on les prenait alors tous au dehors, qu'ils abandonnassent leur résidence et transportassent leur installation et leur famille dans la localité où ils exerçaient leurs fonctions. Cela ne laissait pas d'être onéreux, et quelques-uns firent des difficultés pour résider à Saint-Omer. En 1411, Nicole de Fauquembergue s'y refusa même complètement ; Jehan de France, nommé en 1421, ne s'y décida que lorsque le 29 janvier 1422 on eut augmenté ses gages. D'autres, notamment Jehan Arthus en 1514, Sébastien Hannedouche en 1546, exigèrent des indemnités pour leur déplacement[1].

Cependant la ville, dès l'origine, en 1330 et 1343, s'engageait à leur donner une maison « raisonable à leur état », ou une indemnité de logement qui était de 20 livres en 1355. Elle fournit une maison à Jehan de la Personne en 1399, et alloua pendant longtemps à ses successeurs 16 livres par an pour le loyer d'une maison « honnête » ; elle avait même refusé à Guérard Dicleblecque en 1436 d'élever cette indemnité à 20 livres, bien que celui-ci eût fait appuyer sa demande par le chancelier du duc de Bourgogne. Enfin elle s'était décidée à loger les conseillers pensionnaires dans une maison appelée le *blanc ours,* qui touchait au poids public près de l'hôtel de ville. Mais à Jehan de Pardieu qui le premier obtint cette faveur, en 1451, elle avait imposé l'obligation de payer les rentes dont la maison était grevée, charge que les autres ne voulurent point accepter, on les obligea seulement aux réparations locatives [2].

En outre les mayeur et échevins avaient le droit de révoquer quand bon leur semblait les conseillers, tandis que ceux-ci ne pouvaient quitter leurs fonctions sans le consentement du Magistrat. C'est ainsi qu'un des premiers nommés, Willes de Clermont, fut reçu en 1322 « tant que la ville le vauroit tenir ». En général les conseillers pouvaient alors recevoir des pensions d'autres corps et communautés, de sorte que le droit de révocation était une garantie contre ceux qui sacrifié auraient les intérêts de la ville. Mais c'était aussi un inconvénient pour le recrutement des

---

[1] Jean Arthus obtint 50 livres, Hannedouche 60 florins carolus.
[2] Règlement de 1596, article 2. Pièces justificatives III-1.

conseillers que cette facilité avec laquelle ils pouvaient être révoqués. Déjà au xiv° siècle, deux d'entre eux n'avaient pas souscrit à cette exigence. L'engagement de Jehan Rose en 1361[1] portait : « tant come je seray à leur conseil et pension et que il leur plaira, et à moy que je y soye ». De même en 1364 Guy Ponche déclarait « sans que je me puisse départir d'eulx ni eulx ne la dite ville laissier[2] ».

Au xv° siècle aussi, quelques-uns des personnages choisis, alléguant leur réputation, le besoin qu'on avait de leurs services et l'obligation qu'on leur imposait de venir résider à Saint-Omer, exigèrent des garanties contre ce droit absolu. Lorsque Jehan de France en 1421 traita avec la ville, il fut convenu que les parties contractantes devraient se prévenir mutuellement une année d'avance avant de se séparer. Jehan de Pardieu obtint de même lors de son entrée en fonctions en 1464, que les échevins ne pourraient le destituer que pour cause grave. Quant à Gérard Locquet, s'il fut destitué le 16 mars 1536, c'est qu'il avait manqué aux engagements qu'il avait pris d'achever un recueil des privilèges de la cité et de faire un tableau des ordonnances et « vstils » de la ville touchant la forme des procédures, besogne pour laquelle il avait même reçu d'avance une gratification, et c'est en vain qu'il s'adressa au conseil de Malines pour faire réformer la décision prise par le Magistrat à son égard.

Hannedouche n'accepta en 1546 la charge de conseiller que sous la condition qu'il ne pourrait être « déporté de son office, sans cause légitime ».

Ces conventions particulières touchant l'exercice

---

[1] Pièces justificatives I-7.
[2] Pièces justificatives I-8.

de la faculté de révocation n'entamèrent en rien le droit lui-même, et jamais la ville ne voulut admettre que ces officiers fussent inamovibles, même lorsqu'ils étaient nommés à vie. Le règlement du 29 mars 1658 répétait « que le dit état ne se confère » que par provision et tant qu'il plaise à mesdits » sieurs des deux années et dix jurés révoquer [1]. » La commission de M. Macau du 30 décembre 1729 portait également « que le dit état se confère pour » en jouir jusqu'à révocation et tant qu'il plaira à » messieurs des deux années et dix jurés [2] ». Cependant la prétention des conseillers, surtout à partir de 1526, était de n'être pas révocables à volonté, et ils soutinrent encore leur inamovibilité, mais sans succès, dans une requête présentée au Parlement de Paris au sujet de l'exécution des édits du mois d'août 1764 et du mois de mai 1765 qui entraînèrent leur suppression.

Gages ou pension. — Incompatibilités. — Logement, vin, robes. — A l'origine de la création des conseillers, les affaires litigieuses étaient peu nombreuses, aussi ceux même qui résidaient dans la ville n'eurent pas de grosses pensions. En 1317 Pierre de Verchin avait xx livres plus xii sous, Willes de Cler-

---

[1] Pièces justificatives III-3.
[2] Imprimé dans les *Preuves nouvelles que les officiers permanens et conseillers pensionnaires des villes de l'Artois sont amovibles et révocables par les échevins (vers 1765.) (Mélanges Artois* 2 à la bibliothèque municipale.) Les conseillers s'appuyaient sur un passage de Luselin : « Quos autem senatus sibi legit Pensionarios, Procuratores, Scribasque, ad ultimum usquè vitæ periodum ii florent officio, nisi ad majora evehat virtus et meritum aut scelera concessu arceant, infirmitasve. » (Gallo Flandriæ autore Joanne Buselino lib. 3, page 509. Duaci 1625.)

mont en 1322 xvi livres plus xii sous, de Sempi x livres seulement en 1327, de Biaucaurroy recevait en 1330 xx livres, ainsi que de Maucreus l'année suivante. Ceux qui restaient dans la ville même où siégeait le tribunal devant lequel ils plaidaient pour le Magistrat avaient aussi des pensions annuelles, elles étaient peu importantes pour chacun, mais l'échevinage en payait plusieurs la même année, d'Arceus, employé à Amiens, Rose et Rivault à Paris, en 1361, touchaient, le premier xvi livres, les autres x livres, et Pierre de Ligny le Châtel seulement viii livres la même année. En 1367 Le Senéchal eut x livres [1]. Cependant, Williame Despreis, en 1330, avait reçu 300 livres, et Jean Cauliers en 1383 80 livres, probablement pour services exceptionnels.

A partir de 1364 la pension s'élève ; la commune, constituée depuis plus de deux siècles, a des intérêts plus importants et plus nombreux à défendre, et elle impose la résidence à Saint-Omer à son conseiller, à qui elle donne plus tard le logement, comme nous l'avons vu. Les émoluments varient alors généralement entre 200 et 300 livres. Guy Ponche reçut douze vingt livres (240) parisis [2]. Les gages de Jehan de la Personne furent d'abord payés la moitié à Noël, l'autre moitié à la Saint Jean-Baptiste, mais il obtint en 1404, à raison des nombreux procès qu'il avait soutenus au dehors, une augmentation de 80 livres parisis par an, soit en tout 280 livres, qui furent payables en quatre termes : 100 livres à la Saint Jean-Baptiste, quarante à la Saint-Remy, cent à la Noël et le surplus à Pâques. Il était aussi défrayé des dépenses que lui

---

[1] Voir Piéces justificatives I-1 à 7, nominations diverses.
[2] Voir sa commission Pièces justificatives I-8.

causaient ses trois chevaux lorsqu'il allait en mission ou en députation ; toutefois il n'avait point d'indemnité quand il n'allait qu'aux assises et plaids de Montreuil.

Au surplus, et à chaque changement de conseiller, les mayeur et échevins faisaient un nouvel arrangement plus ou moins avantageux pour la ville ou pour le nouveau titulaire. Jehan Carpentier, choisi en 1400, se contenta de 160 livres parisis payables en quatre termes égaux : au 1er janvier, au 1er avril, au 1er juillet et au 1er octobre, plus 16 livres pour son logement. Nicole de Fauquembergue vit la pension s'élever à 200 livres, dont la moitié lui était versée à Notre-Dame Candelier (la Chandeleur, 2 février) et l'autre moitié au 1er août. A ces conditions arrêtées lors de sa nomination, il fit ajouter le 13 mai 1418 la dépense de ses chevaux taxée à 10 sous par jour pour chacun d'eux. Quand il se déplaçait avec un échevin, ses dépenses restaient à sa charge, mais il était complètement défrayé lorsqu'il accompagnait le mayeur. Par suite du cours des espèces, ses gages avaient diminué d'un tiers en 1421, aussi les échevins lui accordèrent une augmentation de 50 livres par an.

Jehan de France, son successeur, eut 160 livres seulement à l'origine, puis 200 livres et le vin de boisson en 1422, et en 1423 300 livres et 12 muids de vin exempts d'assises, plus l'entretien de ses trois chevaux chaque fois qu'il s'éloignait pour les affaires de la cité.

Antoine de Wissocq ne toucha que 80 livres en 1425, mais il obtint le drap nécessaire pour faire tous les ans une robe semblable à celle des échevins. Élevée à 120 livres en 1428, sa pension fut réduite à

40 livres à cause des charges de la ville, aussi se démit-il de ses fonctions.

Lors de la réformation de la Loy en 1447, les gages de Guérard Diclebecque furent également réduits à 120 livres, ce qui le détermina à se retirer ; puis en 1449 et en 1459 il fit de nouvelles conventions avec le Magistrat et on voit ses gages, dont la quotité était de 160 livres, portés aux comptes des argentiers jusqu'au 25 mars 1464[1] ; Jehan de Pardieu en obtint 200, payables de six mois en six mois, six muids de vin, le drap d'une robe, 30 sous par jour quand il devait séjourner au dehors avec ses trois chevaux ; lorsque son absence ne durait qu'un jour, on ne lui allouait que 20 sous pour deux chevaux, et il n'avait pas d'indemnité pour aller à Thérouanne, à Aire ou dans d'autres villes voisines.

Les conditions furent à peu près les mêmes pour ses successeurs qui eurent logement, pension, vin et robe. Guillaume de le Motte, en 1500, se contenta de 160 livres de pension, de 15 livres 5 sous 6 deniers pour sa boisson, outre son logement et la robe. Baude du Gropré, qui lui succéda en 1504, subit les mêmes conditions, mais la pension de 200 livres fut rétablie au profit de Jehan Arthus (1514) et de Nicole Goffettes (1515), pour être réduite de nouveau en 1526 à 160 livres, et reportée à 200 livres au profit de Gérard Locquet.

Sébastien Hannedouche, reçu le 6 février 1546, obtint 200 florins carolus d'or, plus 15 florins carolus, 5 patars et 6 deniers pour sa boisson, et un drap de robe tous les deux ans.

[1] Chapitre intitulé : *Despenses pour pensions foraines, charges et salaires des conseillers tant dedens la ville come de dehors et autres officiers d'icelle.*

Pendant assez longtemps il n'y avait pas d'incompatibilité absolue entre la fonction de conseiller de ville et celle de conseil de quelque corps ou communauté, de sorte qu'à la pension de la ville, ces officiers pouvaient joindre d'autres émoluments. En 1364, il est vrai, Guy Ponche accepta la charge « sans che » que pour aucun prinche ou seigneur ne pour autre » pencion quelconques je me puisse départir d'eux », mais le cumul n'en continua pas moins pendant de longues années. En 1367 et 1399 Jehan d'Orliens et Jehan Carpentier étaient chanoines de Térouanne en même temps que conseillers. Bien plus, en 1420, Nicole de Fauquembergue représenta à la fois le Magistrat et les religieux de Saint-Bertin aux Etats Généraux. Jehan de France, en 1421, fut autorisé à conserver sa charge de sénéchal du Boulonnois, et le 3 octobre 1423 on lui permit de garder les pensions qu'il recevait à Montreuil. En 1425 Antoine de Wissocq était chanoine de Saint-Omer et son serment présenta cette particularité qu'il s'engagea à bien et loyalement conseiller et servir la ville contre tous, sauf la sainte Eglise, tant qu'il serait chanoine. Jehan de Pardieu était aussi, en 1431, conseil de l'abbaye de Saint-Bertin, en même temps que conseiller pensionnaire, et nous l'avons déjà dit, quelques conseillers de ville furent aussi conseillers du prince au bailliage.

Il faut reconnaître toutefois que l'échevinage pouvait ne pas autoriser ces cumuls, qu'il avait posé le principe dès 1364, et qu'il ne les permettait qu'à condition que le titulaire ne s'absenterait jamais sans autorisation. Ces permissions avaient été accordées sans doute pour faciliter le recrutement des conseillers, ou s'assurer le concours de quelques hommes capables.

Le règlement de 1596 finit par défendre d'une manière précise de recevoir aucune pension ni courtoisies de Messieurs du chapitre de Saint-Bertin, du Bailliage, de Clairmarais, ni d'aucun autre corps qui pourrait avoir affaire contre la ville [1].

Les conseillers n'étaient cependant pas réduits aux seules ressources qui leur provenaient de leurs traitements. Comme la plupart des officiers de ville ils étaient exempts de certains impôts, du guet, de la garde et du logement des gens de guerre. Il paraît qu'en outre de ces gages et exemptions, ils avaient, comme avocats, un certain casuel qui doublait à peu près les avantages fixes, et dont parlent les règlements de 1596, 1619 et 1658, qui cherchent à réprimer des abus [2].

Toutes ces variétés de pensions cessèrent d'ailleurs lorsque Charles II, roi d'Espagne, par sa déclaration du 8 janvier 1673, fixa définitivement le traitement de conseiller principal à 600 livres, outre le logement, « sans rien plus prétendre ».

La ville ne traitait pas toujours généreusement ses conseillers lorsqu'ils devenaient impropres à leurs fonctions, et ne tenait pas assez compte des services qu'ils avaient rendus, ou de la nécessité de leur assurer une certaine dignité d'existence. Lorsque Jehan de Pardieu qui avait servi la ville pendant 24 ou 25 ans, devint malade et très pauvre, l'échevinage lui alloua 6 sous par jour en 1467 « pour l'empêcher de mendier. » Philippe de Sus St-Légier avait

[1] Pièces justificatives III-1.
[2] Voir aux pièces justificatives III-1, 2 et 3.

été fait prisonnier des Français, était resté huit mois en captivité et avait eu un bras cassé, il ne fut rendu à la liberté en 1491 qu'après avoir payé une grosse rançon, et à son retour il fut atteint d'apoplexie ; le Magistrat se borna à exiger que celui qui le remplacerait par intérim lui abandonnerait une partie de ses gages. Nicole Goffetttes en 1526 vit les siens réduits à 160 livres sous prétexte qu'il était infirme et malade depuis longtemps.

La ville sut cependant reconnaître les services distingués que lui avait rendus Antoine d'Affringhes comme conseiller second et principal ; lorsqu'il fut nommé conseiller au conseil de l'Artois réservé en 1658, le Magistrat lui fit don d'un bassin et d'une aiguière d'argent aux armes de la ville valant 100 patacons. Jacques Taffin qui resta en fonctions de 1696 à 1723 reçut aussi en 1721, en reconnaissance de ses services, un présent d'argenterie valant 700 livres.

Serment. — Avant d'entrer en fonctions, le conseiller premier et principal prêtait le serment d'exécuter le contrat qui le liait à la ville et de bien exercer ses fonctions. Nous avons mentionné celui que prêta le 5 décembre 1425 le chanoine Antoine de Wissocq ; un autre serment différent de ceux ordinaires est celui de Jehan de Pardieu qui refusa de conseiller la ville contre ses parents et amis (1464). Au XVI° siècle voici quelle était la formule du serment du conseiller principal :

« *Serment de conseillier.*

» Vous jurez que l'estat de conseillier premier et
» principal de cette ville où par messieurs vous estes
» promeu vous exercerez deuement, en leur conseil-

» liant ès affaires de cette ville envers tout loyaul-
» ment, cèlerez le secret de la chambre et tout ce
» qui sera à taire et céler, et au surplus vous acquit-
» terez fidellement en cet estat sy avant que faire
» porrez. Ainsy vous ayde Dieu et tous les sainctz de
» paradis [1]. »

Rang. — Il est assez difficile de déterminer le rang du conseiller lorsqu'il siégeait en la chambre du Magistrat. Il semble qu'anciennement il avait sa place, pendant les audiences échevinales, auprès du grand bailli ; aux audiences du vendredi où assistait le sous-bailli, il siégeait entre lui et le lieutenant-général. Lorsque les officiers du prince étaient en séance, il prenait place entre le lieutenant-général au bailliage et le procureur de l'Empereur. Plus tard il paraît avoir siégé à côté du mayeur, et à partir de 1605 l'usage voulut qu'il eût sa place auprès des échevins.

Lorsque les États d'Artois se tinrent à Saint-Omer de 1640 à 1677, il prit séance sur le haut banc, au-dessus des députés des villes [2].

Nous avons montré, dans un autre travail, le conseiller marchant à la gauche du Mayeur pour se rendre à la première réunion des États de l'Artois réservé le 21 octobre 1640 [3], ce qui peut faire penser qu'il occupait en général ce rang dans les cérémonies publiques où l'échevinage paraissait seul ; dans les autres, il suivait immédiatement le Mayeur [4].

---

[1] Recueil des serments aux Arch. municip. et ms d'Haffrenghes, t. I, p. 203, à la Bibl. municipale, n° 879.
[2] Ms D'Haffrenghes, n° 879, t. II, p. 52.
[3] *L'Artois réservé, etc.*, déjà cité, p. 28.
[4] Ms D'Haffrenghes, t. II, p. 251.

Mais on imposa à Guillaume Le François, lorsqu'il fut reçu en 1664, l'obligation de suivre le Magistrat avec les autres officiers du bureau, aux processions et aux diverses assemblées, même aux États où il se rendait en corps. Le récipiendaire hésita quelque temps, mais, devant l'insistance des échevins, il passa outre, et jura le 8 juillet 1664 de se conformer tant aux règlements anciens qu'à cette nouvelle exigence.

Vénalité des charges. — Telle fut la situation des conseillers pensionnaires vis-à-vis de la ville jusqu'à la vénalité des charges.

Les offices de conseillers pensionnaires, premier et second, furent supprimés et créés à nouveau par édit de novembre 1695, la ville les racheta, et par arrêt du 28 août 1696, suivi de lettres patentes données en octobre de la même année, elle en obtint la réunion à son domaine moyennant 20.000 livres et deux sous pour livres, soit 22.000 livres qui furent payées le 8 juillet 1697. Ces offices étaient devenus héréditaires en vertu de l'édit de création.

Jacques-François Taffin, écuier, s^r du Hocquet, avocat, fut pourvu de la charge le 29 octobre 1696 pour jouir des mêmes gages, honneurs et prérogatives que ses prédécesseurs à l'exception du logement dans la maison du blanc ours qui fut vendue en 1699. Il prêta sans intérêts à la ville 2000 écus dont elle avait besoin pour payer le prix de l'acquisition de la charge, et il fut convenu que la veuve et les enfants ou les héritiers du s^r Taffin ne pourraient être dépossédés avant d'avoir été remboursés du montant du prêt, et que jusqu'au remboursement ils pourraient eux-mêmes commettre un titulaire à l'emploi.

En effet, en 1723, après la mort de Taffin, Joseph Ignace Enlart, sʳ du Fresnet, ne fut nommé le 9 juillet, qu'en s'engageant à rembourser aux héritiers de son prédécesseur, mille livres qui restaient encore dues, et la même obligation passa à son successeur le sʳ Macau.

Mais bientôt l'omnipotence des intendants enleva à la municipalité le choix de son conseiller.

En 1733, le 2 juillet, M. de Chauvelin, intendant, qui était venu à Saint-Omer pour le renouvellement du Magistrat, lut un arrêt du conseil d'État du roi du 16 juin 1733, dans lequel il était dit : « Veut aussi Sa
» Majesté que les conseillers pensionnaires de ladite
» ville soient tenus, au prochain renouvellement, de
» rapporter leur commission, à effet de les continuer
» dans leurs fonctions ou d'en subroger d'autres en
» leurs places, ainsi qu'il trouvera bien être pour le
» service de Sa Majesté et de ladite ville, et seront
» tous les trois ans lesdits conseillers continués ou
» renouvellés par ledit commissaire au nom de Sa
» Majesté[1]. »

Lorsqu'il eut nommé les nouveaux échevins, il ordonna aux officiers du bureau, de la part du

---

[1] Cet arrêt qui a été imprimé attribue à M. l'intendant d'Artois la nomination de tous les officiers municipaux de la ville de Saint-Omer et notamment des conseillers pensionnaires pour trois ans.

Il existe aux archives nationales AD II ᴀ XVI divers arrêts et mémoires concernant les conseillers pensionnaires des municipalités. On y trouve aussi les nominations de divers conseillers principaux et seconds ; Jacques Taffin, les Titelouze, les Enlart, Macau, tirées des registres aux délibérations du Magistrat dont quelques-uns (de 1677 à 1750) sont aujourd'hui perdus. — Voir aussi le recueil factice que nous avons déjà cité : *Mélanges Artois 2,* à la bibliothèque municipale.

roi, de lui remettre leurs commissions. Ceux-ci répondirent qu'il n'y en avait pas d'autres que celles transcrites sur les registres de l'échevinage ; l'intendant se fit apporter ces registres, et après les avoir examinés, il déclara au nom de Sa Majesté révoquer le s^r Macau, premier conseiller, et nommer pour le remplacer le s^r Marissal.

C'est encore en vertu d'une lettre de l'intendant, qui était alors M. de Caumartin, que M. Thomas-Joseph Enlart, écuier, s^r de St-Maurice, fut nommé en 1759.

Ce fut le dernier titulaire. En 1764, le Magistrat décida, à la pluralité des voix, que la nouvelle organisation des municipalités créée par l'édit du mois d'août de la même année rendait inutiles les fonctions de conseillers premier et second, et ils furent supprimés. A cette époque en effet, on fit entrer dans la composition de l'échevinage un certain nombre d'avocats ; d'autre part le procureur de ville dirigeait les procédures : le rôle des conseillers pensionnaires auprès du tribunal échevinal était donc devenu insignifiant. Quant aux affaires politiques, depuis la conquête française en 1677, elles se traitaient directement avec l'intendant, ou avec son subdélégué à Saint-Omer ; la ville n'avait plus d'ailleurs d'autres **intérêts** que ceux communs à toute la province que représentaient les **États et le Conseil d'Artois** siégeant **à Arras.**

LISTE DES CONSEILLERS PENSIONNAIRES
PRINCIPAUX OU PREMIERS

de la ville de Saint-Omer avec la description de leurs sceaux ou armoiries [1].

1317. — Pierre DE VERCHIN.
1322. — Willes DE CLERMONT.
1327. — Jehan DE SEMPI.
1327. — Jake D'AIRE.
1330. — Robert DE BIAUCORROY [2].
19 *avril* 1330. — Williame DESPREIS.
1331. — Pierre DE MAUCREUS [3].
10 *septembre* 1331. — Gerard DENOCLETES.
1347. — Pierre BARBE [4], chanoine de Térouane.
7 *janvier* 1351. — Jehan CAULIERS, avocat.
7 *février* 1357. — Jehan LANDÉE.
1ᵉʳ *décembre* 1361. — Nicolas D'ARCEUS, avocat au parlement, désigné pour le bailliage d'Amiens, 16 livres de pension,
trois aigles.

1ᵉʳ *février* 1361. — ROSE, Jehan, avocat en parlement, désigné pour Paris,
écu portant trois roses à la bordure.

---

[1] Nous avons expliqué dans le cours de ce travail que l'on rencontrait quelquefois presque à la même date plusieurs conseillers pensionnaires, parce qu'ils étaient envoyés par l'échevinage devant différentes juridictions. Il y a lieu d'observer en outre que plusieurs conseillers occupèrent, délaissèrent et reprirent plusieurs fois leurs charges, de sorte qu'il n'a pas été toujours possible de retrouver les diverses dates de leurs nominations et de leurs serments.

[2] On trouve les noms de ces cinq conseillers sur les Registres au renouvellement de la Loi A, E.

[3] Registre au renouvellement de la Loy A.

[4] *Sceaux d'Artois*, par Demay, n° 1099.

2 février 1361. — Jean Rivault, avocat au parlement, à Paris, désigné pour Paris, x livres de pension,

écu portant une bande sur laquelle on lit riva (Rivaut) dans une rose.

2 février 1361. — Pierre de Ligny le Chatel, avocat au parlement, désigné pour Paris, 8 livres de pension,

écu portant un château sous un chef fretté, soutenu par un homme sauvage, supporté par un lion et par un griffon dans un trilobe [1].

1er *décembre* 1364. — Guy Ponche [2].

5 juin 1367. — Martin Le Sénéchal, avocat en parlement, désigné pour suivre partout les affaires de la ville, x livres de pension,

un buste d'homme barbu.

18 janvier 1367. — Jean d'Orliens [3], chanoine de Térouane,

écu au griffon, soutenu par un saint Jean, supporté par deux lions, dans une rose ornée de chimères.

20 mars 1368. — Jovene Le Tassart, procureur à la cour de Montreuil,

écu au créquier, brisé à dextre et en chef d'un écusson portant deux fasces, dans une rose.

23 août 1374. — Nichole Boulart, licencié ès lois,

---

[1] Pour ces quatre conseillers, voir *Sceaux d'Artois,* nos 1098, 1114, 1112, 1107. — Nous croyons devoir lire *d'Arceus* au lieu *d'Arcy.*

[2] Devant conseiller au bailliage royal de Saint-Omer en 1393. Son scel armorié est appendu à son engagement aux archives municip. CLXIX-2. Demay l'appelle Pouche, avocat au conseil d'Artois, et lit son sceau trouvé aux archives du Pas-de-Calais de la manière suivante : Écu portant un lion à deux corps, l'un rampant, l'autre passant dans un quadrilobe.

[3] M. Demay a lu d'Orléans.

écu à deux chevrons sous un chef chargé de trois ramures de cerf, dans un quadrilobe.

1er *avril* 1388. — Jacques LE FÉE, procureur à la cour de Montreuil,
écu portant une croix ancrée, à la bande brochant, dans un quadrilobe.

1er *avril* 1388. — Guérard MIQUELABBE, procureur à la cour de Montreuil,
écu portant les initiales G H, accompagnées en pointe de deux branches formant le V(Demay).

6 *mai* 1389. — Jacques DE LA FONTAINE, procureur à la cour de Montreuil,
une grue tenant un serpent à son bec, accompagnée d'une étoile.

15 *juin* 1399. — Jehan DE LA PERSONNE, licencié ès lois [1],
écu portant deux pattes en pal, penché, timbré d'un heaume ovoïde.

15 *juillet* 1399. — Jehan CARPENTIER, chanoine de Térouane,
écu au griffon, supporté par deux lions, soutenu par un homme sauvage, dans un trilobe.

28 *novembre* 1408. — Jehan DE HODICQ, procureur à la cour de Montreuil,
écu à la croix cantonnée de quatre roses, penché, timbré d'un heaume, cimé d'une tête d'aigle dans un vol, supporté par deux lions [2].

8 *juillet* 1411. — Nicole DE FAUQUEMBERGUE.

8 *novembre* 1413. — Nicolas ROLIN, avocat en parlement,

---

[1] Conseiller au bailliage de Saint-Omer en 1404.

[2] Tous les sceaux ci-dessus se trouvent décrits dans les *Sceaux d'Artois* déjà cités, n°s 1115, 1110, 1106, 1100, 1103, 1108, 1104, 1111, 1102, 1105,

écu portant trois clefs accompagnées d'une rose (?) en chef, soutenu par un ange [1].

9 *mai* 1421. — Jehan DE FRANCE, licencié ès lois [2], fascé d'argent et d'argent de six pièces, les fasces d'argent chargées de six fleurs de lys de gueules, 3, 2 et 1.

5 *décembre* 1425. — Antoine DE WISSOCQ, écuyer, licencié ès lois, chanoine de Saint-Omer,
de gueules à la fasce d'or, accompagnée de trois losanges de même.

1428 *à* 1464. — Gérard DICLEBECQUE, chevalier [3], abandonna plusieurs fois sa charge.

27 *mai* 1448. — Jehan DE SUS SAINT-LÉGIER [4], de gueules fretté d'hermines.

26 *décembre* 1451 *et* 1464 *à* 1467. — Jehan DE PARDIEU, avocat à Montreuil [5], fils de Pierre.
d'or à chevron d'azur accompagné de trois étoiles de gueules.

[1] *Sceaux d'Artois,* n° 1113.

[2] Conseiller au bailliage royal de Saint-Omer en 1421 ; mort le 28 octobre 1427.

[3] Appelé Diclebecque dans les comptes des argentiers, et Delebecque dans l'ordonnance de Philippe le Bon de 1447, article XV ; il figure dans l'*Inventaire de la Chambre des comptes de Lille,* t. IV, 1428, p. 112, sous le nom de d'Iclebecque : « Lettres de » commission de Philippe, duc de Bourgogne, nommant Gerard » d'Iclebecque, *conseiller pensionnaire* de la ville de Saint-Omer, » conseiller du duc en le même ville au lieu de feu Jean de » France. » Son épitaphe au musée porte Didebecque et constate qu'il est mort en exercice le 26 mars 1464. Nous avons établi que ce conseiller a abandonné plusieurs fois ses fonctions, et c'est pendant les intervalles où il ne les exerçait plus qu'il faut placer les noms de Jehan de Sus Saint-Légier vers 1447 et de Jehan de Pardieu en 1451.

[4] Registre aux délibérations B f. 9.

[5] Jean de Pardieu, fils de Pierre, délaisse l'office en 1467 à cause de ses infirmités. Reg. aux délib., C f. 20 et B f. 68 v°.

30 *mars* 1467. — Guilbert Dausques, avocat à Montreuil, mort le 7 août 1472.

18 *août* 1472. — Philippe Le Pruvost, avocat à Montreuil.

12 *avril* 1485. — Jehan de Hesdin, avocat à Montreuil[1].

1491 *et antérieurement*. — Philippe de Sus St-Légier[2],

avocat en parlement, mort en 1491.

22 *décembre* 1491. — Guillaume de le Motte, par intérim.

7 *janvier* 1492. — id. à titre définitif[3].

26 *mars* 1492. — Eustache de Renty, mort en 1498, d'argent à trois doloires de gueules 2 et 1, les deux supérieures adossées.

10 *octobre* 1498. — Robert Raulin, licencié ès lois,

---

[1] Les trois conseillers qui précèdent sont mentionnés Reg. aux délib. C f. 50 v°, 51, 57, 70 v°, 71 v°.

[2] En 1491, d'après la *Table alphabétique des délibérations du Magistrat,* Philippe de Sus Saint-Légier, conseiller *depuis 18 ans,* demandait à l'échevinage la récompense de ses peines. Il faudrait alors reporter sa nomination à 1473. Mais Philippe le Prevost figure aux compte des argentiers de 1474, 1475 et 1476, et paraît être resté en charge jusqu'en 1478. S'il fut remplacé par Philippe de Sus Saint-Légier, celui-ci semble aussi avoir interrompu ses fonctions, car on voit figurer dans la liste des mayeurs en 1483, *Philippe de Sus Saint-Légier.* Il est certain en outre que dès 1484 la place de conseiller était vacante, car on l'offrit le 16 février à Jehan de Hesdin, qui ne prêta serment que le 12 avril 1485. C'est sans doute pendant l'interruption des fonctions de Philippe de Sus Saint-Légier que Jehan de Hesdin occupa le poste de conseiller pensionnaire ; quant à la mention des archives, elle veut dire sans doute que Philippe de Sus Saint-Légier avait servi la ville pendant 18 ans. On pourrait peut-être indiquer pour ce conseiller les dates de 1478 à 1484 et 1488 à 1491.

[3] Abandonna sa charge en 1493 à cause de la guerre.

avocat au siège de Beauquesne, mort en 1500,
d'argent à trois roses de gueules.

7 *juillet* 1500. — Guillaume DE LE MOTTE, le même qu'en 1491 et 1492.

5 *septembre* 1504. — Baude DU GROPRÉ, avocat, d'hermines à la croix ancrée de gueules.

31 *mars* 1514. — Jehan ARTHUS, licencié ès lois à Lille: bien qu'il eût prêté serment devant les échevins des trois bancs et qu'il eût promis de venir à Saint-Omer dans le délai de six semaines, il écrivit quelque temps après pour remercier le Magistrat et le prier de choisir un autre titulaire.

14 *juin* 1515. — Nicole GOFFETTES, auparavant conseiller second par intérim, mort en 1527.

6 *octobre* 1527. — Gérard LOCQUET, avocat en la gouvernance d'Arras, révoqué le 16 mars 1536,
d'azur à trois fusées d'or rangées en fasce.

22 *septembre* 1537. — Arthus PREUDHOMME, avocat en la gouvernance d'Arras.

6 *février* 1546. — Sébastien HANNEDOUCHE, avocat au conseil d'Artois [1],
de sinople, à une bande d'or, chargée de trois croix
    pattées au pied fiché de sable.

23 *juillet* 1565. — Antoine AUBRON, avocat au conseil d'Artois,
écartelé, aux 1er et 4e fretté de gueules et de sable à
    la croix alaisée de sable, aux 2e et 3e d'azur à trois
    canettes d'or posées 2 et 1.

3 *décembre* 1596. — Adrien DORESMIEULX, écuyer, conseiller second, mort en 1619 [2],
d'or à une tête de more de sable liée d'argent accom-

---

[1] Registre aux délibérations du Magistrat H. f. 43.
[2] — — M. f. 217 v°.

pagnée de trois roses de gueules boutonnées d'or posées deux en chef et une en pointe.

3 *septembre* 1619. — Jehan RICHEBÉ, conseiller second [1],

de... à la bande de... accompagnés en chef d'un lion et en pointe d'une montagne à trois coupeaux de...

8 *octobre* 1638. — Antoine D'HAFFRINGHES, conseiller second [2],

d'azur à une fasce d'or, accompagnée en chef de trois étoiles rangées de même, et en pointe d'une grive aussi d'or.

29 *mars* 1658. — Louis LIOT, conseiller second, mort en 1664 [3],

d'argent à trois quintefeuilles de gueules deux et une.

8 *juillet* 1664. — Guillaume LE FRANÇOIS, conseiller second, révoqué le 29 octobre 1696 à cause des édits de réunion,

d'azur à une croix ancrée d'or.

29 *octobre* 1696. — Jacques TAFFIN, écuyer, sr DU HOCQUET, avocat, mort en 1723,

d'argent à trois têtes de maure de sable, bandées et liées d'argent posées deux et une.

---

[1] Registre aux délibérations du Magistrat P. f. 189, seigneur d'Outrebois et de Zudrove, licencié en droit, avocat en parlement, il avait épousé en 1res noces le 23 juin 1595 Marie *Denis*, fille d'André, échevin d'Arras, décédée le 4 juin 1626, inhumée dans le chœur de l'église Saint-Jean à Saint-Omer, près de l'autel de N.-D., et en 2mes noces, en 1626, Jenne *Laurin*, fille de Jean, escuyer et de Dlle Marie de Saint-Vaast, décédée le 5 septembre 1656, et inhumée auprès de la précédente (épitaphier du chanoine Hellin. — Biblioth. royale de Bruxelles).

[2] — — V. f. 12.
[3] — — CC f. 155.

9 *juillet* 1723. — Joseph-Ignace Enlart, sʳ du Fresnet, mort en 1729,

d'or, à dix losanges de sable acolés trois, trois, trois et un ; écartelé, de sinople à un chevron d'argent accompagné de trois coquilles de même, deux en chef et une en pointe.

30 *décembre* 1729. — Jacques-François Macau, avocat, lieutenant général au bailliage et second conseiller [1], révoqué par l'intendant de Chauvelin lorsqu'il vint renouveler le Magistrat en vertu de lettres de cachet le 11 juillet 1733.

11 *juillet* 1733. — Alexis-François-Joseph Marissal, nommé par l'intendant de Flandre et d'Artois, mort en 1759.

d'azur à une fasce vairée d'or et de sable, accompagnée de trois besans d'or, deux en chef et un en pointe, et chargés d'une étoile de sable.

27 *juillet* 1759. — Thomas-Joseph Enlart, écuyer, sʳ de Saint-Maurice, conseiller second, subdélégué de l'intendance, nommé par lettre de M. de Caumartin, intendant [2], datées de Dunkerque,

mêmes armoiries que ci-dessus.

1764-1765. — Les conseillers pensionnaires sont supprimés.

---

[1] Arch. nat. AD ɪɪ A xvɪ.

[2] Invent. somm. des Arch. du Pas-de-Calais. Affaires civiles, t. I, Intendance, liasse 486, p. 271. — D'après la *Chancellerie d'Artois,* par A. de Ternas, p. 318, Thomas-Joseph Enlart, écuyer, était seigneur du Frenet en 1781.

Conseillers pensionnaires principaux ou premiers

PIÈCES JUSTIFICATIVES

I

Nominations diverses

1

1317

L'an xvii fu rechus pierres de Verchin au conselz de le ville pour parler ou castel de St Omer et ailleurs où on en aura à faire pour le cors de le ville, et doit avoir xx lib. tournois, et xx s. tournois le jour que le ville lenvoiera hors.

(Registre au renouvellement de la loy E).

2

1322

L'an de grâce Mccc et xxviii le second jour de may fu rechus a pencion de le ville maistre Willes de Clermont pour seze livres par an et xii s. le jour quant il iroit hors ès besoignes de le ville, et fut rechus tant que li ville le vauroit tenir, et sauve les seuremens que il avoit fait avant ledit jour en autre lieu.

(Registre au renouvellement de la loy A.)

3
1327

Maistre Jehan de Sempi est retenu à la pencion de le ville parmi dis livres en an au Noël.

4
1327

Maistre Jake d'Airo jura le conselg de le ville.

5
1330

Robert de Biaucorroy retenu et jura au conselg de le ville, pour xx livres de pension l'an 1330.

6
1331

Maistre pierre de Maucreus fu retenus à le pencion de le ville pour xx lib. par an à païer à le tous sains, en l'an de grace Mil ccc et xxxi, et doit estre au consul de le ville, au parlement, et en assise, et ailleurs hors parlement.

(Registre A.)

7
1ᵉʳ février 1361

Jehan Rose, avocat en parlement, s'engage comme conseiller pensionnaire de la ville de Saint-Omer, sans être tenu à y résider.

Sachent tous que je Jehan Rose, advocat en parlement, congnois et confesse estre retenu et dès maintenant par le teneur de ces présentes au rang du consel et pension de messeigneurs le mayeur et eschevins de le ville de Saint-Aumer et de laditte ville, pour eulx et laditte ville conseiller en toutes leurs causes quil ont et auront ou temps advenir ondit parlement et pardevant le noble consel, gens et officiers du Roy nostre sire à Paris, contre toutes personnes quelconques, excepté celles dequel conseil et pension je suy et estoye paravant la date de ces presentes, pourvu le somme de dix livres parisis que les dictz mayeur et eschevins men doivent païer chascun an aux présentacions du parlement du bailliage d'Amiens, tant come je seray à leur conseil et pension et que il leur plaira et à moy que je y soye. Et je les prometz aconseiller bien et loyaulment de tout mon povoir en la manière que dit est. En tesmoing de ce j'ay mis mon scel à ces présentes qui furent faites le premier jour du mois de février l'an de grace mil ccc soixante et un.

(*Arch. munic de St-Omer, CLXIX.*)

8

1" décembre 1364.

Guy Ponche s'engage comme conseiller pensionnaire principal (en chief) de la ville de St-Omer, à résidence fixe.

A tous cheulx qui ches présentes lettres veront ou oiront, Guy Ponche, clerc, licencié en lois, salut. Come honnérables et discrètes personnes messeigneurs mayeurs et esquevins de le ville de Saint Omer me ait retenu à leur conseil et pencion en chief contre tous et sans exception aucune, et à faire continuelle résidence avecq euls en ladite ville, pour eulx conseiller en toutes leurs causes et besoingnes présentes et advenir eulx et ladite ville, touchant par my une pension annuelle de douse vint livres parisis par an ma vie durant, à payer à termes convenus et express celon lettres sur che faictes. Sachent tous que par my la dite retenue et pencion, jou ay promis et promectz de estre et demourer au conseil d'eulx et de ledite ville contre tous en chief sans exception aucune, et de ychaux conseiller loyaument en touttes leurs dites causes et besongnes, et de faire continuelle résidence avecq eulx ma vie durante, sans che que pour aucun prinche ou seigneur ne pour autre pencion quelconques je me puisse départir d'eux, ne eulx ne ledite ville laissier; et en outre seray tenus d'aler hors pour les causes et besongnes de ledite ville touctes les foys qu'il leur pleiray, et deus tenans par my mes despens raisonnables et le louaige des kevaux, et ne pouray aler hors pour autruy se nest par licence et volenté de mess. les mayeurs qui pour le temps seront au lieu d'eulx; ke se pour mes propres besongnes il me conivent aler hors, je le doy faire scavoir à l'un d'eulx. Toutes lesquelles choses desus dictes et cascune d'ichelles j'ai enconviens et promets par me foy et sur le obligation de tous mes biens présens et avenir, et tenir, et garder sans faire ou venir contre par my ou par autruy en temps advenir. En tesmoing de lestat des quels chose j'ay mis mon scel à ces présentes lettres faictes le premier jour de décembre l'an de grace mil ccc soissante et quatre, escrites de me propre main.

Le scel armorié de cire rouge pendant est en bon état.
(*Arch. municip. de St-Omer CLXIX-2.*)

II

Affaires de la ville devant le Parlement en 1322.

Chest che que li ville a à faire en parlement l'an de grace mil ccc et xxii.

Le baillie d'Amiens commenche lendemain de le St Andrien, les présentations au samedi devant.

Il se convient présenter contre les oirs de Flandres pour relever les errements que on eut contre le conte qui sont tel :

Premièrement, sous le lagan que il voloit lever des biens des borgois, et s'en sommes afranki par point de privilège, tel et *per totam terram meam à Zewerp liberi sunt* [1].

Item, sous che que il levoit tailles sous les biens des borgois gizans en Flandres, de quoi nous sommes franc point de privilège teil : *nullum scot, nullam talliam, nullam pecuniæ exactionem ab eis exigo* [2].

Item, sur che que de tout les biens baudin de le Deverne et Jehan de le Deverne.....

Item sur les biens Willaume Longardin.
Arch. municip. (*Registre F. f° XXVI*).

[1] Privilège concédé par l'art. 5 de la charte donnée en 1127 par Guillaume Cliton xive comte de Flandre.
[2] Autre privilège mentionné art. 13 de la charte de 1127.

III

Règlements divers

I

3 décembre 1596

Règlement accepté par Adrien Doresmieulx, conseiller principal.

1

Assavoir que le conseiller principal ne polra estre aux gages, conseil ou service du réverendissime evesque de S¹ Omer, chapitre dudit lieu, prélat et religieux de S¹ Bertin, Clermaretz, ou aultres ecclesiastiques, ny d'aulcuns seigneurs, gentilhommes ou communaultés ayant bien, terre et seigneurie en la ville et banlieue de S¹ Omer, ou d'aultres particuliers ayant procès contre la ville de S¹ Omer, ny thirer d'aulcun d'eulx pensions ou courtoisies.

2

Que la maison ordonnée d'anchieneté pour sa demeure lui sera bailliée en bon souffisant estat à son entrée, pour en joyr ensemble des caves, laquelle maison durant son occupation il sera tenu entretenir comme bon père de famille ou usagier, saulf de gros membres et nouveaux ouvraiges, et ne polra y faire faire aulcunes choses pour sa commodité à la charge de la ville, demourens les rentes d'icelle maison à la charge de ladite ville.

3

Que Messieurs du Magistrat demeureront libres de députer où bon leur semblera ledict conseiller, ou aultre de leur chambre, et que touttefois que l'occasion se présentera de députer icelui conseiller, il debvra préalablesortir pour laisser audict Magistrat librement faire, adviser et résoudre.

4

Que ayant esté envoyé en députation, il sera tenu faire son rapport aux plus tard dedens vingt quatre heures de son retour, ensemble requerre taxation de son voyage, bailler par escript les journées de ses vacations, spécifiquement justifiant par escript le nombre de jours, avec combien de chevaux, et quelz jours il a esté sans cheval, ensemble ses desbours, pour suyvant ce en faire despecher les ordonnances de payement.

5

Qu'il sera tenu de comparoir à touttes assemblées tant ordinaires que extraordinaires en halle à heure limitée, mesmes adsister aux plaidz ordinaires les lundy, mardy et vendredy pour décider sommairement des petites difficultez et empescher les procédures calencontreuses.

6

Qu'il sera tenu donner advys et conseil aux eschevins besoygnant à la scelle ou aultres lieux, et estant requis et se trouver illec à leur mand, le tout sans en prendre ou avoir aucun sallaire.

7

Qu'il sera tenu minutter touttes résolutions, lettres missives et autres escriptz qui se despechent de la part de Messieurs du Magistrat, auquel effet il a distribution de pappier.

8

Que Monsieur le Maïeur ou en son absence le lieutenant demeureront libre de faire distribuer les procès et différens pour estre visitez par telz de ceulx du Magistrat ou de leurs officiers qu'ils adviseront convenir. Et ne polra le conseiller principal consulter ceus à luy délivrez ne soit par ordonnance de Messieurs après avoir eu le rapport et meriter desdits procès.

9

Que le dict conseiller ne polra demander ny exiger sallaire, rapport ou rétribution par luy ou d'aultre de sa part, pour visitation et rapport des procès ou différens entre bourgeois, manans et habitans de la ville de S' Omer et banlieue d'icelle.

10

Que de tous procès ou différens que luy seront délivrez à visiter, il rapportera le *dictum* par escript, avecq les raisons et causes du fondement de la sentence signé de luy, Et en cas de difficulté, il sera tenu vacquer avecq les aultres officiers de la chambre que besoing sera, qui signeront avecq luy le tout pour meilleure mémoire et descharge en cas d'appel ou aultres recherches.

11

Que ledict conseiller advisant un procès avecq aultres desquels sera deus sallaire de conseil soit en ceste ville ou dehors ne polra prendre pour luy aultre sallaire que le double de l'ung des consultez.

12

Et sera ledict conseiller tenu jurer à sa réception d'observer tous lesdits poinctz.

*(Registre aux délibérations du Magistrat.
M. f. 218 r° et v°.)*

II

Règlement du 3 septembre 1619 dont Jehan Richebé dut jurer l'observation à son entrée en charge.

Ce règlement est le même que celui de 1576, auquel on a ajouté les 3 articles suivants.

1

Sera obligé de se trouver à la selle pour aider M" les échevins de semaine tous les jours.

2

Qu'il aura à sa charge les procédures criminelles, dont il sera payé des parties quand l'accusé sera condamné aux dépens.

3

Sera tenu de vaquer aux informations avec les échevins de semaines, et généralement venir, se trouver et besoigner tout et quant fois que mesdits sieurs jugeront à propos de l'appeller.

. . . .

(Registre aux délibérations. P. f. 189).

III

Règlement du 29 mars 1658 imposé à M. Louis Liot qui jura de l'observer.

On a refondu dans ce règlement ceux précédents et on y a ajouté les articles suivants :

1

» Que ledit état ne se confère que par provision et tant
» qu'il plaise à mesdits sieurs des deux années et dix

» jurés révoquer, aux gages et émoluments accoutumés,
» sauf les subventions accordées à ses prédécesseurs.

2

» Qu'il sera tenu aller, entrer, se trouver avec mesdits
» sieurs en toutes assemblées des Etats d'Artois qui se
» tiendront pendant la séance d'iceux en cette ville au
» rang que mesdits sieurs le placeront.

3

» Qu'il sera libre à M. le mayeur ou en son absence le
» lieutenant dudit mayeur de recuœillir les voix des
» députés des autres villes à la chambre particulière des
» villes aux dits Etats comme ils le cœuillent au siège
» du Magistrat.

. . . .

4

» Quant aux honneurs et préséances telles qu'elles
» peuvent être usités ou non, il n'en pourra user que
» précairement et par grâce, si longtemps qu'il plaira à
» mesdits sieurs ou leurs députés. »

(*Registre aux délibérations. CC.f. 155*).

§ II

Conseillers seconds

Leur création. — Il est difficile de préciser l'époque à laquelle furent créés les conseillers seconds, et on ne peut commencer d'une manière précise à établir leur liste qu'à compter de 1465. Un peu avant cette époque en effet, Jehan Flourens, du vivant de Gérard Diclebecque, avait été désigné pour aider le conseiller principal, et avait continué cette charge sous Jehan de Pardieu, il ne recevait aucune rétribution de la ville ; mais, sur sa demande en date du 12 juin 1465, les échevins lui accordèrent 24 livres par an avec le vin de boisson sans assises et une robe tous les ans, puis, considérant en même temps sa suffisance, sa preudomie et sa qualité de bourgeois de la ville, ils le reçurent comme conseiller second.

Le rôle du conseiller second fut naturellement d'abord plus restreint que celui de conseiller principal, bien que leurs attributions ne fussent pas distinctes.

Fonctions. — A une époque où les affaires litigieuses de la ville étaient devenues plus nombreuses et plus importantes, les conseillers seconds vinrent surtout en aide au conseiller principal [1]. C'est le

---

[1] *Correspondance du Magistrat* : liasse du 10 juin 1565 au 7 juillet 1568. (Arch. municip.)

terme dont se sert le Magistrat dans ses délibérations : ainsi à la mort de Sébastien Hannedouche en 1565, l'échevinage décida de prendre deux conseillers, un principal et un second « et que le second soit » pour l'ayde dudit principal ». Ils suppléaient complètement celui-ci pendant les vacances de l'office. Tel Nicole Destiembecque qui, en 1527, exerça momentanément par intérim les fonctions de premier conseiller jusqu'à ce que la ville eût nommé un titulaire. Ils furent même surtout appelés à le remplacer pendant ses absences. Et comme à partir du xve siècle le conseiller principal était souvent obligé de séjourner plusieurs mois hors la ville auprès du prince ou des divers conseils chargés de décider les questions litigieuses, l'importance du conseiller second, qui quittait moins souvent la cité, s'accrut considérablement, et il remplaça complètement son collègue.

Nicole Destiembecque, en 1544, fut un des délégués de l'échevinage chargés de remontrer à messire de Montmorency, seigneur de Wismes, nouvellement nommé grand bailli de St Omer, que les ordonnances de 1540 ne conféraient pas aux lieutenants du bailli le pouvoir de nommer les quatre premiers échevins, quoiqu'à cet égard ait pu porter sa commission. En 1655, ce fut le second conseiller de ville qui, lorsque tous les électeurs furent assemblés pour le renouvellement du Magistrat, invita le grand bailli à se rendre à la chambre échevinale pour y exhiber les lettres du gouverneur général des Pays-Bas, datées de Bruxelles le 3 décembre, par lesquelles il continuait, au nom du roi, le Magistrat pour cette année.

Ils étaient du reste aussi bien employés à l'extérieur. Richebé remplaça complètement Doresmieulx pendant sa captivité en 1598, et fut envoyé en cour à Bruxelles pour obtenir sa délivrance. Il fut délégué des Etats d'Artois dans la même ville à la même époque [1]. Doresmieulx lui-même, d'Haffringhes, Liot, Le François, Jacques Taffin, avant de devenir conseillers principaux, furent également chargés de diverses négociations, et ce fut l'habileté déployée dans ces missions qui leur valut d'occuper un poste plus honorifique et plus important.

Obligations, Amovibilité. — Ils étaient assujettis aux mêmes obligations que les conseillers principaux, mais il semble qu'ils n'avaient qu'un cheval à entretenir. Quant au rang qu'ils occupaient au bureau, il nous paraît qu'ils siégeaient après le dernier échevin.

Ils étaient révocables aussi à la volonté du Magistrat qui rappela souvent son droit dans diverses commissions, notamment dans celles de Guillaume Le François choisi en 1658 « pour tenir ledit état » aussi longtemps qu'il plaira à mesdits sieurs » [2], de Thomas Vandolre en 1664, de Jacques Taffin nommé en 1671, où on lit : « Que ledit état se confé- » rera par provision et tant qu'il plaira à Messieurs » des deux années et dix jurés » [3], dans celle de Jean-Baptiste Titelouze désigné en 1696 « jusqu'à » ce qu'il plairoit à mesdits sieurs le rappeler », et aussi dans la commission de Joseph-Ignace Enlart,

---

[1] Mém. des Antiq. de la Morinie, t. XIV, p. 487, 502, 503. — Voir aussi : *le village de St-Momelin*, notice historique par Joseph du Teil, Paris, Picard, 1891, p. 51.

[2] *Charges et conditions pour la place de conseiller second en 1658*, Reg. aux délib. A f. f. 190.

[3] Registre aux délib. du Magistrat E. E. f. 156.

du 8 mars 1701, conçue dans les mêmes termes que celle du s^r Taffin. La commission du 9 juillet 1823 donnée au s^r Macau porte encore les mêmes expressions ; dans celle donnée à Jean Dominique Titelouze le 30 décembre 1729 on lit « que ledit état se confère » pour en jouir jusqu'à révocation et tant qu'il » plaira à messieurs des deux années et dix jurés »[1].

Gages, vin, robe, logement. — Leurs gages étaient aussi moins considérables que ceux des conseillers principaux. Philippe-le-Bon, dans l'ordonnance de réformation de la Loy, en 1447, fixe tous ceux des officiers de ville sans mentionner les gages du conseiller second. Dans l'édit de 1500 Philippe-le-Beau n'en parle pas d'une manière spéciale, et ils se trouvent compris dans la disposition de l'article 13 : « Et quant aux gaïges des autres officiers tant gref- » fiers, portiers et autres, nous les avons remis et » remettons à la discrétion et ordonnances de nos » dits Bailly, maïeur et eschevin de St Omer. » Ils furent donc variables, et consistèrent, outre la rétribution en argent, en vin de boisson, dans le don d'une robe pareille à celle des échevins tous les deux ans, et dans un logement.

Voici d'ailleurs divers détails sur les 25 conseillers seconds qui exercèrent de 1465 à 1764.

Nous avons parlé de Jean Flourens en 1465. Son successeur Le Vasseur, dit le Mire, reçut 40 livres au lieu de 24. Mais il était bailli général de St Bertin, et

---

[1] Les commissions des s^rs Taffin, Enlart, Macau et Titelouze ont été imprimées en partie sous le titre : *Preuves nouvelles que les officiers permanens et conseillers pensionnaires des villes de l'Artois sont amovibles et révocables par les échevins* (vers 1765). *(Mélanges Artois, t. II, à la Bibliothèque municipale).*

comme la ville était en procès avec l'abbaye, il dut se retirer en 1493. L'échevinage donna 60 livres à son successeur Nicole Goffette, qu'elle avait fait venir de Montreuil.

Pierre Tardieu ou Pardieu n'eut plus que 40 livres de gages, et ce ne fut même point la ville qui les paya, elle les assigna sur les émoluments du conseiller principal de le Motte qu'il aidait de ses conseils.

Guillaume Goffette avait été demandé par son père Nicole, devenu conseiller principal, pour l'aider dans ses fonctions et avec promesse de survivance. Il obtint 60 livres, et 23 autres pour les frais et transport de son ménage à St Omer. Il dut prendre l'engagement de ne recevoir ni pension ni gages de M^{rs} du chapitre ni d'autres seigneurs.

Il quitta ses fonctions le 13 juillet 1522, et Messieurs s'adressèrent à Gui Buce, avocat, conseiller pour l'empereur au siège de Beauquesne, qui consentit à venir aux gages de 80 livres, payables tous les trois mois, et obtint une maison pour sa résidence. Il fut nommé à vie en 1522 avec promesse de remplacer le premier conseiller après sa mort. Mais l'évêque d'Arras le choisit en 1523 comme prévôt de la cité d'Arras, et après avoir cherché à le retenir, les échevins durent le laisser s'éloigner.

Nicole Destiembecque ne fut pas nommé à des conditions aussi onéreuses, il n'eut que 40 livres, et en 1527, une indemnité de 20 livres parce qu'il n'y avait pas de conseiller principal.

En 1556, soixante livres furent accordées à Jacques Duval, et cent à Pierre de Marusan, licencié en droit, avocat au conseil d'Artois, en 1565. Ce dernier venait de Frise, il avait fait valoir qu'il savait le flamand et avait même fait sa demande à l'échevinage en flamand et en français ; il fut préféré à Pierre de Quiewille et à Jacques de Latre d'Arras [1], il avait eu d'ailleurs l'appui du premier président du conseil d'Artois.

Adrien Doresmieulx lui succéda, il avait été recommandé par M. du Mont-St-Eloy, conseiller au conseil d'Artois ; outre les cent livres de gages, le vin de boisson et un logement convenable, il eut six sols parisis pour son cheval quand il sortait de la ville pour les affaires de celle-ci.

Lorsqu'il fut nommé conseiller principal, il se présenta plusieurs concurrents pour lui succéder : Me François Delattre, licencié ès-loix et ancien échevin, Me Jossé Carré et Jehan Bonvoisin, procureur de ville ; mais l'influence de M. Le Bailly, conseiller au conseil d'Artois, fit désigner Jehan Richebé, avocat au même conseil. On lui accorda, lorsqu'il arriva en 1597, une somme de cent florins pour le transport de son ménage ; quant à ses gages, ils ne furent pas fixés d'une manière précise, on stipula en sa faveur ceux accoutumés, mais « sauf à mesdits sieurs lui » assigner cy après telles pensions ou gratifications » proportionnées aux services à rendre par ledit » M. Richebé ». Il déclara en outre qu'il se conformerait au règlement du 7 mai 1596, qui fut imposé aussi à ses successeurs.

Gérard Aubron, procureur de ville, présenta sa requête à messieurs des deux années et aux jurés au conseil pour succéder à Richebé, et il prêta serment le 3 septembre 1619.

En 1636 Antoine d'Haffringhes fut préféré à

---

[1] *Correspondance du Magistrat.* Liasse du 10 juin 1565 au 7 juillet 1568, aux arch. municip.

l'avocat Adrien Le Gay ; Antoine de Vienne, échevin juré au conseil d'Aire, Auguste Liot, François Cardon se présentèrent en 1643, et le premier fut nommé. Thomas Vandolre l'emporta en 1664 sur divers concurrents, et Jacques Taffin eut à lutter contre Philippe Enlart, André Guilluy, André Sergeant et Louis Hannon qui, en 1671, avaient sollicité la place.

Depuis 1636 d'ailleurs, les émoluments n'en avaient pas varié. Ils étaient de cent livres. Mais par le règlement de Charles II, roi d'Espagne, du 8 février 1673, les gages furent fixés définitivement à 500 florins 8 patars.

En 1696, la ville acheta la charge de conseiller second comme elle avait réuni celle de conseiller premier. Jean-Baptiste Titelouze, avocat, qui avait avancé la somme de 6000 livres à la ville pour l'aider à payer le prix de la réunion des offices, fut pourvu de la charge.

Son successeur Joseph-Ignace Enlart fut nommé à charge de rendre et restituer aux héritiers du s' Titelouze la somme de 6000 livres.

Jacques-François Macau dut s'engager en 1723 à rembourser 1500 livres au s' Enlart. La dette passa à Jean-François-Dominique Titelouze ; mais ce dernier dut démissionner en octobre 1738 entre les mains de l'intendant, qui le remplaça par Thomas-Joseph Enlart.

Le serment, qui jusqu'alors avait été prêté devant le Magistrat par les titulaires à leur entrée en fonctions, fut prononcé par le s' Enlart devant M° Antoine-François Crépin, procureur de ville, et celui du dernier conseiller second, nommé également par l'intendant, fut reçu par son subdélégué à S' Omer le 30 juillet 1759.

Les conseillers seconds disparurent en 1774 en même temps que les conseillers principaux.

LISTE DES CONSEILLERS PENSIONNAIRES SECONDS
de la ville de Saint-Omer avec la description de leurs armoiries [1].

12 *juin* 1465. — Jehan FLOURENS, avocat [2].

3 *juin* 1482. — Louis LE VASSEUR, dit LE MIRE, conseiller et bailli général de St Bertin. Serment du 6 juin.

11 *septembre* 1493. — Nicole GOFFETTE, avocat à Montreuil. Conseiller principal en 1515.

7 *juillet* 1499. — Pierre TARDIEU, ou PARDIEU, licencié ès lois, procureur de ville.

19 *février* 1520. — Guillaume GOFFETTE, fils de Nicole. Se démet de son office le 13 juillet 1522.

27 *août* 1522. — Gui BUCE, licencié ès lois, avocat, conseiller pour l'empereur au siège de Beauquesne. Nommé prévôt de la cité d'Arras en 1523, quitta la ville.

15 *décembre* 1523. — Nicole DESTIEMBECQUES, licencié ès lois. Mort en 1556.

8 *octobre* 1556. — Jacques DUVAL, licencié ès lois, receveur de la Magdelaine et échevin. Reçu pour commencer son service la veille des Rois 1557.

13 *août* 1565. — Pierre DE MARUSAN, licencié ès lois, natif de Frise.

6 *mars* 1576. — Adrien DORESMIEULX, licencié ès lois, avocat au conseil d'Artois. Prêta serment le

---

[1] On ne peut donner la liste des conseillers seconds avec quelque certitude qu'à partir de Jehan Flourens en 1465. Quant aux armoiries, nous ne donnons que celles qui n'accompagnent pas déjà les noms des conseillers principaux.

[2] *Registre aux délibérations du Magistrat.* B. f. 65.

11 décembre. Conseiller principal le 7 mai[1].

18 *mars* 1597. — Jehan Richebé, licencié ès lois, avocat au conseil d'Artois. Conseiller principal en 1619[2].

3 *septembre* 1619. — Gérard Aubron, licencié ès lois, procureur de ville. Mort en 1636[3].

10 *avril* 1636. — Antoine d'Haffringues, licencié ès lois. Conseiller principal le 8 octobre 1638.

20 *septembre* 1638. — Nicolas Taffin, licencié ès lois et échevin. Nommé en 1643 député général des villes aux Etats d'Artois[4].

10 *décembre* 1643. — Antoine de Vienne, licencié ès lois[5],

d'argent au chevron de sinople, accompagné de trois grues de même posées deux en chef, une en pointe.

7 *février* 1653. — Louis Liot, avocat au conseil d'Artois, échevin et lieutenant mayeur. Devint conseiller principal en 1658.

16 *juillet* 1658. — Guillaume Le François, avocat et ancien échevin[6]. Conseiller principal en 1664.

8 *juillet* 1664. — Thomas Vandolre, écuier, avocat[7],

---

[1] *Registre aux délibérations du Magistrat.* M. f. 217 v°. Voir la *Biographie de St-Omer,* de M. Piers.

[2] *Registre aux délibérations du Magistrat.* M. f. 217 v°. Voir la *Biographie de St-Omer,* de M. Piers.

[3] *Registre aux délibérations du Magistrat.* P. f. 190.

[4] *Registre aux délibérations du Magistrat.* V. f. 10. Le député général des villes fut appelé plus tard député ordinaire ; il résidait à Arras pendant le temps de sa députation.

[5] *Registre aux délibérations du Magistrat.* W. f. 145. Natif de St-Pol, procureur général au conseil d'Artois à Saint-Omer en 1652, mort en cette ville le 3 juillet 1658, inhumé dans l'église du Saint-Sépulcre.

[6] *Registre aux délibérations du Magistrat.* CC. f. 190.

[7] Conseiller au conseil d'Artois à Saint-Omer en 1671, puis à celui d'Arras en 1689.

d'or semé de fleurs de lys d'azur, au lion rampant de gueules, armé et lampassé de même.

6 *mai* 1671. — Jacques Taffin, s^r du Hocquet, écuier et avocat [1]. Conseiller principal en 1696.

Vénalité des charges

29 *octobre* 1696. — Jean-Baptiste Titelouze, avocat [2],

d'argent à une aigle éployée de sable, supportée par un croissant de même remply d'or.

8 *mars* 1701. — Joseph-Ignace Enlart, avocat [3]. Conseiller principal en 1723.

9 *juillet* 1723. — Jacques-François Macau, ancien lieutenant-général au baillage. Conseiller principal en 1729 [4].

30 *décembre* 1729. — Jean-François-Dominique Titelouze, avocat, procureur de ville [5]. Donna sa démission entre les mains de M. de Chauvelin, intendant, en octobre 1738.

1er *novembre* 1738. — Thomas-Joseph Enlart, avocat et procureur de ville. Nommé par lettres de M. de Chauvelin datées d'Amiens du 1er novembre 1738, prêta serment le 14 novembre. Conseiller principal en 1759.

27 *juillet* 1759. — Antoine-Joseph de Canchy, avocat, échevin juré au conseil. Nommé aussi par l'intendant par lettres datées de Dunkerque du 27 juillet, prêta serment le 30. Conseiller jusqu'à la suppression de l'office.

[1] Registre aux délibérations du Magistrat, EE. f. 156.
[2] Décédé en 1701 à l'âge de 55 ans.
[3] *Arch. nat.* AD. II A XVI.
[4] *Arch. nat.* AD. II A XVI.
[5] Fils de Jean-Baptiste ci-dessus, il mourut le 12 février 1745 âgé de 65 ans. *Arch. nat.* AD. II A XVI.

Conseillers pensionnaires seconds

PIÈCES JUSTIFICATIVES

18 mars 1597

Règlement accepté par Jehan Richebé conseiller second.

1

Que ledit conseiller second ne polra estre aux gages, conseil ou service du réverendissime evesque de S' Omer, chapitre dudit lieu, prélat et religieux de S' Bertin, Clermaretz, ou aultres ecclesiastiques, ny d'aulcuns seigneurs, gentilxhommes ou communaultés ayant bien, terre et seigneurie en la ville et banlieue de S' Omer, ou d'aultres particuliers ayant procès contre la ville de S' Omer, ny thirer d'aulcun d'eulx pension ou courtoisies.

2

Que ayant esté envoyé en députation, il sera tenu faire son rapport aux plus tard dedens vingt quatre heures de son retour, ensemble requerre taxation de son voyage, bailler par escript les journées de ses vacations, spécifiquement justifiant par serment le nombre de jours, avec combien de chevaux et quelz jours il a esté sans cheval, ensemble ses débours, pour suyvant ce en faire despecher les ordonnances de paiement.

3

Qu'il sera tenu de comparoir... (c'est l'art. 5 du règlement de 1596 applicable aux conseillers principaux).

4

Qu'il ne polra demander ny exiger sallaire (c'est l'art. 9 du règlement de 1596).

5

Que de tous procès ou différens (c'est l'art. 10 du règlement de 1596).

6

Que ledict conseiller advisant (c'est l'art. 11 du règlement de 1596).

7

Que ledict conseiller sera tenu se trouver journellement aux heures ordinaires à la scelle pour adsister les eschevins sepmainiers à décider des causes quy se y traictent, et vacquer à l'instruction des procès criminelz, desquelz debvoirs et faictz à l'instruction desditz procès criminelz il sera payé de ses vacations quand partie est condamnée ès despens.

8

Et sera tenu ledict conseiller jurer (art. 12 du règlement de 1596.)

(Registre aux délibérations du Magistrat. M. f. 226)

TABLE

	Pages.
AVANT-PROPOS	5
§ 1 — LES CONSEILLERS PRINCIPAUX	5
Création	5
Fonctions dans la ville et au dehors	6
Recrutement	13
Obligations. — Résidence. — Amovibilité	15
Gages ou pension. — Incompatibilités. — Logement, vin, robe.	18
Serment	24
Rang	25
Vénalité des charges. — Suppression en 1764.	26
Liste des conseillers pensionnaires principaux de 1317 à 1764 avec la description de leurs sceaux ou armoiries	29

PIÈCES JUSTIFICATIVES

I

Nominations diverses

Nominations de 1317, 1322, 1327, 1330, 1331.	37
Nomination de Jehan Rose en 1361.	38
Nomination de Guy Ponche en 1364	39

II

Affaires de la ville de St-Omer devant le Parlement en 1322.   40

III

Règlements divers.

Règlement du 3 décembre 1596.	41
— du 3 septembre 1619.	43
— du 29 mars 1658.	43

§ 2 — Les conseillers seconds 45
    Création 45
    Fonctions. 45
    Obligations. — Amovibilité. 47
    Gages, vins, robe, logement. 48
    Détails sur les 25 conseillers seconds en exercice de 1465 à 1764. 48
    Liste des conseillers seconds de 1465 à 1764, avec leurs armoiries 52

PIÈCES JUSTIFICATIVES

Règlement du 18 mars 1597. 55

LES PROCUREURS DE VILLE

A SAINT-OMER

1302-1790

Par M. PAGART d'HERMANSART

Secrétaire-général de la Société des Antiquaires de la Morinie, membre correspondant de la Société des Antiquaires de France, de la Société des Études historiques de Paris, de la Société française d'Archéologie, et de diverses autres Sociétés savantes françaises et étrangères.

SAINT-OMER
IMPRIMERIE ET LITHOGRAPHIE H. D'HOMONT
14, rue des Clouteries, 14

1894

PRÉFACE

L'accueil qui a été fait à notre travail sur les *Conseillers pensionnaires de la ville de Saint-Omer*[1] nous a engagé à continuer nos études sur les anciens *Officiers de ville*. Les *Procureurs de ville* sont donc la suite naturelle des *Conseillers pensionnaires*.

Dans cette cité qui présentait une organisation municipale ancienne et complète, il y avait, dès les premières années du xive siècle, un procureur de ville investi de très nombreuses fonctions judiciaires et administratives. D'autre part, le Bailliage royal eut plus tard aussi son procureur qui prit le titre de procureur du roi. De nombreuses contestations intervinrent entre ces deux

---

[1] Les *Conseillers pensionnaires de la ville de Saint-Omer avec la description de leurs sceaux et armoiries*, Saint-Omer, D'Homont, 1892, 58 p. in-8. — Des comptes-rendus de ce travail ont été donnés dans : *Polybiblion, revue bibliographique universelle, partie littéraire*, 2e série, t. 25, LXIVe de la collection, pp. 283-284. — *Bibliothèque de l'École des Chartes*, t. LIII, 4e et 5e livraisons, juillet-octobre 1892, pp. 454-455. — *Revue des Études historiques*, 4e série, t. X. *Mémoires et rapports, procès-verbaux*, 1892, n° 3; pp. 240 à 242. — *Revue historique*, n° 96, 17me année, t. 48, livraison : mars-avril 1892, p. 433.

magistrats relativement à leurs attributions et à leurs qualités ; le procureur de ville usurpa même un instant le titre de procureur du roi à la fin du XVIII° siècle.

L'examen des fonctions de procureur du roi auprès des autorités municipales a fait l'objet de la première question posée en 1892 au Congrès des Sociétés savantes dans la Section des sciences économiques et sociales [1]. Diverses observations ont été présentées [2] sans qu'aucun mémoire écrit ait été produit, et l'on a reconnu combien la question était complexe [3].

Notre étude traite seulement des fonctions de procureur de ville auprès de l'échevinage ; cependant nous parlons du rôle du procureur du roi qui était, soit par lui-même, soit par le petit bailli son subordonné, partie publique en matière criminelle à l'échevinage, et officier fiscal pour les amendes dues au roi, et qui siégeait à ce tribunal quand la cause intéressait le prince. Nous répondons ainsi dans une certaine mesure à la question posée à la Sorbonne en 1892, mais c'est dans une histoire du bailliage royal qu'il conviendra de compléter l'énumération des attributions du procureur du roi.

Nous avons tenu compte d'une critique qu'avait sou-

---

[1] « Rechercher quelle était, sous l'ancien régime, dans les » diverses régions de la France, la nature des fonctions des » procureurs du roi auprès des autorités locales d'ordre muni- » cipal. » *(Bulletin du Comité des travaux historiques et scientifiques, section des sciences économiques et sociales,* année 1892, n° 1, pp. 87 à 90.)

[2] Par M. Camoin de Vence, de la Société des Études historiques, MM. Tranchant, Ducrocq, Levasseur, membres du Comité.

[3] M. le Président remercie M. Camoin de Vence de son intéressante communication sur une question très complexe. *(Bulletin du Comité* cité plus haut, p. 88.)

levée notre travail sur les *Conseillers pensionnaires* [1] : nous ne sommes point resté absolument cantonné dans notre sujet, et nous avons fait quelques comparaisons avec les procureurs de ville établis dans les anciennes cités du nord de la France. Enfin, dans un *Appendice*, nous avons signalé sommairement le lien qui existait entre les anciens procureurs de ville et les procureurs de la commune créés sous la Révolution.

Les listes des noms des procureurs de ville qui terminent ce travail, comme la liste des conseillers pensionnaires se trouvait à la fin de la brochure qui leur était consacrée, répondent aussi au vœu du Ministère de l'Instruction publique qui demandait, pour les Congrès des Sociétés savantes de 1893 et de 1894 (Section d'histoire et de philologie), de dresser, d'après les pièces d'archives et autres documents manuscrits et imprimés, la liste des principaux officiers de l'ordre administratif, judiciaire et militaire. (16e question du programme de 1894.)

---

[1] *Bibliothèque de l'École des Chartes, loc. cit.* p. 455.

LES PROCUREURS DE VILLE

A SAINT-OMER

1302-1790

CHAPITRE I

CRÉATION DU PROCUREUR DE VILLE — IL DEVIENT PROCUREUR GÉNÉRAL EN 1399

La ville de Saint-Omer jouissait de très importants privilèges politiques et communaux[1], son échevinage avait le droit de haute, moyenne et basse justice, et il avait tout pouvoir pour administrer la ville et les vastes domaines qui lui avaient été accordés en propriété[2], pour employer ses deniers, veiller à ses intérêts et assurer sa police.

Certes le corps municipal était nombreux, et chaque année les mayeurs[3] et les onze échevins[4] nouvelle-

---

[1] Nous les avons détaillés dans les *Anciennes communautés d'arts et métiers à Saint-Omer*, Fleury-Lemaire, Saint-Omer, t. I, 1879, p. 41 à 49 et p. 113 à 131.

[2] Notamment 2700 mesures, soit à peu près 1000 hectares, dans les environs de la ville, concédées par Robert le Frison en 1072 à l'association communale.

[3] Il y en eut deux jusqu'en 1447.

[4] Réduits à dix en 1773.

ment élus se partageaient les divers services administratifs [1], ils devaient s'adjoindre les jurés au conseil, c'est-à-dire le Magistrat de l'année précédente, lorsqu'il s'agissait d'affaires importantes ou de dépenses extraordinaires. De plus, le banc des dix jurés pour la communauté était associé à l'échevinage pour la police, leur principale mission consistait à surveiller les différents commerces, ils s'occupaient de l'honnêteté des transactions, de l'observation des règlements, de la salubrité des denrées nécessaires à l'alimentation et des médicaments, et présidaient à la police des marchés [2].

Toutefois, des attributions aussi multiples ne pouvaient être exercées sans donner lieu à des difficultés avec les justiciables et les administrés, avec les divers pouvoirs locaux autres que l'échevinage, et même avec l'autorité supérieure. Et, si nombreux que fut le Magistrat, il fallait des agents spéciaux pour étudier et élucider les conflits, pour défendre dans la ville comme au dehors toutes les prérogatives de l'autorité échevinale et des bourgeois.

Nous avons vu que des conseillers pensionnaires, créés vers le commencement du xiv° siècle, furent plus spécialement chargés des intérêts politiques et

[1] Après l'année 1600, on distingue habituellement les échevins commis au livre des orphelins, à l'artillerie, aux ouvrages, aux pauvres, aux pâtures et au livre des rapports. En 1781, il y avait les échevins commis aux logements, Pâtures et Milices, aux Audiences du Petit auditoire, à la Chambre des Orphelins, aux Lettres et Mémoires, aux Ouvrages, aux Pauvres, aux Feu et aux Manufactures. (Registre aux délibérations du Magistrat, 5 janvier 1781.)

[2] Voir dans les *Communautés d'arts et métiers à Saint-Omer*, pp. 70 à 72 et 256 à 258 les attributions des dix jurés pour la communauté et de leur mayeur.

des négociations ou plaidoyers devant les bailliages royaux, les Conseils et les Parlements sous la juridiction desquels passa successivement la ville de Saint-Omer. A cette époque aussi, l'échevinage qui, sans doute, se faisait d'abord représenter, dans les procès qu'il soutenait, par un avocat ou procureur spécialement désigné pour chaque affaire, créa un autre agent dont le rôle était moindre en principe et assurément plus modeste que celui des conseillers pensionnaires, mais dont les attributions finirent par prendre une extension considérable, ce fut le procureur de ville. Le premier dont nous connaissions le nom est cité dans un document de 1302 [1]. C'est au xiv° siècle aussi qu'on voit apparaître cet officier auprès des échevinages des villes du Nord : à Abbeville vers 1318 [2], à Doullens vers 1343 [3] et à Amiens vers 1380 [4].

Au bout d'un siècle, les fonctions de cet officier s'étaient déjà tellement accrues que la ville le qualifia, en 1399, de son *procureur général*. Il ne tarda pas à devenir l'agent par excellence des échevins, on rencontra son action dans toutes les branches de la justice et de l'administration, il faisait des rapports à l'échevinage, lui présentait des requêtes ou en recevait des instructions. Semblable au préteur romain obligé de veiller : « *ne quid detrimenti res-publica capiat* », il devait s'opposer partout à ce

---

[1] Relation du jugement et de la pendaison d'un voleur arrêté dans l'église de Saint-Bertin, 5 septembre 1302, publiée par M. Giry dans son *Histoire de Saint-Omer jusqu'au XIV° siècle*, Paris, Vieweg, 1877, pièce justificative xxi.
[2] Aug. Thierry, *Recueil des monuments inédits de l'histoire du Tiers État*, t. IV, p. 80.
[3] Id. t. IV, p. 673-8.
[4] Id. t. I, p. 703.

qui pourrait préjudicier à la ville [1], ou, comme portent les plus anciennes délibérations de l'échevinage, lorsqu'elles ordonnaient l'intervention du procureur dans certaines affaires : « avoir regard que la chose » polroit tourner à préjudice. »

[1] Délibération du Magistrat relative aux comptes de la ville en 1594. *(Registre aux délibérations du Magistrat M. f° 146.)*

CHAPITRE II

ATTRIBUTIONS JUDICIAIRES

§ 1

Le procureur défend les privilèges et les propriétés de la ville au dedans et au dehors. — Son rôle devant les divers tribunaux locaux et les tribunaux extérieurs. — Procureurs auxiliaires au dehors. — Le procureur de ville est placé sous la direction du conseiller pensionnaire. — Édits de municipalité.

Les premiers actes judiciaires où on le voit figurer sont ceux qui touchent aux privilèges personnels des bourgeois encore mal assurés ou contestés, et qu'il importe à la communauté urbaine de défendre incessamment pour les conserver et en rendre plus tard la jouissance inattaquable. Ces privilèges consistent à n'être jugés que par leurs pairs, c'est-à-dire par leurs magistrats élus, à ne pouvoir être arrêtés et à ne point laisser pénétrer chez eux un officier de justice sans l'assistance d'un ou plusieurs échevins, et à ne pouvoir être envoyés dans les prisons de la ville sans une autorisation de ceux-ci[1].

La plupart du temps, lorsqu'une arrestation était faite contrairement à ce privilège de liberté indivi-

---

[1] *Recueil imprimé des chartes de la ville,* pp. 30, 110.

duelle, c'était une affaire assez grave pour que les échevins intervinssent eux-mêmes, et ils obtenaient souvent des lettres de non-préjudice de l'autorité séculière ou ecclésiastique qui avait violé leur droit communal, ou une amende honorable de ses sergents avec le « restablissement » en leurs mains du bourgeois indûment arrêté. Le procureur accompagnait fréquemment alors les magistrats de la ville : ainsi en 1302 il alla au monastère de Saint-Bertin avec deux échevins et le sous-bailli pour s'assurer qu'un prisonnier arrêté par le bailli de l'abbaye n'était pas un bourgeois, car les bourgeois n'étaient justiciables que de l'échevinage, même pour délit commis sur le territoire de l'abbaye [1]. En 1374 il assista à l'interrogatoire auquel fut soumis devant le mayeur, les échevins et le lieutenant du bailli, le nommé Symon le Vroede, contre de l'église Sainte-Aldegonde, et c'est à lui que le lieutenant remit le prétendu clerc qui fut reconnu être un bourgeois [2].

Ce fut à la requête de Nicaise Cuvelier, procureur de ville, que le Magistrat fit annuler en 1378 l'arrestation d'un bourgeois demeurant en dehors du faubourg du Haut-Pont, dans la banlieue, faite par le lieutenant du bailli qui l'avait mené directement à la prison de l'aman sans le conduire à celle de la ville [3].

Le 7 janvier 1389 le bailli de Saint-Omer fit aussi remise aux échevins, sur la requête de leur procu-

[1] Procès-verbal du 5 septembre 1302 déjà cité.
[2] Sentence de l'échevinage du 2 septembre 1374 publiée par M. Giry, *Mém. des Antiq. de la Morinie*, t. XV, p. 267. — *Analyse et extraits d'un registre des archives municipales de Saint-Omer.*
[3] M. Giry, id. p. 272. — La Seigneurie ou Amanie du Haut-Pont comprenait les faubourgs placés à l'est de St-Omer, plusieurs paroisses en la ville et la place du Vainquay. Elle avait son aman particulier.

Pour défendre ainsi les droits des bourgeois et ceux de la communauté urbaine, il fallait pouvoir au besoin se présenter au nom de la ville devant les divers tribunaux afin d'y revendiquer les causes portées indûment devant des cours autres que celles de l'échevinage et empêcher les arrestations, les saisies ou autres mesures illégales. Aussi les règlements déclaraient-ils que le procureur devait « s'op-
» poser aux causes et emprinses que se traicteront
» au préjudice des droix et privilèges de ceste ville,
» bourgeois, manans et habitans d'icelle [1] ». Et c'est en vertu de ces dispositions souvent répétées qu'il eut le droit d'assister aux audiences des divers tribunaux qui se tenaient dans la cité [2] ; à celles de l'échevinage qui avaient lieu les mardi, jeudi et samedi, et à toutes ses assemblées ordinaires et extraordinaires [3], aux audiences du petit auditoire [4], aux plaids du château et à ceux de la prévôté [5], aux audiences des divers amans des seigneuries possédées par la ville [6], puis à celles du bailliage royal lorsque vers 1350 environ fut créée la cour de celui-ci [7], à celles des vierschaires

[1] Règlements des 4 janvier 1597 et du 19 juin 1655, art. 7 — du 8 janvier 1766, art. 9. Pièces justificatives II, n°s 3, 4 et 5.

[2] Nous avons indiqué l'époque de création de ces divers tribunaux dans les *Anciennes communautés d'arts et métiers à Saint-Omer*, ouvr. déjà cité, t. I, livre premier, ch. II.

[3] Règlement du 19 juin 1655, art. 3. Ce règlement, comme les suivants, constate évidemment un état de chose plus ancien entré alors dans la pratique.

[4] Règlement du 8 janvier 1766, art. 6.

[5] Règlements de 1597, art. 7 et de 1766, art. 9.

[6] Grand registre en parchemin aux arch. municip. *passim*.

[7] En 1355 le procureur de ville fit renvoyer devant le Magistrat Mathieu, sieur de Rabodinghe, qui avait été indûment assigné devant le Bailliage (Archives municipales AB xxi-3). — Voir aussi Régl' de 1766, art. 9.

après la réunion des justices seigneuriales en un seul siège vers 1428 [1], et d'une manière générale « aillieurs que besoing serat pour faire ce que des» pendrat de ses debvoirs [2] ».

En outre, devant certains tribunaux, le procureur de ville avait des missions spéciales, c'était de soutenir que les bourgeois n'en étaient pas justiciables et de faire valoir leurs immunités.

Le mayeur des francs-alleux [3] tenait au nom du châtelain, trois fois l'an, des plaids auxquels les bourgeois et habitants de la ville et de la banlieue étaient exempts de comparaître, comme l'avaient reconnu successivement Wauthier et Jean de Renenghes, mayeurs des francs-alleux, au nom de Mahaut, châtelaine de Saint-Omer, par leurs lettres du mois d'août 1269, et la comtesse elle-même par lettres de la même date, puis Robert de Fiennes, châtelain, le 19 juillet 1353 [4]. Le bailli royal, comme successeur du châtelain, nomma plus tard le mayeur de cette justice. Les archiducs Albert et Eugénie aliénèrent cette mairie qui tomba dans le domaine du roi à l'époque du retour de Saint-Omer à la France. Pendant toutes ces périodes, le procureur de ville se pré-

---

[1] Règlements de 1597, art. 9 et de 1655, art. 10.
[2] Règlement de 1655, art. 3 et 10.
[3] V. les *Anciennes communautés d'arts et métiers à Saint-Omer*, t. I, p. 23. Les francs-alleux étaient à Saint-Omer des tenures franches qui ne devaient aucune redevance ni aucuns droits seigneuriaux et qui n'obligeaient leurs propriétaires qu'au service des plaids et à des rapports ou déclarations. Ce n'étaient pas des terres nobles, elles ne relevaient que médiatement du bailliage et elles étaient régies par une justice spéciale nommée aussi *francs-alleux*.
[4] Grand registre en parchemin, f° 240, aux arch. municip.

senta régulièrement, chaque fois que les plaids étaient tenus, pour protester contre la prétention des officiers du châtelain ou ceux du prince d'y convoquer les bourgeois de la cité. Ce fut encore une des conditions imposées au procureur le 19 juin 1655 que celle d'y comparoir « pour y faire la protestation accous-
» tumée [1] ». En 1688, Jean-Baptiste Girardot la renouvela lorsque Joachim Carlier, alors mayeur des francs-alleux, essaya de rétablir ces plaids qui étaient abandonnés. D'après l'article 8 de la coutume du Bailliage révisée en 1739, ils se tinrent encore à cette époque à l'hôtel du roi au Bailliage, et le vendredi 16 janvier 1739 le s^r Jacques, procureur syndic, y comparaissait pour déclarer, comme ses prédécesseurs, « que les dits habitants sont exempts de paroître aux
» francs plaids, et protester contre toutes choses
» contraires ». Le règlement de 1766 continua à obliger le procureur aux mêmes formalités (art. 10).

Le grand bailli royal tenait tous les sept ans sur les bruyères communales, en un lieu appelé Edequines, des *franches vérités,* et le Magistrat n'était pas assujetti à y assister non plus que les bourgeois qui n'étaient justiciables que de lui. Les échevins s'y présentaient ordinairement eux-mêmes pour faire reconnaître leur privilège. Cependant c'est par son procureur Pierre le Merchier que la ville le revendiqua le 18 décembre 1362 [2]. Le grand bailli royal avait d'ailleurs reconnu déjà en 1348 que l'on ne devait point dans ces grandes assises criminelles, connaître des cas arrivés dans la ville ou la banlieue ni des

---

[1] Règlement du 19 juin 1655, art. 11.
[2] Pièce publiée par M. Giry, *Mém. des Antiq. de la Morinie,* t. XV, p. 113.

causes des bourgeois; en 1417 et 1424 de semblables reconnaissances furent obtenues encore par le Magistrat. Toutefois ce privilège fut souvent contesté, et il fallait que l'échevinage ne négligeât point de le soutenir; en 1560, le 12 septembre, bien qu'il eût député le procureur de ville pour faire le lendemain les protestations ordinaires on n'en condamna pas moins la ville à une amende de 60 livres comme défaillante [1]. Ces difficultés durèrent jusqu'en 1760, époque à partir de laquelle les franches vérités ayant cessé d'être tenues, le procureur n'eut plus à s'occuper d'y défendre « le droit de le ville. »

Dans l'étendue du Bailliage de Saint-Omer les seigneurs organisaient aussi des franches vérités dans les limites de leurs fiefs, et prétendaient y faire comparaître les bourgeois qui y avaient des tènements. L'échevinage avait défendu à ceux-ci d'une manière générale d'assister à aucune de ces vérités sans sa permission, sous peine de diverses amendes ou même de la perte de la bourgeoisie. Le 26 mars 1375 Nicaise Cuvelier « procureurs de honnerables et sages les maïeurs et eschevins de le ville de St-Omer », fit faire une protestation devant les religieux de Saint-Bertin à raison de la tenue des franches vérités d'Herbelles dont la légalité était contestée par l'échevinage [2]. En 1560 ce furent les officiers d'un bailliage voisin, celui d'Aire, qui voulurent faire venir aux franches vérités de Roquetoire les bourgeois de St-Omer qui y possédaient des terres, le Magistrat

---

[1] *Table alphabétique des délibérations du Magistrat,* suppléant les registres A et I perdus, aux archives municipales.
[2] *Les Chartes de Saint-Bertin,* par M. l'abbé Haigneré, t. II, p. 432, n° 1851.

députa encore son procureur pour y porter ses protestations [1].

Ce n'était pas seulement dans la ville et devant les tribunaux locaux que les procureurs veillaient à ce que les intérêts et les privilèges de la cité fussent sauvegardés : dès l'origine on les voit chargés de suivre les affaires de la ville devant divers tribunaux extérieurs tels que les juridictions royales de Montreuil ou de Beauquesne, le parlement de Paris, la cour spirituelle de Thérouanne, le bailliage d'Aire et les justices des diverses villes du voisinage avec lesquelles celle de l'échevinage pouvait avoir quelque conflit. En 1328, en effet, on trouve Jehan de Radinghem « juré au conselg de le ville comme pro-
» cureur en le court de Teroewane et ailleurs lo on
» en aura à faire », et Colart de Valenchienes « re-
» tenus au conselg de le ville pour en le court de
» Cambray et ailleurs lo li ville en aura à faire
» comme procureur [2]. Les commissions accordées aux procureurs généraux de 1399 à 1497 contiennent toutes des conditions relatives à leurs frais de déplacement, presque toutes stipulent que pour les voyages faits aux villes rapprochées, telles que Thérouanne, Aire, Gravelines, ces officiers n'auront pas d'indemnité supplémentaire et on leur donne un ou deux chevraux [3]. Les difficultés entre l'échevinage et quelques juridictions des villes voisines venaient de ce lien de fédération qu'il avait très anciennement

---

[1] Table alphabétique des délibérations du Magistrat.
[2] Pièces justificatives I, nominations.
[3] V. plus loin chapitre IV, *Gages*.

contracté avec elles [1], et dont parlent les coutumes ; là on ne pouvait exercer le droit d'arrêt contre les bourgeois associés, et la qualité d'étranger disparaissait ; là aussi les impôts locaux n'étaient point à la charge des confédérés [2] ; il fallait assurer l'exercice de ces privilèges et faire valoir les plaintes des bourgeois lésés. D'autre part, les nombreux privilèges commerciaux obtenus dans ces villes, notamment la libre navigation de la rivière d'Aa jusqu'à Gravelines, donnèrent lieu à des procès fréquents, le procureur dut avoir mission de les instruire. A Thérouanne, à Cambrai, c'était devant la cour spirituelle ou l'official qu'il s'agissait de défendre divers droits. Le procureur de ville allait encore devant le Parlement de Paris [3], et plus tard les événements politiques ayant fait ressortir l'échevinage à d'autres tribunaux,

[1] Les lieux avec lesquels la ville de Saint-Omer avait formé cette alliance étaient : Gravelines, Bourbourg, Watten, Aire, Nieurlet, Morbecque, le Franc de Bruges et Fauquembergues.

[2] *Item.* Obtint (le procureur de ville) autre commission delad. ville et Jacques Brant bourgois contre Jehan Coquerdant soy disant colecteur de sheerenghelt (taxe sur les harengs) à Gravelinghes (Gravelines) pour ce qu'il auroit voulu contraindre Aleaume de la Cousture et Jacquemart Zouteman bourgois, de payer ledit sheerenghelt contre les privilèges et franchises, $IIII^l\ IIII^s$ p. (Comptes de la ville, 1437-1438.)

[3] A Pierre de le Nesse, procureur de ceste ville, pour du commandement de Mess. Maieur, avoir allé et porté à Paris lenqueste et informacion des charges soubz umbre desquelles freminot Savary, l'an mil IIII^c xxxvii, fu prins et mis à ghehine en ceste dite ville, pour les mectre et bailler devers li court de parlement comme ordonné et appoinctié avoit esté par icelle au pour cas dud. Savary qui rigoureusement poursuit le dicte ville pour estre repaiez disant ses piés avoir esté coppez et perdus à l'occasion de le dicte gehine.
(Comptes de la ville, 1448-1449.)

on l'envoya au Conseil privé des princes de la maison de Bourgogne ou d'Espagne, au grand Conseil de Malines, au Conseil d'Artois.

Il en était de même dans les villes du Nord de la France. Ainsi, au xii⁰ siècle, le procureur de ville à Amiens était avocat et procureur de l'échevinage soit à Paris, soit à Amiens [1]. A Rue, en 1343, il était nommé tous les ans pour défendre devant toutes les cours les intérêts des bourgeois et de la commune, « et y ara chacun an procureur pour les bourgois et » drois de le ville warder et deffendre ; et seront li » bourgois de le ditte ville wardé et deffendu son- » gneusement en toutes cours, tant de sainte église » comme séculares, et leurs drois wardés et def- » fendus [2] ».

Toutefois le règlement de 1597 ne prévoit pas, comme celui de 1415, les frais de voyage du procureur. Celui de 1655 est également muet sur ses déplacements. C'est qu'alors cet officier se trouvait tellement absorbé par les affaires administratives de la ville [3] que l'échevinage ne l'envoyait plus au dehors qu'exceptionnellement, car ces déplacements continuels avaient de sérieux inconvénients pour l'expédition des affaires locales. En effet, depuis le xv⁰ siècle au moins, on voit que la ville désignait fréquemment d'autres personnes prises sans doute parmi les procureurs *ad lites*, pour leur confier ses intérêts devant certains tribunaux extérieurs. C'est ainsi que dans le compte de la ville de 1413-1414, on voit « Colart

---

[1] A. Thierry, *Recueil des monuments inédits de l'histoire du Tiers État*, t. I, pp. 408 et 751.

[2] — Id. — t. III, p. 673. Charte de 1343, art. 8.

[3] Voir chapitre III ci-après.

» plante haye, procureur de nosseigneurs en le court
» du roy nostre sire à Amiens. » Dans les Despenses
pour pension de le cambre (la chambre échevinale)
du compte de la ville de 1436-1437, on lit d'abord le
traitement fixe du procureur général « au procureur
» général de ceste ville xxx livres », et d'autres
sommes allouées « au procureur de le ville en le
» court spirituelle à Térouenne c sols.... à Pierre de
» Pardieu, procureur de ceste ville en le court du roy
» nostre sire à Monstreuil x livres... à Guill. de Les-
» pierre, procureur de ceste ville en le court du roy
» nostre sire à Amiens c s [1]... au procureur de le
» ville en parlement viii livres ». De sorte qu'alors le
titre de procureur général permet seul de distinguer
le procureur chargé de tous les intérêts généraux
de la ville des agents commissionnés seulement
pour la représenter devant divers tribunaux extérieurs.

L'usage du Magistrat d'avoir ainsi plusieurs man-
dataires ou procureurs était assez fréquent pour que
Jacques de Saulty, en acceptant l'office de procureur
général, ait exigé des garanties contre ce droit dont
usaient les échevins de désigner d'autres procureurs
que celui avec lequel ils avaient traité ; et la convention passée avec lui en 1558 porte « moyennant par
» mesdits sieurs ne point se servir d'autre procu-
» reur que ledit de Saulty ; et moyennant par ce
» dernier ne servir d'autres personnes que mesdits
» sieurs [2]. »

---

[1] De même la ville payait aussi un avocat à Amiens :
« A maistre pierre Jonglet, advocat en le court du roy nostre
» sire à Amiens viii livres. » (Même compte 1436-1437.) A l'advocat en parlement x livres. (Id.)

[2] Table alphabétique des délibérations du Magistrat.

La ville n'en continua pas moins à avoir devant les tribunaux importants des procureurs et des avocats chargés de ses affaires, et jusqu'à la réunion à la France on voit figurer dans les comptes, soit comme dépenses régulières et fixes au chapitre : *Gages et pensions ordinaires,* les sommes allouées aux procureurs ou aux avocats de l'échevinage aux Conseils d'Artois, de Flandre ou de Malines, soit comme dépenses extraordinaires sous le titre : *Procès, escriptures et sallaires,* d'autres sommes payées pour d'autres affaires [1]. Ces agents résidaient d'une manière permanente dans les villes où siégeaient ces divers Conseils. Après la conquête en 1677, la ville accrédita des procureurs ou avocats également permanents devant le Conseil d'Artois et le Parlement de Paris ; ils étaient les uns et les autres pris le plus souvent dans les villes où ces tribunaux étaient établis, et la clientèle de l'échevinage se transmettait avec la charge [2]. Il en fut ainsi jusqu'à la Révolution.

---

[1] On trouve dans la correspondance du Magistrat et dans les liasses des procès de la ville diverses lettres contenant des instructions données par l'échevinage à ces agents et des réponses de ceux-ci.

[2] En voici un exemple.

Arras le 25 décembre 1738.

Messieurs,

Mre Liénart [*] a enfin hier paié le tribut à la nature. Il est mort à six heures du matin après trois jours de maladie violente causée par une rechute d'apoplexie Et comme je me propose de traiter incessamment avec ses héritiers, je viens par cette vous offrir la continuation de mes services pour la ville parce que depuis du temps j'avois plus de part à ceux qui vous ont été rendus que feu M. Liénart qui n'étoit plus guerres capables de grande chose. Vous pouves être persuadés que si

[*] Procureur de la ville au Conseil d'Artois.

Toutefois en 1597, comme plus tard en 1655, c'était le procureur de ville qui devait poursuivre « toutes les causes de ladite ville jusques au définitif »; le premier vendredi de chaque mois il était tenu de « représenter à Messieurs l'état de toutes les causes » que la ville peut avoir tant pour droit d'issue aux » vierschaires qu'au conseil d'Arthois, à Malignes [1] » et ailleurs » (art. 5 et 9 du règl^t de 1597) [2]. Il surveillait « en tout les diligences à la sollicitation des » procès que ceste ville poeut ou pourroit avoir en » tous sièges, fut ès privé ou grand conseilz, ceux » d'Arthois ou de Flandres, bailliage et eschevinaige » et vierschaires de ceste ville, et par tout ailleurs, » tant sur rolle que sur requeste, affin que rien ne » s'y passe au préjudice d'icelle ville » (art. 10 du règl^t de 1655).

D'autre part, à l'origine, les procureurs de ville n'étaient point des jurisconsultes comme les conseillers pensionnaires, mais plutôt des praticiens connaissant la procédure, qui la dirigeaient eux-mêmes, faisaient faire les ajournements soit à leur requête,

---

voulés bien recevoir mes offres, je feray de mon bien pour mériter votre confiance ce n'est point tant l'envie du gain qui m'anisme puisque les affaires ne sont pas fort abondante mais c'est l'honneur du pouvoir me dire d'une aussy digne compagnie que le magistrat de St Omer.

      Messieurs,

Le très humble et très humble obéissant serviteur,

                  CANAIREZ.

(Corresp. du Magistrat de St-Omer, liasse année 1738.)

[1] Grand Conseil de Malines.

[2] A Amiens le procureur était tenu aussi de présenter tous les mois à l'échevinage un état des procès de la ville. (Dél^n 24 septembre 1562). A. Thierry, *Monuments inédits de l'histoire du Tiers État*, t. II, p. 719 à 722.

soit à celle des mayeur et échevins [1], signaient toutes les pièces ainsi que les mémoires et les appels ; et s'il put y avoir à l'origine quelque confusion d'attributions sur ce point avec les conseillers pensionnaires, elle cessa sans doute de bonne heure et les procureurs de ville furent placés, sous la direction de ceux-ci, quant à la direction des affaires litigieuses [2].

Peu d'années après la réunion de Saint-Omer à la France, vers 1680, les privilèges judiciaires de la ville commencèrent à être contestés d'une manière générale par les officiers du Bailliage. Se fondant sur des ordonnances du royaume qui n'avaient pu préjudicier cependant aux droits de la cité puisqu'elles avaient été rendues lorsque l'Artois était sous une puissance étrangère et depuis que la souveraineté en était passée à la maison d'Autriche, ils attaquèrent les droits de juridiction que l'échevinage exerçait dans la ville et la banlieue.

Le procès porta sur un grand nombre de points et donna lieu à la rédaction de mémoires extrêmement longs et nombreux [3]. Au moment de la vérification des coutumes en 1739, les difficultés encore pen-

---

[1] *Recueil des chartes de la ville,* pp. 62 et 63.

[2] Ce n'est, il est vrai, que dans un règlement de 1655 que l'on trouve l'obligation pour le procureur de prendre l'avis du conseiller principal ou du conseiller second, mais il est vraisemblable que c'était là un devoir qui lui était imposé depuis longtemps et qui fut seulement rendu plus précis et plus impératif en 1655.

[3] Le ms. 873 de la bibliothèque de Saint-Omer, qui vient de M. Deschamps de Pas, conseiller au bailliage, contient un grand nombre de pièces relatives à ce procès. En 1731, une production du s^r Petit, substitut du procureur du roi au bailliage, est indiquée comme contenant à elle seule 890 pièces et 10 liasses.

dantes furent mentionnées avec soin par le procureur de ville. C'est lui qui remit le 19 septembre au conseiller commis pour la rédaction des coutumes de la ville et du bailliage le texte de celles de la ville, et, soit au moment des convocations, soit au moment de la discussion des articles, il fit des protestations ou des réserves au nom des Mayeur et échevins et il signa le procès-verbal[1]. Les procès-verbaux de vérification des coutumes ne pouvaient résoudre les points litigieux qui furent alors simplement réservés. Le procès continua et les matières qui en faisaient l'objet devinrent plus nombreuses, elles embrassèrent la compétence civile, criminelle, ecclésiastique, bénéficiale, domaniale et de police, et absorbèrent le procureur de l'échevinage qui avait rencontré des adversaires acharnés dans les procureurs du roi au Bailliage. Au moment où éclata la Révolution aucune décision judiciaire définitive n'était intervenue.

Depuis la conquête française en 1677 les habitants de l'Artois avaient vu aussi réduire leurs libertés, un édit de 1764 leur rendit le droit d'élire leurs officiers municipaux. A Saint-Omer les électeurs au lieu d'être, comme en 1447, le Magistrat en exercice assisté de trois personnes de chacun des trois états, furent alors un corps de notables. Dans la première assemblée qu'ils tinrent le 8 novembre en vertu de l'édit, on révoqua le procureur du roi syndic comme tous les autres officiers municipaux. Mais tandis qu'on décida la suppression des conseillers pensionnaires on conserva le procureur, et le s^r Deffosses fut élu par 38 voix

---

[1] *Coutumes locales des bailliages de Saint-Omer, Aire, etc.*, Paris, Simon 1744, pp. 26, 72, 74, 79, 80, 81, 82, 85, 87 et 119.

sous le titre de procureur syndic[1]. Il eut pour successeur le s[r] de Monbynes nommé dans l'assemblée des notables tenue le 31 octobre 1765 en vertu de l'édit de cette année.

A partir de cette époque les attributions du procureur devinrent plus considérables encore qu'autrefois et il dut diriger à l'avenir toutes les procédures. Un règlement du 8 janvier 1766 fixa « les obligations » attachées à la charge du procureur du roi syndic » de cette ville [2] ». L'art. 8 portait : « il tiendra » registre des affaires dont il sera chargé pour en » rendre raison quand il en sera requis, et il pour- » suivra avec diligence la décision des causes où » cette ville sera intéressée en tel siège que ce soit » dedans ou dehors de la province. » Mais, comme nous l'avons dit plus haut, l'échevinage était représenté au-dehors par des procureurs et des avocats spéciaux. En 1776 la ville avait notamment au Parlement de Paris un procureur qu'elle payait « pour » les affaires pendantes et qui pourront être portées » ci-après tant audit parlement qu'autres tribunaux » de l'enclos du palais [3] ».

---

[1] Procès-verbal de l'élection du 8 novembre 1764.
[2] Pièce justificative II, n° 6.
[3] Registre aux délibérations du Magistrat 1765-1788, p. 298.
— Le plus célèbre de ces procureurs est Personne. Voir sur ce personnage la liste des procureurs de la commune 1790, à l'*Appendice*.

§ 2

Partie publique en matière civile. — Prétentions du procureur de ville en matière criminelle. — Dénominations diverses du procureur de ville. — Usurpation du titre de procureur du roi. — Le petit bailli. — Le burgrave, officier fiscal.

Le 18 février 1467, Philippe-le-Bon, duc de Bourgogne et comte d'Artois, avait créé un procureur général pour les ville, bailliage et châtellenie de Saint-Omer [1] et l'avait établi « en toutes nos causes, » besongnes et affaires tant en demandant comme » en deffendant contre toutes personnes, et par de- » vant tous juges. » Il put donc siéger à l'échevinage quand la cause intéressait le roi.

Après la création du Conseil d'Artois en 1530, ce procureur général du Bailliage devint le substitut du procureur général établi dans cette nouvelle juridiction royale. Il porta soit le titre de « procureur d'Ar- » tois ès metz de nos ville, banlieue et bailliage de » St Omer [2] », soit de procureur général au quartier

---

[1] Commission accordée le 18 février 1467 à Hugues Quiefdeber. *(Ordonnances royaux du Bailliage de Saint-Omer,* à la bibliothèque municipale, n° 2763, p. 42.) Jusqu'alors il n'y avait eu qu'un procureur général pour tout l'Artois, et le châtelain puis le bailli avaient rempli à l'échevinage les fonctions de ministère public. (Art. 2 de la coutume de l'échevinage rédigée en 1531.)

[2] Provision de 1532. *Recueil des Ordonnances royaux du Bailliage de Saint-Omer,* p. 44. — *Provisions accordées par Philippe II, roi d'Espagne, le 28 août 1643.* (Ms. 873, p. 29 v° à la bibliothèque municipale.)

de Saint-Omer, ou celui de procureur général au bailliage royal de Saint-Omer, ou simplement le titre de procureur du roi [1]. Quant au procureur général de la ville, il perdit irrévocablement ce titre, et le dernier qualifié ainsi fut le s[r] de Saulty, nommé le 21 novembre 1558. Déjà, du reste, Pierre Tardieu en 1497 avait été commissionné sous la désignation de procureur syndic.

Mais les échevins ne voulurent pas permettre que ce procureur du roi au Bailliage nouvellement créé en 1467 fût à la fois procureur aux deux sièges ; peu d'années auparavant, en 1452, ils avaient résolu d'admettre leur procureur aux « délibérations, jugements et dé- » terminations des causes réelles et civiles, sauf celles » où il avait été consulté par les parties et celles où il » s'agissait d'amende ou de délit [2] » ; insensiblement ils firent de lui un véritable procureur juridictionnel, spécialement attaché à leur justice; et en définitive, bien qu'aucun texte ne justifiât cette attribution, il fit fonction de partie publique en matière civile devant l'échevinage au moins dès 1597, et comme la ville avait déjà des difficultés quant à ses droits de justice avec le Bailliage, c'est de cette époque aussi que datent les prohibitions que nous avons déjà signalées [3] empêchant le procureur de « prendre pension du Bailliage ni du grand bailly de » cette ville [4] ». S'il s'éleva d'abord de la part du

[1] Mémoires imprimés. « pour Me Jean Jacques Petit procu- » reur du Roi au Bailliage royal de St Omer » pendant le grand procès de juridiction entre l'échevinage et le Bailliage au xviiie siècle.

[2] *Table alphabétique des Délibérations du Magistrat,* V. Procureur, analyse du registre O perdu.

[3] P. 16.

[4] Règlement du 4 janvier 1597, art. 4, complétant les prohi-

bailliage des contestations relatives à ce rôle de partie publique, il est certain néanmoins qu'à dater de 1694 le procureur de ville l'exerça continuellement. Sous le régime des édits de 1764 et 1765 son rôle de partie publique fut même reconnu et il en était en possession d'une manière ostensible, les articles 3 et 13 du règlement du 8 janvier 1766[1] le mentionnèrent et ce droit était si bien établi par l'usage que lorsque le procureur syndic était absent ou empêché il était remplacé par un échevin ayant la qualité d'avocat à qui on faisait prêter serment, on peut en citer de nombreux exemples de 1770 à 1779[2].

Les échevins tentèrent aussi de s'emparer des fonctions de partie publique dans les affaires crimi-

---

bitions de l'art. 6 du règlement de 1415. — Pièce justificative II, n° 3.

[1] Pièce justificative II, n° 6.

[2] 23 juin 1770. — Cuvelier procureur syndic absent remplacé par le sr Caron, avocat et échevin pour « faire les fonctions de » partie publique civile ». *(Registre aux Délibérations du Magistrat,* 1765 à 1783, p. 104.

9 septembre. — Même motif, p. 113.

16 mars 1772. — Cuvelier étant administrateur de l'hôpital général ne pouvait conclure dans une instance engagée contre celui-ci, on nomma un échevin pour « faire les fonctions de » partie publique dans l'instance ». — *Id.* p. 133.

6 mai 1772. — On nomme le sr Froidure, avocat pour « faire » les fonctions de procureur syndic jurisdictionnel dans diffé- » rentes affaires dans lesquelles le sr Cuvelier n'en peut exer- » cer les fonctions. Et il a sur le champ prêté le serment en » nos mains requis en pareil cas ». — *Id.* p. 136.

16 novembre 1772. — Cuvelier absent pour assister à l'assemblée des États, remplacé par un avocat échevin.

Voir aussi 16 mai 1774, 29 mai, 6 décembre 1775, 14 août 1776, 20 novembre 1778, absence ou incommodité du sr Cuvelier père. — *Id.* p. 146, 179, 219, 232, 242, 285.

nelles et de les confier à leur procureur, ils rencontrèrent la même résistance de la part des officiers du Bailliage, mais la lutte fut plus longue et dura jusqu'à la Révolution.

A l'origine, le châtelain, et plus tard le grand bailli lui-même, avait exercé ces fonctions [1]. Mais les attributions du grand bailli se divisèrent : outre le lieutenant de bailli, il y eut un sous-bailli appelé plus tard petit bailli [2], qui remplaça à l'échevinage le bailli comme ministère public en matière criminelle. La création du procureur du roi au bailliage ne modifia guère les attributions de ce sous-bailli, car si le nouveau magistrat avait le droit de donner des conclusions dans les procès criminels, en général il continua à laisser ce soin au sous-bailli. C'est ce qui résulte d'une décision du conseil privé de Philippe II, roi d'Espagne, donnée à Bruxelles le 31 juillet 1556, déclarant que « les procès criminels qui se condui-
» ront par devant lesdits mayeur et échevins, esquels
» le soubz-bailli sera acusateur, seront communi-
» quez au dit Procureur du roi, quand le requerrera,
» pour assister ledit soubsbailly à l'instruction et
» expédition d'iceux, sans retardement et sans pren-
» dre par ledit Procureur autres sallaires que les
» accoutumez... [3]. »

---

[1] *Histoire de la ville de Saint-Omer et de ses institutions jusqu'au XIV° siècle*, par M. Giry, déjà citée, p. 119.

[2] On trouve la fonction de sous-bailli mentionnée dès le XIV° siècle dans *Les Cartulaires de l'église de Térouanne par MM. Duchet et Giry édités par la Société des Antiquaires de la Morinie à Saint-Omer*, 1881, p. 215, n° 242, où figure Guillaume Ycetz soubz-bailli de S¹ Omer, dans une pièce dont la date peut être fixée entre 1302 et 1309. En 1448 la loy fut renouvelée en présence de divers officiers et notamment d'un petit bailly.

[3] *Recueil des Chartes de la ville*, p. 101.

Toutefois pendant les travaux de la révision des coutumes de Saint-Omer en 1739 il s'éleva un différend entre le procureur du roi au bailliage et le petit bailli. Le premier prétendait que les fonctions du second ne regardaient point la juridiction et qu'il ne pouvait exercer celles de ministère public à l'échevinage. Le petit bailli ne contesta pas que ces fonctions en matière criminelle appartinssent au procureur du roi, il ne prétendit les exercer que lorsque celui-ci ne jugeait pas à propos de les remplir par lui-même. Les mayeur et échevins ne protestèrent point en faveur de leur procureur de ville ; c'était reconnaître la réalité et l'existence des droits du bailliage en présence du commissaire du Parlement et des trois états assemblés. Et en effet, malgré les diverses tentatives que faisait l'échevinage, chaque fois qu'une occasion se présentait, pour que son procureur jouât le rôle de partie publique en matière criminelle, ce fut le procureur du roi au bailliage qui donna des conclusions, ou à son défaut le petit bailli.

Les échevins eurent, il est vrai, recours à un autre moyen, ils parvinrent en 1759 à acheter l'office de petit bailli et à le réunir à la ville [1]. C'était supprimer un obstacle, mais le procureur du roi au bailliage restait là, et la lutte se circonscrivit entre les deux procureurs.

Pour justifier la juridiction exercée en fait au civil par le procureur et appuyer ses tentatives d'usurpation en matière criminelle, le Magistrat essaya plusieurs fois de lui donner le titre de procureur du roi à l'échevinage. Les édits relatifs à la vénalité des

[1] Arrêt du Conseil d'État du 29 juin 1759, imprimé.

charges, rédigés par des magistrats qui n'étaient peut-être point versés dans tous les détails des diverses administrations municipales du nord de la France, contenaient en effet des termes dont les échevins crurent pouvoir se servir pour donner un certain fondement à cette qualification. Un édit du mois de mars 1694 avait créé un *substitut du procureur du roi* des villes et communautés, et un arrêt du Conseil du 17 août de la même année avait autorisé la réunion à la ville de cet office sous le titre de *procureur syndic* de la ville de Saint-Omer moyennant dix mille livres payées le 22 septembre 1695. La quittance de cette somme délivrée par le trésorier des parties casuelles portait : « Pour l'office de *con-*
» *seiller procureur du roi, ci-devant procureur syndic*
» de la ville de St Omer, créé en titre d'office hérédi-
» taire par édit du mois de mars 1694, uni au corps
» de ladite ville par arrêt du Conseil du dix-septième
» aout 1694 [1] »

Assurément il y avait une différence entre les attributions de procureur syndic et celles de procureur du roi qui semblaient ainsi confondues. Le syndic était compétent en matière d'administration, le procureur du roi avait la juridiction. Mais comme on ne pouvait évidemment refuser la qualité de procureur syndic au procureur de ville puisqu'il jouait un rôle considérable dans les questions d'administration, il paraissait aux échevins que les édits avaient voulu réunir sur la tête de leur procureur les deux qualités, de sorte que le procureur syndic ayant en outre le titre de procureur du roi devait exclure celui du bailliage du droit de faire aucun acte de juridic-

[1] Archives de la ville AB xl-9.

tion à l'hôtel de ville, car il ne pouvait y avoir deux procureurs du roi au même siège. Celui de la ville était donc syndic pour l'administration et procureur du roi pour la juridiction, et à l'échevinage il devait seul avoir le droit de donner des conclusions dans toutes les affaires, à l'exclusion du procureur du roi au bailliage.

Toute cette argumentation était très contestable, et au milieu du xviii° siècle, Maillard, en tête des *Coutumes générales d'Artois*[1], constatait ainsi en 1741 les droits qu'avait le procureur du roi du bailliage d'exercer à l'échevinage les fonctions de ministère public en matière criminelle : « Outre ces officiers » il y a le Petit-Bailli, pourvu en titre d'office par le » Roi, qui fait audit Echevinage les fonctions de » Partie publique en matière criminelle, et d'exécu- » teur de police, quoique le Procureur du Roi du » Bailliage de Saint-Omer puisse également faire les » fonctions de Partie publique en matière criminelle » audit Echevinage, et y poursuivre les condamna- » tions d'amendes dans le cas où elles doivent être » adjugées à Sa Majesté. » Et Maillard déclarait que ces renseignements lui avaient été fournis par « M. le procureur syndic » lui-même.

Les édits de 1764 et de 1765 contenant règlement pour l'administration des villes et principaux bourgs du royaume mentionnèrent parmi les officiers de ville le procureur syndic sans autre qualification. La liberté que ces nouvelles mesures législatives donnaient aux villes parut néanmoins favorable aux échevins pour raviver leurs prétentions, et en 1765 ils réglaient dans une délibération des notables les

[1] P. 31, n° 5.

obligations attachées à la charge du *procureur du roi sindic* dont était titulaire le s[r] de Monbynes[1]. Puis en 1767 ils élurent au grand jour et officiellement le s[r] Cuvelier comme *procureur du roi sindic* dans une délibération des notables.

Enfin ils allèrent jusqu'à tenter d'éloigner le procureur du bailliage de l'assemblée des notables, et dans le procès-verbal de celle du 21 juillet 1767 tenue pour l'élection d'un mayeur, on vit le procureur syndic, Me Laurent Cuvelier, protester contre la convocation qui avait été faite par MM. les mayeur et échevins de Me Petit, procureur du roi des bailliage et ville de Saint-Omer, soutenir qu'en vertu de l'article 19 de l'édit de 1765 il était le seul procureur pouvant exercer à l'échevinage les fonctions de ministère public, et exiger que ses protestations fussent « couchées au procès-verbal de l'élection ». Mais M. de Choiseul ne toléra point ces prétentions, et par lettre du 30 novembre 1767 adressée aux échevins il rejeta la prétention de leur procureur[2]. De plus, le procureur du roi au bailliage protesta lui-même contre la dénomination attribuée à l'agent de l'échevinage et se pourvut en 1768 devant le parlement qui fit défense à ce dernier de prendre la qualification de procureur du roi[3].

En cette même année 1768 on modifia encore, mais provisoirement, la constitution municipale des villes d'Artois par un arrêt du conseil d'Etat du 15

[1] Procès-verbal du 8 janvier 1766. Pièce justificative.
[2] La protestation de M. Cuvelier et la lettre de M. de Choiseul ont été imprimées à la suite du mémoire de M. Masse de Bouret.
[3] C'est ce qui est affirmé dans le *Mémoire imprimé pour M. Masse de Bouret, procureur du roi au bailliage,* vers 1788.

juillet. Il y était dit art. vi : « Dans chacune desdites
» villes il y aura un *procureur syndic et juridictionnel*
» et qui continuera, comme par le passé, à assister
» aux assemblées ordinaires du corps de ville seule-
» ment, et à y faire les fonctions de son office dans
» les matières ordinaires de juridiction et de police. »
En conséquence le s^r Cuvelier, élu de nouveau le
31 octobre 1769, ne reçut plus d'autre titre que celui
de procureur syndic.

Tout n'était pas fini cependant. En 1773 un édit
rendu au mois de novembre réglant de nouveau la
constitution municipale des villes d'Artois portait :
« Dans chacune desdites villes, il y aura un *procu-*
» *reur du roi syndic* qui continuera, comme par le
» passé, à assister aux assemblées ordinaires et
» extraordinaires du corps de ville et à y faire les
» fonctions de son office dans les matières or-
» dinaires de juridiction et de police » (article vi).
Cette qualification semblait enfin justifier les prétentions de la ville, mais on soutenait contre elle que
cet édit n'avait pas été vérifié au parlement, qu'il
avait été enregistré au Conseil Supérieur d'Artois
pendant les troubles de la Magistrature et la vacance
du Parlement ; que de plus il avait eu pour objet
d'attribuer aux Etats de la province la nomination des
officiers municipaux, sans en modifier les titres ni
les attributions. De sorte que le s^r Cuvelier et son
successeur essayèrent en vain de faire revivre à leur
profit la qualité de procureur du roi, on le leur refusa même catégoriquement lorsqu'ils comparurent
aux francs plaids tenus par les mayeur et échevins
des francs-alleux de la chatellenie de Saint-Omer de
1774 à 1789 [1].

[1] Procès-verbal du 16 janvier 1789, imprimé.

Les termes de l'édit, semblables à peu près à ceux de l'arrêt du Conseil de 1768, ne tranchaient pas d'ailleurs la question d'attributions. Aussi le procureur du roi au bailliage continua à exercer à l'hôtel de ville en matière criminelle les fonctions de ministère public, et il était d'usage qu'il fût installé à l'échevinage lors de sa nomination. L'un de ces magistrats, Louis-Eugène Petit du Cocquel, qui avait reçu du roi des lettres de provision de « *Notre conseiller procureur pour Nous au bailliage et ville de Saint-Omer* » en date du 18 juillet 1750 [1], n'avait pas pris le soin, soit par négligence, soit peut-être pour éviter des difficultés, de les faire enregistrer au siège échevinal; il avait aussi laissé instruire à la ville, avant l'édit de 1773, quelques procédures criminelles à la requête du petit bailli depuis cependant que la réunion de cet office à l'échevinage avait été accomplie; mais les échevins l'avaient laissé siéger dans leur chambre et lui avaient bien des fois donné son titre sur leurs registres. Quand il s'agit de recevoir son successeur, ils prétendirent cependant qu'il ne pouvait être installé à l'échevinage sous le titre de procureur du roi, puisqu'il y en avait déjà un, et ils présentèrent comme une simple tolérance de leur part l'usage qu'ils avaient laissé faire à M. du Cocquel de ses trop réelles prérogatives. De sorte que lorsque M. Masse de Bouretz, nommé le 19 novembre 1788 [2] et installé au bailliage le 4 décembre suivant, fit savoir que M. Gosse de Louez, conseiller au Conseil d'Artois, désigné par un jugement de cette Cour du 27 novembre 1788, devait l'installer le 5 décembre à la ville, il reçut le jour même « un acte d'opposition

---

[1] Provisions imprimées.
[2] Id.

» formé par les mayeur et échevins à l'exécution du
» jugement de sa réception et à l'installation qui
» devait en être la suite ». Cette opposition était
fondée sur l'intention qu'annonçait avoir le Magistrat de se pourvoir au Conseil du Roi pour faire
ordonner le rapport des provisions de M. Masse de
Bouret. Le procès ne put être jugé avant la Révolution, pas plus que celui relatif aux juridictions respectives du bailliage et de l'échevinage. Les choses
restèrent donc indécises en droit ; mais en fait le
procureur de ville, qui avait à l'origine porté le titre
de procureur général jusqu'en 1596, puis ceux de
procureur de ville, procureur syndic, de procureur
du roi syndic en 1694, puis de procureur syndic et
juridictionnel, pour rester enfin procureur du roi
syndic ou plutôt simplement procureur syndic,
n'exerçait pas les fonctions de ministère public en
matière criminelle.

C'est assurément un curieux spectacle que celle de
cette cour échevinale sans ministère public alors qu'elle
avait le droit de haute justice et que ses jugements en
matière criminelle étaient définitifs [1]. Nous avons
constaté déjà que le maître des hautes œuvres était
préposé pour mettre à exécution les jugements portant condamnation à mort ou à quelque peine afflic-

[1] Coutumes de la ville de 1509 et 1531, art. 7. — Nous avons
déjà dit cependant (*Le Maître des Hautes-Œuvres ou Bourreau à
Saint-Omer*, St-Omer, D'Homont 1892, p. 1, note 2.) qu'après la
conquête française (1677) le rôle de la justice échevinale fut restreint grâce aux procureurs du roi au Bailliage qui, au moyen
d'un appel *à minima* qu'ils interjetaient des jugements préparatoires à l'instruction, distrayaient les prévenus de leurs juges
naturels, et les traduisaient devant le Conseil d'Artois qui ne
manquait jamais de son côté d'évoquer la cause au fond.

tive prononcée par les deux cours du bailliage et de l'échevinage, et qu'il était payé par elles deux ; que le gibet et la potence étaient entretenus à frais communs, et que le glaive qui servait à décoller portait les armes du comte d'Artois [1]. La justice que la ville exerçait dans la cité et la banlieue était donc en réalité celle même du comte d'Artois déléguée par lui aux échevins, mais il s'était réservé le droit de poursuite, le droit de mettre en mouvement la justice criminelle, et ses officiers en avaient successivement restreint l'exercice concédé à l'échevinage. Au surplus l'arrestation des malfaiteurs n'appartenait pas non plus aux officiers municipaux, mais bien à ceux du bailliage [2]. L'article 2 de la coutume de l'échevinage rédigé en 1531 disait que les poursuites étaient exercées à ce tribunal à la requête « des parties ou du » bailly ou du procureur du Comte d'Artois », et dans le procès-verbal de révision de 1739 [3], le petit bailli ne contesta pas plus au grand bailli le droit de faire les appréhensions des criminels que celui de donner

[1] *Le Maître des Hautes-Œuvres ou Bourreau à Saint-Omer,* déjà cité, p. 7 et 8.

[2] C'est pour cela que le procureur de ville accompagnait quelquefois le bailli royal, par exemple en 1418. « Les archiers
» accompagnent le bailli et le procureur de ville dans le pais
» de langle pour trouver pillars qui avoient prins et pillié ung
» marchant de holande a tout son avoir, lequel amenoit herens
» et vivres par le rivière de ceste ville, et le tenoient comme
» prisonnier, et trouvèrent ycellui marchant enferé avec partie
» de sa marchandise lui fist rendre et délivrer et se trouva
» prinst et amena un desdits pillars audit connestable Jehan
» brisse XVI ^{s}, et a chacun des autres qui sont XV-VIII ^{s}. »
(Comptes de la ville 1418-1419.)

Le pays de l'Angle était annexé depuis le XIIIe siècle au bailliage de Saint-Omer.

[3] P. 27.

des conclusions dans les procès criminels s'il le jugeait à propos.

C'était aussi le petit bailli, et non le procureur de ville, qui faisait exécuter les placards et les règlements de police du Magistrat, qui assistait à tous les escauwages ou visites judiciaires dans la ville et la banlieue, et il était présent aux plaids que l'échevinage tenait le vendredi, afin d'y garder le droit du roi et de conclure contre les délinquants [1].

Enfin le procureur de ville n'était pas non plus comme ailleurs procureur fiscal.

Le droit de poursuivre devant les juges municipaux les amendes dont le profit était attribué en tout ou en partie au souverain, avait été reconnu appartenir au procureur du roi par la décision du Conseil privé de Philippe II de 1556 [2]. Quant aux autres amendes prononcées pour le compte de l'échevinage, c'était à un officier spécial, le burgrave, qu'était attribué le soin de les poursuivre. Cet emploi était un démembrement de l'ancienne autorité du châtelain. D'abord à la nomination des échevins jusqu'au commencement du XVIIe siècle, il fut considéré plus tard comme domanial et adjugé à titre de bail avec l'ancienne motte châtelaine et la maison du bourg par les officiers du

---

[1] Registre aux délibér. du Magistrat M. f° 135, année 1593.

[2] Voir l'article déjà cité, p. 33, et en outre un autre article de la même décision : « Attendu que quand lesdits mayeur et éche-
» vins ont quelque procès civil, auquel vraisemblablement peut
» tomber quelque amende, ils ordonnent le mettre ès mains du
» Procureur de sad. Majesté pour y garder son droit, ce que
» icelle Sa Majesté ordonne être ensuivi. » (Recueil imprimé des chartes de la ville, p. 104.) — Voir aussi Maillard, *Coutumes d'Artois*, cité p. 36.

bailliage, mais le titulaire, qui prêtait serment au bailliage, devait en prêter un autre devant le Magistrat à qui il arriva plusieurs fois de le refuser lorsque l'officier pourvu ne lui convenait pas. Les fonctions de burgrave consistaient alors à faire tous les devoirs d'officier fiscal dans la ville, banlieue et châtellenie de Saint-Omer, y faire observer les placards, veiller à la conservation des droits, hauteurs et prééminences de Sa Majesté et du bien public. L'office fut aussi adjugé en 1660 devant la Chambre des comptes de Lille ; supprimé pendant un certain temps, il fut rétabli en 1712 pour soulager le petit bailli, mais l'année suivante la ville le racheta [1].

---

[1] *Table alphabétique des délibérations du Magistrat*, v. Burgrave. Il y avait aussi un procureur fiscal attaché à chacune des juridictions ecclésiastiques suivantes : salle abbatiale de l'abbaye de Saint-Bertin, salle épiscopale, salle décanale.

CHAPITRE III

ATTRIBUTIONS ADMINISTRATIVES, POLITIQUES ET DE POLICE

§ 1

Élection des échevins. — Réception des baillis. — Réception de serments. — Gestion du domaine communal. — Comptes de la ville, des tables des pauvres, des fabriques, des hôpitaux. — Chambre des orphelins. — Police des métiers. — Gens de guerre. — Communautés religieuses. — Livres, Théâtre, etc.

Le procureur de ville ne s'occupait pas seulement des affaires judiciaires de la cité, il intervenait très activement dans toutes les affaires administratives de la ville.

Il ne jouait aucun rôle dans l'élection annuelle des échevins, mais autrefois et jusqu'au milieu du XVII° siècle, il attendait, avec les deux conseillers pensionnaires, suivis de messieurs de l'an passé, les échevins nouvellement élus chaque année et les recevait dans la chambre échevinale après leur élection. Il était présent aussi à la prestation de serment des dix jurés au Conseil, à celle des sergents à masse et à la comparution des greffiers qui remettaient alors leurs masses et leurs clefs sur le bureau en attendant qu'on les leur rendît si le nouvel échevinage jugeait bon de les conserver en fonctions. En 1650 le procureur perdit ces privilèges, ainsi que les conseillers [1].

C'était également un droit attaché anciennement à la charge du procureur que d'inviter messieurs les abbés de Saint-Bertin et le prévôt de la collégiale au banquet qui suivait le renouvellement de la Loy. En 1633 il protesta même parce que cet usage n'avait pas été suivi, et que, contrairement à sa prérogative, on avait chargé deux échevins de cette convocation.

Il remplaçait les conseillers pensionnaires absents lors de la réception des baillis, c'est ainsi qu'Antoine d'Haffringhes reçut, avec les deux premiers échevins, messire de Rubempré, seigneur d'Obigny, à son arrivée en 1632 [2].

En 1645, le 17 janvier, Louis Hourdel suppléa le greffier principal, empêché de donner lecture des lettres patentes nommant le grand bailli messire Robert

---

[1] A Abbeville, il donnait, avec l'ancien mayeur sortant de charge et les deux auditeurs, aux maïeurs des bannières la liste des trois personnes parmi lesquelles le nouveau mayeur pouvait être choisi. Il pouvait invoquer contre l'élection d'un échevin les cas d'incompatibilité. Il était aussi au nombre des officiers chargés de notifier au maïeur son élection et il lui remettait les sceaux de la ville « et sy luy auroient esté baillé » lesdits sceaulx par ledit Lagache procureur estans adce présent ». (Recueil des monuments inédits de l'histoire du Tiers-État, t. IV, pp. 423, 425 et 427.

[2] « M° Antoine d'Haffringhes remplaçait les conseillers dont » l'un, le conseiller général (principal) était indisposé, et l'au- » tre conseiller particulier (second) absent. » Il complimenta le nouveau bailli. (Histoire d'une guerre échevinale de 177 ans, par M. de Lauwereyns de Roosendaele, St-Omer; Guermonprez, 1867, pet. in-8°, p. 92.)

de Lens nommé pendant la captivité du vicomte de Lières [1].

En 1738, le 14 novembre, il reçut le serment du conseiller second, Thomas-Joseph Enlart, nommé par l'intendant. Ce fut alors d'ailleurs une dérogation aux anciens usages en vertu desquels il appartenait au Magistrat de recevoir ce serment.

C'étaient là des attributions en quelque sorte honorifiques, mais le procureur rendait à l'échevinage de bien plus importants services. Il aidait le Magistrat dans la gestion du domaine communal dans la ville et la banlieue, et se transportait partout où sa présence pouvait être nécessaire pour la bonne administration des vastes propriétés de la communauté urbaine. Il inspectait dans Saint-Omer les maisons et flégards appartenant à l'échevinage pour faire reconnaître ses droits de propriété. Au dehors, il lui fallait visiter annuellement les pâtures communales avec l'échevin en exercice et le juré au Conseil commis spécialement à la surveillance de ces propriétés très importantes. Il devait s'occuper d'assainir le cours des rivières dans toute la banlieue, les faire curer [2] et consolider les berges, en assurer les passages, les ponts et les bacs, y maintenir l'exercice

---

[1] *Ms. d'Haffrengues, n° 879, Bibliothèque municipale,* t. I, pp. 154, 334, 353, et t. II, p. 48.

[2] Sur la requête des habitants de Wizernes et la réquisition du Procureur des Archiducs au Bailliage et de celui de la ville, etc., les hommes de fief dudit Bailliage, à la conjure du s⁰ d'Estracelles, lieutenant général, les mayeur et échevins ordonnent par provision aux habitants de Wizernes de curer la rivière (petite) et de la remettre au même état où elle était avant la guerre, ou conformément au procès-verbal d'escauvage, de rou-

des droits de pêche au profit de la ville[1]. Les chemins étaient également sous sa surveillance, il en faisait maintenir les limites, en déterminait le tracé[2], et procédait à leur élargissement si cela devenait nécessaire. Il ordonnait l'élagage des arbres et des haies joignant les héritages de la ville[3]. S'agissait-il d'aliénations de terrains communaux, comme celles autorisées par le roi d'Espagne en vertu de lettres

vrir et curer la rigole qui était entre les maisons d'Antoine Hausoulier et Nicolas Chappe, 1615.
(Table alphabétique des délib. du Magist^t. V° rivières.)

[1] « Sur la requête du proc. de ville et d'autres officiers et
» pour la conservation des droits et possessions de pêcher dans
» toutes les rivières à la veille de St Jean le Magistrat accorde
» 12 florins pour les frais (1664).

» La veille de la St Jean, le procureur de ville va faire jetter
» le filet dans les faubourgs du haut-pont pour conserver au
» Magistrat le droit de pêche quand il le veut dans tous les
» canaux et rivières publiques et notamment dans la grande
» rivière qui va de la mer (grand marais appelé mer, meer) à
» l'abbaye de Clairmarais et d'un petit corps de garde devant
» lequel il y a un poteau pour séparer la pêche de la ville de
» celle de ladite abbaye, dans la rivière de Merkem, et dans
» une autre près du fossé et qui conduit du Brouckuv au lieu
» dit le Steenart (1688). »
(Table alphabétique des délib. du Magist^t. V° pêche).

[2] Sentence de l'échevinage du 20 décembre 1413 entre le s^r de Sainte-Audegonde et le procureur de ville relative à un chemin passant vis-à-vis la porte du couvent des Chartreux.
(Registre en parchemin aux Archives municip. f° 5 v°.)

[3] « Requist Nicaise Cuvelier, comme procureur de le ville,
» que certains arbres, hayes et empechemens qui estoient
» plantés et mis sur la bruyère de Edekines joignant et de-
» vant la maison et manoir qui fu à feu Jehan de Woulfrectun
» et ad present à la vefve de feu Georges Cappel fussent coppé
» et osté à la requeste de quel procureur lis dis lieutenans et
» chastellains commenchièrent à copper et à abattre les arbres,
» hayes et aultres empechemens qui estoient sour la dicte

patentes des 28 juillet 1637 [1], 2 avril 1647, 9 septembre 1651 et 9 août 1661 [2], le procureur était autorisé « de passer et donner par devant lesd.
» remontrans (l'échevinage qui adresse une requête
» au roi) aux achepteurs tous contrats et voyes d'ap-
» préhension à ce pertinentes et à telles charges et
» conditions qui sera trouvé plus expédient à notre
» service, advancement et utilité de lad. ville. » La déshéritance devait s'en faire aussi par lui au nom de la ville.

Si celle-ci s'était au contraire rendue acquéreur d'une propriété grevée de quelque obligation, c'était encore au procureur qu'incombait l'exécution de cette charge. C'est ainsi que pendant plusieurs siècles il présentait la veille de S. Pierre et S. Paul, en l'église de Saint-Bertin, un chapeau de roses au nom du Magistrat. A une certaine époque l'échevinage prétendit n'être point assujetti à cet hommage et fit déclarer par son procureur, chaque fois que cet acte était accompli, que c'était sans préjudice des droits de la ville et que les échevins ne remplissaient ce devoir que pour « continuer l'honneur et respect
» qu'ils ont aux saints Apôtres », mais un jugement du Conseil d'Artois du 14 juin 1684 établit que l'abbaye avait autrefois cédé à la ville par acte du 29

» bruyère et en après par plusieurs ouvriers fu tout puis abatu
» coppé et osté et fu tout le bos vendu au proufit de le ville. »
(Procès-verbal d'abatage et vente au profit de la ville, 8 avril 1380. — *G^d registre en parchemin aux archives municipales*, f° 246.)

[1] Archives de la Chambre des Comptes à Lille, registre 67, f° XLIII. Lettre autorisant l'aliénation de 4 à 500 mesures de pâtures communes.

[2] Autres lettres imprimées, autorisant de nouvelles ventes. Ces aliénations, indiquées sur onze plans différents, comprennent plus de 1100 mesures.

octobre 1478 un terrain qui avait été incorporé dans les fortifications [1], à la condition que chaque année l'échevinage ferait cet hommage d'un chapeau de roses pour être placé sur le chef de l'image de saint Pierre ; dès lors le procureur dut se dispenser de la protestation accoutumée et continuer l'hommage [2].

Administrateurs des biens et des affaires de la communauté urbaine, les échevins avaient la direction de tous les intérêts pécuniaires. Ils étaient investis du droit d'asseoir les tailles, ils percevaient par l'intermédiaire d'un argentier les impôts, les droits, les revenus concédés à la ville. Ils rendaient compte annuellement de leur gestion, et parmi les officiers de ville qui assistaient à ces comptes figure le procureur du Magistrat. Connaissant mieux que tout autre les propriétés de la ville, il pouvait présenter d'utiles observations. Il était invité au banquet qui suivait la reddition des comptes et qu'on appelait le banquet des Malycques [3].

La charité s'exerçait surtout au moyen-âge à Saint-Omer, ou par les établissements religieux, ou par l'initiative privée. En dehors des hôpitaux, il y avait des tables des pauvres annexées à chaque paroisse qui distribuaient des aliments, des vêtements et d'autres secours. Ces établissements étaient gouver-

---

[1] *Ms. d'Haffrengues,* déjà cité, t. I, p. 339, année 1632. — *Grand registre en parchemin aux archives communales,* f° 86. — Voir aussi *Variétés historiques sur la ville de Saint-Omer,* par H. Piers. *Anecdotes diverses,* pp. 142, 143. Saint-Omer, Van Eslandt, 1832.

[2] Arch. municipales, ccxxiii-12 et Procès de la ville, 24.

[3] Il fut défendu par l'ordonnance de Philippe-le-Bon, en 1447, rétabli en 1599 et aboli définitivement en 1600.

nés chacun par trois administrateurs annuels qu'on nommait tabliers et qui étaient nommés par les curés ou par l'échevinage [1], ils possédaient des rentes, des redevances et recevaient des donations.

Le procureur assistait aux comptes de ces tables paroissiales des pauvres, qui étaient rendus par leurs administrateurs devant le mayeur ou autre commissaire du corps échevinal [2]. Sa présence y était utile, car c'est sur sa réquisition notamment qu'en 1643 le Magistrat nomma des commissaires pour s'informer des abus qui se commettaient dans l'administration des tables [3]. Quelquefois le procureur allait jusqu'à remplir le rôle d'administrateur, c'est ainsi qu'en 1665 il fut autorisé à passer devant notaire un contrat d'engagement de plusieurs rentes au profit des tables des pauvres de Sainte-Aldegonde et de Saint-Denis [4].

Lorsque les fabriques rendaient leurs comptes devant le commissaire du Magistrat, le procureur de ville était présent aussi.

De même il assistait à la reddition de ceux des hôpitaux dont l'échevinage avait le gouvernement. On voit même Philippe le Saige, licencié ès droitcz, re-

---

[1] En 1404 et 1472 notamment, le Magistrat nomma les administrateurs des tables des pauvres des paroisses de St-Martin et de Ste-Aldegonde (Registre aux délib. du Magistrat B, ff. 67 et 80), et c'est ce qui avait lieu le plus souvent.

[2] Registre F. 18 août 1502.

[3] Registre W. 1643. Mentionnons ici une assez curieuse coutume. Un règlement du 29 juillet 1603 (Registre aux délibér. du Magistrat N, ff. 37 et 38) avait décidé que les pauvres ne pourraient mendier sans porter la double croix que la ville a dans ses armoiries. Nous ne savons combien de temps cette prescription fut maintenue.

[4] Registre EE. 1665, f. 3.

présenter les mayeur et échevins dans l'acte du 20 septembre 1669 par laquelle la ville accepte la donation de l'hôpital des apôtres que lui fit alors Antoine de Grenet [1].

Lorsqu'en 1721, un sieur Gaillot donne à la ville une rente sur les Etats d'Artois au capital de douze cents livres au profit des prisonniers, ce fut le procureur de ville que le Magistrat chargea d'en faire la recette pour en distribuer les arrérages conformément au titre de la fondation [2].

Les échevins avaient aussi la tutelle administrative des orphelins et des mineurs :

— La chambre des orphelins était une commission émanée de l'échevinage, composée à l'origine de deux échevins seulement, chargée d'établir des tuteurs aux mineurs, de leur faire rendre des comptes de tutelle, de convoquer les assemblées de parents lorsque la nécessité le requérait. Philippe-le-Bon en 1447 ajouta à ces échevins deux jurés pour la communauté [3]. L'appel des décisions de ces commissaires avait lieu devant le tribunal échevinal par voie de simple requête. Le procureur y représentait la ville en sa qualité de tutrice des orphelins. Il assistait aux assemblées et audiences ordinaires de cette chambre [4] qui se tenaient les mardis et jeudis de chaque semaine, et à toutes autres qui pouvaient être tenues

---

[1] *Etablissements hospitaliers de Saint-Omer*, par M. L. Deschamps de Pas, p. 434.

[2] *Table alphabétique des délibérations du Magistrat* aux archives municipales.

[3] Ordonnance de 1447, art. 26. Voir aussi *Coutumes de l'échevinage* du 31 mars 1612, titre 2°.

[4] Charges pour un procureur de ville, 19 juin 1655, art. 3. Pièce justificative II-4.

en dehors de celles ordinaires. Il devait être présent à l'audition des comptes qui s'y rendaient concernant les mineurs. En outre il assistait aux inventaires dans les maisons mortuaires quand les orphelins y avaient intérêt.

Il exerçait ainsi, au nom de la ville, ce devoir de protection que s'étaient imposé autrefois toutes les communes sur les pauvres, les mineurs, les orphelins, et qui s'étendait aussi sur les prodigues, les aliénés, les prisonniers et en général sur tous les faibles et les incapables.

A l'administration se rattache la police. Le procureur, bien qu'il provoquât des répressions et recherchât certaines contraventions, n'était point chargé des détails de la police qui était du domaine du petit bailli. Mais il provoquait les règlements généraux ou était appelé à les discuter [1].

Les échevins avaient le droit de faire des statuts et règlements pour l'établissement, le maintien et la direction des communautés d'arts et métiers dont la surveillance était plus spécialement l'apanage des dix jurés pour la communauté et de leur mayeur; cependant le procureur de ville intervenait lorsque le Magistrat réglait les statuts particuliers d'un corps de métier; il donnait aussi son avis sur toutes les

---

[1] A Abbeville, l'ordonnance du 6 septembre 1540 réglant le service des officiers municipaux montre le rôle du procureur qui « le mardi juge avec les échevins les affaires de la police urbaine et de la police industrielle. » (A. Thierry. *Recueil des monuments inédits de l'histoire du tiers-état,* t. IV, p. 394 à 396.) A Saint-Omer, le procureur n'est pas juge, mais comme nous l'avons vu, il pouvait requérir les condamnations.

réclamations qu'ils présentaient avant tout procès, exposait les règlements, les commentait, les justifiait et exprimait son opinion sur les modifications proposées [1]. Lorsqu'il y avait lieu à jugement il donnait ses conclusions [2]. De même il intervenait pour arrêter le mode de recouvrement des amendes à la charge des métiers, et des diverses cotisations [3]. Il fournis-

---

[1] En parcourant les anciens *Règlements, statuts et ordonnances concernant les communautés d'arts et métiers* que nous avons publiés dans le tome XVII des *Mémoires des Antiquaires de la Morinie*, on y verra l'intervention fréquente du procureur, par exemple :

P. 172. 14 février 1661. — Ordonnance sur la marque des cuirs : « Et surtout ouy le procureur de la ville... »

P. 145. 17 janvier 1689. — Règlement pour la cœure des cuirs : « Sur la représentation faite par le procureur de ceste ville... »

P. 265. 8 mai 1702. — Droit de visite des cordonniers chez les savetiers : « Vu cette requête et ouy le procureur de ville... »

P. 121. 8 mars 1735. — Ordonnance concernant les chairs de porcs : « Les mayeur et échevins .... sur la représentation du procureur de ville... »

P. 104. 24 janvier. — Règlement concernant la composition de la bière : « A ces causes, ouy les conclusions du procureur de ville... »

Etc.

[2] Dans le même ouvrage, p. 60. Jugement du petit auditoire du 17 décembre 1761 rendu entre deux bouchers : « Référé fut en chambre après avoir examiné les statuts et règlements du corps desdits maîtres bouchers, ouy le procureur de ville, en ses conclusions... »

La liasse des procès de la ville en contient notamment plusieurs soutenus par le procureur, soit contre des grands maîtres de métiers en désaccord avec la ville, soit contre des maîtres refusant de détruire des marchandises qui n'étaient point de bonne qualité.

[3] 1ᵉʳ juillet 1636. — « Mayeurs et échevins *sur la requeste du procureur de ville*, ont accordé pour l'advenir que les amendes

sait aussi son avis sur l'emplacement des cœures, c'est-à-dire des endroits où devait se faire la vérification des marchandises à mettre en vente. L'art. 14 règlement du 8 janvier 1766 maintint au profit du procureur syndic les attributions de procureur de ville en cette matière.

La répartition des gens de guerre à loger chez les habitants était encore une obligation du procureur, et ce n'était pas la moins lourde de ses multiples charges à une époque où il n'existait pas de casernes et où des garnisons mal payées se succédaient sans cesse dans la place. Il fallait qu'il veillât à ce qu'elles y fussent installées et contenter l'exigence des soldats et de leurs chefs. Il n'y parvenait guère, et on le voit constamment se joindre aux échevins députés vers le bailli ou gouverneur de la ville pour se plaindre des excès des gens de guerre. Si l'on ajoute qu'il devait respecter les immunités accordées à certains habitants et au clergé, et cependant leur demander dans des cas exceptionnels qu'ils se départissent de leur privilège ou donnassent quelque argent[1], on peut juger qu'il n'était pas de situation plus délicate que celle du procureur.

statutaires des mestiers de cette ville estant soubs la direction de quelque grand maistre commis de la part de mesdits sieurs seront exécutées jusqu'à la somme de 20 sols inclusivement et en dessous à la charge de ceux desdits métiers qui auront fourfait les dites amendes soubs la signature du grand maistre d'icelui mestier..... de même pour les reliquats de compte pour l'entretien du service divin, droit de chandelle et clôture des comptes. » (Ms. d'Haffrengues, t. I, p. 221).

[1] En 1631, pour achever diverses fortifications et changer d'emplacement la porte boulenisienne, il fallait de l'argent et on avait décidé d'emprunter 30 à 32 mille florins. Ce fut le

En temps de guerre il devait s'entendre pour les logements militaires avec des chefs conduisant des troupes de diverses nationalités qui, quelquefois, ne « souffrent la compaignie de l'ung de l'aultre [1]. »

En cas de siège il était plus que jamais l'auxiliaire du Magistrat. En 1638, on le députa le 28 mai à l'évêque, avec un échevin, pour obtenir « le démo- » lissement des églises de S¹ᵉ Croix et de la Magde- » leine » situées hors des murs, « attendu que l'on est » advys que les dites places sont très nuisibles aux » fortifications de ceste ville » [2]. Il était sans cesse adjoint aux échevins commis aux ouvrages ou à l'artillerie. C'est avec ces derniers que le 30 mai il fut chargé d'assister à l'enrôlement des paysans ayant des chevaux qui consentiraient à servir comme canonniers pour la défense de la place [3].

L'établissement des communautés religieuses dans la ville était aussi du ressort de la police générale confiée au procureur, il faisait respecter les conditions auxquelles l'échevinage avait permis leur installation. C'est ainsi que le 22 novembre 1632 on l'envoya trouver le P. recteur du collège des Jésuites anglais afin de lui demander s'il était « sujet naturel du roi catholique », comme l'exigeaient les lettres patentes du roi d'Espagne Philippe II du 4 mars

procureur qui fut député auprès du doyen, du grand-vicaire, le siége épiscopal étant vacant, à l'effet d'obtenir quelque secours. (Ms. d'Haffrengues.)

[1] « Registre aux résolutions prinses en halle eschevinalle » pendant le siège de 1638. (*Mémoires des Antiquaires de la Morinie*, t. XIV, p. 523).

[2] Id. p. 420.

[3] Id. pp. 424 et 425.

1594, car le P. Beaudouin, sujet anglais, qui venait de mourir, semblait avoir été admis exceptionnellement par la volonté expresse de l'infante Isabelle, gouvernante des Pays-Bas [1].

Peu après l'admission des Carmes en 1627, il se joignit le 9 juillet 1633 à deux échevins [2], afin d'informer les Pères que l'échevinage savait qu'ils avaient acheté sous main quelques maisons pour y établir leur couvent, alors que le P. Provincial, dans la lettre qu'il avait écrite le 24 septembre 1625 afin de demander l'autorisation de se fixer à Saint-Omer, s'était engagé à n'acheter aucun édifice à démolir, mais à choisir « une place vague et non amazée » ; et il obligea le père prieur à se rendre en halle pour obtenir, le 20 décembre, après diverses délibérations, l'autorisation de démolir les maisons achetées mais seulement « pour eux en servir à la structure de leur église » [3].

Il avait encore avec le clergé d'autres relations nécessaires ; ainsi le pouvoir de censurer les livres appartenait à l'évêque, mais le Magistrat pouvait les lui signaler ou les lui présenter, et il employa quelquefois son procureur à cette mission [4].

Il exerçait aussi sa surveillance sur les théâtres, et en 1765, les comédiens ne pouvaient représenter

---

[1] Ms. d'Haffrengues déjà cité, t. I. — Ce fut une démarche sans objet, car tous les recteurs du collège anglais jusqu'à l'expulsion des Jésuites furent de nationalité anglaise. Après 1677 Louis XIV protégea le collège anglais et voulut même qu'il prît le titre de collège royal.

[2] Lamoral Delattre et Jacques de Canteleu, écuier, s^r de Contes.

[3] Ms. d'Haffrengues, t. I.

[4] Ms. d'Haffrengues, en 1632.

aucune pièce sans l'avoir communiquée au préalable au procureur-syndic[1]. La censure n'est pas, on le voit, chose nouvelle.

§ 2

Missions au dehors.

Versé ainsi dans la connaissance de tous les ressorts de l'administration échevinale, le procureur était apte à remplir au dehors des missions variées. Aussi le voit-on, aussi bien que les conseillers pensionnaires, les échevins ou le greffier principal, envoyé à la cour des princes ou auprès de leurs conseils, auprès des gouverneurs de la province ou à l'assemblée de ses Etats.

Il cherche à obtenir des garanties pour les privilèges de la cité[2], négocie des questions d'impôts[3], se rend dans les villes voisines prendre des renseignements sur la manière dont leur échevinage se pro-

---

[1] *Registre PP. p. 151 r° aux archives municipales.*

[2] « Le procureur de St-Omer obtint du duc lettres closes » adressées à ses conseillers pour qu'ils ne fissent rien contre » le privilège et usages de la dite ville, il va ensuite porter ces » lettres à Courtray où étaient réunis lesdits conseillers avec » les quatre membres de Flandre. » *(Comptes de la ville 1422-1423.)*

[3] « A Jehan de Bambecque, procureur de ceste ville qui, au » commandement de Mess., party dicy le xxii° jour de ce mois » de janvier l'an mil iiii° et dix-huit alant à Arras devers nos- » tre très redoubté seigneur Mons. le Conte de Charolais pour » faire pourcach daucun remède sur laide nouvellement or- » donné de par le roy (cette taille et aide montant à xii M. lib. » tournois). » *(Comptes de la ville 1418-1419.)*

pose d'acquitter des aides extraordinaires, et en 1438 il s'enquiert en même temps des usages des Lombards qui prêtent à usure [1].

Ces missions sont très fréquentes et les comptes de la ville mentionnent souvent leurs frais de voyages. L'un d'eux, Philippe le Saige, mourut même à Bruxelles le 26 août 1631, et dans une requête à l'échevinage ses héritiers exposent que leur père « a esté par trois diverses fois durant ces dernières » années député par vos seigneuries pour Bruxelles » pour les plus urgentes et présantes affaires de » ceste ville » [2].

Le corps de ville de Saint-Omer était un de ceux qui avaient le droit d'être représenté aux Etats d'Artois, il pouvait y envoyer deux, trois ou quatre députés qui n'avaient ensemble qu'une voix délibérative [3]. Le procureur de ville était quelquefois l'un

---

[1] En janvier 1438, Robert Duval « alla en la ville d'Arras » pour savoir par devers maieur et échevins d'icelle ville en » quelle monnaie ils avaient paiet et entendoient paier l'aide » extraordinaire derrainement accordé à mons' le duc de Bour-» gogne en pays d'Artois ; et quelles franchises, privilèges et » usages les lombars prestans à usure ont audit lieu d'Arras » et se ils sont proffitables ou non pour le bien commun. » Quelques jours après il se transporta « à Valenciennes, Tournay » et Lille pour enquérir et savoir aux gouverneurs et gardes » des justices d'icelles, des usages, privillèges et franchises » des lombars et usuriers et si ilz sont prouffitables comme » dit est. » *(Comptes de la ville 1437-1438.)* Le premier voyage commencé le 5 janvier 1438 fut payé 48 s. p., le second qui dura 8 jours à compter du 12 janvier coûta 4 l. 16 s. p.

[2] Requête sans date, pièce non classée aux *Arch. municip.*

[3] Bultel. — *Notice sur l'état ancien et moderne de la province et comté d'Artois,* Paris 1748, p. 240. — *Histoire des Etats d'Artois,* par François Filon, 1861, p. 16. — Quand les Etats de l'Artois réservé se tinrent à Saint-Omer de 1640 à 1677, le Magistrat

de ces députés [1] et il entretenait alors avec l'échevinage une correspondance et recevait de lui des instructions pendant la durée de la session. Comme les Etats avaient le droit exclusif de lever les impôts et d'exempter des impositions qu'ils avaient ordonnées, c'étaient surtout des questions financières qui étaient traitées par le procureur quand il était député.

Telles étaient les charges principales qui incombaient au procureur de ville. On peut dire d'ailleurs que ses attributions étaient indéfinies et illimitées, car chaque fois qu'il surgissait quelque difficulté, on chargeait cet agent de l'étudier ou de la résoudre. Pendant cinq siècles il intervint ainsi constamment dans toutes questions d'administration, de politique, de police, de propriété ou de finances, tant en dehors de la ville qu'au dedans, et dut entrer en relations avec toutes les autorités séculières ou ecclésiastiques. Nous avons compté quarante-six titulaires de cet important office depuis 1302 jusqu'à la Révolution [2]. Nous allons donner maintenant quelques dé-

---

de Saint-Omer, au lieu d'y envoyer des députés, y assista en corps et en robes. V. notre notice sur *l'Artois réservé. Son Conseil, ses Etats, son Election de 1640-1677.* Saint-Omer, D'Homont, 1883, p. 28.

[1] Le procureur de ville « envoyé à Arras le 1er février 1635 à l'assemblée des Etats pour négocier sur la requête faite par les échevins afin d'obtenir octroy de lever 20,000 florins en cours de rente à la charge des impôts de garde et un impôt nouveau d'augmentation.... » *(Ms. d'Haffrengues,* t. I.) de Somer, Marissal et autres furent aussi députés au xviiie siècle : Voir la Correspondance du Magistrat aux *Archives municipales.*

[2] Nous ne comptons pas le sr Jacques Duval nommé en 1549 qui refusa la place. Laurent-Joseph Cuvelier fut titulaire de

tails sur leur recrutement, leurs diverses obligations et les avantages attachés à leur charge.

1749 à 1764, et reprit l'office en 1767. (Voir les listes à la fin de ce travail).

Après avoir expliqué ce qu'étaient les *procureurs de ville* à Saint-Omer et dans la plupart des villes, nous ne devons pas omettre de dire que, jusqu'au commencement du xv° siècle, dans certaines autres villes, comme Orléans, Beaugency, etc., on désigna sous ce nom les officiers municipaux mêmes chargés de l'administration de la cité, qui à cette époque seulement prirent le nom d'échevins. *(François Le Maire. — Histoire et antiquités de la ville d'Orléans 1645, p. 247 et suiv.)*

CHAPITRE IV

RECRUTEMENT ET NOMINATION, VÉNALITÉ DES CHARGES — INCOMPATIBILITÉ — RÉSIDENCE, AGE, AMOVIBILITÉ — GAGES OU PENSION — ROBES, CHAPERON — SERMENT — RANG ET PRÉSÉANCE.

Les procureurs de ville étaient le plus souvent originaires de Saint-Omer, cependant le Magistrat était libre de les faire venir d'autres villes. Ainsi Pierre de Courteville, nommé en 1415, était originaire de Boulogne ; Laurens de Leniselle quitta en 1462 la charge de receveur et procureur du comte de Fauquembergue ; Pierre Tardieu, désigné en 1497, était né à Arras.

Les officiers du bailliage, pour appuyer leurs protestations contre les attributions successivement étendues des procureurs de ville, soutinrent au XVIIIe siècle que ceux-ci n'avaient été à l'origine que des procureurs *ad lites,* à qui l'échevinage enjoignait de servir exclusivement les intérêts de la ville. On ne trouve cependant pas dans les anciennes commissions parvenues jusqu'à nous, que les nouveaux titulaires aient été auparavant procureurs postulants, sauf Jean d'Ostremouille en 1540. Au reste, jusqu'au milieu du XVIe siècle, les procureurs étaient généralement appelés praticiens [1] et on ne leur donnait le nom de procureurs que lorsqu'ils agissaient en vertu d'un mandat, tandis que le terme de procureur général est employé presque constamment pour désigner le procureur de ville depuis 1399 jusque vers 1558. Les diverses nominations que nous allons mentionner prouveront encore d'une manière plus précise que l'échevinage ne choisissait pas habituellement cet agent parmi les procureurs *ad lites* ordinaires.

Les mayeur et échevins exigeaient de sérieuses garanties de capacité de ceux qui se présentaient pour remplir cet office. Ils n'acceptèrent Jehan le Vieuzier en 1484 que parce que Louis le Vasseur, dit le Mire, qui était conseiller pensionnaire second, « s'était engagé à l'instruire dans les affaires de la ville » [2]. En 1500, Jehan de la Motte, fils du conseiller principal, ne fut admis que sous la condition que son père l'instruirait et le formerait « audit état » [3], et, en 1642, le procureur Oudar Bournon fut renvoyé parce qu'il « n'était pas ny usité ni expert en fait de praticque » [4].

Au reste ces procureurs étaient le plus souvent licenciés ès lois, Pierre Tardieu en 1497, Nicolas Destiembecques en 1511, Gérard Liot en 1597, Jean Hanon en 1655 avaient tous ce grade.

Au XVIIe siècle, il ne parut même pas encore suffisant à l'échevinage, et à partir de 1602 le Magistrat

---

[1] Coutumes de la ville et échevinage du 30 juillet 1509 et du 26 juin 1531.
[2] Table alphabétique des délibérations du Magistrat aux archives municip.
[3] Id.
[4] Pièce justificative I, n° 4.

nomma presque toujours des avocats. Doresmieulx, Aubron, Le Saige, Hourdel, Vaillant reçus en 1602, 1607, 1619, 1636 et 1659 étaient avocats. C'était un usage assez constant pour que lorsque en 1655 Jehan Hanon, qui n'était que licencié ès lois, se présenta, l'échevinage mît en délibération, avant de procéder à l'élection, la question de savoir s'il était nécessaire d'être avocat pour remplir la charge de procureur de ville ; et, tout en reconnaissant que ce grade ne semblait point indispensable puisque la ville avait déjà eu plusieurs procureurs non gradués, on décida cependant que le s' Hanon se ferait recevoir avocat « sy Messieurs le trouvent convenir » [1]. Les échevins le préférèrent même à deux avocats en exercice qui avaient sollicité l'office concurremment avec lui.

Les candidats d'ailleurs ne manquaient pas, et la place était recherchée. En 1504, bien qu'il y eût un titulaire, et sur le bruit qu'elle allait vaquer, un habitant de Saint-Omer se faisait recommander par le roi d'Espagne lui-même afin de l'obtenir [2]. Lorsque Bon-

---

[1] Piéce justificative II, n° 4. Registre aux délibérations du Magistrat BB, f. 50.

[2] « De par le Roy.
» Chiers et bien amez. De la part de Jehan Fauquet demeu-
» rant en nostre ville de Saint-Omer a été exposé, comme
» l'office de procureur de nostre dite ville de Saint-Omer soit
» présentement vacant et vous loist en disposer parquoy et
» quil désire servir la dite ville mesmement en icelui office il
» nous a très instamment requis vous vouloir à ceste fin es-
» cripre en sa faveur, sy vous requérons et néantmoins man-
» dons que si ledit office de procureur de nostre dite ville de
» Saint-Omer est vacquant comme dit est, et que ledit exposant
» soit ydoine et souffisant à l'exercice d'icelui, vous en ce cas en
» veuillez pourveoir dudit office, et en faveur de nous le avoir

voisin se démit volontairement de ses fonctions en 1602, Flour Doresmieulx, Gérard Aubron, Antoine Cornil, Nicolas Michiels et Philippe Le Saige se présentèrent tous quatre. Quand ce dernier fut admis à son tour en 1619, il fut préféré à Antoine d'Haffringhes qui lui succéda, à Jacques Bultel, à Omer Broquet, Henry Hellemans et Jehan Liot, tous avocats [1]. Louis Hourdel, échevin juré au conseil, qui ne devint titulaire qu'en 1636, avait été en 1631, ainsi que Pierre Machar, le concurrent d'Antoine d'Haffringhes, échevin. En 1655, la charge fut demandée à la fois par Guillaume Lefrançois, échevin juré au conseil, Jehan Rogier, Noël Le Conte et par Jehan Hannon, greffier des vierschaires qui fut désigné [2]. Elle fut disputée en 1659 par François Vaillant, Philippe Enlart, Jehan Théret, Gille Maes, Adrien de Vienne, Oudar Segon, écuyer, Luc Portebois. Ce fut de préférence à Jehan Théret, qui se présenta de nouveau, à Robert du Thilloy, avocat, et à François Girardot, notaire royal, que Oudar Segon, échevin, fut élu en 1660.

Après la réunion de Saint-Omer à la France, la ville comme nous l'avons vu [3], dut en 1695 acheter, afin de la réunir à l'échevinage, la charge de procureur créée par l'arrêt du conseil du 17 août 1694 ;

» eu pour recommandé et le préférer avant autres et nous
» laurons de vous bien agréable, chiers et bien amez, nostre
» sire soit garde de vous.

» Escript en nostre ville de Hesdin le xix° jour de février
» l'an xv° et quatre.

» Signé Phs. HANETAN secrétaire. »
(Arch. municipales de St-Omer. — Correspondance du Magistrat).

[1] Registre aux délibérations du Magistrat P, f. 191.
[2] Pièce justificative II, n° 4.
[3] Chap. II, § 2 p. 35.

ce n'est pas sans peine qu'elle parvint à en solder le prix de dix mille livres. Elle dut en emprunter 4000 à Jean-Baptiste Girardot, qui était titulaire de l'office depuis le 12 avril 1680, il les avança sans exiger d'intérêts et fut continué dans ses fonctions; mais la charge resta grevée de ces quatre mille livres que le successeur de Girardot, Guillaume de Somer, nommé en 1704, dut lui rembourser [1].

Celui-ci, à son tour, avança à la ville une somme de 1500 livres que le corps échevinal avait dû prêter au roi et on lui en paya les intérêts au denier 18 [2]. M. de Pan, s'obligea en entrant en fonctions le 15 juillet 1711, à restituer ces 1500 livres aux héritiers de son prédécesseur. La charge passa à Antoine-Joseph Marissal, qui dut rembourser le capital de 1500 livres aux héritiers de M. de Pan, aux droits duquel il fut subrogé, puis à Jean-François-Dominique Titelouze, et enfin en 1729 à Thomas-Joseph

---

[1] Archives municipales AB, xl-9.
[2] Voici l'explication de ce prêt, d'après la table alphabétique des délibérations du Magistrat, p. 495 v°.

« Le Roi ayant fait proposer par M. l'intendant qu'il était
» disposé à continuer le Magistrat plutôt que de tirer des finan-
» ces de leurs successeurs, ils offrirent de prêter au Roi pour
» les fortifications chacun 1500 l. pour les échevins en exer-
» cice, les 10 jurés chacun 300 l. et les officiers de bureau
» 5500 l., à condition que lesd. échevins seroient continués,
» que le Roi nommeroit un Mayeur qualifié et qu'au premier
» changement de l'échevinage il y soit procédé par élection
» suivant les privilèges, et les autorise aussi à créer des cons-
» titutions de rentes au denier 18 au profit de ceux qui prête-
» roient les 25.000 l. affectées sur l'impôt des fortifications et les
» bois royaux de Saint-Omer, tels que ceux des forêts de Rioult
» et Tournehem, et enfin qu'en cas de changement de Magis-
» trat leurs successeurs les rembourseroient en étant subrogés
» par leurs prédécesseurs (II 1710, f. 2215.) ».

Enlart de St-Maurice qui fut subrogé aux droits du s^r Titelouze.

Sous le régime de la vénalité des charges, les trois corps du Magistrat continuèrent à nommer le procureur, mais déjà l'influence de l'intendant se faisait sentir, et dès 1704 le choix de Guillaume de Somer avait été imposé par l'intendant Bignon. A partir de 1738 jusqu'en 1764, ce fut ce puissant fonctionnaire qui désigna les procureurs de ville. Le Magistrat dut se soumettre, bien que, par ces nominations, les franchises de la ville conservées par la capitulation fussent violées sur ce point comme sur tant d'autres [1]. En outre, c'était le moment où la lutte de juridiction entre l'échevinage et le bailliage était extrêmement vive et le Magistrat devait désirer avoir des hommes dévoués à sa cause. Il est vrai que ces procureurs, quoique nommés par le pouvoir central, furent des serviteurs consciencieux de la ville, et le s^r Crépin lui-même, nommé en 1738 et qui avait été conseiller au bailliage, sut défendre les privilèges judiciaires de la cité lors de la révision de ses coutumes [2].

En 1764, Laurent-Joseph Cuvelier, qui avait été choisi par l'intendant Chauvelin, dut se retirer en vertu de l'édit de municipalité de cette année, et l'échevinage ressaisit son ancien droit de nomination. Puis l'arrêt du conseil du 15 juillet 1768 décida provisoirement que le procureur-syndic devait être élu parmi tous les habitants ayant les qualités requises pour remplir les dites fonctions (art. VIII). Il

---

[1] Une lettre de cachet du 6 juin 1733 et plus tard un arrêt du Conseil d'Etat du 16 décembre 1749 avaient en effet attribué à l'intendant de Flandre la nomination des officiers municipaux de la province d'Artois.

[2] Voir chapitre II, p. 27 et 28.

était alors choisi dans les assemblées des notables tenues en vertu des édits de 1764 et de 1765.

L'édit de novembre 1773 donna aux Etats d'Artois la nomination des officiers municipaux de la province et décida que l'office de procureur pouvait être aliéné par les Etats ou donné par eux en exercice (art. xi et xx). Le s^r Cuvelier, qui était déjà procureur depuis 1766, fut maintenu par les députés ordinaires des Etats et désigné par eux le 24 novembre 1773 pour jouir de la charge jusqu'au 1er janvier 1776. Il fut alors réélu de nouveau et resta en fonctions jusqu'à sa mort en 1778. Son successeur, nommé et réélu plusieurs fois en vertu des mêmes lois, fut le s^r Jacques qui était encore en fonctions au moment de la Révolution [1].

L'art. xxiii de l'édit de 1773 avait stipulé que pour être investi de la charge de procureur-syndic, il fallait être domicilié dans la ville depuis quatre ans.

On ne pouvait cumuler la charge de procureur avec aucune autre. Antoine d'Haffringhes dut se démettre en 1631 de « l'état d'échevin lieutenant mayeur ». Louis Hourdel, échevin juré au conseil, était aussi substitut du grand-maître des bateliers en 1636, il fut contraint d'abandonner ces situations lors de sa nomination de procureur le 15 avril. Jehan Hannon, qui était greffier des vierschaires en 1655, dut quitter ce greffe.

Oudart Segon, en 1660, abandonna l'état d'échevin. En 1738, Antoine-François Crépin était conseiller au bailliage royal lorsqu'il fut appelé par l'intendant au poste de procureur qu'il dut préférer à son ancienne

[1] *Registre de l'élection et renouvellement de la loy de la ville et cité de Saint-Omer depuis 1719,* aux archives municipales.

situation¹. En 1765, de Monbynes nommé procureur ne put rester échevin. Une délibération du 8 janvier 1779 décida que le sieur Jacques « ne pourrait pas
» faire en même temps les fonctions de marguillier à
» l'église St-Denis, et celles de procureur du roi
» sindic². »

Les cumuls en effet offraient de grands inconvénients, car il pouvait arriver que le procureur eût à prendre des conclusions contre une administration qu'il dirigeait. Ainsi, en 1772, Laurent-Joseph Cuvelier était l'un des administrateurs de l'hôpital général, lorsqu'un procès surgit entre ces administrateurs, ceux du Bon-Pasteur et les héritiers de l'abbé Leclercq, curé de Saint-Denis ; il fallut alors nommer le 16 mars un échevin à la place du procureur Cuvelier pour faire les fonctions de partie publique dans l'instance³. Le même cas se présenta en 1778⁴,

¹ A propos de cette nomination, on trouve dans la *Correspondance du Magistrat aux Archives de la ville*, les lettres suivantes qui justifient le choix de l'intendant. Les officiers de l'échevinage avaient écrit le 14 novembre à leurs députés aux Etats à Arras pour leur annoncer la nomination du procureur : « Vous
» connaissez le mérite de ce dernier et ce choix sera applaudi
» universellement, mais il y a de l'apparence qu'il ne sera
» point du goût des officiers du Bailliage qui perdent en luy
» un bon sujet... » Et les députés répondent le 19 novembre :
« Nous apprenons par la lettre que vous nous avez fait l'hon-
» neur de nous écrire le 14 de ce mois...; la nomination de
» M. Crépin à la place du procureur sindic aura sans doute
» consterné le bailliage autant qu'elle aura donné de satisfac-
» tion au public qui connoit son mérite distingué. » (Correspondance du Magistrat, liasse année 1738.) Crépin donna sa démission de conseiller au Bailliage et fut remplacé par M. Defrance de Hélican.

² *Registre aux Délibér. du Magistrat de 1765 à 1783*, p. 290.
³ *id.* *id.* *id.* p. 133.
⁴ *id.* *id.* *id.* p. 275.

l'incompatibilité entre les fonctions de procureur et d'administrateur des hospices n'ayant pas été prévue.

Cet agent ne pouvait pas non plus être intéressé dans les fermes de la ville ni faire le commerce. Ainsi en 1462, Oudart Bournon se vit obligé de se retirer parce que, outre son incapacité [1] « avec ce, il s'en- » tremesloit de prendre les fermes et assises de mes- » sieurs de la ville et faire marchandises de draps. [2] »

D'autres cas d'incompatibilité résultaient des liens de parenté ou d'affinité avec l'un des conseillers pensionnaires : Philippe Enlart, échevin et avocat, et Gille Maes, greffier criminel, présentèrent en 1659, comme nous l'avons vu, des requêtes pour obtenir la place de procureur de ville ; mais ils étaient neveux de la demoiselle Delebecque, femme de Louis Liot, conseiller principal, et le Magistrat décida qu'attendu cette alliance avec un conseiller pensionnaire ils ne pouvaient concourir [3].

Le procureur était tenu de résider dans la ville et ne pouvait s'absenter sans avoir obtenu la permission des échevins et avoir averti le clerc de la ville, c'est-à-dire le greffier principal [4].

On ne voit pas dans les anciens règlements que des conditions d'âge aient été imposées au procureur, mais l'art. XXIII de l'édit de 1773 décida qu'on ne pouvait nommer un titulaire qui n'eût au moins

[1] Voir p. 62 ci-dessus.
[2] Nomination de Laurent de Leniselle le 26 novembre 1462. Pièce justificative I, n° 4.
[3] *Table des Délibérations du Magistrat* aux archives, délibération du 16 décembre 1659.
[4] Art. 2 du règlement du 14 janvier 1415 imposé à Pierre de Courteville. — Pièce justificative II, n° 1.

25 ans. Dans la province d'Artois en effet, on ne pouvait confier des fonctions judiciaires à des magistrats âgés moins de 25 ans, puisqu'avant cet âge il fallait, pour ester en justice, être assisté d'un curateur. Aussi était-ce l'âge requis pour exercer les divers offices de judicature.

Dans certaines villes du Nord comme à Rue, le procureur de ville était nommé tous les ans [1]. A Amiens il était désigné par l'échevinage et révocable à volonté [2]. Il en était de même à Saint-Omer que dans cette dernière ville, et c'est en vertu de cette règle que Robert Duval fut destitué en 1457 ; nous avons vu qu'en 1462 Oudart Bournon élu en 1457 se vit obligé de se retirer, tant à cause de son incapacité qu'à raison de certaines incompatibilités [3]. Nicole Destiembecques fut aussi révoqué le 3 juillet 1523 parce qu'il avait refusé d'abandonner sa place pour devenir échevin [4].

Toutefois, au siècle suivant, le droit de l'échevinage commençait à être contesté et les procureurs prétendaient être nommés à vie et inamovibles, aussi la commission donnée en 1639 à François Vaillant portait en termes précis qu'il était élu aux mêmes conditions que ses prédécesseurs « et autant qu'il plaira à mesdits sieurs. » De même on lit dans celle d'Oudart Segon du 9 février 1660 qu'il était

---

[1] A. Thierry. — *Recueil des monuments inédits de l'histoire du Tiers-État*, t. III, p. 673.

[2] id. t. II, p. 719-722. Délib. du 24 septembre 1562.

[3] Voir pp. 62 et 69 ci-dessus.

[4] Nul ne pouvait refuser d'être échevin sous peine d'une amende de 60 livres (Ord⁰ de 1447 du duc de Bourgogne). Nicole Destiembiecques fut puni plus sévèrement puisqu'on lui retira ses fonctions de procureur.

élu : « jusqu'à ce qu'il plairoit à mesdits sieurs. [1] »
En 1704, Jean-Baptiste Girardot dut quitter ses fonctions sans motifs bien précis, car il avait rendu service à la ville en lui prêtant de l'argent sans intérêts, mais on allégua surtout son état de santé pour qu'il fît place à un protégé de l'intendant. Toutefois, « pour que cette disposition fut moins disgracieuse, » mesdits sieurs du consentement de M. l'intendant » ont fait une pension de 150 livres de rente viagère » aud. Girardot en lui conservant toutes exemptions » comme il jouissait cy devant [2]. Le six février 1719, Messieurs des deux années, désireux d'en finir avec les difficultés que suscitaient les procureurs, se réunirent pour reconnaître sous quelles conditions les officiers du bureau étaient nommés, et se firent représenter les livres et registres faisant mention de ces nominations, ils reconnurent que les procureurs, comme les conseillers pensionnaires, n'étaient pourvus que « jusqu'à révocation que Messieurs se sont » réservé de faire quand ils trouveront convenir. » « Ensuite de quoi, MM., de l'avis que dessus » révoquèrent M. Antoine Marissal en déclarant son office « vacant et impétrable », et le huit du même mois ils pourvurent le s^r J. Titelouze « de la charge » de procureur de ville vacante par la révocation de » la commission du sieur Antoine Marissal, qui en » étoit pourvu, *pour en jouir autant qu'il plairoit* » *à MM. du Magistrat.* [3] » Antoine Marissal n'accepta pas cette révocation aussi facilement que son prédécesseur, il intenta à la ville devant le Parlement

---

[1] Table alphabétique des Délibérations du Magistrat.

[2] Table alphabétique des Délibérations du Magistrat. — Paiement de sa pension, comptes de la ville.

[3] Délibérations imprimées.

un procès qui n'était pas terminé au moment de la Révolution, et c'est sans doute parce que la question d'inamovibilité n'était pas encore résolue qu'en 1729 le s^r Enlart qui succéda à Titelouze, ne fut nommé que par provision [1].

Les nominations faites par l'intendant ne s'expliquent pas sur la durée des fonctions accordées, mais on voit que le s^r Crépin, choisi par lui en 1738, ne quitta son poste que pour devenir en 1748 greffier principal, et que le s^r Cuvelier ne fut révoqué en vertu de l'édit de 1764 par l'assemblée des notables du 8 novembre que pour permettre l'organisation du régime nouveau.

A partir de cette époque, et en vertu de l'arrêt du Conseil du 15 juillet 1768 art. xi, les procureurs syndics furent choisis pour une durée de trois ans et pouvaient être réélus autant de fois qu'ils se trouvaient réunir la pluralité des suffrages. En 1773, l'office devint héréditaire, mais les pourvus ne purent le transmettre à leurs héritiers ni en disposer qu'avec le consentement des Etats de la province [2] à qui appartenait la nomination des officiers municipaux.

Si le Magistrat, tant que la nomination du procureur lui appartint, pouvait le révoquer à son gré, celui-ci avait de même le droit de donner sa démission [3]. C'est ce que fit Pierre de Courteville en 1416, moins de deux ans après sa nomination. Pierre de Lenesse, lorsqu'on réduisit ses gages, voulut aussi

---

[1] Archives nationales AD ii A. xvi.
[2] Art. xxii de l'édit de 1773.
[3] Nous avons vu au contraire que les conseillers pensionnaires ne pouvaient quitter leurs fonctions sans le consentement du Magistrat.

se retirer et les échevins ne le retinrent qu'en rétablissant sa pension à peu près à son ancien taux. Jehan de le Motte se déporta de son office le 4 avril 1502 et Jacques de Saulty le 29 août 1596 ; les infirmités d'Oudart Segon l'obligèrent à abandonner sa place le 12 avril 1680. Enfin, en dehors de ces démissions volontaires, d'autres procureurs quittèrent leurs fonctions pour devenir conseillers pensionnaires, greffiers, argentiers à l'échevinage, conseillers au bailliage royal de Saint-Omer ou au conseil d'Artois [1].

Les gages de ces officiers ne furent pas à l'origine fixés d'une manière définitive. Ils varièrent d'après l'accord intervenu avec l'échevinage et chaque nouveau titulaire, et les services rendus obligeaient quelquefois le Magistrat à augmenter ceux de quelques procureurs pendant le cours de leurs fonctions, comme certaines nécessités budgétaires le forçaient à les diminuer. Ces gages consistaient généralement en une pension annuelle, aussi appelait-on souvent le procureur de ville *procureur pensionnaire.*

En 1599, Philippe de Sus-Saint-Légier fut admis aux gages annuels de 24 livres, et devait recevoir en outre tous les deux ans, après Pâques, le drap nécessaire pour faire une robe. La ville lui donna d'abord un seul cheval, puis un second le 26 septembre 1404. Lorsqu'il s'absentait à une distance d'au-delà de trois lieues de la ville, il avait droit à une indemnité, mais il ne recevait aucun supplément lorsqu'il allait aux plaids et assises de Montreuil, car c'était là un

[1] Voir les listes des procureurs à la fin du travail. Nous avons indiqué en note ces divers changements de position des titulaires.

service ordinaire. Sa pension fut augmentée en 1413 [1].

Quarante livres parisis payables en deux termes furent données à Pierre de Courteville en 1415. Quand il allait à Thérouanne ou à Aire ou en quelque autre ville d'où il pouvait revenir le même jour, on lui octroyait les dépenses de bouche et celles de son cheval, et s'il s'absentait plus d'un jour, l'échevinage lui allouait une gratification « telle qu'il plaisait à mesdits sieurs lui fixer » [2].

On essaya de réduire les émoluments de la charge à 28 livres, outre le drap de robe, et à la fourniture d'un seul cheval, lorsque l'on choisit Jehan de Bambecques en 1416, mais on dut lui donner une gratification [3], de sorte que le vendredi 15 avril 1418, par considération pour sa suffisance et ses bons services, Messieurs des deux années élevèrent ses gages à 40 livres également payables en deux termes.

Les comptes de la ville de 1416-1417 montrent aussi que le procureur avait une part dans le salaire que s'allouaient les magistrats municipaux pour l'apposition du grand scel de la ville.

Pierre de Lenesse en 1447 eut 35 livres de gages,

---

[1] « Philippe Sus-St-Légier, procureur de la ville pour le 1/2
» de sa pencion qui eschet le 27ᵉ jour d'octobre, xviii livres xi ᵈ
» soit au parisis xvi ˡ xvi ˢ 8 ᵈ. » (*Comptes de la ville* 1413-1414.)

[2] Fragments du règlement de 1415 (14 janvier) art. 4 et 5. Pièce justificative II, n° 1.

[3] « A Jehan de Bambeque, procureur général de le ville,
» pour plusieurs voiages quil a fait en lan de ce compte, lui
» alant seul, en grant péril et dangier pour doubte de gens
» darmes, et autrement, et qu'il lui a convenu faire grans des-
» pens pour la chierté de vivres et na peu paier ses despens
» pour ses gaiges. A quoy mess. eu sur ce consideration lui
» ont ordené, oultre ses dites journées et voyages vi lib. xvii ˢ
» 4 ᵈ. »   (Comptes de la ville 1416-1417).

drap de robe et chaperon comme les sergents à verge, douze sols parisis quand il allait au dehors ailleurs qu'à Thérouanne, Aire, ou dans d'autres villes rapprochées. Le besoin d'argent obligea l'échevinage à réduire ces avantages à 24 livres, mais de Lenesse voulut alors se retirer, et pour le retenir, une délibération échevinale du 4 mars 1448 fixa sa pension à 30 livres parisis qu'il voulut bien accepter.

Les mêmes gages furent accordés en 1457 à Oudart Bournon, « et sy aura pour chascun jour de vacacion » en pleine journée sera compté pour lui et son » cheval 12 sols parisis, et sil estoit ordoné aler à » deux chevaulx il aura en ce cas vint solz parisis » pour jour, mais sil va à Thérouanne, Aire, Grave- » linghes et aultres lieux partout ou il porra beson- » gnier et retourner en la journée, il aura seulement » despens pour luy et son cheval à l'ordonnement » de Messeigneurs [1]. » Son successeur en 1462 fut traité de même.

Lorsqu'en 1497 Pierre Tardieu fut nommé procureur, il y eut un nouveau changement dans les émoluments de la charge, ils furent bien fixés à 30 livres comme ceux de ses prédécesseurs, mais il fut autorisé à recevoir des pensions de divers corps : 24 sous de chacune des églises de Sainte-Aldegonde et de Saint-Denis et des tables des pauvres de ces deux paroisses, 24 sous des églises de Saint-Sépulchre, Sainte-Marguerite et des hôpitaux de l'Ecoterie et de Saint-Jean, et 40 de l'hôpital de la Magdelaine [2]. Il avait droit à un cheval.

Ces conditions furent maintenues au profit de ses

---

[1] Commission du 2 juin 1457. — Pièce justificative I, n° 3.
[2] *Table alphabétique des délibérations du Magistrat.* V° Procureur.

successeurs. Mais on augmenta la pension de Jehan de Blanquemains en 1526 de 20 livres par an « pendant tout le temps qu'il plairoit à mesdits sieurs » ; Jehan Dostremouille reçut aussi 10 livres en sus du traitement habituel de 30 livres. On offrit aussi en 1549 50 livres et une robe tous les deux ans à Jacques Duval qui ne se décida point d'ailleurs à accepter l'office.

A partir de cette époque jusqu'en 1673, la pension reste fixée à 30 livres, outre les avantages du drap de robe, l'indemnité de déplacement et les pensions des divers établissements que nous avons cités.

Ces traitements étaient du reste à peine suffisants pour défrayer les procureurs quand ils étaient envoyés au dehors. Il existe en effet aux archives une requête que nous avons déjà citée [1], adressée à l'échevinage par les enfants de Philippe Le Saige, dans laquelle ils exposent que leur père a été « ravi et emporté par
» la mort le vingt-sixième d'aoust » 1631, à Bruxelles, et qu'ils « ont subis et endurez des très
» grands et nottables despens en raison de la sd.
» maladie et mort arrivé en lieu si eslongnié de
» ceste ville, ayans iceulx estés constraints pour
» satisfaire à l'obligation naturelle et à l'honneur et
» respect qu'ilz debvoient à leurdist feu père d'en-
» voier ung homme exprès et spécial à grands frais
» vers ladite ville de Bruxelles pour le faire panser
» et solliciter, et qu'il auroit esté absent lespace de
» quinze jours, ilz auroient par dessus ce exposé
» bonnes sommes de deniers pour subvenir aux
» frais des obsèques et funérailles quil luy at convenu
» faire proportionnellement à sa qualité de député. »

[1] Chapitre III, p. 58.

Et ils concluent en demandant un secours ou une indemnité.

Enfin un règlement de Charles II, roi d'Espagne, du 8 janvier 1673, fixa définitivement les émoluments du procureur à 377 florins 8 patars, soit 471 livres 15 sous d'argent de France.

Mais dans les comptes de la fin du xviii° siècle, on voit figurer une somme bien plus considérable, sans qu'on puisse trouver la raison de cette augmentation. En 1764, l'étendue des obligations du procureur syndic avait beaucoup augmenté par suite de la suppression d'un substitut et des deux conseillers pensionnaires de la ville. Il touchait 621 livres 15 sous, outre les frais de députation, les gratifications et autres frais accessoires, ce qui pouvait faire monter les gages jusqu'à près de mille livres. L'assemblée des notables qui se tint avant le renouvellement du Magistrat du 31 octobre 1765 avait décidé de fixer à 1500 livres les appointements annuels du procureur syndic ; toutefois la délibération ne fut pas rédigée par écrit et n'eut pas d'exécution ; en octobre 1765 la charge fut confiée à M. de Monbynes, avocat, et l'assemblée des notables du 8 janvier 1766 fixa ces appointements à deux mille livres, mais par égard pour sa personne et sans attacher ces émoluments à la place même [1]. En 1766, l'assemblée des notables tenue le 30 octobre accorda au procureur 1400 livres pour services rendus [2]. Cette gratification exceptionnelle paraît avoir été consentie grâce à l'influence de M. de la Tour St-Quentin, mayeur, au maintien duquel il avait beaucoup contribué lors de l'assemblée du

---

[1] *Registre des notables A*, f°s 59 et suiv. — Pièce justificative II, n° 6 *in fine*.

[2] Registre des délibérations des notables A.

31 octobre 1765, en recueillant des signatures pour protester à Versailles en faveur de son élection et lui faire obtenir l'investiture royale qui lui avait été accordée le 4 mai 1766 [1]. Cependant comme de Monbynes était démissionnaire depuis le 15 octobre, il eut quelque peine à se faire payer, et ce ne fut que sur l'ordre du contrôleur général du 24 avril 1767 que l'assemblée des notables du 27 décida de faire solder « la somme » de 1400 livres à la déduction de l'importance de ses » gages qu'il a perçus en qualité de procureur du » roi sindic suivant mandat du 28 novembre 1766 [2]. »

En dehors de ces gages fixes ou de ces gratifications octroyés par l'échevinage, le procureur de ville pouvait à l'origine se faire payer par des particuliers ou divers établissements ; il eut d'abord, en effet, aussi bien qu'un simple procureur *ad lites,* le droit de s'occuper des affaires des particuliers devant les tribunaux divers existant à Saint-Omer, sauf à délaisser leurs causes pour défendre de préférence et avant tout celles de la ville [3]. A la fin du XVIe siècle, cette faculté lui fut retirée par l'art. 3 du règlement du 4 janvier 1597 qui en reproduisait un autre du 5 janvier 1590. L'échevinage décida que le procureur devant consacrer exclusivement son temps aux affaires de la ville « ne polra advocasser adce siège ou subalternes » [4].

---

[1] *Un épisode des élections échevinales à Saint-Omer,* par M. l'abbé Bled. *(Mém. des Antiq. de la Morinie,* t. XVIII, p. 146.)

[2] Registre des délibérations des notables B.

[3] Le règlement imposé en 1415 à Pierre de Courteville portait, art. 6, qu'il « ne pourra avoir gages de messieurs du » chapitre ny de St-Bertin, mais *pourra en prendre d'autres par-* » *ticuliers,* bien entendu qu'il laissera tous services pour celui » de la ville » (Règlement de 1415, art. 6. — Pièce justific. II, n° 1).

[4] Pièce justificative II, n° 3.

Cependant il continua à pouvoir occuper pour des particuliers puisque des délibérations de 1711 et de 1712 lui permirent « de prendre des honoraires » modérés des parties tant à la ville qu'en la chambre » des orphelins pour ses écritures. » En ce qui concerne cette dernière chambre, l'échevinage, en reconnaissant que tout devait s'y faire gratuitement, en excepta en 1721 les procès par écrit, et accorda « 150 livres au procureur de ville à prendre sur les » deniers de la ville. » Mais le chiffre de cette indemnité ne fut pas maintenu, car très peu de temps après, on se borna à déclarer que aucun officier ne pouvait toucher d'honoraires pour les actes faits à la chambre des orphelins, « à la réserve des procès et » des conclusions du procureur sindic et des comptes » d'exécution testamentaire [1]. »

Le procureur devait aussi aux termes de l'art. xi du règlement du 8 janvier 1766, soutenir gratuitement les affaires des pauvres et causes pieuses [2].

On ne voit nulle part qu'il ait reçu, comme les autres officiers de ville, du vin de boisson et de la cire, ni qu'il ait été logé aux frais de la municipalité; avant 1580 on lui fournissait quatre rasières de charbon, mais cette allocation fut supprimée à cette époque. Il était exempt du guet [3].

Parmi les avantages concédés aux procureurs de ville, nous avons mentionné le don d'une robe ou du drap nécessaire pour la confectionner. La couleur de ce vêtement donna lieu à bien des difficultés. A

---

[1] *Table alphabétique des délibérations du Magistrat.* — Analyse des registres LL et MM perdus.
[2] Pièce justificative II, n° 6.
[3] *Mém. des Antiq. de la Morinie*, t. XVI, p. 94.

l'origine ils recevaient tous les deux ans une robe de deux couleurs : noir et pourpre, qui étaient celles de la ville [1], elles étaient semblables à celles des sergents à verge et du greffier criminel. Mais en 1429 ils ne crurent plus de leur dignité de porter ainsi la livrée de la ville, et ils s'adressèrent à l'échevinage afin qu'à l'avenir on leur fournît des robes d'une seule couleur. Les trois corps se réunirent pour examiner cette demande ; et le 16 mars 1429, à la pluralité des voix, il fut décidé que le procureur de ville, ainsi que le greffier ou clerc et les sergents à verge porteraient à l'avenir des robes d'une seule couleur [2]. Cette délibération ne fut cependant pas suivie à la lettre, car les comptes de 1436-1437 mentionnent encore la robe moitié noire, moitié vermeille [3], et plus tard, en 1497, Pierre Tardieu fut dispensé, par respect pour son titre de licencié ès lois, de revêtir la robe mi-partie, et autorisé à en porter une noire [4]. Ce fut, même alors, une exception, renouvelée seulement en 1511 au profit de Nicole Destiem-

[1] Les armoiries de la ville sont de gueules à la croix d'argent. A Amiens, on trouve à la date du 19 avril 1428 une délibération relative à la livrée du procureur et à celle des sergents de la ville. Elles étaient aussi de deux couleurs. (A. Thierry. — *Recueil des monuments inédits de l'histoire du Tiers-Etat*, t. II, p. 106.)

[2] Les sergents à verge furent autorisés à mettre une bordure à leurs dépens.

[3] « A Guilbert Le Chevalier.... item pour LXVII aunes et demie
» de drap moitié noir, moitié vermeil, à luy prins, employé en la
» livrée du clerc criminel, *procureur,* sergens à vergue, maistre
» machon, maistre carpentier, maistre maresquier de la ville
» XXIII^s pour aune valent LXXVII lib. XIII^s VI^d. »

(Comptes de la ville 1436-1437.)

[4] Règlement du 4 janvier. — *Table alphabétique des délibérations du Magistrat.*

becque, licencié en droit, car Jean de le Motte, successeur de Tardieu, porta « une robe mie partie qu'il » auroit tous les deux ans avec les escarwettes [1]. »
On fit cependant une plus grande concession encore pour obtenir en 1549 le consentement de Jacques Duval, écuyer, on lui offrit une robe pareille à celle des échevins ; néanmoins, sa famille ne crut pas que cette prérogative, qui était cependant sans exemple, fût suffisante, elle jugea qu'il dérogerait en acceptant, à quelque condition que ce fût, la charge de procureur de l'échevinage, elle l'engagea à remercier Messieurs de l'honneur qu'ils voulaient bien lui faire ; il se conforma à ces désirs et refusa la place. Ce ne fut qu'en 1596 qu'on permit aux procureurs de ville de porter une robe semblable à celle des greffiers. Le 29 août de cette année, Gérard Liot fut admis « aux mesmes gaiges que ledit de Saulty, son » prédécesseur, saulf qu'il aura drap de robe pa- » reille au greffier principal si les auditeurs ordi- » naires aux comptes y consentent [2]. » Depuis 1497 il semble que l'on donnait une robe tous les ans à ces magistrats. En dernier lieu celle qu'ils portaient était en damas, mais ils n'en avaient que l'usage, et elle passait avec l'office à chaque titulaire.

Les procureurs de ville avaient longtemps reçu aussi un chaperon [3]. En 1750, les officiers du bureau gradués portaient un chaperon herminé, et toutes leurs robes étaient de damas noir.

---

[1] Règlement du 15 mai 1500.

[2] *Registre aux délibérations du Magistrat*, M, f° 209 v°. Son successeur Doresmieulx eut la même robe. N, f° 27 v°.

[3] Mémoire imprimé pour Masse de Bouret, procureur du roi au Bailliage, 1788. — Extrait du registre A des délibérations du Magistrat aujourd'hui perdu, année 1447, f. 232.

Ils prêtaient autrefois serment devant l'assemblée des trois corps du Magistrat qui les nommaient : les mayeur et échevins en exercice, les mayeur et échevins de l'an passé jurés au conseil, et les mayeur et dix jurés pour la communauté. Voici quelle était au xvi° siècle la formule de ce serment :

« Vous jurez par le Dieu tout puissant et la dam-
» nation de vottre âme que vous croyez tout ce que
» croit l'église catholicque, apostolicque et romaine,
» et que tenez la doctrine qu'elle a tenu et tient sous
» l'obéissance de nostre Saint Père le Pape, détestant
» toutes doctrines contraires à jcelle sy comme des
» Luthériens, des Calvinistes, des Anabaptistes et de
» tous autres héréticques et sectaires et qu'en tant
» qu'en vous sera vous opposerez et contrarierez à
» jcelles, que l'estat de procureur de cette ville de
» St Omer exercerez deubement et fidellement soubs
» les charges et conditions que vous ont estez leues
» cejourd'huy, par vous entendues et acceptées, aux
» gaiges, honneurs et émoluments à vous accordez,
» guarderez et tiendrez secret ce que se traite par
» messieurs, et ne communicquerez les affaires de
» la ville, sinon à mesd. sieurs et les officiers de
» leur chambre, n'est que charge particulière vous
» soit donnée de les communicquer à autres, com-
» paroistrez et vous trouverez en halle, à la scelle et
» aux autres assemblées ordinaires de Messieurs,
» ensemble aussy aux extraordinaires quand évoc-
» qué y serez, et ferez en effect tout ce qu'au dit
» office appartient. Ainsy vous veuille Dieu ayder[1]. »

Quand ils furent nommés par les intendants, ils

---

[1] Recueil des serments aux *Arch. municip.* et ms. d'Affreingues, t. I, p. 211.

prêtèrent serment entre leurs mains ou en celles du subdélégué résidant à Saint-Omer [1], ou de tels personnages qu'ils commettaient pour le recevoir ; le 14 novembre 1738, Antoine-François Crépin prêta serment entre les mains du s^r Enlart, qui venait d'être nommé conseiller pensionnaire second le même jour qu'il avait lui-même été pourvu de la charge de procureur. Enfin après les édits de municipalité et d'après l'art. 18 de l'arrêt du conseil du 15 juillet 1768 et l'art 13 de l'édit de novembre 1773, les procureurs syndics durent prêter serment entre les mains du mayeur.

La charge de procureur de ville donnait une certaine considération à celui qui en était revêtu. Cependant elle fut considérée, au moins pendant un certain temps, comme entraînant la dérogeance à la noblesse, puisque en 1549 Jacques Duval l'avait refusée parce qu'il était écuyer et par égard pour sa famille [2]; mais on voit plus tard Oudart Segon, également écuyer, être titulaire en 1660 de l'office qu'il conserva vingt ans [3].

A peine venaient-ils être revêtus en 1596 de la robe des greffiers que les procureurs leur disputèrent la préséance. Gérard Liot, le 29 août 1596, obtint de précéder les deux greffiers « en voix et plache [4]. »

[1] Procès-verbal de nomination d'un second conseiller pensionnaire et d'un procureur syndic, à la suite du *Mémoire* imprimé pour Masse de Bouret.

[2] Voir ci-dessus p. 81.

[3] Il y avait assurément, surtout à l'origine, plusieurs membres de familles nobles parmi les procureurs, et beaucoup de descendants des titulaires de cette charge parvinrent à la noblesse.

[4] Pièce justificative II, n° 2.

L'année suivante, le Magistrat se réserva le droit de décider de cette question de préséance d'après la qualité des officiers pourvus ; et le s^r Bouvoisin eut « voix et plache après le greffier principal et devant » le greffier du crime, demeurant néantmoing Mes- » sieurs du Magistrat enthiers, et à chasque fois que » se présentera vacance de nouveau officier, soit » procureur ou greffier, de leur donner plache telles » que les souffisances et qualités desdits procureurs » ou greffiers mériteront, et que en sera advisé [1]. »

Ni Bonvoisin, ni son successeur immédiat Flour Doresmieulx n'eurent la préséance sur le greffier principal, mais elle fut accordée en 1607 à Gérard Aubron, qui avait été échevin.

Lorsque Jehan Hanon fut élu en 1655, et avant qu'il fût autorisé à prêter serment, le greffier Desmons, dans l'assemblée même des deux années tenue le 19 juin, expliqua qu'il prétendait la préséance sur les procureurs, bien qu'il ne l'eût pas réclamé depuis son entrée en fonctions depuis 1636, « n'ayant » le dit greffier eu ouverture jusqu'à olres à préten- » dre la préséance, ce qu'il faisoit présentement. [2] » L'échevinage remit la séance pour examiner les registres aux délibérations antérieures, et décida le 30 juin que le greffier Desmons, en considération des services rendus à la ville par lui et sa famille, aurait « préséance en voix, place et honneur, pen- » dant sa vie qu'il exercera ledit estat de greffier » principal, tant au regard dudit nouveau procureur » qu'aultres que luy porroient succéder au dit office » de ville, mesdits sieurs néantmoins entiers, à la

---

[1] Pièce justificative II, n° 3.
[2] Pièce justificative II, n° 4.

» vacance dudit estat de greffier, d'ordonner et ap-
» poinctier sur la dite préséance d'entre lesd. greffier
» et procureur jà et ainsy que pour leurs qualitez,
» suffisance expérience et longs services jugeront
» au cas appartenir[1] » et le nouveau procureur accepta
cette condition.

Le Magistrat maintenait ainsi son droit de décider de la préséance d'après la qualité des titulaires des deux offices, sans vouloir placer l'une des fonctions au dessus de l'autre. C'était le moyen d'attirer, pour les remplir toutes deux, des hommes capables et distingués, sauf à décider peut-être fréquemment entre leurs rivalités. Mais la plupart du temps la préséance appartint au greffier. C'est ce que constatent spécialement les nominations comme procureurs des sieurs Segon en 1660, de Pan en 1711, Marissal en 1712. Sous le règne des intendants, la question de préséance paraît avoir été résolue par l'âge ou par l'ancienneté du grade de licencié ès-lois. Enlart, nommé en 1729, céda le pas au greffier parce que celui-ci était plus âgé que lui. Au contraire, Crépin reçut de l'intendant Chauvelin, qui le nomma en 1738, l'ordre de siéger avant le greffier principal qui était moins anciennement gradué que lui[2], il prima même le second conseiller pour la même raison[3]. Cet usage se continua jusqu'à la Révolution à défaut de texte précis. En effet l'édit d'août 1764 déclara par l'art. XI que provisoirement, aucun rang ne serait observé dans les assemblées des corps municipaux, et ni

[1] Pièce justificative II, n° 5.
[2] Nomination d'un second conseiller pensionnaire et d'un procureur syndic le 1ᵉʳ novembre 1738 datée d'Amiens, et leur serment du 14 du même mois. — Pièces imprimées.
[3] *Table alphabétique des Délibérations du Magistrat.*

l'arrêt du conseil du 16 juillet 1768 ni l'édit de 1773 ne s'occupèrent du rang des procureurs.

Quoiqu'il en soit de ces variétés de situation et de rang, le procureur de ville était un personnage qui représentait le Magistrat, et l'échevinage entendait qu'à ce titre il fût écouté et respecté comme lui-même. C'est ce que prouve l'anecdote suivante.

Une difficulté s'était élevée entre l'abbaye et le Magistrat au sujet du déplacement d'un bac au lieu dit la Morlaque [1], et la veille de saint Bertin, le 4 septembre 1634, la ville avait envoyé à l'abbé deux députés chargés de lui demander de désigner deux personnes pour aller, avec quelques échevins, sur les lieux même, examiner l'objet de la contestation. Ces deux députés étaient M° Charles Desmons, échevin [2], et Antoine d'Haffringhes, procureur de ville.

Le prélat, qui se nommait Philippe Gillocq, reçut assez mal ces ouvertures, se plaignit de l'échevinage, rappela d'autres difficultés pendantes, et alla jusqu'à traiter plusieurs fois le procureur de ville d'homme pernicieux, en présence de M° Desmons et d'autres témoins. M° d'Haffringhes protesta aussitôt, et demanda réparation, déclarant qu'il ferait au Magistrat un rapport de tout ce qui s'était passé. L'échevinage accueillit les doléances de son procureur avec un certain empressement, constata combien il était satisfait de ses services, et s'étendit sur l'utilité de

---

[1] La Morlacque, rivière qui forme la continuation du Leck et de la rivière de Nieurlet, entre ce village et le pont de St-Momelin où elle se décharge dans la rivière d'Aa canalisée. (*Dictionnaire géographique de l'arrondissement de Saint-Omer*, par M. Courtois, p. 153. — *Mémoires de la Société des Antiquaires de la Morinie*, t. XIII).

[2] Le même qui devint greffier principal en 1636. Voir p. 84.

cet officier pour « le bien et advancement des affaires ». Il l'invita à « avoir recours au Conseil privé
» par requête plaintive narrée des susdites injures
» dites à une personne instituée en charge publique
» de cette ville, vivant avec réputation d'homme de
» bien, et faisant la charge d'une sienne commission
» pour le bien de la concorde d'entre le monastère
» et la ville. »

De plus, le conseiller pensionnaire principal Jean Richebé fut consulté sur cette délicate affaire, et il émit par écrit l'avis de faire diverses représentations qu'il eut soin de détailler, et de requérir une réparation convenable pour une injure qui n'atteignait pas seulement le procureur, mais le corps de ville tout entier. Son avis prévalut et fut adopté le 12 en séance échevinale ; deux députés furent alors envoyés à l'abbé de Saint-Bertin pour obtenir ses excuses. Ce furent, outre le sr Desmons, l'échevin Caucheteur et le conseiller principal.

Celui-ci présenta le 16 son rapport en halle. Le prélat avait répondu « qu'il n'avait jamais rompu la
» paix avec Messieurs du Magistrat, au contraire,
» avait coopéré à la conservation d'icelle lorsqu'il en
» avait été question....; qu'il tenait d'Haffrenghes
» pour un homme de bien », et qu'il entendait s'expliquer lui-même avec lesdits sieurs verbalement ou par écrit.

Toutefois sire Gillocq ne se pressait pas de formuler une satisfaction plus entière ; aussi le 3 novembre, les sieurs Caucheteur et Desmons furent de nouveau envoyés auprès de lui, avec mission d'insister pour qu'il satisfît à la promesse faite devant eux et devant le conseiller principal. Les députés firent leur rapport en halle le 8 du même mois et constatèrent que Mr de

Saint-Bertin leur avait « réparti qu'en peu de temps
» il satisferait à cette demande.... et que Messieurs
» ne tarderaient pas à avoir de ses nouvelles [1]. »

L'affaire paraît en être restée là, il n'était pas de très bonne politique de pousser les choses plus loin, et on n'alla point devant le conseil privé comme la première délibération prise *ab irato* pouvait le faire penser. D'ailleurs l'abbé de Saint-Bertin avait reconnu ses torts en présence de témoins, et l'honneur de la ville comme celui du procureur, étaient saufs.

---

[1] D'Haffringhes raconte lui-même cette anecdote que nous avons abrégée, dans son manuscrit n° 879 de la Bibliothèque de Saint-Omer, t. II, p. 392 v° et suiv. et p. 398.

CHAPITRE V

LE SUBSTITUT DU PROCUREUR DE VILLE

Dans plusieurs villes du nord de la France le procureur avait un substitut. Une ordonnance du 6 septembre 1540 réglant le service des officiers municipaux d'Amiens montre le rôle de cet agent qui se rendait à l'échevinage le lundi pour présenter au mayeur le rôle des informations faites pendant la semaine [1].

A Saint-Omer, un règlement de 1597 interdisait par son article 8 au procureur de ville d'avoir un substitut [2]. Cependant, en 1655, comme le procureur était malade, l'échevinage lui en accorda un sur sa demande, et il désigna Jean Hanon le 9 juin ; on lui imposa les obligations ordinaires incombant à la charge de procureur, et il prêta serment le 12 juin [3].

---

[1] « Item, à ce dit jour de lundy, se trouvera pareillement le » substitut du procureur de la ville, lequel présentera au » mayeur les informations qui luy auront esté ordonnées faire » du long de la semaine précédente, lesquelles seront délivrées » cedit jour au procureur de la ville pour venir requerre le » lendemain ce qu'il verra estre à faire par raison, pour le » bien de justice. » Ordonnance du 6 septembre 1540, Amiens. (A Thierry. *Monuments inédits de l'histoire du Tiers-Etat,* t. IV, p. 395. — Voir aussi p. 424 et suiv.)

[2] Pièce justificative II, n° 3.

[3] *Registre aux délibérations du Magistrat BB, f. 41.*

Jean Hanon ne suppléa Louis Hourdel que quelques jours et fut nommé en son remplacement le 19 du même mois. Depuis cette époque jusqu'en 1738 on ne rencontre plus de substitut à l'échevinage.

Lors de la vénalité des charges un office de conseiller de Sa Majesté, substitut du procureur syndic de la ville, fut créé en titre héréditaire par édit du mois d'août 1695, et réuni à la municipalité en vertu d'un arrêt du conseil d'Etat du 31 juillet 1696 moyennant finance[1]. La faculté de postuler fut attaché à cet office par l'arrêt[2]. Les mayeur et échevins pouvaient nommer le titulaire sans que celui-ci fût tenu de prendre des provisions du roi. Ils n'usèrent pas de leur droit jusqu'en 1738, mais à cette époque, le 20 mai, ils établirent le sieur Frévier, procureur *ad lites*, avec le titre de substitut, pour arrêter les entreprises des officiers du bailliage avec lesquels ils étaient en procès : et par délibération du 7 novembre ils confirmèrent ce nouvel agent dans ses fonctions[3]. Le bailliage vit d'un très mauvais œil cette création nouvelle, et en 1739, lors de la révision de la coutume[4], le procureur du roi protesta, vainement d'ailleurs, contre la qualité prise par le sieur Adrien Frévier de substitut du

---

[1] La réunion comprenait aussi l'office de contrôleur vérificateur des revenus communs patrimoniaux d'octroi ou autres impositions dépendant de la ville, et la finance totale fut de onze mille livres plus 2 sous pour livres.

[2] *Arch. municip. AB*, xl.

[3] Ces nomination et confirmation ont été imprimées.

[4] Voir le procès-verbal de la Coutume des bailliage et ville de Saint-Omer du lundi 28 septembre 1739, et un *Mémoire imprimé pour les may. et échevins contre la veuve Descamps d'Inglebert*, 1743, pp. 5 et 6.

procureur syndic à l'échevinage, sous le prétexte qu'il n'appartenait qu'au roi de créer des offices.

Ce substitut était révocable au gré des échevins comme le procureur lui-même dont il avait toutes les attributions. Il fut supprimé en 1764.

APPENDICE

Note sur les procureurs de la commune et les procureurs syndics sous la Révolution.

Ainsi donc, dans la ville de Saint-Omer qui avait une organisation municipale complète, le procureur syndic avait, à la veille de la Révolution, des attributions judiciaires et administratives. Dans les cités qui présentaient les mêmes institutions, les premières lois qui suivirent le mouvement de 1789 laissèrent subsister cet agent.

Au point de vue administratif, la loi du 14 décembre 1789, relative à la constitution des municipalités, statua en effet qu'il y aurait dans chacune d'elles un procureur de la commune sans voix délibérative, chargé de défendre les intérêts et de poursuivre les affaires de la communauté (art. 26), et un substitut (art. 27), élus au scrutin et à la pluralité des suffrages (art. 28 et 29).

De plus, l'institution des procureurs syndics fut étendue à d'autres corps administratifs que les municipalités.

L'assemblée constituante avait décrété le 15 janvier 1790 la division de la France en départements, chaque département fut divisé en districts et chaque district en canton. Il fut établi au chef-lieu de département un conseil de département composé de trente-six membres, et au chef-lieu de chaque district une assemblée inférieure de douze membres.

Près du conseil départemental, il y avait un directoire exécutif de huit membres et un procureur général syndic. Celui-ci avait droit d'assister à toutes les séances, tant du conseil que du directoire de l'administration, il y avait séance en un bureau au milieu de la salle et en avant de celui du président, il n'avait pas voix délibérative, mais il ne pouvait être fait à ces séances aucun rapport sans qu'il en eût pris communication, ni être pris aucun arrêté sans qu'il eût été entendu soit verbalement soit par écrit. Il était chargé de la suite de toutes les affaires et n'agissait que de concert avec le directoire. C'est devant ce procureur général syndic qu'étaient aussi intentées et soutenues les actions concernant le domaine de l'Etat.

Au district, le procureur syndic assistait également aux séances du conseil et du directoire sans voix délibérative, et ses attributions, dans une sphère moins étendue, étaient calquées sur celles du procureur du département [1], mais il n'avait pas qualité pour remplacer le procureur général quant à l'exercice actif ou passif des actions domaniales [2].

Une organisation révolutionnaire fut décrétée les 14-16 frimaire an II (4-6 décembre 1793), la Conven-

[1] Décret du 22 décembre 1789-8 janvier 1790.
[2] Dalloz. — Répert. de jurisprudence. V° Domaine de l'Etat, pp. 290-291.

tion supprima les procureurs de commune et les procureurs syndics, et installa des agents nationaux spécialement chargés de requérir et de poursuivre l'exécution des lois (art. 14). Mais ce décret fut abrogé par celui du 28 germinal an III (17 avril 1795) qui revint à l'organisation antérieure, supprima les agents nationaux et rétablit les procureurs généraux syndics et les procureurs syndics.

Cependant les districts furent supprimés par la Constitution du 5 fructidor an III (22 août 1795), celle-ci créa une circonscription nouvelle, celle du canton. Chaque canton devint un arrondissement administratif sous le nom d'administration municipale, subordonnée à celle centrale du département et composée de la réunion des agents municipaux de chaque commune (art. 174 et 180). Auprès de chaque administration départementale ou municipale il y eut un commissaire du gouvernement nommée par lui.

Cette seconde organisation dura jusqu'à l'an VIII (1800).

Le procureur de la commune eut aussi quelques attributions judiciaires, comme l'ancien procureur syndic de ville, car la loi du 16-24 août 1790 sur l'organisation judiciaire, titre XI, avait laissé subsister le droit des corps municipaux de connaître du contentieux en matière de simple police sur la poursuite du procureur de la commune, sauf appel au tribunal du district.

La loi du 19-22 juillet 1791, relative à l'organisation d'une police municipale et correctionnelle, avait attribué aussi aux municipalités le droit de statuer sur certains délits, et devant le tribunal de simple police municipale le procureur de la commune, ou son substitut, donnait des conclusions en qualité de ministère public (titre I, art. 39 et 43). La poursuite des délits correctionnels était faite aussi par le procureur de la commune ou ses substituts (titre II, art. 44).

Mais le décret du 3 brumaire an IV (25 octobre 1795) livre II, titre I, retira aux municipalités le jugement des contraventions de simple police pour les confier aux juges de paix qui, assistés de deux assesseurs, formèrent un tribunal de police dans chaque canton, et jugèrent en dernier ressort sur les délits dont la connaissance avait été confiée jusqu'alors aux municipalités. Le commissaire du pouvoir exécutif à l'administration municipale y remplissait les fonctions de ministère public (art. 153-162).

L'ancien procureur de ville et le procureur de la commune qui lui avait succédé avaient donc disparu définitivement vers la fin de l'année 1795.

Ces quelques lignes suffisent pour montrer le lien qui rattachait les procureurs de la commune et les procureurs syndics de la Révolution aux anciens procureurs de ville.

LISTES

des procureurs de ville (1302 à 1790), des procureurs de la commune, agent national, et procureurs syndics du district (1790 à 1794),

A SAINT-OMER

I

Procureurs de ville à Saint-Omer, 1302 à 1790, avec leurs armoiries.

1302. — Jacquemart Coppin [1].

1328. — Jehan de Radinghem, juré au conselg de le ville [2].

7 *avril* 1328. — Colart de Valenchienes [3].

1362. — Pierre le Merchier [4].

1373. — Nicaise Cuvelier,

écu portant une fleur à quatre pétales en croix dans un trilobe [5].

27 *octobre* 1399. — Philippe de Sus Saint-Légier, procureur général [6],

de gueules fretté d'hermines.

---

[1] *Histoire de Saint-Omer,* par M. Guy, p. 441.
[2] *Pièces justificatives* I, n° 1.
[3] Id. I, n° 2.
[4] *Mémoires des Antiquaires de la Morinie,* t. XV, p. 260.
[5] *Mémoires des Antiquaires de la Morinie,* t. XV, pp. 265, 266 et 273. — C'est sans doute le même personnage que celui que Demay, *(Sceaux d'Artois, p. 165)* qualifie de procureur d'Artois aux bailliages de Saint-Omer, Aire, Tournehem, etc., en 1360.
[6] *Comptes de la ville 1413-1414.*

— 98 —

14 *janvier* 1415. — Pierre DE COURTEVILLE, procureur général [1],

d'or à une croix ancrée de gueules.

27 *novembre* 1416. — Jehan DE BAMBECQUES, procureur général,

d'hermines au canton de gueules.

..... Robert DUVAL [2].

17 *août* 1447. — Pierre DE LENESSE [3].

2 *juin* 1457. — Oudart BOURNON, procureur général [4].

26 *novembre* 1462. — Laurens DE LENISELLE dit COUDERS, receveur et procureur du comte de Fauquembergues [5].

..... 1474. — Jehan LE CARON, procureur général [6].

20 *novembre* 1477. — Mahieu DU VAL, procureur général [7].

[1] Il se démit de ses fonctions le 25 octobre 1416.

[2] On ignore la date de sa nomination ou de sa prestation de serment, mais d'après les comptes de la ville, il était procureur en 1437-1438. Il fut destitué en 1447 et devint greffier en 1448.

[3] Greffier du crime (criminel) le 2 juin 1457.

[4] *Registre aux délibérations du Magistrat C,* f. 39 v°. Prêta serment le 11 juin 1457.

[5] *Registre aux délibérations du Magistrat B,* f. 56 v°.

[6] A maistre Jehan Le Caron, procureur de ceste ville au lieu de feu Laurent de Leniselles. . . . . xxx[l]

(*Comptes de la ville 1474-1475,* f LXXII v°).

A maistre Jehan Le Caron, procureur général de ceste ville pour sa pension de xxx livres pour l'an eschues pour ung an entier au xix° jour de juillet mil iiii°LXXVII.

(*Comptes 1476-1477,* f. iiii**xxiiii v°.

[7] A Mahieu du Val, procureur général de ceste ville au lieu de maistre Jehan Le Caron, pour ses gaiges dud. office escheux pour une année commenchant le xx° jour de novembre mil iiii°LXXVII jusques à pareil jour mil iiii°LXXVIIj, que lors il fut

3 *novembre* 1483. — Robert des Prés ou Desprets, procureur général [1].

30 *janvier* 1484. — Jehan Le Vieuzier, procureur général.

6 *juillet* 1490. — Guillaume de Condettes.

3 *janvier* 1497. — Pierre Tardieu, licencié ès lois, procureur syndic [2].

5 *mars* 1501-1502. — Jehan de le Motte, procureur général [3].

24 *mai* 1502. — Jehan de Honvault, procureur général [4].

24 *janvier* 1511. — Nicole Destiembecque, licencié ès lois, procureur général [5].

3 *juillet* 1523. — Jehan de Blanquemains, procureur de ville.

14 *avril* 1540. — Jehan d'Ostremouille, procureur général [6].

[2 *juin* 1549. — Jacques Duval nommé, refusa le 3 juin 1549].

7 *juin* 1549. — Robert Dubur [7].

21 *novembre* 1558. — Jehan ou Jacques de Saulty, procureur général [8].

institué au lieu dudit M° Jehan . . . . xxx [1]
  (*Comptes 1478-1479*, f. iiii^{xx}ix).

[1] A Robert des Prés, procureur général de ceste ville pour ses gaiges dudit office escheux pour une année au iii° jour de novembre oudit an iiii^{xx}iiii. . . . . xxx [1]
  (*Comptes 1483-1484*, f. lxiii v°).

[2] Devint conseiller pensionnaire second le 7 juillet 1499.

[3] Son père était conseiller pensionnaire premier. Donna sa démission le 4 avril 1502.

[4] Devint clerc de l'argenterie le 24 janvier 1511.

[5] Fut destitué le 3 juillet 1523 pour avoir refusé d'être échevin.

[6] Mort en 1549. Il avait été auparavant procureur postulant.

[7] *Registre aux délibérations du Magistrat H*, f. 64 v°.

[8] Se démit de ses fonctions le 29 août 1596.

29 *août* 1596. — Gérard Liot, licencié ès lois, procureur de ville [1],

d'argent à trois quintefeuilles de gueules deux et une.

4 *janvier* 1597. — Jehan Bonvoisin, licencié ès lois [2].

18 *novembre* 1602. — Flour Doresmieulx, avocat [3],

d'or à une tête de more de sable liée d'argent, accompagnée de trois roses de gueules boutonnées d'or posées deux en chef et une en pointe.

8 *février* 1607. — Gérard Aubron, licencié ès lois, avocat, ancien échevin [4],

écartelé aux 1° et 4° fretté de gueules et de sable à la croix alaisée de sable, aux 2° et 3° d'azur à trois canettes d'or posées deux et une.

7 *septembre* 1619. — Philippe le Saige, avocat [5].

23 *septembre* 1631. — Antoine d'Haffringhes, avocat [6],

d'azur à une fasce d'or accompagnée en chef de trois étoiles rangées de même, et en pointe d'une grive aussi d'or.

15 *avril* 1636. — Louis Hourdel, avocat [7],

de gueules à un chevron fascé d'argent et d'azur de six pièces.

---

[1] *Registre aux délibérations du Magistrat* M, f. 209 v°.
[2]   Id.   M, f. 220 v°.
[3] *Registre aux délibérations du Magistrat* N, ff. 27 v° et 28. Devint conseiller au bailliage royal le 7 décembre 1606.
[4] Frère d'Antoine, conseiller principal, il devint lui-même conseiller pensionnaire second le 3 septembre 1619.
[5] Mort le 26 août 1631. *(Registre aux délibérations du Magistrat* P, f. 190).
[6] Se démit de l'état de lieutenant mayeur pour exercer la charge de procureur de ville. Devint conseiller pensionnaire second le 10 avril 1636.
[7] Etait échevin juré au conseil. Il mourut en juin 1655.

19 *juin* 1655. — Jehan Hanon, licencié ès lois [1].

13 *mai* 1659. — François Vaillant, avocat [2],

d'azur écartelé aux 1er et 4e au soleil radiant d'or, aux 2e et 3e au cerf élancé d'or assailli d'un lévrier d'argent colleté de gueules.

9 *février* 1660. — Oudart Segon, écuyer, échevin [3].

12 *avril* 1680. — Jean-Baptiste Girardot, avocat [4],

d'argent à un chevron de gueules, accompagné de trois croisettes pattées de sable, deux en chef et une en pointe.

8 *juillet* 1704. — Guillaume de Somer, avocat,

d'argent à un chevron d'azur, accompagné de trois roses de gueules, deux en chef et une en pointe.

15 *juillet* 1711. — Ignace-François-Joseph de Pan, avocat [5],

de sinople au chevron d'or accompagné de trois têtes de paon aussi d'or posées deux en chef et une en pointe.

29 *décembre* 1712. — Antoine-Joseph Marissal, avocat au conseil d'Artois [6],

d'azur à une fasce vairée d'or et de sable accompagnée de trois besans d'or, deux en chef et un en pointe et chargés d'une étoile de sable.

---

[1] *Registre aux délibérations du Magistrat BB*, f. 50 et 51. Il dut se démettre de la charge de greffier des vierskaires. Mourut en mai 1659.

[2] Devint le 23 décembre 1659 conseiller au *Conseil de l'Artois réservé*, séant à Saint-Omer.

[3] Se démit de ses fonctions le 12 avril 1680 pour raison de santé.

[4] Destitué en 1704. La ville lui fit une pension.

[5] Mourut dans l'exercice de ses fonctions.

[6] Révoqué le 6 février 1719.

8 *février* 1719. — Jean-François-Dominique Titelouze, avocat au conseil d'Artois [1],

d'argent à une aigle éployée de sable supportée par un croissant de même remply d'or.

30 *décembre* 1729. — Thomas-Joseph Enlart, sʳ de Saint-Maurice, avocat [2],

d'or à dix losanges de sable acolés trois trois et un ; écartelé de sinople à un chevron d'argent accompagné de trois coquilles de même, deux en chef et une en pointe.

1ᵉʳ *novembre* 1738. — Antoine-François Crépin, avocat, conseiller au bailliage [3].

31 *juillet* 1749. — Laurent-Joseph Cuvelier, avocat [4].

Procureurs syndics

8 *novembre* 1764. — Charles-Albert-Louis Deffosse, avocat.

31 *octobre* 1765. — Claude-Aimé de Monbynes, avocat et ancien échevin.

9 *décembre* 1766. — Laurent-Joseph Cuvelier, avocat [5].

1ᵉʳ *septembre* 1778. — Jean-Joseph Jacques, avocat et ancien échevin [6].

---

[1] Conseiller pensionnaire second le 30 décembre 1729.

[2] Conseiller pensionnaire second le 1ᵉʳ novembre 1738. — Serment du 14 novembre.

[3] Nommé par lettre de l'intendant et reçu le 14 du même mois (Nomination datée d'Amiens imprimée).

[4] Nommé par lettre de l'intendant et reçu le 2 août 1749, dut se démettre de ses fonctions lors de l'application de l'édit de 1764, il fut nommé de nouveau en 1767.

[5] *Réélu plusieurs fois,* il mourut en 1778.

[6] Nommé à Arras par les Etats conformément à l'édit de 1773, prêta serment et prit possession de son office le 12 sep-

II

**Procureurs de la commune. — Agent national. —
Procureurs syndics du district
1790 à 1794**

Nous avons essayé de donner aussi les noms des procureurs de la commune à Saint-Omer de 1790 à 1794, de l'agent national en 1794, et celle des procureurs syndics au directoire de district de 1790 à 1793, à l'aide des registres des délibérations de la municipalité.

5 *février* 1790. — Procureur de la commune : Jean-Baptiste PERSONNE [1].

tembre 1778. Il ne succéda pas immédiatement au s' Cuvelier. Car par délibération du 1er juillet 1778, les mayeur et échevins nommèrent « pour faire les fonctions de procureur du roi sindic au lieu et pour le décès de M° Laurent-Joseph Cuvelier » le s' Boubert, avocat et échevin. Et le 4 août suivant ils désignèrent le s' Lenglart d'Halfringues, échevin, pour faire les fonctions de procureur syndic en l'absence de M° Boubert. *(Reg. aux délib. du Magistrat de 1705 à 1788.)* — Boubert doit être considéré seulement comme procureur intérimaire désigné par l'échevinage en attendant qu'un titulaire ait pu être nommé par les Etats d'Artois.

[1] *Personne,* né à Fiefs, arrondissement de St-Pol, le 16 avril 1744. Installé le 5 février 1790 en qualité de procureur de la commune, il déploya dans cet emploi qu'il exerça jusqu'au 1er juillet 1791 une activité remarquable qui lui valut le 1er février de cette année une forte indemnité votée par le Conseil général, pour le récompenser de ses travaux et de ses fatigues. Il fut élu député à la Convention, vota contre la mort de Louis XVI. Il fit partie du Conseil des Anciens, devint vice-président du tribunal de Saint-Omer en 1811 et membre du Conseil municipal, il mourut le 31 juillet 1812. *(Biographie de la ville de Saint-Omer,* par Piers. St-Omer 1835, p. 166. — Bibl. nat., 1. 25, n° 122.)

Substitut : Charles-Augustin-Guillaume Defrance, avocat.

10 *novembre* 1791. — Procureur de la commune : Augustin-Ignace Bécourt.

Substitut : Jacques-Joseph Caron-Cuignet.

3 *avril* et 19 *septembre* 1792. — Mêmes élections.

5 *décembre* 1792. — Procureur de la commune : Auguste-Ignace Bécourt [1].

Substitut : René Boudry.

20 *décembre* 1793 (30 frimaire an II). — Renouvellement de la municipalité par arrêté du représentant du peuple Lebon.

Procureur de la commune : Boudry, clerc de notaire.

Substitut : Defrance.

Agent national et son substitut 1794

30 *août* 1794 (13 fructidor an II).
Agent national : Boudry.
Substitut : Blanchard.

Procureurs syndics au directoire de district 1790-1793

1790. — Boubert François-Antoine, avocat [2].
1793. — Bachelet Nicolas-Louis.

[1] En 1793, Bécourt n'avait pas la confiance des commissaires du département près le district de Saint-Omer, ils le suspendirent le 13 avril 1793, et nommèrent à sa place le citoyen Vallé, ancien professeur à Saint-Bertin ; ce dernier fut admis provisoirement par le Conseil général de la commune, Boudry, substitut, réclama vainement contre cette nomination ; Vallé fut maintenu. Cependant on réintégra Bécourt le 12 mai 1793.

[2] Né à Saint-Omer le 13 juin 1748, avocat, échevin en 1789, devint président de chambre à la Cour d'appel de Douai, membre du Conseil municipal de Saint-Omer le 20 janvier 1812 après avoir quitté ses fonctions judiciaires, mort le 23 mai 1828. (*Biographie etc.*, par M. Piers, p. 225.)

PIÈCES JUSTIFICATIVES

I

Nominations diverses

1

2 octobre 1327

Jehan de Radinghem, juré au conselg de le ville comme procureur en le court de Terrewane et ailleurs lo on en aura à faire le second jour de octobre lan de grâce mil CCC et XXVII, et doit avoir VIII l. par an.

Registre au renouvellement de la loy F f° CXV v°.

2

Avril 1328

Colart de Valenchienes retenus au conselg de le ville pour en le court de Cambray et ailleurs lo li ville en aura à faire comme procureur, pour cent sols de pension de tornois, XL sols au Noél et XL sols à la paske [1].
Fait VII° jour en avrilg lan XXVIII.

Registre au renouvellement de la loy A f° XLIX v°.

2 juin 1457

Nomination de Oudart Bournon comme procureur général de la ville.

Pour les bonnes diligences faites par Oudart Bournon en plusieure offices quil avoit eu de le ville, Mesdits sieurs, confians de sa prudhomie et souffisance, le

---

[1] Les deux paiements de chacun XL sols ne font pas ensemble cent sols. Il y a sans doute là des calculs de monnaies différentes.

ont institué et commis aud. office de procureur général de le ville au lieu dudit Pierre de le Nesse, aux mesmes gaiges et drois que avoit ledit Pierre, et sy aura pour chascun jour de vacacion en pleine journée sera compté pour lui et son cheval 12 sols parisis, et sil estoit ordoné aler à deux chevaulx il aura en ce cas vint solz parisis pour jour, mais sil va à Thérouanne, Aire, Gravelinghes, et aultres lieux partout où il porra besongnier et retourner en le journée il aura seulement despens pour luy et son cheval à l'ordonnement de Messeigneurs. Faict led. second jour.

Registre aux délib. du Magistrat C f° 39 v°.

16 novembre 1462

Révocation de Oudart Bournon.
Nomination de Laurens de Leniselle dit Conders procureur général de la ville.

Pour ce que Oudart Bournon qui avoit esté commis procureur général de ceste ville au lieu de Pierre de le Nesse et tousjours depuis occuppé ledit office non obstant quil n'estoit ny usité ny expert en fait de praticque, avec ce se entremeloit de prendre les fermes et assises de Messieurs de le ville et de faire marchandise tant de draps que aultres, tellement quil délaissoit à diligence solliciter les causes et procés de le dite ville dont le ville estoit et est fort chargé et se jour en jour multiplioit, pour quoy il estoit necessaire de pourveoir aud. office, et pour ce conclurent de commettre Laurens Deleniselle dit Conders, bourgeois et natif de ceste ville, à présent demeurant à Fauxquembergue, receveur et procureur de M. le comte dudit lieu, au lieu dudit Oudart procureur général de ceste dite ville, pourveu quil la viengne exercer en personne. Et se cy après eschient aucunes offices que ledit Oudart soit abille de exercer de le avoir recommandé devers aultre ledit XVI° jour de novembre LXII.

Registre aux délib. du Magistrat, B f° 56 v°.

II
Règlements divers

1

14 janvier 1415 [1]

1

Il aura une robe avec les sergeants à verges toutes les fois que ces derniers en auront.

2

Sera obligé de demeurer en le ville sans pouvoir s'absenter sans permission et sans parler au clerc de le ville (greffier).

3

Il aura gages à deux chevaux toutes les fois qu'il ira dehors pour les affaires de le ville.

4

Quand il ira à Térouanne, à Aire ou en quelqu'autres endroits d'où il pourra revenir le même jour, il n'aura nul gage, mais seulement ses dépenses de bouche, et celles de ses chevaux.

5

S'il s'absentait pour plus d'un jour, il auroit gages telles qu'il plairoit à mesdits sieurs lui fixer.

6

Ne pourra avoir gages de Messieurs du chapitre ny de St Bertin, mais pourra en prendre d'autres particuliers, bien attendu qu'il laissera tous services pour celui de le ville.

---

[1] Ce règlement fut rédigé pour Pierre de Courteville sur le registre A f° 11 aujourd'hui perdu. Nous n'en avons qu'un résumé sur la table alphabétique des délibérations du Magistrat aux archives de la ville.

2

29 août 1581

« Mre *Gérard Lyot admys procureur de le ville au lieu*
» *et place de Jacques de Saulty.* »

Liot « pourvu dudit estat de procureur aux mêmes
» gaiges, charges que le dict de Saulty son prédeces-
« seur, saulf qu'il aura drap de robe pareille au greffier
» principal si les auditeurs ordinaires aux comptes y
» consentent. Et précédera les deux greffiers en voix et
» plache et à charge aussi de ne prendre pension
» du chapitre de Sainct Omer, de Clermaretz, du bail-
» liage, ny du gouverneur de le ville, et ne polra advo-
» casser à ce siège, tiendra registre... etc... ».

Le surplus reproduit d'une manière plus complète
dans le règlement suivant de 1597.

Extrait du *Reg. aux délib. du Mag.* M f° 209 v°.

3

4 janvier 1597

« *Règlement*
» *accepté par Jean Bonvoisin, procureur de ville.* »

1

... Aura ledit Bonvoisin procureur, voix et plache
après le greffier principal, devant le greffier du crime,
demeurant néantmoing Messieurs du Magistrat enthiers
et à chasque fois que se présentera vacance de nouveau
officier, soit procureur ou greffier, de leur donner plache
telles que les souffisances et qualités desdits procureurs
ou greffiers mériteront et que en sera advisé.

2

A cherge aussy que ledit Bonvoisin, procureur, ne
prendra pension du révérendissime evesque de St Omer,
du prélat et religieux de St Bertin, de Clermaretz, du
Bailliage ny du grand bailly de ceste ville.

3

Ne polra advocasser adce dit siège ou subalternes.

4

Tiendra registre de touttes les causes civiles, politiques [1], et du vendredy.

5

Poursuivra touttes les causes de la dite ville jusques en définitif, sans les povoir laisser tomber en interruption, n'est du consentement du Magistrat.

6

Qu'il ne polra prendre ny soy faire payer d'aulcuns sallaires des causes du vendredy, sinon de celles qui se vuideront par sentence après être contestés, et qu'il y ait condempnation de despens.

7

Qu'il sera tenut soy trouver aux plaidz au chateau de St Omer et à le prévosté, pour entendre et s'opposer aux causes et emprinses qui se traicteront au préjudice des droix et privilèges de ceste ville, bourgeois, manans et habitans d'icelle.

8

Qu'il ne polra avoir substitut, ains faire les choses par luy-mesme.

9

Que le premier vendredy de chascun mois, il sera tenu représenter à Messieurs l'estat de touttes les causes que la ville peut avoir tant pour droit d'issue aux vierschaires, qu'au conseil d'Arthois, à Malines et ailleurs, suivant l'ordonnance faite le cinquiesme de janvier CV III^{xx}dix [2].

Reg. aux délib. du Mag. M 1588 à 1601, f° 221.
(Délibération des trois corps.)

---

[1] De police.
[2] Ce règlement de 1590 ne figure pas aux registres des délibérations, mais il paraît que celui de 1597 n'a fait que le renouveler.

4

19 juin 1655

« *Cherges pour un procureur de ville.* »

Du xixᵉ de Juing xviᵒ cinquante cincq, aux deux années et dix Jurez tous présens sauf Messieurs d'Arcquingoult[1], Samettes[2] de l'an passé, Videlaine et Hendricq[3] dix jurés.

Messieurs du Magistrat des deux années et dix Jurez pour la communauté de la ville et cité de St Omer ont advisé et résolu les cherges et conditions desquelles ilz entendent conférer l'estat et office de procureur de ville vaccant par le trespas de Mʳᵒ Louis Hourdel, licentié ès droix.

1

Assavoir que ledit procureur ne polra estre aux gaiges ou retenues du Révérendissime Evesque de St Omer, Chapitre dudit lieu, Prélat et Religieux de St Bertin, Clermaretz, ou autres ecclesiastiques, ni aucuns seigneurs, Gentilzhomes ou Communautez ayant biens, terres et seigneuries dans la ville et banlieue de St Omer.

2

Sy ne polra estre au conseil d'aulcuns ès causes ou affaires contre ny au préjudice de la ville de St Omer.

3

Qu'il sera tenu comparoir à touttes assemblées tant ordinaires qu'extraordinaires en halle à heure limitée, mesme assister aux plaiz ordinaires les lundy, mercredy et vendredy, au livre des orphelins et ailleurs que besoing serat pour faire ce que despendrat de ses debvoirs.

4

Ne polra postuler à ce siège ou subalternes sauf pour

---

[1] Jacques de Vallehe, écuier, sʳ d'Arquingout, ancien lieutenant général du Bailliage.
[2] Antoine Marcotte, écuier, sʳ de Samette.
[3] Jacques Videlaine et Jean Hendricq.

les causes d'office du domaine de la ville et des causes touchant choses dont Messieurs ont administration ou autres dudessoubz eulx.

5

Tiendra registre de touttes les causes tant civilles et que politiques du vendredi.

Les articles 6, 7, 8 sont les mêmes que dans le règlement de 1597 (art. 5, 6 et 7).

9

Qu'il ne polra avoir substitut, ains debvera faire les choses par sa personne, et advenant que soit besoing ou expédient d'y faire entendre quelque autre il la remonstrerat au Magistrat pour y pourveoir.

10

Qu'il surveillera en touttes diligences à la sollicitation des procès que ceste ville poeut ou pourrat avoir en tous sièges fut és privé ou grand Conseilz, ceulx d'Arthois ou de Flandres, bailliage, eschevinaige et vierschaires de ceste ville, et par tout ailleurs tant sur rolle que sur requeste affin que rien ne s'y passe au préjudice d'icelle ville, au subject desquels procès il prendra de bonne heure advis et informations du conseillier principal, et en son absence du conseiller second de ceste ville, après avoir informé Messieurs de l'estat de la matière tant que icelle et le temps pourront souffrir.

11

Lorsque les plaiz des francqz alleux se tiendront sur la motte chastelaine il serat obligé d'y comparoir et y faire la protestation accoustumée que les bourgeois, manans et habitans de ceste ville sont exemptez de comparoir ausd. plaiz selon quat esté protesté cy devant, et requérir que d'icelles protestation soit tenue note en tel cas pertinente, dire et soustenir ce que il jugera convenir pour la confirmation des droix desd. bourgeois, manans et habitans.

12

Et comme les rescriptions et autres escriptz d'office

incombans à la charge dud. procureur se doibvent faire gratuitement sans en exiger ny recepvoir aucune chose des parties, ledit procureur ne polra aussy demander ny recevoir aulcune chose desd. parties nest quelles y soient condampnez, ains se debvrat contenter de le récompense que luy serat accordé la veille des Roys pour ses services.

13

Aura led. procureur les gaiges, prouffictz, honneurs et emolumens y addictez.

14

Debvera comparoir à l'audition des comptes de ceste ville.

15

Et en ce que dessus et au surplus sera tenu soy rediger et faire tous autres debvoirs que Messieurs trouveront convenir luy ordonner et enjoindre cy après.

Reg. aux délib. du Mag. BB f°s 49 et 50.

Grade de licencié ès droix.

Ce faist, ont esté leues les requestes de Me Guillaume le François advocat au conseil d'Artois, eschevin juré au conseil, sire Jehan Hanon naguère eschevin de ceste ville, Me Jehan Rogier et Noel Le Conte, ambedeux aussy advocatz aud. conseil, prétendant aud. office, et iceulx appellez en chambre, leur at esté faict lecture dessusd. cherges et conditions, à quoy ilz ont déclaré estre prestz de les accepter, et estans retirez, at esté mis en délibération s'il ne seroit requis grade de licencié ès droix pour led. office à l'exemple que depuis le vingt noeufviesme d'aoust xv^c nonante six jusques a présent il n'y en avoit eu autres, sur quoy at esté résolu led. grade n'estre requis. A tant Messieurs après avoir meurement le tout considéré, ont esleu et pourveu à pluralité de voix led. Jehan Hanon dud. estat et office de procureur de ville, en quittant la greffe des vierschaires, laquelle luy avoit esté conferée le vingt sixiesme de febvrier de l'an passé, à cherge aussy qu'il debvera prendre le degré de licencié ès droict sy Messieurs le trouvent convenir.

Registre BB f° 50.

Préséance. — Prétention du greffier principal.

Lad. élection faicte, et paravant que ledit nouveau procureur seroit mandé pour en prester le serment, Mre Charles Desmons, greffier principal de ceste ville, auroit verballement représenté à cette assemblée ses raisons pour la prétention de préséance qu'il faisoit sur les procureurs de ville, que ses prédécesseurs en cherge auroient de tout tems eu la préséance en voix, place et honneurs aux procureurs de ville jusques au xxixe d'aoust xv^c nonante six, que lors m^re Gérard Liot, licencié ès lois, fut pourveu dud. estat et office de procureur de ville pour l'exercice avecq préséance à Mathieu de Vargelot, greffier principal, père grand aud. Desmons à cause de sa femme.

Et quatre mois après, sçavoir le 4 janvier 1597, jour de la provision faicte dud. office de procureur a m^re Jean Bonvoisin, licencié ès droix, led. Vargelot auroit esté remis en lad. préséance, mesd. seigneurs enthiers, lors des vacances, de donner places telles que les suffisances et qualitez des greffiers ou procureurs mériteront.

De mesme le 18 novembre 1602, jour que lad^e cherge at esté conferée à Flour Doresmieux, escuier, licentié ès droix, et en ceste conformité m^re Gérard Aubron, licencié ès drois, en fut pourveu le 8 février 1607.

Mais led. Aubron, qui avoit jà vacqué à douze ans de service tant en qualité d'eschevin que du depuis de celle de procureur, at eu lad. préséance en voix, place et honneurs sur led. successeur dud. de Vargelot quy fut Gaspar de Ballinghem pourveu le v décembre 1614, mesd. seigneurs enthiers comme dessus, sy bien que lors que le dit Desmons fut pourveu dud. estat de greffier principal le 23e de may 1636 vaccant par le trespas dud. Ballinghem, m^re Louis Hourdel, licencié es droix, avoit jà esté pourveu le 15ᵉ d'apvril dud. an de celluy de procureur de ville, n'ayant led. greffier eu ouverture jusques olres à prétendre lad. préséance, ce qu'il faisoit presentement en toutte soubzmission de respect et employant à ses intentions plusieurs services et actes des registres aux délibérations touchant ce, il se seroit rethiré en la chambre de l'argenterie.

Ce pendant comme il convenoit avoir du temps pour veoir les registres et qu'il estoit jà une heure après midy, mesd. seigneurs ont résolu de remettre à y résoudre a leur première assemblée des deux années et dix jurez, qu'entre temps led. Hanon seroit admis à prestation de serment sans préjudice, et que sa voix, place et honneurs seront tenus en estat tant qu'y soit décidé sur lad. prétention dud. greffier Desmons. Et icelluy rappelé et led. Jean Hanon mandé, léur fut déclaré lad. résolution, et en particulier aud. Hanon qu'ilz l'avoient esleu et pourveu dudit estat de procureur de ville aux cherges, conditions et restrictions cy dessus, et aux gaiges, prouffictz et émolumens y addictez, ayant le tout accepté et remercié très humblement mesd. seigneurs, en après il auroit presté en leurs mains le serment auquel la teneur s'enssuit.

Registre BB fᵒˢ 50 et 51.

Ce serment intitulé : *Serment du procureur sindic,* est fait sous les restrictions demandées.

Regisire BB fᵒ 51 rᵒ et vᵒ.

5

30 juin 1655

« *Préséance accordée au greffier principal au reguard du procureur de ville.* »

Du xxx de juing 1654, aux deux années et dix jurez, sur la représentation faicte par mʳᵉ Charles Desmons, greffier principal de ceste ville, des longs services par luy rendus à icelle, tels que vingt quattre ans, les quattre en qualité tant d'eschevin que juré au conseil, et vingt ans en celle de greffier principal, et ceulx de ses parents amis et de demoiselle Anne bertine de Vargelot sa compaingne, suppliant qu'il pleut à messieurs luy accorder la préséance au procureur de ville nouvellement promeu, réserve le dix noeufviesme du dit mois d'y appoincter en ceste assemblée, mesdits sieurs ce que dessus considérés, mémoratifs desdits services, après avoir veu les actes des provisions faites dudit estat de procureur à m^{re} Gérard Liot, licentié es droictz, du xxix d'aoust l'an mil cinq cens nonante et six, à m^{re} Jean Bonvoisin, aussy licentié es droictz, du IIIIe de janvier 1597, a m^{re} Florent Doresmieulx, escuier, du dix huictième novembre 1602, et successivement l'an 1607 à m^{re} Gerard Aubron, ambedeux licentiez es droictz, avecq les conditions ausquelles auroit esté pouveu en l'an 1614 Jaspar de Balinghem de la greffe principalle de ceste dite ville, son prédecesseur, ont, par advis du Magistrat de l'an passé et dix jurez pour la communaulté, résolu, dict et déclaré que ledit m^{re} Charles Desmons aura préséance en voix, place et honneurs pendant sa vie qu'il exercera led. estat de greffier principal, tant en regard dudit nouveau procureur qu'aultres qui luy porroient succéder aud. office de procureur de ville, mesdits sieurs neantmoins entiers, à la vacance dudist estat de greffier, dordonner et appoincter sur lad^{te} préséance d'entre lesd. greffier et procureur jà et ainsy que pour leurs qualitez, suffissance, expérience et longs services jugeront au cas appartenir.

Registre BB f° 56 v°.

6

8 janvier 1766

« *Procès-verbal qui fixe les appointemens de M. De-*
» *monbynes en sa qualité de procureur sindic.*
» *Conditions du procureur syndic.* »

L'an mil sept cent soixante six, le huit de janvier, trois heures de relevé, en conséquence des billets d'invitations envoiés aux domiciles de tous les notables de se trouver à la présente assemblée en chambre échevinale de l'hôtel commun de la ville et cité de Saint-Omer à ces jour et heure, Pardevant nous Messire Albert François Joseph Guislain, comte de la Tour St Quentin, chevalier, comte du St Empire, Seninghem, seigneur de Bayenghem et autres lieux, Mayeur de ladite ville, président de la présente assemblée, sont comparus les sieurs de Wansin, de Hoston de Fontaines, Le Maire de Florenville, Le Grand, Thellier, Froidure, Nepveux, avocats. Tresca, de Cardevacque, van Reninghe et de Ryck eschevins, Me Le Clercq curé de la paroisse de St Denis, Le Roy, conseiller du Roy au Bailliage de cette ville, Vallée, avocat, greffier des eaux et forêts de ladite ville. de Lieuray D'omonville, Leleu, Visconti, avocats, Lorthioy, Toulotte et Liber, tous notables élus.

L'assemblée ainsi formée, il lui a été proposé les obligations attachées à la charge de procureur du roi sindic de cette ville.

Art. 1er

Le procureur ne pourra être aux gages ou pension des révérendissime evesque de St Omer, chapitre dudit lieu, prélat et religieux de St Bertin, Clairemarais ou autres ecclesiastiques, gentils-hommes et communautés ayant biens en la ville et banlieue.

2

Il ne pourra être le conseil de qui que ce soit en causes et affaires contre la ville.

3

Il sera obligé d'assister à toutes asemblées ordinaires et extraordinaires et à toutes les audiences, il donnera ses conclusions dans toutes les affaires sujettes à communication et son avis dans toutes celles non sujettes à communication, soit pour les décisions à l'audience ou pour les procès par écrit.

4

Il sera présent à l'audition des comptes de cette ville,

des fabriques et tables des pauvres des paroisses, de même qu'à ceux des hopitaux et maisons de charité, au renouvellement des rolles des pauvres et auditions des comptes desd. pauvres.

5

Il assistera aux assemblées et audiences ordinaires du livre des orphelins les mardis et jeudis de chaque semaine, et autres extraordinaires, de même qu'à l'audition des comptes qui s'y rendent concernant les mineurs, et de faire le rapport en chambre des difficultés qui pourroient s'y présenter lorsqu'il n'y aura point de gradués suffisans pour les décider.

6

Sera aussi obligé de se trouver aux audiences du petit auditoire les mardis, jeudis et samedis de chaque semaine lorsqu'il n'y aura pas de gradués semainiers.

7

Il ne pourra postuler au siège de la ville en autres causes que celles d'office concernans les domaines de cette ville et les fondations pieuses dont les Mayeur et Echevins sont administrateurs.

8

Il tiendra registre des affaires dont il sera chargé pour en rendre raison quand il en sera requis et il poursuivra avec diligence la décision des causes où cette ville sera intéressée en tel siège que ce soit, dedans ou dehors de la province.

9

Il se trouvera aux audiences du Bailliage et à celles de la prévôté de St Omer pour s'opposer aux entreprises et aux causes qui s'y traiteroient aux préjudice des droits et privilèges de la ville, manans et habitans d'icelle.

10

Il comparoitra aux plaids des francs-alleux de la motte chatelaine pour y faire les protestations accoutumées que les bourgeois, manans et habitans de cette ville sont exempts de comparoir auxd. plaids selon qu'il a été protesté cy devant, et requérir que d'icelle protestation soit tenue notte, y dire et soutenir ce qu'il trouvera convenir pour la conservation des droits desdits bourgeois, manans et habitans.

11

Il sera obligé de soutenir et deffendre gratuitement les affaires des pauvres et causes pieuses tant en demandant qu'en deffendant.

12

Tous les poincts à proposer tant aux assemblées de notables que particulières concernans la police seront par lui formés également, comme les mémoires et minuttes des lettres à ce sujet.

13

Il donnera ses réquisitoires pour l'aposition des scellées et sera présent à la confection des inventaires dans les maisons mortuaires où les mineurs ou étrangers seront intéressés.

14

De même pour les règlements généraux de police et particuliers de chaque corps de métier dont le renouvellement de statuts seront nécesaires.

L'étendue des obligations du procureur sindicq, le retranchement de deux conseillers pensionnaires, d'un substitut que le procureur sindic avoit avant le renouvellement du huit novembre 1764, avoit engagé une assemblée de notables tenue avant le renouvellement dernier de fixer les appointemens du procureur sindic à une somme de quinze cent livres annuellement, ce qui avoit passé d'un consentement unanime : mais la délibération n'a pas pust être rédigée par écrit à cause de différentes matières qui avoient été agitées dans la même assemblée[1] qui n'avoit pas en veue la personne de Mᵉ Demon-

[1] C'est probablement la délibération du 28 décembre 1765

bynes pour remplir les fonctions de procureur sindic, ledit Mᵉ Demonbynes a été nommé d'une voix unanime, à la dernière élection, dans l'espérance que Monseigneur le Contrôleur Général ne désapprouveroit pas qu'on lui fixa des appointemens proportionnés aux embarras de son emploi, qui demandent qu'on s'y livre entierrement et abandonne l'exercice de sa profession d'avocat où il n'estoit pas moins util au public que dans les fonctions de procureur sindic qui sont cy-dessus rappellées, et plus fortes que celles de ses prédecesseurs, sur quoi l'assemblée est priée de délibérer.

L'assemblée, à la pluralité des suffrages, a délibéré que les appointemens à fixer au sieur Demonbynes en sa qualité de procureur seroient personnels et non attachés à la charge. En conséquence ladite assemblée, à la pluralité des suffrages, a fixé provisionnellement et sous le bon plaisir de Monseigneur le Contrôleur Général les appointemens dudit Mᵉ Demonbynes à la somme de deux milles livres annuellement à commencer du premier novembre dernier.

Ainsi fait et deliberé à Sᵗ Omer en halle échevinale le huit janvier mil sept cent soixante six.

Suivent les signatures.
Extrait du *Registre des notables* A fᵒˢ 59 et suiv.
aux Archives municipales de St-Omer.

signalée déjà par M. l'abbé Bled comme ne figurant pas au registre des délibérations *(Mémoires des Antiq. de la Morinie,* t. XVIII, p. 143).

TABLE DES MATIÈRES

	Pages.
PRÉFACE	5

CHAPITRE Ier

Création du procureur de ville	9
Il devient procureur général en 1399	10

CHAPITRE II

ATTRIBUTIONS JUDICIAIRES

§ 1

Le procureur défend les privilèges de la ville et des bourgeois au dedans de la cité	12
Il défend le domaine communal	15
Son rôle devant les tribunaux locaux	17
Juridiction des francs-alleux	18
» des franches vérités	19
Son rôle devant les tribunaux extérieurs	21
Procureurs auxiliaires au dehors	23
Le procureur de ville est placée sous la direction des conseillers pensionnaires	26
Procès entre l'échevinage et le bailliage	27
Vérification des coutumes en 1739	28
Etendue des attributions du procureur syndic en 1766	29

§ 2

Création par le duc de Bourgogne en 1467 d'un procureur général ou du roi au bailliage de Saint-Omer	30
Le procureur de ville perd son titre de procureur général	31
Il est partie publique en matière civile	31
Ses prétentions en matière criminelle; rôle du procureur du roi	32
Nature de la justice criminelle de l'échevinage	40
Le burgrave est procureur fiscal à l'échevinage	42

CHAPITRE III

ATTRIBUTIONS ADMINISTRATIVES, POLITIQUES ET DE POLICE

§ 1

Election annuelle des échevins	44
Réception des grands baillis	45
Surveillance du domaine communal	46
Comptes de la ville	49
» des tables des pauvres	49
» des fabriques	50
» des hôpitaux	50
Chambre des orphelins	51
Police des métiers	52
Logement des gens de guerre	54
Communautés religieuses	55
Livres, théâtre, etc.	56

§ 2

Missions au dehors

Missions diverses (privilèges de la ville, impôts, Etats d'Artois, etc.)	57
Résumé. — Les attributions du procureur de ville étaient illimitées. — Nombre des titulaires de l'office	59

CHAPITRE IV

Recrutement des procureurs de ville	61
Garanties de capacité	62
Vénalité des charges	64
Edits de 1764, 1765 et 1773	66
Incompatibilité	67
Résidence, âge	69
Amovibilité	70
Gages ou pension	73
Robe	79
Chaperon	81
Serment	82
Rang et préséance	83

CHAPITRE V

Le substitut du procureur de ville	89

APPENDICE

Note sur les procureurs de la commune et les procureurs
    syndics sous la Révolution.   93

LISTES

des procureurs de ville à Saint-Omer 1302 à 1790 . . .   97
des procureurs de la commune 1790 à 1793 103
Agent national et son substitut 1794 104
des procureurs syndics au Directoire de district 1790-
    1793. 104

PIÈCES JUSTIFICATIVES

I

NOMINATIONS DIVERSES

1. 2 octobre 1327. — Jean de Radinghem. 105
2. Avril 1328. — Colart de Valenchiennes. 105
3. 2 juin 1457. — Nomination de Oudart Bournon comme
    procureur général de la ville. 105
4. 16 novembre 1462. — Révocation de Oudart Bournon.
    — Nomination de Laurens de Leniselle dit Conders. 106

II

RÈGLEMENTS DIVERS

1. Règlement du 14 janvier 1415 107
2.   »   29 août 1581 108
3.   »   4 janvier 1597 108
4.   »   19 juin 1655 110
5.   »   30 juin 1655 114
6.   »   8 janvier 1766. 115

LES GREFFIERS

DE

L'ÉCHEVINAGE DE SAINT-OMER

1311 A 1790

LE GREFFIER CIVIL OU PRINCIPAL

LE GREFFIER CRIMINEL ET DE POLICE

Par M. PAGART d'HERMANSART

Correspondant honoraire du Ministère de l'Instruction publique, membre de la Société des Antiquaires de la Morinie, associé correspondant national de la Société des Antiquaires de France, de la Société des Études historiques de Paris et de diverses autres Sociétés savantes françaises et étrangères.

SAINT-OMER
IMPRIMERIE ET LITHOGRAPHIE H. D'HOMONT
14, rue des Clouteries, 14

1901

PRÉFACE

Les derniers officiers du bureau de l'hôtel de ville de Saint-Omer étaient les deux greffiers : le greffier civil et le greffier criminel. Leurs fonctions ne présentent pas un aussi grand intérêt que celles des conseillers pensionnaires et du procureur de ville [1], mais il était indispensable, pour compléter les renseignements que nous avons entrepris de donner sur les agents de l'ancienne administration municipale, de ne négliger aucun des principaux membres du personnel qui y était attaché. Et certes les greffiers en étaient un des rouages nécessaires ; de plus leur situation était bien plus importante que celle des greffiers des tribunaux d'aujourd'hui parce qu'à leurs attributions judiciaires, ils joignaient diverses autres fonctions. Le greffier civil notamment était en même temps secrétaire de l'échevinage, et il avait à s'occuper par cela même d'affai-

---

[1]. Voir nos brochures, Saint-Omer D'Homont, 1892 et 1894.

res extrêmement variées, et étendues. Aussi, comme ses fonctions judiciaires étaient les mêmes dans beaucoup d'autres villes anciennes, nous ne les avons pas étudiées dans tous leurs détails, nous avons préféré signaler surtout son rôle comme secrétaire. Nous avons donné aussi sur les archives dont les greffiers avaient la garde, le plus de renseignements possibles, complétant sur ce point la notice sommaire donnée en 1868 par M. Giry[1]. Tenant compte de la critique que la *Bibliothèque de l'Ecole des Chartes* a faite à propos de la division de notre travail sur les *Procureurs de ville*[2], nous avons, pour les greffiers, traité d'abord de leur recrutement, de leur serment, de leurs gages, etc., puis ensuite de leurs attributions.

L'étude des fonctions des cinq officiers de ville attachés à l'administration municipale et ayant voix consultative dans les assemblées générales de l'échevinage est ainsi achevée. Notre intention n'est point de nous borner à ces travaux, et nous préparons sur les *rentiers* et les *argentiers* une notice qui nous paraît le complément indispensable de nos précédentes études.

---

1. *Notice sur les Archives communales anciennes de la ville de Saint-Omer (Bibliothèque de l'Ecole des Chartes,* 29ᵉ année, 6ᵉ série, t. IV, 1ʳᵉ livraison 1868, p. 169 à 180).
2. *Bibliothèque de l'Ecole des Chartes,* t. LV, 3ᵉ et 4ᵉ livraisons, mai-août 1894.

LES GREFFIERS DE L'ÉCHEVINAGE

DE SAINT-OMER

1311 A 1790

LE GREFFIER CIVIL OU PRINCIPAL
LE GREFFIER CRIMINEL ET DE POLICE

AVANT-PROPOS

CRÉATION DES GREFFIERS

Le clerc secrétaire de la ville. — Un clerc ecclésiastique ne peut exercer les fonctions criminelles. — Division des fonctions : le greffier civil, le greffier criminel.

Outre les deux conseillers pensionnaires et le procureur de ville, il y avait encore à l'échevinage de Saint-Omer deux autres officiers du bureau de l'hôtel de ville, c'étaient les deux greffiers : le greffier civil ou principal et le greffier criminel.

« Dès le XIIIe siècle, dit M. Pirenne traitant de

l'origine des constitutions urbaines au moyen âge, « par suite de la complication de plus en plus grande « des affaires, on se voit forcé de recourir à de « véritables fonctionnaires municipaux salariés, « nommés par le Conseil et en général institués à « vie. Parmi eux le plus important est le secrétaire « ou clerc de la commune chargé de tenir par écrit « les comptes de la ville, de rédiger sa correspon- « dance, etc. »[1].

A Saint-Omer, on l'appela primitivement clerc de la ville et de préférence secrétaire de la ville[2].

Il n'y eut probablement à l'origine qu'un seul clerc et nous ne savons pas quand ses fonctions furent divisées. La multiplicité des affaires put motiver cette mesure à une certaine époque, mais on peut penser aussi que lorsque l'échevinage, ayant besoin de personnes instruites, choisit des ecclésiastiques pour remplir cette charge, ceux-ci ne purent l'ac-

---

1. *Revue historique,* t. LVII, p. 317.
2. L'analyse sur la *Table alphabétique des Délibérations du Magistrat,* aux archives municipales, du registre A perdu, ne mentionne qu'en 1416 le secrétaire et clerc principal de la ville ou simplement le clerc de la ville. Cela tient à ce que les registres aux délibérations régulièrement tenus ne remontaient pas plus haut, mais ce fonctionnaire municipal existait longtemps auparavant.

En France, dans les anciennes ordonnances, on voit des *scriboe,* des notaires, puis des clercs exerçant les fonctions de greffier. Une ordonnance de Louis IX en 1256 touchant l'élection des maires dans les bonnes villes de Normandie mentionne le *clerc* ou greffier de la ville « clericum villæ » *(Ordonnances des Rois de France,* t. 1, p. 83). Dans des lettres royales de 1335 confirmant des règlements faits par des commissaires touchant l'élection du capitoul de Toulouse, on trouve « duo notarii clerici ». Un édit du roi Charles VIII de l'an 1485, touchant le Châtelet de Paris, désigne encore les greffiers sous le nom de *clercs* et il n'y avait à cette époque que le clerc du parlement qui portât le titre de greffier; un arrêt de 1404 avait même défendu à tous les clercs indistinctement, sauf à celui du parlement de Paris, de prendre cette qualité.

cepter qu'à la condition de ne point enregistrer de délibérations relatives aux affaires criminelles, et que dès lors la nécessité s'imposa d'avoir deux greffiers : l'un civil, l'autre criminel. C'est ainsi que nous voyons le 24 août 1361, Jehan d'Esquerdes, clerc et notaire de l'église de St Aumer, « retenu à « le pension et au Conseil de le ville pour exercer « l'office de clerg »[1] déclarer en son serment qu' « il ne porroit ne vaurait estre à nul cas cri« minel ne présent là où on y en jugeroit, ne escrire « lettres ne responses touchans sanc, ne là où seroit « mandement ou deffense sour paine capitale... »[2]

Quoiqu'il en soit, on ne voit plus tard dans le compte de la ville de 1413-1414 qu'un seul clerc, Jacquemart Coppin, et il semble que ce ne soit qu'à partir de 1415 que commence la série des greffiers criminels ou du crime, distincts des greffiers civils qui un siècle après se qualifient de greffiers principaux.

Au surplus, dans différentes villes de Flandre on distinguait aussi ces deux officiers[3]. En France une ordonnance de Charles VII du 19 octobre 1459 les mentionne comme existants au Châtelet, et il en est de même dans celle de Charles VIII que nous avons déjà citée, en date d'octobre 1485, relative aux fonctions et privilèges des examinateurs et des clercs civils et criminels de la Prevosté de Paris[4].

---

1. *Pièce justificative* I.
2. *Pièce justificative* II.
3. Notamment à Bruges *(Archives de Bruges,* par Gilliot van Severen — tables).
4. *Ordonnances des Rois de France,* t. XIV, p. 481 et XIX, p. 596.

LIVRE I

LE GREFFIER PRINCIPAL

CHAPITRE 1

Recrutement, élection, nomination, vénalité des charges. — Incompatibilité. — Résidence, âge, amovibilité. — Banquet. — Cautionnement. — Gages. — Robes. — Serment, rang et préséance.

Le secrétaire de la ville est dénommé, en 1374, « souverain clercs procureurs de la ville »[1]. Mais en général on lui conserva jusqu'au milieu du xve siècle son titre de secrétaire[2]. Plus tard il prit celui de clerc principal et plus fréquemment encore on l'appela clerc du secret[3]. En 1443 l'un d'eux fut qualifié du titre de greffier, mais il ne porta définitivement ce nom qu'à partir de 1516.

1. Giry, *Mém. des Antiq. de la Morinie*, t. XV, p. 267. Jehan d'Esquerdes que nous avons cité ci-dessus, p. 9.
2. Comptes de la ville.
3. Soit à cause de la discrétion qui était une des obligations les plus importantes de sa charge, soit pour porter un titre semblable à ceux des secrétaires du roi qui expédiaient les lettres scellées du scel secret.

Les premiers clercs principaux furent choisis dans les meilleures familles de la ville, parmi les clercs ecclésiastiques ou les bourgeois instruits ayant déjà exercé des fonctions attestant leur capacité [1]. Il fallait aussi des hommes sérieux et sûrs, car ces fonctions les mettaient à même de connaître tous les actes de l'échevinage, et, à une époque où les Conseils de ville ne discutaient pas seulement les intérêts locaux, mais étaient les chefs de petites républiques jouissant d'une certaine indépendance, ayant au dehors leurs ambassadeurs en leurs conseillers pensionnaires, et traitant directement avec les princes ou avec leurs Conseils, avec les commandants d'armées ou les gouverneurs de la place, la moindre indiscrétion, maladresse ou imprudence du secrétaire du Magistrat pouvait compromettre le succès de certaines négociations. Nicaise Cuvelier et Philippe de Sus St Légier à la fin du xive et au commencement du xve siècle, avaient été procureurs de ville ; plusieurs furent licenciés ès lois, tel que Jehan de Brandt lorsqu'il fut réélu en 1579 ; et au xviiie siècle on trouve aussi parmi eux plusieurs avocats, en 1724, 1749 et 1760.

Le clerc principal était élu dans une assemblée composée des trois corps du Magistrat, c'est-à-dire des échevins en exercice, de ceux de l'an passé ou jurés au Conseil et des dix jurés pour la communauté [2].

C'était un des privilèges de la ville de nommer cet officier comme ses autres agents, et elle le défendit

---

1. Voir plus loin les *Incompatibilités*.
2. Mathieu Duval fut cependant nommé le 15 janvier 1489 par messieurs des deux années seulement. On ne voit pas figurer les greffiers sur les anciens registres au renouvellement de la Loy, ce qui rend difficile l'établissement des listes de ces officiers à l'origine de leur création.

toujours contre ses souverains. En 1469, des officiers du duc de Bourgogne, comte d'Artois, ayant obtenu le don du greffe principal et du greffe criminel ainsi que celui d'autres offices, vinrent en prendre possession, accompagnés d'un héraut d'armes, mais le Magistrat forma opposition à ces nominations et fit porter l'affaire devant le Conseil du prince où il eut gain de cause [1]. Un peu plus tard, en 1488, Maximilien d'Autriche et son fils Philippe, quatorzième comte d'Artois, disposèrent de l'office de clerc principal pour récompenser les services rendus par Jehan Fauquet, bourgeois de Saint-Omer, lors de la reprise de la ville sur les Français qui l'avaient surprise deux ans auparavant ; l'échevinage protesta encore contre la nomination arbitraire des princes, obtint la révocation de leurs lettres de provisions [2] et messieurs des deux années élirent Mathieu Duval le 15 janvier 1489 (v. s.).

Sous la domination française, l'édit d'août 1692 amena la réunion au domaine du roi des charges municipales parmi lesquelles figurèrent celles des greffes civil et criminel. On sait que la ville racheta toutes ces charges [3]. La valeur du greffe civil fut

---

1. *Arch. de Saint-Omer.* — *Reg. aux Délibérations du Magistrat* B, 24 janvier 1469, f. 75 v°.
2. Comme compensation l'échevinage avait nommé Fauquet, greffier du crime ; celui-ci le refusa bien que le Magistrat lui eut fait dire que ledit office « était la provision d'un homme de bien ». En 1492, Fauquet devint greffier des vierschaires et des orphelins, mais il fut destitué en 1495. Nous avons raconté qu'en 1504 il se fit recommander par le roi d'Espagne lui-même afin d'obtenir l'office de procureur de ville *(Les Procureurs de ville à Saint-Omer,* Saint-Omer D'Homont, p. 63, note 2).
3. Pagart d'Hermansart. *Les anciennes Communautés d'Arts et Métiers à Saint-Omer,* t. I, p. 56.

estimée 17.500 livres. La ville se procura cette somme en nommant en 1693 greffier Guillaume-François Le Coigne pour exercer sa vie durant, avec l'obligation de la lui prêter ; il fut stipulé à son profit un intérêt au denier vingt jusqu'au remboursement. Il s'engagea à verser comptant 8.000 livres deux mois après l'arrêt à intervenir autorisant la réunion des offices à la ville, 5.750 trois mois après le premier paiement et les 3.750 livres restant six mois après. Des lettres patentes du 17 août et 15 décembre 1694 ratifièrent ces conventions.

A partir du règne des intendants, le choix du greffier civil dut être approuvé par ces hauts fonctionnaires.

L'édit d'août 1764, daté de Compiègne, rendit aux habitants de la province d'Artois le droit d'élection [1], mais il n'y eut plus alors qu'un seul secrétaire pour les greffes civil, criminel et de police. Le titulaire du greffe civil Pierre-Jacques Gaillon dut se retirer et ce fut l'assemblée des notables du 8 novembre suivant qui investit des offices réunis le sieur Jacques-Joseph Dufour.

Les articles 3 et 17 de l'édit de mai 1765, contenant règlement pour l'exécution de l'édit précédent, portaient que le greffier ne pourrait exercer ses fonctions que pendant trois ans. Le 31 octobre 1768 une assemblée de notables, tenue en vertu d'un arrêt du Conseil du 15 juillet 1768 qui avait réglé provisionnellement la constitution municipale des villes

---

1. Nous avons expliqué dans *Les anciennes Communautés d'Arts et Métiers à Saint-Omer,* t. I, p. 57 et suivantes, et dans l'*Histoire du Bailliage de Saint-Omer,* t. I, p. 281 et suivantes, les divers modes d'élection de l'échevinage et de ses officiers depuis 1764 jusqu'à la Révolution.

d'Artois, choisit pour secrétaire-greffier Pierre-Jacques Gaillon, avocat, qui fut élu pour trois ans. Cette assemblée demanda le rétablissement des trois greffes de la ville, principal, criminel et de police, et des orphelins. Le ministre autorisa ce retour à l'ancien état de choses ; en conséquence le 22 décembre il se tint une nouvelle réunion de notables et Pierre-Jacques Gaillon fut maintenu greffier principal [1].

En 1773, un autre édit du mois de novembre attribua aux Etats d'Artois la nomination aux charges municipales. L'article 6 décida qu'il y aurait un secrétaire-greffier dans chaque ville ; l'office pouvait être aliéné par les Etats ou donné par eux en exercice pour trois ans (art. xx) [2] ; sous cette nouvelle législation, Pierre-Jacques Gaillon resta greffier principal et il était encore en exercice lors de la loi du 14 décembre 1789 qui supprima les municipalités existant dans le royaume.

Quelques-uns de ces greffiers avaient dû subir des conditions onéreuses pour obtenir leur nomination.

Les finances de la ville étaient souvent obérées. Quand elle ne trouvait plus de crédit, elle imposait aux candidats aux fonctions de membres du bureau le versement de sommes plus ou moins importantes. Bien qu'elle s'adressât plutôt à l'argentier, on voit cependant quelques greffiers obligés de lui avancer de l'argent. C'est ainsi que Charles Desmons, en 1636, dut donner à Robert Haverloix, greffier du crime, 150 florins chaque année à prendre sur les revenus

---

1. *Archives de Saint-Omer.* — *Registre aux Délibérations des Notables* B.
2. Comme la charge de procureur syndic.

du greffe et qu'en 1724 Alexis-Joseph Le Coigne fournit 750 livres « pour une cause pieuse »[1] ; nous venons de voir que Guillaume Le Coigne aida aussi la ville à racheter les offices réunis à la couronne.

On ne voit pas dans les anciens règlements que des conditions d'âge aient été imposées au greffier principal, mais l'art. XXIII de l'édit de 1773 stipula que pour être investi de cette charge il fallait être domicilié dans la ville depuis quatre ans et être âgé de 25 ans.

Le greffier principal devait la nuit de l'Epiphanie pendant laquelle on procédait aux élections échevinales, déposer les clefs du greffe sur le bureau de la Chambre[2], les échevins pouvaient, si bon leur semblait, le continuer dans ses fonctions, ce qui arrivait le plus souvent, car l'échevinage était soucieux d'avoir un greffier expérimenté et connaissant les archives. Il était d'ailleurs révocable à volonté[3]. On n'a pas d'exemple de révocation du greffier pour négligence dans ses fonctions, mais il en est un qui fut victime des passions politiques. Il pouvait en effet être utile à un parti d'avoir un greffier qui lui fût dévoué. Aussi lorsque les troubles qui amenè-

---

1. Voir aussi plus loin les sommes payées par quelques nouveaux titulaires pour être dispensés du banquet à donner aux membres du Magistrat.

2. *Arch. de Saint-Omer.* — *Règlement de 1550,* reg. I, perdu. Table alphabétique des Délibérations du Magistrat et Règl. du 20 mars 1585, art. Reg. L, f. 143. — V. plus loin, chap. II, le rôle du greffier au moment de l'élection annuelle du Magistrat.

3. *Arch. de Saint-Omer.* — *Reg. aux Délibérations du Magistrat* P, f. 33, art. IV. Conditions imposées au greffier principal le 1ᵉʳ décembre 1614.

rent la séparation d'une partie des Pays-Bas de la monarchie espagnole se firent ressentir en Artois et jusqu'à Saint-Omer en 1578, les factieux désignés sous le nom de *sinoguets* du nom de leur chef, ou de *patriots,* et qui étaient partisans du prince d'Orange, imposèrent, lors de la réélection du Magistrat, la nomination de ceux de leur faction, et ne manquèrent pas de destituer le greffier Jean de Brandt ; ils l'arrêtèrent avec une partie des membres du Magistrat, qu'ils firent transporter à Arras pour y être jugés, et ils firent choix pour greffier de la ville de Louis Berniers, greffier du bailliage. Une sentence du Conseil d'Artois du 9 avril vint absoudre les prisonniers et les rendre à la liberté, sans les autoriser toutefois à rentrer dans leur ville. Mais les troubles s'apaisèrent dès la fin de l'année 1578, le 22 juin 1579 Jean de Brandt fut rétabli provisoirement dans ses fonctions et Louis Berniers fut à son tour emprisonné[1] par les ordres du nouvel échevinage régulièrement élu.

Le greffier pouvait démissionner. Jehan Darthé usa de ce droit en 1489, Jehan de Brandt quitta le

---

1. La table alphabétique des Archives municipales analysant une délibération portée sur le registre K, aujourd'hui perdu, porte :

« Alors le Magistrat appela le sr de Brandt, licencié en droit, qui
« était sorti de prison et lui déclara qu'il avait constitué prisonnier
« Louis Bernier qui avait exercé à sa place et pendant sa détention
« l'office de greffier principal de la ville, et pour un cas dont le
« procès paraissait devoir être long, et il pria le sr de Brandt
« d'exercer son ancien office ; ce qu'il accepta sans préjudice au
« procès qu'il avait par appel au Conseil d'Artois tant contre led.
« Bernier que contre les échevins de l'an passé ».

Voir pour les événements de cette époque : Deschamps de Pas : *Troubles excités à Saint-Omer par les patriots en 1578 (Bulletin des Antiq. de la Morinie*, t. VII, p. 416 et suiv.) — Abbé Bled : *La Réforme en Artois (Mém. des Antiq. de la Morinie*, t. XXI, p. 224, 225, 229, 230, 234, 235, 238, 246, 249, 261, 270).

greffe pour devenir conseiller au bailliage en 1585[1].
Mathieu de Vargelot se retira en novembre 1614.
En 1705, Guillaume-François Le Coigne donna sa
démission en faveur de son frère Henri qui fut
nommé à sa place. Antoine-François Crépin fit de
même, en 1761, en faveur de son neveu Pierre-
Jacques Gaillon.

Bien que l'office de greffier fut amovible, le greffe
pouvait être concédé à titre de survivance : ainsi
lorsque Philippe de Sus-Saint-Légier, clerc principal
depuis 1415, devint infirme et malade, il pria l'échevinage de recevoir Robert Duval pour remplir ses
fonctions ; ce dernier les exerça en vertu d'une procuration du titulaire qui mourut en 1448, et Robert
Duval le remplaça immédiatement. Lorsque Charles
Desmons eut atteint en 1669 l'âge de 75 ans, Jacques
Maes obtint, le 13 mars, la survivance du greffe[2] et
prêta serment le 1er avril. Le premier commis du
greffe obtint aussi la même faveur en 1674[3].

La surveillance du Magistrat sur cet officier était
très effective. Quand le sieur de Brandt quitta ces
fonctions, pour celles de conseiller au bailliage, la
ville exigea qu'il lui rendît ses comptes, car il avait
été greffier à une époque très troublée, comme nous
l'avons déjà dit, pendant la révolte des Sinoguets[4]. Il
refusa de se dessaisir de plusieurs registres et de
divers papiers sans une décharge absolue, parce
qu'ils contenaient la justification de sa conduite. Il
fallut faire faire un inventaire de ces papiers qui

1. *Reg. aux Délibérations du Magistrat* L, f. 143.
2.   Id.   EE, f. 90.
3.   Id.   FF, f. 80.
4. Voir ci-dessus, p. 17.

remplissaient deux coffres et un tonneau et ajourner l'ancien greffier devant le Conseil d'Artois. Il y fut accusé de diverses malversations et notamment de s'être approprié les arrérages de quelques rentes dues à la ville, de dépôts d'argent faits au greffe, etc. Condamné par sentence du 13 novembre 1587 à 1.000 florins d'amende envers le roi et aux frais du procès, il appela de ce jugement, et la sentence du Conseil d'Artois fut infirmée par le Grand Conseil de Malines en 1589 [1]. Il avait été d'ailleurs anobli dès le 7 février 1587 moyennant finances, et à raison des dangers qu'il avait courus et des services qu'il avait rendus à la cause du roi d'Espagne [2].

Le Magistrat ne permettait pas non plus au greffier de lui manquer de respect : en 1647, deux jours avant la fête des Rois, sur la requête du maieur et par ordre de messieurs, le greffier Desmons fut admonesté « sur la façon arrogante et despectueuse « dont il aurait usé en droit quelques eschevins « le dit jour en halle » [3].

Mais on ne voit aucune disposition protégeant le greffier contre les injures des plaideurs, probablement parce qu'il n'y avait pas lieu de prévoir un tel cas à raison de son rôle passif à l'audience [4].

Lors de leur réception les greffiers principaux don-

---

1. *Reg. aux Délibérations du Magistrat* M, f. 35 et 36.
2. *Inv. som. Ch. des Comptes de Lille*, t. II, n° 1676, p. 408.
3. *Bibliothèque de Saint-Omer, Ms. 879*, t. II, p. 258 r°.
4. *Les anciens Usaiges et Coustumes de la Conté de Guysnes*, ms. du XVe siècle appartenant à la Bibliothèque nationale, édité par la Société des Antiquaires de la Morinie en 1856, contient art. 201 une disposition : « se aucun disoit villenie au clerc de le court », obligeant la justice à arrêter le coupable et à faire des excuses publiques.

naient un banquet à Messieurs de l'hôtel de ville. C'était là une grande dépense. En 1669, comme la ville avait besoin d'argent pour rééditier une maison lui appartenant du côté ouest de la scelle ainsi que les caves qui s'effondraient, on donna à Jacques Maes la survivance de la charge de greffier après la mort de Charles Desmons, alors âgé de 75 ans, à la condition que le s^r Maes « baillera promptement à la ville « pour forme de rédemption et excuse du dit ban- « quet la somme de onze cens florins »[1].

En 1680 Jacques Cardocq, son successeur, fut aussi dispensé de donner ce repas ; la ville avait alors à pourvoir au logement du marquis de Saint-Geniès, gouverneur de Saint-Omer pour le roi de France qui l'avait réunie à la couronne en 1677, elle exigea du s^r Cardocq, au lieu du banquet, cent louis d'or pour servir au paiement de la maison acquise par l'échevinage pour ce logement.

Ils étaient astreints à donner caution pour les nantissements et les dépôts d'argent ou de valeurs faits au greffe et la caution était solidaire avec le greffier. En 1614, Gaspard de Balinghem présenta ainsi pour caution Michel de Balinghem, son fils et demoiselle Antoine de Balinghem, veuve de Michel Breton, sa sœur[2].

Les gages de ces officiers n'étaient point fixés et dépendaient uniquement de la décision de l'échevinage. Jacquemart Copin touchait, en 1413, 40 livres monnaie courante payées en deux termes, à la Saint-Jean-Baptiste et à Noël. Le 22 décembre 1417, on

---

1. *Reg. aux Délibérations du Magistrat* EE, f. 92 v°.
2. Art. 6 et 13 du règlement du 1er décembre 1614. *(Reg. aux Délibérations du Magistrat* P, f. 33).

augmenta la pension de Philippe de Sus Saint-Légier jusqu'à 100 livres, puis le 8 janvier 1424 on y ajouta encore 50 livres[1] ; le traitement de la pension totale lui était payée en trois termes : les 11 mars, juillet et novembre. Robert Duval fut réduit en 1448 à 60 livres[2].

Le greffier principal jouissait aussi, avec celui du crime et de police, d'une échoppe ou petite boutique sous la chapelle de Notre-Dame des Miracles, sur le grand marché. La ville reprit cette concession en 1448 et le 14 avril elle alloua à Robert Duval, pour la remplacer, quatre livres parisis par an.

L'article 16 de la charte de Philippe-le-Bon avait confirmé, en 1447, le droit des échevins de fixer les appointements du greffier, en déclarant « que les « greffiers principaux et du crime n'auront de gages « que ceux qu'ils sont accoutumés avoir d'ancien- « neté, ou tels qu'il plairait à la Loy leur donner ». L'ordonnance de 1500 ne détermina pas non plus le traitement du greffier, mais elle porta atteinte à l'ancien droit de l'échevinage de le fixer seul en le remettant « à la discrétion et ordonnance de nosd. « Bailly, Mayeur et Eschevins de S¹ Omer pour par « eulz estre diminué et en ordonner selon qu'ilz « verront estre utile et proufitable pour la dite « ville »[3]. Un règlement de Charles II, roi d'Espagne, du 18 janvier 1673, fixa les émoluments du greffier principal à 637 florins 13 sous 6 deniers, soit 797 livres 1 sou 10 deniers d'argent de France. En 1693, Guillaume-François Le Coigne touchait

1. *Comptes de la ville.*
2. *Reg. aux Délibérations du Magistrat* C, f. 3.
3. Pagart d'Hermansart. *Histoire du Bailliage de Saint-Omer,* t. II, p. 381.

350 livres de gages. En 1764, le traitement fixe du greffier fut fixé à 500 livres et c'est ce chiffre qui paraît avoir été maintenu quand les deux greffes, un instant réunis, furent de nouveau divisés en 1768.

En outre de ces gages, les greffiers jouissaient de tous les droits et émoluments de leur greffe [1], ce qui représentait une somme assez importante, évaluée en 1768 à 600 livres. Ces droits étaient les mêmes que ceux des greffiers de la ville d'Arras et de l'Election d'Artois ; le Magistrat leur permettait de prendre leurs journées, outre le droit de grosse dans toutes les vacations d'enquêtes, de licitations de maisons et autres affaires de même nature ; les vacations pour les descentes et visites de lieux qui se faisaient en vertu d'ordonnances dans les procès particuliers leur appartenaient aussi, à moins que quelques-uns des échevins ne procédassent eux-mêmes à ces visites. Un règlement du Conseil d'Artois du 30 juillet 1678 avait décidé que les expéditions des sentences sur procès ne pourraient coûter au plus que le quart des épices. Les greffiers devaient, au surplus, suivre un tarif arrêté en 1700, remanié le 9 mai 1708. Ils avaient encore 3 deniers par livre pour les dépôts d'argent volontaires ou autres faits entre leurs mains [2] et divers émoluments pour apposition du scel aux causes et du scel aux reconnaissances [3].

---

1. *Reg. aux Délibérations du Magistrat* C, f. 3.
2. Le greffier principal est autorisé à continuer de prendre pour les dépôts d'argent 3 deniers par 20 sous monnaie courante ou 18 deniers de la livre de gros monnaie de Flandre. *(Table alphabétique des Délibérations du Magistrat,* analyse du reg. F, perdu, en la date du 25 janvier 1489).
3. Hermand et Deschamps de Pas. *Histoire sigillaire de Saint-Omer*, p. 11 et 14.

La ville prenait à sa charge tous les frais de papier, plumes, cire d'Espagne et autres choses nécessaires au greffe, ce qui lui coûtait près de 500 livres annuellement, outre le bois de chauffage et la chandelle estimés tous deux 200 livres.

Des gratifications étaient quelquefois accordées par la ville ; c'est ainsi qu'elle fit don en 1655 d'une demi-pièce de vin au greffier Desmons, qui était à son service depuis 19 ans [1].

Il n'y eut pas toujours de maison affectée au logement du greffier, mais il recevait une indemnité qui figure dans les comptes de la ville après ses gages. En 1436-37, Philippe de Sus Saint-Légier avait « pour le louage de sa maison escheant pour tout « l'an au terme de St Jean Baptiste xviii l. monnoie « courante ».

Il paraît qu'en 1523 il occupait une maison appartenant à la ville, mais elle était sans doute insuffisante, ou la jouissance n'en fut que précaire, car Nicolas de Wissocq en légua à l'échevinage une autre qui devait être affectée à la résidence du greffier, et dont le Magistrat fit jouir Mathieu Mathon en 1556. Cette maison était vieille, on dut la rééditier dès 1558, puis on finit par la vendre [2] ; et il est à penser que l'on reprit alors en faveur du greffier le paiement d'une indemnité de logement.

Comme les autres officiers du bureau, le greffier recevait une robe qui était à l'origine aux couleurs de la ville, noire et pourpre, ou d'une seule couleur

---

1. *Reg. aux Délibérations du Magistrat* BB, f. 1. — On voit en 1764 le greffier prendre cent livres pour « sa part au gateau des rois, etc... »

2. *Arch. de Saint-Omer*, CLXIX-5.

quand il était gradué[1]. Plus tard la robe qu'il porta ne différait point de celle des escarvettes ou des sergents à verge. On lui en fournissait une tous les deux ans.

Il participait aussi aux distributions de vin et de cire faites à diverses époques de l'année[2].

On ne pouvait cumuler la charge de greffier avec aucune autre, et Philippe de Sus Saint-Légier nommé en 1415 abandonna sa situation de procureur de ville, ainsi que Robert Duval en 1447. Jehan de Brandt, investi du greffe en 1565 et qui avait d'abord géré celui des vierschaires, était greffier du crime depuis 1561 et bailli du chapitre de Saint-Omer, il ne fut nommé qu'à la charge d'abandonner ces fonctions, et de ne prendre aucune pension de l'abbaye de Saint-Bertin, de celle de Clairmarais ni d'autres. Louis Berniers, lui-même, bien que nommé par la faction des Sinoguets, était pourvu du greffe du bailliage en 1578 lorsqu'il le quitta pour prendre celui de la ville. On lit dans les conditions imposées en 1614 à Gaspard de Balinghem qu'il devra « quitter « tous offices et pensions étrangères ». Il était greffier du bailliage depuis 1585 et auditeur des comptes de la ville depuis 1600 ; il abandonna ces deux positions avant d'être greffier principal de l'échevinage[3]. Après la vénalité des charges, en 1705, Guillaume-François Le Coigne ayant acquis celle de subdélégué de l'intendance, donna sa démission de greffier en

---

1. En 1655, cette robe valait 20 florins l'aune, il fallait une aune et demie pour la faire.
2. *Comptes de la ville.*
3. Conditions touchant la greffe principalle de ceste ville du 1er décembre 1614. *(Registre aux Délibérations du Magistrat* P, f. 33).

faveur de son frère. Crépin en 1749 avait quitté la charge de procureur de ville, et Gaillon en 1761 celle de greffier du crime.

Il prêtait serment devant messieurs des deux années ainsi que le fit Robert Duval le 12 avril 1448 et ses trois successeurs, et ensuite entre les mains de messieurs des trois corps, comme Pierre Salomé le 15 juin 1544 et tous ses successeurs jusqu'en 1764[1]. A cette époque il fit son serment devant l'assemblée des notables, et en 1768 entre les mains du mayeur.

En général, dans les cérémonies publiques, le greffier avait le pas sur le procureur de ville, mais le Magistrat était libre d'en décider autrement. Nous avons mentionné déjà, en traitant des procureurs de ville, les prétentions de ces derniers[2] et les difficultés survenues entre eux et les greffiers principaux à propos de la préséance en 1596, 1597, 1607 et 1655[3]. Les procureurs l'emportèrent en 1660, 1711 et 1712 ; plus tard on tint compte de l'âge ou de l'ancienneté dans le grade de licencié ès-droits pour fixer le rang de chacun des rivaux.

---

1. Nous n'avons pu retrouver la formule de ces serments. Nous donnons seulement, *Pièce justificative* II, celui de Jean d'Esquerdes en 1361.

2. *Les Procureurs de ville à Saint-Omer*, D'Homont, 1894, p. 82 et suiv. et *Pièces justificatives*, § II, nos 2, 3, 4 et 5.

3. Ajoutons que le règlement du 1er décembre 1614, spécial au greffier de Balinghem, avait déclaré (art. v) que le greffier aurait la séance « que messieurs lui assigneraient » et que Gaspard de Balinghem, récemment nommé, passerait après le procureur, « messieurs « se réservant toutefois de lui assigner telle place qu'il leur plairait » (art. xii). (*Reg. aux Délibérations du Magistrat* P, f. 33).

CHAPITRE II

ATTRIBUTIONS

Registres tenus par le greffier principal. — Attributions diverses. — Son rôle lors de l'élection annuelle des échevins. — Les archives municipales. — Le greffier était à la fois secrétaire de l'administration municipale et greffier du tribunal des échevins.

Les premiers registres tenus par les greffiers sont ceux qu'on appelait « Registres au renouvellement de la Loy »[1] parce que chaque année les noms des membres du Magistrat élus y étaient rapportés. Mais les plus anciens de ces registres présentent en outre une quantité d'actes variés relatés sans autre ordre que l'ordre chronologique qui n'était même pas toujours suivi[2]; les intercalations y sont fréquentes, des blancs ont été utilisés pour inscrire des mentions qui ne sont pas à leur place, il y a des feuillets dont l'écriture est en sens inverse de celle des autres

---

1. Il reste dix de ces registres. (Voir l'*Annexe* A, à la fin de l'ouvrage). Nous en avons extrait diverses pièces publiées depuis 1892 dans le *Bulletin historique et philologique* du Ministère de l'Instruction publique, sous le titre : *Documents inédits contenus dans les Archives de Saint-Omer*.

2. Ainsi le registre G contient des pièces de 1321 à 1340 et le registre A des actes de 1325 à 1330.

pages, un de ces registres même commence de deux côtés à la fois. On peut ramener les divers actes ou extraits qui y sont mentionnés à plusieurs catégories : ceux intéressant la vie municipale, la police, la justice criminelle, la sûreté de la ville et les relations avec les princes et souverains.

On y trouve notamment les listes annuelles des trois corps de l'échevinage, les noms des rentiers et argentiers pendant une certaine période, ceux des comtes de la hanse, des maîtres et des cœuriers des différents métiers, les plégeries, les nominations et serments de divers employés de la ville tant dans la cité même [1] que dans la banlieue [2], celles des avoués des orphelins, des officiers du bailliage, la liste des offices à donner, des tarifs de différents impôts tels que le tonlieu, la cauchie, le saccage, etc., la location des moulins de la ville, quatre comptes des finances municipales de 1321 à 1324,[3] etc., puis ce sont divers actes ou contrats tels que dépôts de testaments, donations pieuses, des dépôts d'argent à la halle, des actes d'emprunt, des actes de tutelle, etc.

En matière de police on y lit les commandements annuels faits par les nouveaux échevins, des ordonnances concernant le commerce, les corps de métiers, les impôts.

Des extraits sommaires de condamnations judiciaires en grand nombre concernant les bannis, les paix, les réparations pour homicide, les amendes

1. On n'y rencontre jamais les nominations des greffiers, à part celle que nous donnons en pièce justificative.
2. Par exemple les gardes des pâtures communales, ceux des blés et des moissons.
3. Nous publierons le plus ancien de ces comptes quand nous traiterons des argentiers.

honorables, la perte de la bourgeoisie et la réintégration, d'autres peines avec obligation de pélérinages, les séparations de corps, l'exercice du droit d'arsin, des conflits de juridiction à propos des clercs ou autres, la part de la ville dans les amendes prononcées contre les délinquants ou les malfaiteurs y étaient également mentionnés.

Pour la guerre ce sont des règlements relatifs à la garde ou à la défense des fortifications, aux munitions, à la milice communale, aux connétablies, aux « conducteurs » de la milice, aux arbalétriers, des estimations de dégâts causés par les guerres.

Enfin les relations politiques de l'échevinage sont représentées par des copies de lettres de rois de France, de comtes de Flandre et d'Artois, ou d'autres grands personnages, de correspondances avec différentes villes, quelques ordonnances concernant les audiences du Parlement de Paris et les réclamations que la ville doit y présenter, des remontrances qu'elle se propose de faire à la comtesse d'Artois, des plaintes relatives à l'altération des monnaies, des réclamations contre l'évêque de Térouanne, etc.

A une certaine époque, vers le xv⁰ siècle, les registres au renouvellement de la Loi restèrent affectés aux élections et aux nominations, installations et serments des différents officiers de l'échevinage et du bailliage, ainsi qu'aux ordonnances modifiant le mode des élections ; tandis que divers registres furent ouverts successivement tant pour y consigner les délibérations du Magistrat que pour y relater les divers actes de l'administration et de la justice échevinales[1], de sorte que l'on peut mieux

1. Voir à la fin de ce travail le détail de ces registres, *Annexe* A, I § 2, 3, 4 et l'*Annexe* B.

distinguer les actes que le clerc de la halle enregistrait en qualité de greffier de ceux qu'il rédigeait comme secrétaire.

Comme greffier il tenait les registres aux plaids, aux audiences, aux causes, aux sentences, aux distributions de biens vendus devant l'échevinage. Il enregistrait les conclusions, demandes, etc., et remplissait auprès de ce tribunal des fonctions à peu près semblables à celles qui incombent aujourd'hui aux greffiers de première instance.

Comme secrétaire il devait rédiger et écrire de sa main le compte rendu des délibérations du Magistrat. Lorsque Mathieu de Vargelot donna sa démission en novembre 1614, et fut emporté par la peste le 4 décembre suivant, on constata que les délibérations n'avaient point été enregistrées depuis le 16 janvier 1607 jusqu'à la fin de décembre 1610, et depuis le 6 novembre 1613 jusqu'au jour où il s'était retiré ; l'échevinage, afin d'éviter de pareilles lacunes imposa à son successeur l'obligation de présenter chaque semaine son registre à l'échevinage [1], et Gaspard de Balinghem qui fut nommé à la place du défunt fut chargé de compléter le registre d'après ses papiers et ses notes [2]. Plus tard on exigea seulement que le greffier donnât tous les mois, en chambre échevinale, une lecture des délibérations prises pendant le mois précédent par le Magistrat [3].

Le greffier devait encore tenir et parapher les registres des divers contrats passés devant l'échevinage, enregistrer les saisines, mais seulement sur la

---

1. *Reg. aux Délibérations du Magistrat* P, f. 33. Art. VI du règlement du 1er décembre 1614.
2. Délibération du 18 janvier 1616.
3. Délibération de 1724.

relation d'un échevin, tenir registre des hypothèques, des werps, arrentements ou transports d'héritages, etc. Il inscrivait aussi les noms des bourgeois nouvellement reçus sur un registre spécial[1] et partageait avec les deux échevins de semaine les deniers perçus à l'occasion de cette réception.

D'autre part, trois recueils avaient été formés anciennement par les greffiers : un *registre aux bans* ou *keurebroeck* de la fin du XIIIe siècle[2], un *cartulaire* de la même époque, continué au XIVe siècle, contenant la série des privilèges concédés à la ville[3], puis un registre qui n'eut à son origine aucune valeur officielle : le *gros registre du greffe* ou *gros registre en parchemin* qui contient des copies de pièces depuis 1166 jusqu'à 1778, et dont M. Giry a expliqué l'importance en l'analysant[4].

Le greffier délivrait des expéditions des actes qu'il rédigeait, et plus tard aussi des passeports.

Il dressait le tableau des biens de la ville et recevait les déclarations des contribuables relatives à certains impôts.

Il percevait les émoluments dus aux maieur, échevins et autres officiers pour l'apposition du grand scel communal. Nous avons déjà mentionné[5] qu'il

---

1. Il ne subsiste aucun de ces registres. On trouve seulement une table intitulée : « Noms des bourgeois reçus par le Magistrat de « Saint-Omer mise par ordre alphabétique depuis 1700 jusqu'à ce « jour. Cette table a été dressée par le s[r] Dominique de Potter, « commis au greffe criminel et de police en 1758 ». — A cette époque la tenue de ces registres avait passé dans les attributions du greffier du crime.

2. Giry. *Histoire de Saint-Omer : Pièce justificative* III.

3. Autrefois conservé aux *Archives de Saint-Omer* sous la cote AB XVIII-15, maintenant à la Bibliothèque de cette ville Ms. n° 829.

4. Giry. *Analyse d'un registre aux Archives municipales de Saint-Omer. (Mém. des Antiq. de la Morinie*, t. XV).

5. Page 22, note 2.

était rétribué pour l'usage du scel aux causes et du scel aux reconnaissances.

Les échevins et les officiers du bureau devaient se trouver en halle les jours d'assemblée ordinaire entre 9 heures et 9 heures 1/2 du matin, et quand les trois corps se réunissaient, tous devaient s'y rendre à 9 heures environ, à peine de 5 sous d'amende contre ceux qui arrivaient trop tard et de 10 contre ceux qui n'étaient point venus et n'avaient point excipé d'un empêchement légitime. C'était le greffier qui vérifiait l'exactitude aux séances et remettait à l'argentier l'état des amendes à percevoir sur les défaillants [1].

Il signait les billets de logement des gens de guerre à pied et à cheval, et il était chargé de faire les publications des traités de paix à l'hôtel de ville.

Enfin le greffier principal jouait au moment du renouvellement annuel de l'échevinage un rôle spécial. C'était lui, en effet, qui réglait les formalités et le cérémonial en usage pour le renouvellement annuel de l'échevinage [2]. Voici en quoi consistaient à ce moment ses fonctions sous l'empire de la

---

1. Plus tard, en 1638, ce fut le mayeur qui se chargea de ces constatations. Le produit des amendes fut employé à une « recréation ». *(Reg. aux Délibérations du Magistrat* V, f. 51 et 131).

2. Voir Tailliar : *de l'Affranchissement des Communes.* Cambrai 1837, p. 279. « La cérémonie qui s'observait au xvie siècle pour le « renouvellement de la Loy à Douai, selon la teneur de la charte « accordée par Louys de Mâle, 25e comte de Flandre (le 19 aoust 1373) « et depuis confirmée en 1340 par Philippe VI de Valois ».

Ni les conseillers pensionnaires, ni le procureur de ville, ni le greffier criminel n'assistaient aux opérations relatives au renouvellement de la Loy de Saint-Omer. *(Arch. de Saint-Omer.* Délib. 5 janvier 1650. *Reg. au renouvellement de la Loy* L, f. 153).

législation de l'ordonnance de 1447, modifiée en 1500, 1516 et 1540, et d'après un règlement du 4 janvier 1644 : A cette époque le corps électoral se composait des mayeur et échevins en exercice et des dix jurés pour la communauté qui s'adjoignaient neuf personnes représentant les trois états, prises par portions égales dans le clergé, la noblesse et la bourgeoisie, et le Magistrat était composé de douze échevins, quatre nommés par le bailli du prince et huit élus parmi lesquels on prenait le mayeur, des échevins de l'an passé ou jurés au Conseil et des dix jurés pour la communauté. Le bailli du prince assistait à l'élection et recevait le serment des 31 électeurs, puis celui des élus [1].

La veille de l'Epiphanie, après la messe, les échevins et les dix jurés entraient avec le greffier principal dans la chambre d'audience où ils prêtaient serment avant de choisir les électeurs des trois ordres. Lorsqu'un siège épiscopal eut été établi à Saint-Omer en 1559, on ne choisit plus que deux ecclésiastiques, qui étaient deux des curés de la ville, l'évêque était électeur de droit [2]. Voici le texte de ce serment, tel qu'il était lu en 1589 par le greffier principal et prêté debout par Messieurs du Magistrat :

Vous et chacun de vous jurez et promettez par le serment que debvez à Dieu et au Roy nostre sire de dénomer et eslire deux personnes ecclesiastiques curez de paroisse de cette ville, trois nobles et trois bourgeois ou habitans des plus notables et mieux renomez qu'en chacun estat se pouront trouver, aiant l'âge de quarante ans, ou en deffaut d'iceux de trente quatre ans et au dessus, et qui

1. *Histoire du Bailliage de Saint-Omer*, t. I, p. 80, 267 et suiv.
2. *Histoire du Bailliage de Saint-Omer*, t. I, p. 275.

par longue et continuelle demeure en cette ville ont la meilleure connoissance des personnes les plus zeellées à la religion Catholique Romaine et au service du Roy nostre sire, idoines, qualifiez et experts pour estre de la loi de cette ville, pour, avecq le réverendissime evêque de Saint-Omer ou son vicaire et vous, procéder au renouvellement de la dite loi suivant l'institution et les patentes dépêchées sur l'ordre et règlement dudit renouvellement et l'interprétation depuis ensuivie.

Ainsi vous veuille Dieu aider[1].

Cette première élection terminée, le greffier faisait avertir par un sergent à verge les électeurs choisis. Alors avait lieu un déjeuner où assistaient tous les électeurs ; puis le grand bailli nommait les quatre échevins qu'il avait le droit de désigner[2]. Le greffier présentait ensuite à chacun « un rôle de deux ou trois feuilles de papier » et expliquait les formalités à observer pour l'élection des huit échevins restant à choisir. Il donnait aussi lecture d'un nouveau serment préalable ainsi conçu :[3]

Vous jurez et promettez par le serment que debvez à Dieu et au Roy nostre sire que vous choisirez et eslirez cejourd'hui selon votre entendement et conscience huict

---

1. Ms. d'Haffrenghes, n° 879 de la *Bibliothèque de Saint-Omer*, t. I, p. 195-196. Il est intitulé ainsi : « Serment que doivent prester Messieurs Maieur et Eschevins de la ville de S¹ Omer et les dix Jurés pour la Communauté, avant choisir les électeurs ecclesiastiques, nobles et notables, pour renouveler la loi de ladite ville, lequel serment mesdits sieurs estant en chambre debout, et chacun levant la main, jurent et prestent tous par ensemble, introduit en l'an 1589 ».

2. Nous avons reproduit dans l'*Histoire du Bailliage de Saint-Omer*, t. I, p. 270, le texte du serment que le bailli prêtait sur le doxal avant de désigner ces quatre échevins.

3. Il est intitulé : « Serment que les électeurs prestent sur le « dossal l'un après l'autre et par ordre, sçavoir : les trois ecclesias- « tiques, trois nobles, douze echevins, dix jurés et trois bourgeois « notables, augmenté selon l'ordonnance de 1589 ». Ms. d'Haffrenghes, n° 879, *Bibl. de Saint-Omer*, t. I, p. 195-196.

personnes légitimes de léal mariage de l'âge de vingt huit ans et au dessus des plus zéleux à la religion Catolique Romaine et au service du Roy que pourrez adviser, idoines, qualifiez et experts pour, avecq les quatre que dénomera le grand Bailli de ceste ville au nom et de la part de Sa Majesté, estre maieur et eschevins de ceste ville le tems d'un an commençant cejourdhuy et finant la veille des Rois de l'an prochain, sans avoir regard s'ils auroient autrefois esté de la loi ou non, en comprendant seulement les douze eschevins à choisir quatre de ceux aiant esté en loi l'année. . . . . [1] fois de vostre élection ou de la nomination dudit sieur Grand Bailli ; si designerez à chacun desdits eschevins sa place selon le rang qu'un chacun d'iceux pour sa qualité, expérience ou précédens services sera trouvé mériter ; choisirez et eslirez aussi les dix jurés du commun de gens notables et preudhommes de l'âge dessudit ; que vous n'eslirez aucun qui vous ait requis ou fait requérir ou pourchasser, ains les eslirez justement et sans faveur autre que pour le bien de ladite ville, que pour élection que vous ferez ou aurez fait vous n'avez prins ni prendrez par vous ni par autre, don ou courtoisie d'or, d'argent ou d'autre chose quelconque directement ou indirectement, et tiendrez secret ce que sera dit et besoingné en ladite élection. Ainsi vous veuille Dieu aider.

Lorsque ces huit échevins avaient été élus, on procédait à l'élection du mayeur, puis le greffier mettait le nom des douze échevins choisis sur divers billets qui étaient présentés aux électeurs pour qu'ils désignassent le rang que chacun d'eux devait occuper. Il donnait lecture des considérations suivantes qui devaient guider les électeurs dans cette circonstance :

« Pour assigner les places aux douze eschevins les électeurs sont astraints par serment d'avoir reguard à ce

---

1. Quelques mots manquent dans ce texte.

que chacun pour sa qualité, expérience et précédents services sera trouvé mériter.

« Or convient considérer que les sept eschevins der-
« niers sont submis au guet de nuict en quatorze jours
« une fois et dont sont exempts les quatre eschevins quy
« tiennent les deuxiesme, troisiesme, quatriesme et cinc-
« quiesme places, ayant le mayeur surtout la plus grande
« charge de l'ouverture des portes au matin, visitations
« desd. portes à touttes occasions durant la journée,
« avecq l'assiette de la guarde et conduite journalière
« d'jcelle au soir.

« Par ainsy fait bien à considérer l'assignation de la
« place à un eschevin quy aura fait service plusieurs
« années s'il n'est à préférer et mettre hors de charges de
« guet en la 2ᵉ, 3ᵉ, 4ᵉ et 5ᵉ place puisqu'il a des trois
« poincts les deux à savoir l'expérience et précédents ser-
« vices, plustot qu'un autre quy sera peut-estre de qualité
« noble ou aura degré de licence sans touttes fois avoir
« fait au précédent aucun ou peu d'années service »[1].

On élisait ensuite le lieutenant mayeur qui était pris parmi l'un des huit échevins dénommés par les électeurs, et enfin les dix jurés auxquels on assignait leurs places.

Le greffier prévenait tous les élus, échevins nouveaux, et dix jurés en leur indiquant les places qui leur avaient été assignées.

Tous les nouveaux échevins élus se réunissaient en l'argenterie et le greffier principal se présentant à la porte les appelait suivant l'ordre adopté ; ils montaient alors sur le doxal[2] et, en présence du grand bailli, et des douze échevins anciens, ils y prêtaient le serment suivant lu par le greffier :

1. *Archives de Saint-Omer* AB XXVII. *Formulaire de serments.*
2. *Doxal* : espèce de tribune placée dans un angle au fond à droite de la halle.

Vous jurez par le Dieu tout puissant et sur la damnation de vostre âme que vous croiez tout ce que croit l'église catolique, apostolique, romaine, et que tenez la doctrine qu'elle a tenue et tient soubs l'obéissance de notre Saint Père le Pape, détestant toutes doctrines contraires à icelle si comme des Lutériens, Calvinistes, Anabaptistes et de tous autres hérétiques et sectaires et que en tant que vous sera, vous vous opposerez et contrarirez à icelles[1].

Que serez toujours obéissant et fidel au Roi nostre sire.

Que en cet estat et office où vous estes appelé servirez de tout vostre cœur et affection et travaillerez de tout vostre pouvoir pour l'honneur de Dieu, du Roi et l'utilité de cette. . . . .[2] que le dit office requiert.

Repondrez à Sa Majesté de ce qui vous est comis depuis l'heure présente jusques à la veille des rois prochain, administrerez bonne, sincère et droiture justice aux sujets et autres vous requérant d'icelle sans avoir respect au gain, haine ou amitié d'aucuns, ni plus favoriser personne que raison et équité ne permettent, traitant les bons le plus doucement que pourrez et châtiant les méchans selon droit et les ordonnances du Roi.

Ne demanderez, exigerez ne recevrez de qui que ce soit aucune chose pour favoriser ou administrer justice, mais serez content de vos gages et salaires légitimes ordonnez audit estat, et ne soufrirez scientement que aucuns soubs vostre charge ou qui vous assistent fassent autrement.

Qu'à l'occasion de cet office, ni pour avoir sufrages, faveur ou assistance d'aucuns, vous n'avez requis ni fait requérir, donné, ne donerez, n'avez promis ou pactioné deniers, ni envoié à qui que ce soit quelque chose directement ou indirectement, mais que gratuitement avez reçu ledit office.

Aussi vous porterez tel à l'endroit des sujets de Sa Majesté et autres comme cet office requiert, et en effet

---

1. Ce premier paragraphe a été introduit en 1589, à l'époque des guerres religieuses. — V. *Histoire du Bailliage de Saint-Omer*, t. I, p. 234.

2. Il y a dans le texte une lacune qu'on peut combler ainsi : « ville et autant ».

ferez tout ce qu'un homme de bien, bon et droiturier juge et administrateur d'office pareil que vous tenez, doit et est tenu de faire tant selon droit divin que droit escrit et les ordonnances du Roi nostre sire.

Ainsi vous veuille Dieu aider [1].

Après cette formalité les nouveaux échevins rentraient dans la chambre d'audience avec le grand bailli et les douze échevins de l'an passé, et le greffier appelait à leur tour les dix jurés en présence desquels les douze anciens échevins, devenus jurés au conseil, prêtaient dans la chambre même le serment suivant : [2]

Vous jurez par la foy et serment que debvez à Dieu que de l'estat et office de juré au Conseil vous vous acquitterez bien et deubement, que viendrez en chambre touttes les fois que vous y serez appellez, que conseillerez la ville bien et léallement gardant ses droits et les droits de la Communauté et ferez generallement tout ce que a un bon et fidel eschevin juré au conseil appartient gardant le secret quy soit à celer. Ainsi Dieu vous ayde.

Puis venait le tour du mayeur et des dix jurés pour la communauté [3].

« Vous jurez que l'office de juré vous exercerez bien et
« léallement, que viendrez en chambre touttes les fois
« que vous y serez mandez, conseillerez léallement la
« ville et la communauté en gardant les droits, privilèges,
« bonnes coustumes et proffit de cette ville et commu-

---

1. Ms. d'Haffrenghes, n° 879, *Bibl. de Saint-Omer*, t. I, p. 197 à 199. Ce serment est intitulé : « *Serment des eschevins de la ville de* « *St Omer nouvellement esleus* ».
2. *Arch. de Saint-Omer. Formulaire des serments*, déjà cité. Il est ainsi intitulé : « Serment des eschevins jurez au Conseil qu'ils « prestent en Chambre, debout, trois par trois ».
3. Ce serment est ainsi intitulé : « Serment du Mayeur et des dix « jurez pour la Communauté quy se preste aussy debout en « chambre ». *(Arch. de Saint-Omer. Formulaire des serments)*.

« nauté, cellerez le secret quy soit à celer et ferez tout ce
« qu'au dit office compète et appartient ».

Le greffier avertissait ensuite les sergents à verges ou à masse et leur donnait lecture de leur serment qu'ils prêtaient :

« Vous jurez que l'office de sergeantise à verges où
« Messieurs vous ont commis exercerez bien et dilliga-
« ment, ferez les adjournements et commandements quy
« vous seront ordonés faire et autres dont requis serez,
« ferez bonnes relations et servirez à diligence Messieurs,
« celerez le secret quy sera à celer et ferez tout ce que à
« cet office appartient »[1].

Après cette dernière formalité, le bailli royal se retirait. Le greffier faisait alors appeler les escarwettes et lisait le serment suivant qu'ils répétaient :

« Vous jurez que l'office d'Escarwette vous exercerez
« bien et léaulement, ferez bon et léal rapport, celerez
« tout ce que sera à celer et taire et ferez au surplus tout
« ce que à cet estat et office appartient de faire. Ainsy
« vous vœuille Dieu ayder »[2].

Enfin les trois greffiers de la ville, à leur tour, le greffier principal, le greffier criminel et celui des orphelins entraient dans la chambre échevinale ; le greffier principal, en son nom et au nom de ses collègues, suppliait Messieurs qu'il leur plût d'avoir pour agréables leurs services de l'an passé, et ajoutait qu'ils étaient prêts à continuer et à faire de mieux en mieux avec l'aide de Dieu. Et comme nous l'avons dit plus haut[3], il déposait en même temps toutes les clefs sur le bureau ; Messieurs les leur

---

1. Ms. 879, *Bibl. de Saint-Omer*, t. I, p. 205.
2. id.   id.   t. II, p. 200.
3. Livre I, chap. I, p. 16, *Amovibilité*.

remettaient quand ils entendaient les conserver en exercice, ce qui avait lieu presque toujours.

Plus tard, sous le règne des intendants, substitués au grand bailli[1], on modifia ces formalités qui se passèrent toutes dans la chambre d'audience. Pour ne pas donner à l'intendant la peine de monter au dossal, l'on dressa à chaque renouvellement de la Loy, dans cette chambre, du côté droit, un petit autel au pied duquel était un prie-Dieu, couvert d'un tapis et d'un carreau ou coussin carré, sur lequel était un crucifix. Les nouveaux échevins promus venaient l'un après l'autre, quelquefois deux à deux, se mettre à genoux sur le prie-Dieu, et, la main sur la croix, prêtaient serment devant l'intendant debout, ayant à côté de lui le greffier qui lisait la formule du serment écrite dans un livre relié en maroquin rouge doré, formule que le récipiendaire répétait à haute voix[2].

Enfin sous le régime des divers édits de municipalité de 1764, 1765, 1771 et 1773, le greffier continua à diriger les nouvelles formalités des élections modifiées[3].

Il recevait encore le serment d'autres officiers, notamment des amans[4] des diverses seigneuries de la ville[5].

1. *Histoire du Bailliage de Saint-Omer*, t. I, p. 279.
2. *Ms. Deschamps de Pas*. Ces serments qui se trouvent dans le Formulaire déjà cité étaient plus abrégés que ceux que nous avons reproduits.
3. *Les anciennes Communautés d'Arts et Métiers à Saint-Omer*, p. 57 à 60.
4. Voir dans l'*Histoire du Bailliage de Saint-Omer*, t. II. p. 89, le chapitre IV sur *Le siège des vierschaires*.
5. 1334. « Lan de grace Mil CCC et XXXIIII le viie jour de Jung présenta Colard Herans, bailleu de St Bertin, souffizament fondes pour che faire, Wille Darkes pour estre aman en lille en le signerie

Le greffier prenait charge, à son entrée en fonctions, par un inventaire régulier à la rédaction duquel un commissaire de la ville pouvait assister, de tous les titres, papiers et registres dont il devait assurer la conservation. Il était chargé en effet de la garde des archives municipales. M. Giry a donné en 1888 l'histoire de ces archives[1], expliqué comment, après diverses tentatives remontant au xvi° siècle, elles furent définitivement classées vers 1764 dans une armoire dite « aux privilèges » contenant une quarantaine de tiroirs[2] et dans trois cents autres tiroirs[3], comment furent rédigés successivement, sous la direction de l'échevin Des Lyons de Noircarme : en 1784 une Table des délibérations du Magistrat[4], et de 1784 à 1788 trois registres in-folio de 600 à 700 pages chacun, comprenant l'Inventaire des archives par Jacques-Augustin Hausoulier et Charles-François-Marie Boulet, commis au greffe, aidés du greffier Gaillon[5].

Ces archives étaient déposées au premier étage de l'hôtel de ville, dans une salle voûtée dépendant de celle de l'argenterie, où elles restèrent jusqu'en 1751 ou 1756, époque où cette pièce fut transformée en chambre d'audience ou grande chambre du Conseil ; alors elles furent transportées dans une autre salle

labbé et fu rechut et le fizent *(sic)* Maieur et eschevins jurer par leur clerc en plaine halle ensi que on la autres fois acostumé ». *(Arch. de Saint-Omer. Reg. E au renouvellement de la Loy, f. LX).*

1. Giry. *Bibliothèque de l'Ecole des Chartes*, 6° série, t. IV, 1868, 2° liv., p. 169 et suivantes.
2. Exactement 48, plus deux plus grands sans numéros.
3. Exactement 297, dont 257 portant des titres.
4. Elle contient 920 pages.
5. Voir au chapitre traitant du greffier criminel et de police, livre II, chap. II, le classement des archives du greffe de police.

également voûtée, dépendant aussi de l'argenterie, éclairée par deux fenêtres dont l'une carrée donnait sur la Tenne-rue, et l'autre en ogive avait vue sur une petite cour. Ces deux fenêtres étaient grillées d'un double châssis en barreaux de fer [1].

La ville ne permettait pas que ses titres sortissent de l'argenterie ou trésorerie [2] et il était défendu aux greffiers d'en délivrer copie sans y avoir été autorisés par une délibération de l'échevinage [3].

Le greffier pouvait être chargé de traiter diverses affaires au dehors de la ville ; quand il était absent, il était remplacé par le lieutenant mayeur. Une importante mission fut confiée en 1420 à Philippe de Sus Saint-Légier, clerc du secret, qui fit partie des députés du Magistrat envoyés à Paris aux états-généraux tenus en 1420 [4]. Mais en général les affaires graves étaient traitées par les conseillers pensionnaires ou même par les procureurs de ville, et les greffiers étaient plus rarement employés et pour des intérêts moindres. On voit notamment le greffier Desmons aller en cour en 1645 comme député de Messieurs, sans qu'on connaisse l'objet de son voyage [5] ; ses frais de déplacement étaient alors

---

1. Deschamps de Pas. *Essai historique sur l'hôtel de ville de Saint-Omer.* (*Mém. des Antiq. de la Morinie*, t. IV, p. 312 et p. 327 note 2, et *planche* nº II, nos 9 et 1.

2. Délibération de 1584 (Reg L, fº 112).

3. Règlement imposé au greffier en 1709. (*Table des Délibérations*).

4. Pagart d'Hermansart. *Convocation du Tiers-Etat de St-Omer aux Etats Généraux de France et des Pays-Bas en 1308, 1346, 1420, 1427, 1555 et 1789.* (*Mém. des Antiq. de la Morinie*, XVIII, p. 170 et p. 193. *Pièce justificative* III).

5. Ms. 879, *Bibl. de Saint-Omer*, t. II, p. 212.

taxés à 9 florins par jour[1]. Plus tard, Jacques Cardocq fut député en 1686 à Lille pour rechercher les titres et papiers concernant le tonlieu de la ville, afin de pouvoir faire cesser les réclamations des fermiers de cet impôt[2].

En résumé, par l'importance de ses fonctions, le greffier était la tradition vivante de la commune dont il connaissait toutes les affaires présentes et passées. Lui seul était à même de renseigner le corps échevinal, et son influence était très réelle dans les délibérations prises par le Magistrat. Cependant en droit, il n'avait aucune responsabilité, puisqu'il se bornait à rédiger sous la dictée en quelque sorte de ses supérieurs autorisés, des actes qu'il ne pouvait faire suivre de ses appréciations.

1. Ms. 879, *Bibl. de Saint-Omer*, t. I, p. 403 v°, en 1635.
2. *Table alphabétique des Délibérations du Magistrat.*

CHAPITRE III

Commis du greffier principal. — Le greffe.

Le travail du greffier ayant successivement augmenté, on l'obligea à avoir pour l'aider un commis capable qui prêtait serment devant le Magistrat. Il était présenté par le greffier. Il avait le droit de « tenir la plume tant aux devoirs civils qu'aux au-« diences et de signer les expéditions » [1].

On ne sait si, à l'origine, il était payé par la ville, mais il en recevait quelquefois des gratifications; le jour de St Nicolas 1764 notamment il toucha à ce titre 45 livres.

Quand les trois greffes étaient réunis de 1765 à 1768 on voit portés ensemble dans les comptes le traitement fixe et les gratifications des commis greffiers évalués à 800 livres.

L'ancien greffe était situé dans l'aile de l'hôtel de ville faisant autrefois partie de l'hôtel de Ste Aldegonde au-dessus d'une grande salle servant de magasin au rez-de-chaussée. Cette pièce avait 13 pieds de large sur 16 de longueur de l'est à l'ouest et avait le double d'étendue du nord au sud, elle était

---

[1]. *Table alphabétique des Délibérations du Magistrat.* Délibération de 1678, 1694.

voûtée en arête à ogives avec clef sculptée. Une fenêtre unique à ogives donnait sur la Tennerue, il communiquait par un vestibule avec l'antichambre de la salle d'audience du Magistrat[1]. En 1636 on fut obligé d'établir le greffe provisoirement dans un coin de la grande halle, parce que le greffier de Balinghem était mort de la peste et qu'il fallait attendre, pour rentrer dans l'ancien local, que les papiers du greffe et les siens propres aient été purifiés.

Il était défendu au greffier principal de laisser déplacer des livres ou registres du greffe même par un échevin[2]. La ville se refusait aussi à communiquer les registres aux officiers du roi avec lesquels elle était toujours en difficultés ; en 1750, une décision de l'intendant en date du 10 février obligea M. Crépin, greffier principal, à donner communication aux commis des receveurs du Domaine des registres, minutes et répertoires reposant au greffe et à en délivrer des extraits, à peine de 200 livres d'amende pour chaque contravention; le greffier ayant refusé d'obéir fut en effet condamné au paiement de cette somme[3], et dut ouvrir son greffe.

Les archives du greffe civil furent déposées pendant la Révolution au nouveau tribunal de district comme actes émanant de juridictions supprimées. Elles restèrent dans les combles du Palais-de-Justice, et la ville en ignorait l'existence jusqu'à ce qu'en août 1889 l'archiviste départemental les ait fait transporter à Arras[4].

---

1. Deschamps de Pas, *loc. cit.*, p. 311, 313, 314 et 368 *note E*.
2. *Table des Délibérations du Magistrat*, 1724.
3. *Archives de Saint-Omer*, CCXC-1.
4. Voir l'*Annexe* B, à la fin de ce travail.

LIVRE II

LE GREFFIER CRIMINEL & DE POLICE

CHAPITRE I

Origine. — Recrutement. — Nomination, vénalité des charges, réunion du greffe de police. — Incompatibilité. — Amovibilité. — Banquet. — Cautionnement. — Gages, logement, robes. — Serment. — Rang et préséance.

Nous avons indiqué en commençant ce travail, l'origine du greffier criminel ; on le désigna longtemps sous le nom de clerc du criesme ou crime, de clerc criminel, et enfin de greffier du crime ou criminel.

On recrutait cet officier parmi les personnes instruites, telles que les procureurs *ad lites,* les procureurs de ville ou les greffiers d'autres administrations [1]

---

[1]. Robert Bachelers en 1418 avait été clerc de l'argenterie, Pierre de Lenesse en 1457 et Jean Le Caron en 1477 avaient exercé les fonctions de procureur de ville, Gille Stopin était en 1484 greffier des finances du duc de Bourgogne.

et on préférait les candidats nés dans la ville[1], où une fois nommés, ils étaient tenus de fixer leur résidence[2].

Ils devaient connaître la langue flamande[3]. C'est qu'en effet l'usage de cette langue persista longtemps à Saint-Omer. Le serment des échevins tel qu'il figure au registre H au renouvellement de la Loy en 1376 est en français et en flamand. Les affiches se faisaient encore au xive siècle dans les deux idiomes, et les ordonnances de police, quoique rédigées en français, étaient publiées en flamand. La plupart des rues de la ville avaient aussi au xve siècle des noms terminés par la consonnance *straël*[4]. La coutume de Saint-Omer en 1509 portait, art. 7 : « que « les échevins ont accoustumé faire rendigier leurs « dictes sentences criminelles en langaige flameng » et ce n'est qu'en 1593 que cessa cet usage[5]. Jusqu'à la fin du xvie siècle cette langue fut parlée couramment à Saint-Omer. Et même en 1727 Mgr de Valbelle, évêque de cette ville, employait encore dans son Rituel imprimé à cette époque certaines formules en français et en flamand parce qu'alors une partie des habitants ne parlait que ce dernier idiome[6].

1. Parmi les motifs qui firent nommer en 1457 Pierre de le Nesse on donne celui-ci : c'est qu'il était natif de la ville *(Reg.* C perdu).
2. Régl. perdu de 1516.
3. Ainsi que son commis, voir plus loin Liv. II. Nous avons dit aussi dans les *Conseillers pensionnaires de la ville de Saint-Omer*, p. 12, que ceux-ci devaient connaître la langue flamande.
4. Courtois. *Bulletin historique des Antiq. de la Morinie*, t. II, p. 552.
5. Pagart d'Hermansart. *Les anciennes Communautés d'Arts et Métiers à Saint-Omer*, t. I, p. 213.
6. Si les commis du greffe principal avaient su aussi le flamand quand ils ont rédigé de 1784 à 1788 l'*Inventaire des archives* (v. plus haut p. 40) ils auraient pu analyser les titres en flamand qu'ils ont réunis dans la boite 288 en déclarant qu'ils en ignoraient le contenu.

Elus jusqu'en 1484 par les mayeurs et échevins des deux années, les greffiers du crime furent choisis plus tard par les trois corps du Magistrat.

Après la vénalité des charges, le s^r Drincqbier offrit une somme de 3000 livres dont on devait lui payer l'intérêt, pour que la ville pût racheter le greffe criminel [1], à condition qu'il en serait pourvu toute sa vie. Il le garda en effet jusqu'en 1714, époque où il démissionna en faveur de son fils que les échevins nommèrent le 5 mars. A cette époque l'intendant exerçait des pouvoirs presque sans limites et il se plaignit par lettres du 7 à l'échevinage de ce qu'on avait accordé, sans lui demander son agrément ni l'avertir, la survivance du greffe criminel au fils du titulaire. Le Magistrat répondit quelques jours après qu'il ne s'agissait pas d'une promesse de survivance, mais bien d'une nomination qu'il avait faite conformément à ses droits les plus anciens et d'autant moins contestables que les lettres patentes de 1693 avaient réuni l'office à la ville moyennant finances. Quant au choix du titulaire, il le justifia en faisant ressortir que Drincqbier père avait servi la ville dans divers emplois pendant cinquante ans et que son fils travaillait au greffe avec lui depuis dix ans [2]. L'intendant de Bernage n'insista pas et la nomination fut maintenue. C'est alors qu'on réunit le greffe de police au greffe criminel.

Les fonctions de ce greffier furent jointes aussi par

---

1. Il prêta 7125 livres dont 4125 pour le rachat du greffe des orphelins.

2. *Archives de Saint-Omer, Correspondance du Magistrat liasse de l'année 1714.*

l'édit d'août 1764 à celles du greffier principal, mais elles furent rétablies séparément en vertu d'une lettre de M. de Choiseul, ministre d'Etat, sur la requête des mayeur et échevins et d'après une délibération des notables, en décembre 1768.

L'édit de 1773 ne mentionne pas les greffiers criminels et de police, il ne parle que d'un seul secrétaire greffier dans chaque ville ; de sorte que les autres greffiers qui ont subsisté néanmoins devraient être considérés comme de simples commis.

Il y avait incompatibilité entre les fonctions de greffier criminel et celles de notaire, de greffier ou de procureur d'une autre cour ou d'officier du prince. C'est ainsi qu'en 1565 Georges Nonnard quitta le greffe du caltre[1] avant d'entrer en fonctions à la ville ; qu'en 1599 Jacques de Journy qui était procureur à la cour du bailliage dut abandonner ce poste, et que dans les conditions qui lui furent imposées on déclara qu'il ne pourrait postuler en aucun siège[2].

Amovibles comme les greffiers principaux, ils pouvaient aussi donner leur démission et présenter un successeur : Gille Stopin nommé en 1484 se retira au bout de quelques mois, Jean de Rhetanne en 1502 se démit pour raison de santé et proposa Pierre Bultel pour lui succéder. Ce dernier se déporta lui-même de son office en 1516 à cause de son grand âge et de ses infirmités en faveur de Pierre Le Boullangier. Celui-ci fit de même en 1544 et présenta

1. *Caltre.* Etablissement où l'on visitait les draps après leur fabrication (v. dans *Les anciennes Communautés d'Arts et Métiers à Saint-Omer,* t. I, p. 534, le détail du personnel qui y était employé.
2. *Reg. aux Délibérations du Magistrat* M, f. 244.

Guillaume de Croix, mais l'échevinage n'admit provisoirement ce dernier qu'à la condition que Pierre Le Boullangier le mettrait au courant de ses fonctions[1]. Georges Nonnard fit ainsi nommer son fils âgé de 28 ans en 1585[2]. Enfin Jean Drincqbier qui avait été nommé à vie en 1694 se démit en faveur de son fils en 1714.

Le greffe fut aussi accordé à titre de survivance en 1669 à Hubert Bourgeois, clerc du greffier principal, pour en jouir après la mort de Jacques Maes[3], et Eustache-Joseph Hannon l'obtint à son tour pour le moment où Hubert Bourgeois viendrait à décéder[4].

Le greffier criminel était l'objet de la surveillance de l'échevinage, non seulement en ce qui concernait l'exercice régulier de ses fonctions, mais aussi en ce qui touchait les relations personnelles qu'il devait entretenir avec ses membres. Georges Nonnard ayant tenu en 1599 des propos peu convenables sur le mayeur, celui-ci se plaignit aux échevins qui ordonnèrent au greffier de faire par écrit ses excuses au premier magistrat de la cité ; Nonnard le promit, mais il n'en fit rien, et messieurs le suspendirent alors de son office en l'obligeant à déposer les clefs de son greffe sur le bureau de la chambre d'audience[5].

Lors de leur réception les greffiers du crime étaient tenus à donner à messieurs de la ville un repas

---

1. *Reg. aux Délibérations du Magistrat* H, f. 3.
2.   id.   L, f. 167 v°.
3.   id.   EE, f. 93 v°.
4.   id.   FF, f. 80 v°.
5. *Arch. de Saint-Omer, Reg. aux Délibérations du Magistrat* M, f. 268.

moins somptueux et moins coûteux toutefois que celui qu'offraient les greffiers principaux, car, en 1669, Hubert Bourgeois n'eut à payer que 700 florins pour en être dispensé [1].

Ils devaient fournir à la ville un cautionnement qui en 1615 s'élevait à la somme de 300 florins [2].

Les gages de cet officier étaient à la discrétion du Magistrat. En 1414-1415 Jehan Dausques recevait au 11 mars xi l. iiii s. 6 d. et autant au 11 septembre ; Robert Bacheler en 1418 touchait xl livres en deux termes au 15 avril et au 15 octobre ; Jean de Rhetanne en 1488, et ses successeurs jusqu'en 1631, obtinrent 60 livres payables aussi en deux termes. L'art. 16 de l'ordonnance de Philippe le Bon de 1447 avait déjà constaté que ces gages n'avaient rien de fixe et dépendaient du grand bailli et des mayeur et échevins. En 1500, celle de Philippe le Beau, dans son article xiii, avait de même remis ces gages « à la discrétion de nos dits baillis, maieur et esche- « vins de S*t* Omer » [3]. Plus tard Charles II, roi de Castille et d'Aragon, les fixa définitivement, par ordonnance du 18 janvier 1673, à 299 florins, 18 patars, soit 374 livres 17 sous 6 deniers en argent de France ; en 1769 il recevait 474 livres 17 s. 6 d.

Comme le greffier principal il avait droit aussi à divers émoluments évalués en 1768 à 150 livres.

Les greffiers criminels jouissaient autrefois d'une

---

1. Cette somme dut être employé à réparer la maison de la scelle.
2. *Reg. aux Délibérations du Magistrat* P, f. 70. Nomination de Robert Haverloix.
3. Pagart d'Hermansart. *Histoire du Bailliage de Saint-Omer*, t. I, p. 255.

maison appelée la *verte maison* à charge de l'entretenir et de payer les rentes la grévant, et d'une échoppe ou petite boutique sous la chapelle des Miracles, mais on leur enleva ces avantages en augmentant leurs gages.

Ils étaient exempts du guet.

Ils participaient aussi, à certaines époques de l'année, aux distributions de vin et de cire faites par la ville [1] et à d'autres avantages en nature, on leur donnait tous les deux ans une robe pareille à celle des sergents à verge, mi-partie noire et pourpre [2]. Plus tard ils la portèrent d'une seule couleur et sans ornement ; enfin ils adoptèrent la robe des avocats parce qu'on les choisissait parmi ceux-ci.

Ils prêtaient entre les mains des mayeur et échevins le serment suivant :

Vous jurez que l'estat de greffier du crime de cette ville vous exercerez deubement et fidellement sous les charges et conditions quy vous ont estés déclarées, par vous entendues et acceptées, et de remettre vos clefs sur le bureau chacun an la veille des Roys, aux gaiges, honneurs et émoluments comme dernièrement avoit vottre prédécesseur, guarderez et tiendrez secret ce que sera traitté par Messieurs et ne communicquerez les affaires de la ville sinon à Messieurs et les officiers de leur chambre, n'est que charge particulier vous soit donné de les communicquer à autres, comparoistrez et vous trouverez en halle, à la scelle, ès assemblées ordinaires, aux heures accoustumées, mesme aussi aux extraordinaires touttes

---

1. *Arch. de Saint-Omer,* Comptes de la ville 1436-37.
2. *Arch. de Saint-Omer,* Comptes de la ville 1436-37 : « moitié noir, moitié vermeil » et *Reg. aux Délibérations du Magistrat* M, f. 26, année 1589. Il semble qu'auparavant jusqu'au XVe siècle ils recevaient au lieu de robes une aune et demie de drap chaque année au jour du St Sacrement.

fois que evocquez y serez, et ferez en effet tout ce que au dit office appartient. Ainsy vous veuille Dieu ayder[1].

Plus tard ce serment fut fait devant l'intendant ou son délégué, et à partir de l'arrêt du Conseil du 15 juillet 1768 il eut lieu entre les mains du mayeur.

Ils avaient la dernière place dans les cérémonies publiques.

---

[1]. *Arch. de Saint-Omer, Formulaire de serments* AB XXVII et *Bibl. de Saint-Omer*, Ms. 879, p. 208-209.

CHAPITRE II

ATTRIBUTIONS

Matières criminelles et de police. — Attributions anciennes. — Archives. — Commis du greffe.

Les fonctions de ce greffier consistaient, en matière criminelle, à tenir registre des divers commandements qui se faisaient aux bourgeois, des décrets de prises de corps et des autres affaires criminelles. Il faisait les « appeaux à ban » des criminels, c'est-à-dire qu'il les ajournait à cri public et tenait registre de ces appels. Il avertissait le lieutenant mayeur ou le premier échevin, ainsi que le second conseiller pensionnaire, de la détention des accusés afin que leurs procès pussent être instruits. Il veillait à ce que ces procès fussent promptement jugés et en faisait taxer rapidement les dépens par le lieutenant mayeur et les échevins de semaine. Il intervenait dans les cérémonies du *zoene* ou réconciliation après homicide, il recevait le serment des quatre garants de la paix et dressait l'acte la constantant[1]. Il tenait registre des amendes, des élargissements de

---

[1]. Abbé Bled. *Le Zoene ou la Composition pour homicide à Saint-Omer jusqu'au XVIIe siècle (Mém. des Antiq. de la Morinie,* t. XIX, p. 245).

prisonniers, des criées, des ventes d'héritages et des mises de fait ou en possession, des cautions, etc.....

Comme chargé d'attributions de police il enregistrait les ordonnances rendues en cette matière et toutes celles relatives aux corps de métiers, et il était tenu d'en délivrer des copies au mayeur des dix jurés sur des registres que celui-ci remettait à son successeur la veille du jour de l'Epiphanie quand il quittait ses fonctions [1].

Il tenait les registres des audiences du petit auditoire [2], ceux aux statuts et règlements des corps de métiers, ceux aux réceptions à la maîtrise, ceux aux réceptions des bourgeois, les comptes des escauwages des chemins ; il recevait les requêtes pour bâtir des maisons, pour habiter la ville, pour être reçu bourgeois, etc. [3] Il faisait aussi le recensement des troupes de passage, rendait compte de la recette de la contribution des personnes pour les logements militaires [4]. Il tenait note des cires nécessaires à la chapelle échevinale, et lors des processions il veillait à ce qu'il fût délivré aux petits officiers de ville un nombre suffisant de torches ; il réglait également le rang des corps de métiers qui assistaient en robes à ces cérémonies religieuses et qui y portaient des cierges.

Afin d'être à même de remplir ses attributions judiciaires il devait être présent au petit auditoire aux

---

1. Nous avons expliqué dans *Les anciennes Communautés d'Arts et Métiers à Saint-Omer*, t. I, p. 256, les attributions spéciales du mayeur des dix jurés en matière de police.

2. Sur cette juridiction voir *Les anciennes Communautés d'Arts et Métiers à Saint-Omer*, t. I, p. 68 et 69.

3. Voir *Annexe* C le détail des attributions du greffier de police d'après les archives détruites en 1794.

4. *Arch. de Saint-Omer* CCXXXVI.

heures ordinaires d'audience et aux assemblées tenues en halle échevinale dès qu'il y était mandé.

On ne sait pas à quelle époque on sépara le greffe des orphelins de celui du crime [1]. Tant qu'il fut greffier du livre des orphelins il ajoutait à ses attributions les saisines ou werps qu'il expédiait, et les hypothèques ; il était dépositaire de l'argent des mineurs, et passait les actes les concernant.

Il fut aussi chargé jusqu'au commencement du xvii° siècle d'enregistrer les contrats passés devant les échevins engendrant hypothèques, et il recevait encore en 1615 six deniers par contrat [2].

Le greffe criminel et de police contenait une série de pièces de procédure et de registres qui ont à peu près tous disparu en 1794 [3]. Il y avait notamment environ quarante registres contenant les statuts et ordonnances de police de la ville de Saint-Omer.

En 1756 le greffier Gaillon fut autorisé à prendre un commis aux dépens de la ville pour classer les papiers du greffe qui étaient en grand désordre et faire le répertoire des statuts de police. Il acheva ce travail après 1765. Pendant ce temps il était devenu greffier principal en 1761 et avait dû quitter le greffe en 1764. Son travail consiste en deux volumes in-folio de 500 pages chacun intitulés : *Table alphabétique et chronologique des Ordonnances et Règlements politiques de la ville de Saint-Omer*. Les titres analysés vont de 1402 à 1757. Cet ouvrage est d'autant plus utile aujourd'hui qu'il n'existe plus que deux

---

1. Voir à la fin de ce travail l'*Annexe* B § 2.
2. *Arch. de Saint-Omer* P, f. 70. Conditions pour Robert Haverloix. Les derniers registres aux hypothèques paraissent être de 1625.
3. Voir *Annexe* C à la fin de ce travail.

de ces registres datant de la fin du xviiie siècle [1].

Le greffier criminel devait avoir un commis qui, ainsi que lui, était tenu de savoir la langue flamande [2]. Il avait le droit de tenir la plume pour recueillir les informations, dresser les procès-verbaux et autres actes criminels, et signait les expéditions. Il ne pouvait exercer à moins d'avoir vingt-cinq ans. Ce commis était si indispensable au greffier criminel qu'en 1757 on accorda à ce dernier 100 livres d'augmentation de gages à condition qu'il aurait un bon commis pour les affaires criminelles [3].

---

1. Voir *Annexe* A, II.
2. « Règlement perdu fait en 1554 pour Jacques de Honvault, gref-
« fier du crime, nommé à condition « d'avoir un clercq flamen ».
3. *Reg. aux Délibérations du Magistrat* PP, f. 62.

LISTE

DES

GREFFIERS PRINCIPAUX

» — Jehan Maas[1].

24 *août* 1311. — Jehan d'Esquerdes, notaire de l'église de Saint-Omer.

. . . . — Nicaise Cuvelier[2].

1413-1414. — Jacquemart Coppin, « clerc de le halle »[3].

15 *septembre* 1415. — Philippe Sus-Saint-Légier[4], « secrétaire de le ville », « greffier » en 1443, mort le 9 avril 1448.

17 *août* 1447. — Robert du Val[5], « clercq principal de le ville ».

12 *avril* 1448. — Admis définitivement, mort le 1er décembre 1471.

---

1. *Pièce justificative* I.
2. Mentionné dans un acte de 1443 au greffe du gros comme décédé : « Demoiselle Marguerite le bels vefve de feu maistre Nicaze « Cuvelier en son vivant *clerc de le ville* de St Omer ». Il avait été procureur de ville en 1373.
3. Compte des argentiers 1413-1414. Il fut peut-être auparavant clerc du registre criminel.
4. Procureur de ville de 1399 à 1415. Cité en 1432 en qualité de greffier : *Arch. de Saint-Omer* CLXXIII-24.
5. Procureur de ville de 1437 à 1447, exerça pendant cette dernière année la charge de greffier à la place de Philippe de Sus-Saint-Légier, malade, et en vertu de sa procuration ; puis il fut définitivement pourvu de l'office après sa mort (*Reg. aux Délibérations du Magistrat* C, f. 3 r°).

1472. — Pierre DE LE NESSE, ancien clerc du registre criminel [1].

1487. — Pierre DE SAINT-AMAND, ancien clerc du registre criminel.

1488. — Jean DARTHÉ [2], clerc de la ville.

15 *janvier* 1489. — Mathieu DU VAL [3], clerc de la ville, mort en exercice.

19 *avril* 1516. — Jacques LE CHEVALIER, greffier principal.

15 *juin* 1544. — Pierre SALOMÉ ou DE SALOMEZ, greffier principal, mort en exercice.

22 *septembre* 1550. — Mathieu MATHON, mort en mai 1565.

8 *juin* 1565. — Jehan DE BRANDT, destitué en janvier 1578 par les Sinoguets.

7 *janvier* 1578. — Louis BERNIERS, greffier du bailliage, destitué en juin 1579.

22 *juin* 1579. — Jehan DE BRANDT, licencié es-drois, rétabli, se démit le 22 mars 1585 [4].

22 *mars* 1585. — Mathieu DE VARGELOT [5], démissionna en novembre 1614, décédé le 4 décembre 1614.

5 *décembre* 1614. — Gaspard DE BALINGHEM [6], greffier du bailliage. Cautions : Michel Balinghem, son fils et Antoinette Balinghem, veuve de Michel Breton, sa sœur. Décédé en mai 1636 [7].

---

1. Avait été auparavant en 1447 procureur de ville.
2. Comptes des argentiers 1488-89.
3. Il avait été procureur général de la ville en 1477.
4. *Reg. aux Délibérations du Magistrat* L, f. 143.
5. *Reg. aux Délibérations du Magistrat* L, f. 143. — En tête de ce registre se trouve une liste des greffiers depuis Mathieu de Vargelot jusqu'à Pierre-Jacques Gaillon en 1761. — Il figure comme âgé de 68 ans dans la coutume de 1612.
6. *Reg. aux Délibérations du Magistrat* P, f. 33 et suivants.
7. *Ms. 809 d'Haffrenghes*, t. I, p. 219 v° (*Bibliothèque de Saint-Omer*).

13 *mai* 1636. — Charles Desmons, ancien échevin.

13 *mars* 1669. — Jacques Maes [1]. Il obtint la survivance de la charge pour en jouir après le décès de Desmons âgé de 75 ans. Mort le 6 novembre 1680.

15 *novembre* 1680. — Jacques Cardocq, auparavant substitut du procureur général d'Artois.

17 *septembre* 1693. — Guillaume-François Le Coigne, démissionna en faveur de son frère.

23 *mars* 1705. — Henri Le Coingne, agréé par l'intendant, mort en avril 1724.

15 *avril* 1724 [2]. — Alexis-Joseph Le Coingne, fils de Guillaume et neveu d'Henri, mort en exercice.

29 *juillet* 1749 [3]. — Antoine-François Crépin, procureur de ville, ancien conseiller au bailliage, démissionna en faveur de son neveu Gaillon.

7 *juillet* 1761. — Pierre-Jacques Gaillon, avocat, greffier criminel. Confirmé par l'intendant le 12.

8 *novembre* 1764. — Jacques-Joseph Dufour, secrétaire greffier [4].

31 *octobre* 1765. — Réélu.

31 *octobre* 1766. — Réélu, élection annulée.

9 *novembre* 1767. — Réélu.

31 *octobre* 1768. — Pierre-Jacques Gaillon, avocat, greffier pour 3 ans.

22 *décembre* 1768. — Maintenu [5].

1790. — Jean-François Dubrœucq, avocat, secrétaire greffier.

---

1. *Reg. aux Délibérations du Magistrat* EE, f. 90 v°. Les charges et conditions qui lui furent imposées forment un règlement en 20 articles (EE, fos 91 à 93). — Serment du 1er avril 1669.
2. Confirmé par l'intendant, il prêta serment le 24 avril.
3. Confirmé par l'intendant, il prêta serment le 30.
4. Réunion des trois greffes de la ville : principal, du crime et des orphelins. Il fut élu par 17 voix.
5. Lors du rétablissement des trois greffes de la ville.

LISTE

DES

GREFFIERS CRIMINELS

11 septembre 1415. — Jehan Dausques, mort le 6 avril 1418[1].

15 avril 1418. — Robert Bachelers, clerc criminel, ancien clerc de l'argenterie.

1439. — Nicaise Vallebrun, clerc criminel[2], mort le 2 juin 1457.

2 juin 1457. — Pierre de Le Nesse[3], ancien procureur de ville, devint clerc principal.

1472. — Jehan Lamoral.

1477. — Jehan Le Caron, ancien procureur général de la ville.

31 janvier 1484. — Gille Stopin, greffier des finances du duc de Bourgogne, démissionna.

18 ou 28 juillet 1485. — Pierre de Saint-Amand[4], devint clerc principal.

1488. — Jehan de Rhetanne, démissionna le 15 novembre 1502 pour cause de maladie.

15 novembre 1502. — Pierre Bultel, nommé pour la vie, démissionna à cause de son grand âge et de ses infirmités en faveur du suivant.

13 mars 1516. — Pierre Le Boullangier, démis-

---

1. D'après le compte des argentiers de 1417-1418.
2. Compte des argentiers 1439-1440.
3. *Reg. aux Délibérations du Magistrat* C, f. 49 v°.
4. Recommandé par Louis le Vasseur dit le Mire, conseiller second.

sionna à cause de son grand âge et proposa pour le remplacer Guillaume de Croix.

30 *juillet* 1544. — Guillaume DE CROIX, admis provisoirement à condition que Pierre Le Boullangier l'instruirait pendant un an [1].

30 *octobre* 1544. — Admis définitivement [2], mort en janvier 1554.

9 *janvier* 1554. — Jacques DE HONVAULT, mort le 14 septembre 1561.

15 *septembre* 1561. — Jean DE BRANDT, devint greffier principal.

8 *juin* 1565. — George NONNARD, clerc du caltre, démissionna en faveur de son fils.

19 *novembre* 1585. — Georges NONNARD, fils du précédent [3].

20 *septembre* 1599. — Jacques DE JOURNY [4], procureur à la cour du bailliage.

10 *octobre* 1615. — Robert HAVERLOIX [5], mort en juillet 1650.

11 *juillet* 1650. — Jacques MAËS, élu greffier principal le 13 mars 1669, à titre de survivance.

13 *mars* 1669. — Hubert BOURGEOIS, clerc du greffe principal, pourvu à titre de survivance [6].

28 *novembre* 1674. — Eustache-Joseph HANNON [7], clerc du greffe principal, reçu en survivance « lors

---

1. *Reg. aux Délibérations du Magistrat* H, f. 3.
2.   *Id.*   H, f. 12 v°.
3. *Reg. aux Délibérations du Magistrat* L, f. 167 v°.
4. *Reg. aux Délibérations du Magistrat* M, f. 276 v°. Il est mentionné comme âgé de 47 ans dans la coutume de 1612.
5. *Reg. aux Délibérations du Magistrat* P, f. 71 v°.
6. *Reg. aux Délibérations du Magistrat* EE, f. 90 v° pour entrer en jouissance lorsque Jacques Maes entrera en possession du greffe principal. Les charges et conditions qui lui furent imposées forment un règlement en 25 articles (EE, f°s 93 v° à 96). — Serment du 1er avril.
7. *Reg. aux Délibérations du Magistrat* FF, f. 80 v°.

« que Hubert Bourgeois, viendrait à décéder ».

3 *septembre* 1694. — Jehan DRINCQBIER, commis à la chambre des orphelins, démissionna en faveur de son fils.

5 *mars* 1714. — Louis-Joseph DRINCQBIER, greffier du crime et de police, décédé en exercice.

1ᵉʳ *juin* 1753. — Pierre-Jacques GAILLON [1], avocat et échevin, greffier principal en 1761.

7 *juillet* 1761. — François-Joseph CRÉPIN [2], échevin, quitta ses fonctions en 1764 par suite de la réunion momentanée des 2 greffes.

31 *octobre* et 22 *décembre* 1768 [3]. — Charles-Marie-Louis DRINCQBIER, avocat, nommé pour 3 ans.

---

1. *Reg. aux Délibérations du Magistrat* PP, f. 23 r°.
2. *Reg. aux Délibérations du Magistrat* PP, f. 94 v° fut révoqué comme les autres officiers du bureau dans l'assemblée du 8 novembre 1764.
3. Rétablissement des trois greffiers de la ville : principal, du crime et des orphelins dans une assemblée de notables tenue spécialement pour cet objet ; la délibération du 31 octobre avait été annulée.

PIÈCES JUSTIFICATIVES

I

24 août 1361

Commission de clerc civil donnée à Jehan d'Esquerdes.

Lan de grâce mil ccc soixante et un le xxiiij jour daoust, jour de Saint-Berthelemieu, fu retenus à le pension et au conseil de le ville pour exercer loffice de clerg, sire Jehan Desquerdes . . . . . [1], que maistre Jehan Maas le avoit exercé ; et fist le dit Jehan son sermeut en le cambre par devers messieurs maieurs et esquevins de exercer le dit office bien et loialment à son povoir, excepté tous cas criminels ou de escrire lettres touchant sanc, et qu'il ne seroit meut contre léglise de Saint Aumer, ne avec léglise contre le ville.

(*Archives de Saint-Omer. Reg. au renouvellement de la Loy* C, f. xxi r°.)

II

Son serment

Juramentum Johannes de Esquerdes.

Se il plaist à ses très révérens singneurs maieurs et eschevins de le ville de Saint-Aumer, Jehan Desquerdes les servira loialment et diligamment en office de clerc

---

1. Partie usée et devenue illisible.

en toutes causes touchans eaulx et le ville et contre tous, excepté tant seulement léglise de Saint-Aumer là où il a esté nori et notaire toute sa vie, contre lequelle, ne pour eaulx de léglise contre ses dis singneurs de le ville, il ne vauroit estre en aucune manière.

Item, il ne porroit ne vauroit estre à nul cas criminel, ne present là où on y en jugeroit, ne escrire lettres ne responses touchans sanc, ne là où seroit mandement ou deffense sour paine capitale, ne ensement faire appellation, instructions ou procuration contre personnes qui se diroient clers, les quels li doyens scelleroit, se il devoient estre mis à exécution tant qu'il seroient en vie, car il encourroit irrégularité, ne ne vauroit faire ensement cose là se conscience porroit estre blechié, qu'il ne peust à le fois dire messe et célébrer à se devocion bien . . . . . ¹ avant que on tenoit halle.

En tout autres causes civiles, tant seulement comme de faire lettres et reponses, tenir en mémoire ce que seroit traitié ou aterminé en halle, à ramentevoir ce besoins estoit ce que li aroit balié, à prendre warde as procès et as autres causes ainsi que on li aroit enjoint, il se offre prest et appareillié à le faire à son petit pooir et pour ce peu de sens que dieux li a donné.

Parmy ce que on li pourveist de pension compétente et considéré qu'il perderoit tous les pourfis de ses bénéfices et tous les gratuitez de son office de notaire car à niens il ne porroit entendre fors que à le dit service.

(Archives de Saint-Omer. Reg. au renouvellement de la Loy C, f. xx v° en face de l'acte ci-dessus, sur la page précédente.)

---

1. Partie usée et devenue illisible.

ANNEXES

A

I. — Registres tenus par le greffier principal existant encore aux Archives municipales de Saint-Omer[1].

§ 1. — *Registres au renouvellement de la Loy* (10).

Sans cote	de 1309 à 1316 environ	149 feuillets.
E gothique	1313 à 1319.	
F id.	1319 à 1324.	
A moderne	1325 à 1330.	
G id.	1321 à 1340.	
E id.	1341 à 1354.	
C id.	1355 à 1375.	
H id.	1376 à 1413.	
K id.	1478 à 1589.	
L id.	1590 à 1717.	

§ 2. — *Registres aux Délibérations du Magistrat* (19)[2].

B	avril 1448 à 1472.	
C	1447 à 1472.	
H	20 juin 1544 à 1548.	
L	1581 à 1588.	
M	1588 à 1601.	
N	1601 à 1607.	

1. En 1868, M. Giry avait donné le titre des 4 séries qui suivent sans les détailler (*Bibl. de l'Ecole des Chartes*, 29e année, 6e série, t. IV, 2e livraison, p. 179).

2. Il a été dressé une table de ces délibérations (Voir ci-dessus p. 40). — D'après M. l'abbé Bled il manque 21 de ces registres dont 2 n'existaient plus déjà au moment de la rédaction de la table.

P	1611 à 1620.
Q	1621 à 1626.
V	1638 à 1641.
W	1642 à 1643.
X	1644 à 1646.
Y	1647 à 1649.
Z	1650 à 1651.
BB	1655 à 1656.
CC	1657 à 1658.
EE	1665 à 1672.
FF	1673 à 1677.
Lacune jusqu'en	1750.
PP	1750 à 1765.
Sans cote	1765 à 1788.

§ 3. — *Délibérations des Notables* (2).

A	1765 à 1766.
B	1767 à 1781.

§ 4. — *Registres aux Plaids de l'Echevinage* (25).

1414 à 1415.
1422 à 1424.
1427 à 1439.
1430 à 1431.
1436 à 1437.
1441 à 1442.
1443 à 1445.
1447 à 1449.
1450 à 1451.
1451 à 1453.
1454 à 1455.
1457 à 1458.
1460 à 1462.
1462 à 1464.
1464 à 1465.
1466 à 1467.
1467 à 1469.

1470 à 1472.
1472 à 1473.
1518 à 1522.
1522 à 1525.
1528 à 1534.
1538 à 1540.
1544 à 1545.
1546 à 1548.

II. — Registres tenus par le greffier criminel et de police.

§ 1. — *Registres aux Status et Ordonnances* [1] *de police* (2).

L   1693 à 1713.
N   1754 à 1787.

B

§ 1. — *Registres du Siège échevinal transportés aux Archives départementales en 1889* [3].

1 reg.	Contrats de mariage	1695 à 1709.
15 —	Testaments (lacunes)	1486 à 1751.
5 —	Séparations, interdictions	1717 à 1790.
4 —	Curatelles, décrets de testam^{ts}	1639 à 1749.
8 —	Saisines, hypothèques	1615 à 1689.
25 —	Causes nouvelles et vieilles	1609 à 1787.
10 —	Audiences	1687 à 1790.
58 —	Sentences	1489 à 1790.
2 —	Cautionnements	1750 à 1790.
2 —	Distributions	1718 à 1763.
1 —	Ecrous	1762 à 1791.

131

1. Il existe une table alphabétique et chronologique de ces statuts (Voir ci-dessus p. 55).
2. Il semble qu'il y a un certain nombre de ces registres qui

§ 2. — *Chambre des Orphelins de Saint-Omer dont à l'origine le greffier fut le greffier principal.*

1 reg.	Biens	1295.
6 —	Tutelles	1724 à 1790,
1 —	Hypothèques	1782 à 1785.
2 —	Répertoire des hypothèques	1720 à l'an II.
1 —	Dépôts au coffre	1759 à 1777.
1 —	Présentations	1731 à 1747.
2 —	Audiences	1708 à 1745.
1 —	Sentences	1728 à 1739.
3 —	Curatelles, émancipations	1740 à 1790.

18

C

Etat des Archives des greffes criminel et de police de Saint-Omer en 1794.

En 1794 un commissaire délégué par le Conseil général de la commune lui remit la liste des papiers existant dans les greffes, et le 22 messidor an II (10 juin 1794), le Conseil, considérant que toutes ces archives devaient être déplacées et qu'un grand nombre d'entre elles n'étaient bonnes qu'à faire des cartouches, prit la résolution suivante :

« DANS LE GREFFE DE POLICE ; *à envoyer :* les registres de 1416 jusqu'à 1789, registres aux hypothèques de 1610 à 1625, ceux aux distributions de deniers depuis l'an 1740, ceux et liasses de prisées de grains, liasses de comptes de régie et ventes forcées depuis 1740, liasse des procès-verbaux des ventes par décret.

» *A conserver jusqu'à rembours :* les liasses des ventes d'offices des mesureurs, brouetteurs, etc.

appartenaient plutôt aux Archives municipales qu'à celles du greffe, et que la ville pourrait en demander la réintégration dans ses archives.

» *A déposer au bureau des actes civils* : les procès-verbaux modernes des publications de mariages et d'enterremens d'hollandais et anglais.

» *A déposer au bureau de police et de sûreté générale* : nombre d'exemplaires imprimés sur différens règlemens pour les corps de métiers.

» Dans le dit greffe de police ; *à envoyer à l'arsenal pour faire des cartouches* : les registres des audiences du petit auditoire, ceux aux statuts et règlemens des corps de métiers, ceux aux réceptions des bourgeois, ceux aux réceptions à maîtrise, les anciens comptes des escauwages des chemins, liasses d'enquêtes sommaires, liasse des requêtes et plaicts pour bâtir maisons, liasses de requête pour habiter la ville, idem pour être reçu bourgeois, liasses d'arrêts et ordonnances des ci-devant rois.

» DANS LE GREFFE POUR LE CRIME ; *à envoyer à l'arsenal* : les anciens procès criminels de différens siècles, ceux des dernières années ayant été remis au tribunal[1].

---

1. Nous avons déjà donné une partie de ces renseignements dans une *Note* qui a été insérée en 1883 dans le *Bulletin historique des Antiquaires de la Morinie*, t. VII, p. 192 à 194, 126ᵉ livraison, mais comme elle est peu connue parce qu'elle figure dans le corps d'un procès-verbal d'une des séances des Antiquaires et qu'elle n'a point été tirée à part, nous avons cru utile de la reproduire en partie pour réunir tous les renseignements sur les anciennes archives des greffes.

ERRATA

Page 13, note 2, ligne 2, supprimer l'article : *le*.
Page 16, note 2, ligne 3, supprimer le mot : *art*.
Page 17, ligne 10, supprimer la virgule.
Page 18, ligne 22, supprimer la virgule.
Page 28, ligne 15, après : France ajouter : *et d'Angleterre*.
Page 35, ligne 25, supprimer la virgule.
Page 38, ligne 4, au lieu de : *verges* lisez : *verge*.

TABLE DES MATIÈRES

	Pages
Préface	5

AVANT-PROPOS
Création des greffiers.

Le clerc ou secrétaire de la ville	7
Un clerc ecclésiastique ne peut exercer les fonctions criminelles	9
Division des fonctions : le greffier civil, le greffier criminel	9

LIVRE I

LE GREFFIER PRINCIPAL

CHAPITRE I

Le clerc principal, souverain clerc, clerc du secret, greffier principal	11
Recrutement	12
Election	12
Nomination par la ville	12
Vénalité des charges	13
Edits de 1764, 1765 et 1773	14
Prêts à la ville	15
Age, résidence	16
Amovibilité, survivance	16
Surveillance de l'échevinage	18
Banquet	20
Cautionnement	20
Gages ou pension	20
Logement	23

Robe	23
Incompatibilité	24
Serment	25
Rang et préséance	25

CHAPITRE II
Attributions.

Les registres au renouvellement de la Loy	26
Le greffier à la fois greffier du tribunal des échevins et secrétaire de l'administration municipale	29
Ses attributions comme greffier	29
Ses attributions comme secrétaire	29
Son rôle lors de l'élection annuelle des échevins	31
Il donne lecture des divers serments	32
Serment de l'ancien Magistrat avant de choisir les électeurs	32
Id. des électeurs	33
Id. des échevins nouvellement élus	36
Id. des douze jurés au conseil	37
Id. du mayeur et des dix jurés pour la communauté	37
Id. des sergents à verge	38
Id. des escarwettes	38
Modification au cérémonial des serments lors de l'omnipotence des intendants	39
Serment d'un aman	39
Garde des archives municipales	40
Missions au dehors	41
Importance de ces fonctions	42

CHAPITRE III

Commis du greffe	43
Le greffe	43

LIVRE II

LE GREFFIER CRIMINEL & DE POLICE

CHAPITRE I

Le clerc du crime, le clerc criminel, le greffier du crime	45
Recrutement. — Il doit savoir le flamand	46
Son élection	47

Vénalité des charges 47
Réunion du greffe de police 47
Edits de 1764, 1768 et 1773 48
Incompatibilité 48
Amovibilité, démission, survivance . . . . 48 et 49
Surveillance de l'échevinage 49
Banquet 49
Cautionnement 50
Gages 50
Logement, robe 51
Texte de leur serment 51
Rang et préséance 52

CHAPITRE II

Attributions.

Matières criminelles 53
Matières de police 54
Attributions anciennes 55
Archives du greffe criminel et de police 55
Commis du greffe 56

LISTE DES GREFFIERS PRINCIPAUX 57

LISTE DES GREFFIERS CRIMINELS 60

PIÈCES JUSTIFICATIVES

I. — 24 août 1361. — Commission de clerc civil donnée à Jean d'Esquerdes, notaire de l'église de Saint-Omer 63
II. — 24 août 1361. — Son serment 63

ANNEXES

A. — REGISTRES TENUS PAR LES GREFFIERS EXISTANT ENCORE AUX ARCHIVES MUNICIPALES DE SAINT-OMER.

I. — *Registres tenus par le greffier principal.*

§ 1. — Registres au renouvellement de la Loy (10) . . 65
§ 2. — Registres aux Délibérations du Magistrat (19) . . 65
§ 3. — Registres aux Délibérations des Notables (2) . . 66

§ 4. — Registres aux Plaids de l'Echevinage (25) . . .   66

  II. — *Registres tenus par le greffier criminel et de police.*

§ 1. — Registres aux Statuts et Ordonnances de police (2)   67

  B. — REGISTRES DU SIÈGE ÉCHEVINAL TRANSPORTÉS AUX ARCHIVES DÉPARTEMENTALES.

§ 1. — Registres divers (131)   67
§ 2. — Chambre des Orphelins (18)   68

C. — ETAT DES ARCHIVES DES GREFFES CRIMINEL ET DE POLICE EN 1794.   68

LES ARGENTIERS

DE

LA VILLE DE SAINT-OMER

LES RENTIERS — LES CLERCS DE L'ARGENTERIE

Extrait du tome XXVII des Mémoires de la Société des Antiquaires de la Morinie.

LES ARGENTIERS

DE

LA VILLE DE SAINT-OMER

LES RENTIERS

LES CLERCS DE L'ARGENTERIE

Par M. PAGART d'HERMANSART

Correspondant honoraire du Ministère de l'Instruction publique, membre de la Société des Antiquaires de la Morinie, associé correspondant national de la Société des Antiquaires de France, de la Société des Études historiques de Paris et de diverses autres Sociétés savantes françaises et étrangères.

SAINT-OMER
IMPRIMERIE ET LITHOGRAPHIE H. D'HOMONT
14, rue des Clouteries, 14
1902

PRÉFACE

M. Giry a consacré la plus grande partie du chapitre VIII de l'*Histoire de Saint-Omer jusqu'au XIVᵉ siècle,* à l'étude de l'administration des finances de cette ville. Après avoir établi que la liberté financière de la commune avait été reconnue par ces mots de l'article 13 de la charte de 1127 : *nullam pecuniæ suæ petitionem ab eis requiro,* il nous a montré l'étendue du domaine communal et les divers revenus de la ville provenant, les uns de locations d'immeubles ou de rentes foncières, les autres d'impôts directs ou indirects levés soit sur les habitants, soit sur les étrangers ; il a mentionné successivement les revenus provenant des halles consistant en droits de *hallage* et d'*étallage,* puis le *cauchiage* ou *cauchie* perçu aux portes sur les charrettes à deux roues, le *fouage* ou *fouich* dû sur les marchandises venant par eau, le droit *d'issue* impôt proportionnel perçu sur la fortune exportée, sur les successions qui passaient aux étrangers ou sur les biens des bourgeois qui allaient s'établir ailleurs, les droits payés lors de la réception des bourgeois, les sommes touchées pour réception dans les métiers et dans la hanse, le droit de scel, les amendes prononcées par l'échevinage, le *tonlieu* ou *saccage* qui n'appartenait pas entièrement à la commune, l'*assise* ou *maltôte,* impôt indirect payé par le vendeur sur les marchandises vendues et par les rentiers et propriétaires sur les rentes héritables et sur le prix des loyers, la *taille* dont la ville ne fut pas toujours exempte malgré ses privilèges [1] ; les *aides,* puis le *forage* perçu au profit du châtelain, le *portage* et le *rouage* à diverses portes possédés par différents seigneurs. M. Giry a donné ensuite l'histoire financière de la ville jusqu'à la fin du XIVe siècle et il a terminé son exposé par l'analyse d'un compte qu'il croyait être le plus ancien de ceux de la ville [2].

D'autre part, à l'époque de l'apparition de l'ouvrage de M. Giry, nous commencions la publication des *Anciennes Communautés d'arts et métiers à Saint-Omer* [3] et nous donnions au chapitre IV, du livre II, des détails sur les impôts de toute nature dont les marchandises et les denrées étaient frappées au profit, soit du souverain, soit de certains seigneurs féodaux, soit de la ville, à l'occasion de la vente, du stationnement, du

---

1. M. Guesnon, dans la *Satire à Arras au XIIIe siècle,* Paris, Bouillon, 1900, donne, p. 8 et suivantes, des détails précis sur la taille bourgeoise.

2. Celui de 1413-1414, mais il en existe un antérieur, celui de 1412-1413, que nous avons souvent cité dans les *Anciennes Communautés d'arts et métiers à Saint-Omer* et que nous donnons aux Pièces justificatives.

3. Saint-Omer, Fleury-Lemaire, 2 vol., 1879 à 1881.

transport, de l'entrée et de la sortie des objets de commerce de leur fabrication, et sur toutes les sommes versées à la caisse communale par les corporations de métiers.

De plus, dans l'*Histoire du Bailliage de Saint-Omer,* nous avons étudié la comptabilité communale jusqu'à la Révolution, et montré dans tous leurs détails la surveillance et le contrôle exercés par le pouvoir central sur les finances municipales [1].

Enfin, M. G. Espinas vient de publier une étude très approfondie sur les *Finances de la commune de Douai des origines au XVe siècle* [2]. Or, comme le fait remarquer l'auteur, il existait une ressemblance très nette de constitution entre les communes flamandes, on peut donc appliquer assez exactement à la ville de Saint-Omer tout ce qu'expose avec une si grande compétence M. Espinas au sujet de l'organisation économique de Douai.

Nous ne reviendrons donc pas sur ces matières. Notre but est seulement de compléter nos précédents travaux sur les divers officiers de la ville : conseillers pensionnaires, procureurs, greffiers, en étudiant spécialement le rôle des principaux agents financiers de la commune : rentiers, clercs de l'argenterie et argentiers, en montrant comment et par qui était tenue la comptabilité communale, et la responsabilité qui pesait sur l'argentier, véritable banquier de la ville. Et si nous avons dû parler des ressources de celle-ci,

---

1. Saint-Omer, D'Homont, 2 vol., 1898-1899, tome I, livre I, chap. VI, p. 67 à 76, et livre II, chap. V, p. 254 à 266.
2. Paris, Picard, 1902, xxxv-546 p.

de ses dépenses et de ses charges, mentionner quelquefois ses budgets, nous n'avons point voulu cependant faire l'histoire financière de la commune de Saint-Omer.

LES ARGENTIERS

DE

LA VILLE DE SAINT-OMER

**LES RENTIERS
LES CLERCS DE L'ARGENTERIE**

CHAPITRE I

ORIGINE DES ARGENTIERS

Le secrétaire de la commune. — Les argentiers ou trésoriers. — A Saint-Omer deux argentiers puis un seul à partir de 1434. — Autres agents financiers : les rentiers jusqu'au XVe siècle, le clerc de l'argenterie jusque vers la fin du XVIe siècle, les receveurs des amendes et fourfaitures, autres receveurs. — Réunion de leurs fonctions à celles de l'argentier.

A l'origine des constitutions urbaines, le secrétaire ou clerc de la commune fut sans doute chargé de tenir par écrit les comptes des villes ; mais plus tard, il fallut diviser ses attributions devenues trop nombreuses.

En général dans le midi de la Belgique actuelle, dans le nord de la France et spécialement en Flandre et en Artois, on désigna alors le receveur de la ville sous le nom d'argentier ou de trésorier.

On trouve à Bruges en 1298 deux trésoriers [1] ; à Lille les quatre comtes de la hanse ou trésoriers de la commune furent remplacés en 1467 par un argentier auquel succédèrent en 1787 trois trésoriers [2]. A Abbeville il n'y eut d'abord qu'un argentier en 1306, dix ans plus tard il s'en trouvait deux, puis en 1365 on en comptait quatre, mais une ordonnance municipale de 1388 décida qu'il n'y en aurait plus qu'un [3]. Ces comptables avaient sous leurs ordres des agents subalternes tels que clerc et sergent [4]. A Amiens le receveur de la ville est mentionné pour la première fois dans les documents officiels en 1291 sous le titre de compteur et s'appela plus tard grand compteur [5]. Mais dans cette ville il y avait encore d'autres comptables : le receveur des rentes, le maître des présents et payeur des rentes à vie et le maître des ouvrages [6], ils étaient toutefois subordonnés au grand compteur et n'étaient que ses agents, ils recevaient de lui les sommes nécessaires pour remplir les obligations de leur charge et versaient entre ses mains celles qu'ils percevaient, de sorte que

---

1. Gilliots van Severen. *Archives de Bruges,* 19 décembre 1298, t. I, p. 56-60.

2. Roisin. *Coutumes de Lille* et Tailliar *De l'Affranchissement des communes,* n° 53.

3. Augustin et Thierry. *Recueil des monuments inédits sur l'Histoire du Tiers-Etat. — Région du Nord,* t. IV, p. 149.

4. id. p. 159.

5. id. p. 275. — Janvier. *Livre d'or de la municipalité Amiénoise,* Paris, Picard, 1893, p. 344.

6. B°ⁿ de Calonne. *La vie municipale du XVᵉ siècle dans le nord de la France,* Paris, 1880, p. 179. — Janvier. loc. cit. p. 34 et 347.

leurs comptes venaient se fondre et s'absorber dans le sien ; ils étaient placés à la suite de celui du grand compteur [1].

A Saint-Omer l'organisation financière comprit d'abord deux argentiers dont on rencontre les premiers noms dès 1316, puis en 1434 les comptes furent rendus par un seul argentier.

Mais pendant longtemps on trouve également chaque année un ou plusieurs receveurs de rentes appelés *rentiers*. Le compte de ce receveur spécial est mentionné dans les trois plus anciens comptes généraux qui soient parvenus jusqu'à nous et qui figurent sur un des registres au renouvellement de la loi [2]. Le compte de 1320 [3] comprend parmi les recettes :

« Pour la rechoite du rentier vi^c lxiii lb vi^s vii^d. »

Celui de 1321 mentionne parmi les recettes :

« *Item*, du rentier vi^c lxvii lb xii^s iii^d. »

Le compte de 1322, parmi les recettes :

« *Item*, du rentier vii^c xlvi lb ix^d. »

Il n'y a pas d'autres détails, et nous ne savons pas si, comme dans certaines villes, il était fermier des rentes [4], ou s'il tenait l'office de la municipalité, mais nous inclinons à penser qu'il était plutôt un agent de l'échevinage. Il était sans doute chargé

---

1. Bon de Calonne. *loc. cit.* p. 179-180. — Janvier. *loc. cit.* p. 346 et 347.

2. *Arch. de Saint-Omer*, Reg. F. Ce sont plutôt des résumés de comptes que des véritables comptes.

3. Nous publions ce compte entier aux Pièces justificatives.

4. La ville de Douai avait affermé en 1249 la perception des rentes à deux particuliers. (G. Espinas. *Les Finances de la commune de Douai des origines au XVe siècle*. Paris, Picard, 1902, p. 35, note III, A.)

spécialement de la recette des rentes héritables de la ville, mais les « censes de la terre », le produit des halles et marchés qui, dans d'autres villes, étaient perçus par le receveur des rentes, ne paraissent point à Saint-Omer être entrés dans la caisse du rentier, si l'on en juge par l'énumération des recettes de l'argentier en 1320. Les principales dépenses du rentier consistaient dans les frais de sa gestion et dans les versements qu'il faisait entre les mains de l'argentier. Ses fonctions semblent avoir été annuelles ; nous avons dressé la liste des rentiers à l'aide des registres au renouvellement de la loy, depuis 1316 jusqu'en 1402, sauf une lacune à compter de 1363 [1].

En 1317-1318 on voit les argentiers qualifiés de rentiers, cumulant par conséquent les deux charges [2]. A partir de 1340 on rencontre le plus souvent deux rentiers en exercice ensemble. On ne trouve plus trace de ce fonctionnaire municipal après 1402, il paraît en effet avoir disparu au commencement du XVe siècle. Sur les grands registres spéciaux tenus pour les comptes, dont la série commence en 1412, les premiers articles de recettes sont toujours consacrés aux rentes héritables appartenant à la ville, mais il n'y est jamais fait mention du rentier et le compte de ces rentes fait partie de celui des argentiers. De même on ne voit point figurer dans ces comptes le rentier comme un des fonctionnaires de la ville à qui il serait dû des gages.

Mais alors il y eut un *clerc de l'argenterie* dont

---

1. Voir la liste à la fin de ce travail.
2. Arch. de Saint-Omer, *Reg. au renouvellement de la Loy* E, f° LV r°.

on constate au contraire l'existence sur le compte de 1412-1413. Robert Bacheler, qui devint clerc criminel, remplissait alors ces fonctions, il touchait de la ville, à chaque terme de S¹ Jean-Baptiste et de Noël, xi¹ iiii⁵ v ᵈ ob. ; en 1419, son successeur Jacotin d'Offretun recevait xxiv¹ par an. En 1430, Pierre de le Ruelle a 50 ¹ de gages. Dans le compte de 1434-35, pour la première fois, le clerc de l'argenterie est mentionné comme faisant des fonctions semblables à celles de l'ancien rentier, mais qui paraissent plus étendues ; il est qualifié de « clerc de l'argenterie et receveur des rentes héri- « tables, louages de maisons, terres, fossez, molins, « hallages, étallages, cense de petit poix, la hanse « et d'autres drois appartenans à la dite ville », et il reçoit une pension plus élevée que les premiers clercs de l'argenterie, elle monte à 62 livres par an payables en deux termes, à la S¹ Jean et à Noël, et qui figure dans les comptes, elle s'élève ensuite à 72 livres ¹. Mais il ne signe aucun compte particulier et le sien est confondu avec celui de l'argentier. Quand le clerc est malade, c'est l'argentier qui le remplace et qui touche une indemnité pour ce surcroît de travail. De même il remplace l'argentier si celui-ci vient à mourir. C'est ce que prouve notamment l'intitulé du compte de 1472-1473, qui porte :

---

1. Compte de 1438-1439, chapitre : Despense pour pensions de la chambre. Il faut ajouter à la pension les distributions de cire le jour du S¹ Sacrement et de S¹ Nicolas d'hiver, à laquelle il prenait part avec l'argentier, et les vins de présents. (Voir à la fin de ce travail les extraits de comptes de la ville v et vii).

La *Table alphabétique des délibérations du Magistrat* analysant le registre F perdu porte à la date du 24 juin 1511 : « Il paraît que « la place de clerc de l'argenterie était meilleure que celle de pro- « cureur de ville ».

« Compte de la recepte et despence des deniers de la
« ville de Saint Aumer faict tant par feu Mᵉ Jean
« Flourens, lors argentier de la dicte ville et jus-
« ques à son trespas qui fu le vııᵉ jour d'aoust l'an
« mil ıııɪᶜ ʟxxııı, comme par Robert Mondreloiz, clerg
« de l'argenterie d'icelle ville, depuis le dit trespas,
« tant du domaine comme des assis esquels Mons. le
« duc de Bourgoingne conte dartois, prent certainne
« porcion... »

Il était nommé par le Magistrat de même que l'argentier, mais la durée de ses fonctions n'était pas
limitée à trois ans comme celles de ce dernier, il
pouvait rester en fonctions sa vie durant, il était
toutefois, comme tous les autres officiers de la ville,
révocable à volonté.

Comme l'argentier ne pouvait s'absenter parce
qu'il devait toujours être à la disposition des échevins, et que chaque jour sa caisse était ouverte,
c'était le clerc de l'argenterie qui était chargé des
diverses missions assez fréquentes qu'il y avait lieu
de remplir quand la ville devait entamer quelque
négociation ou faire quelque réclamation en matière
financière.

Robert Mondrelois fut envoyé notamment en 1446
à Bruges pour demander au duc de Bourgogne une
diminution sur les aides ; la même année il fit à
Bruges, à Lécluse, à Ardenbourg et dans les environs
de Lille une enquête afin de savoir comment se
payaient les dîmes de manière à pouvoir traiter avec
le Chapitre de Saint-Omer [1]. En 1459, le 3 février, il

---

[1]. A Robert Mondrelois, clerc de l'argenterie de la ville de Saint
Aumer, pour voyage fait de lordonnance et commandement de messeigneurs maieur et eschevins à Bruges devers Mons. le duc et son
conseil pour lui remonstrer par requeste lestat et povreté de ceste

fut envoyé de nouveau auprès du duc à Bruxelles pour obtenir encore une défalcation sur des aides extraordinaires. On pourrait multiplier ces exemples.

C'était donc un personnage important que le clerc de l'argenterie, il devait nécessairement être choisi parmi les citoyens de la ville instruits et dignes de confiance.

En 1500 lorsque, sur la plainte du grand bailli, l'archiduc dut intervenir pour mettre quelque ordre et quelque réglementation dans les finances commu-

dite ville afin que par ce il depportast ceste dite ville de la porcion que elle eust peu ou pourroit devoir par les aides qu'il avait derrenement demandez à ceste ville à ceulx des trois estas du pais dartois et aussi pour touchant les affaires de lad. ville. Sur lesquelles choses ne peut illec aucune chose estre besoingnié, obstant le partement que faisoit mondit sieur pour venir en cesdite ville, auquel voiage ledit Robert vaca par IIII jours finis le IXe jour daoust mil IIII^c XLIX, pour jour XII^s par., val. XLVIII^s.

(Compte de 1448-49, f. IIII^{xx}VI v^o. Despense pour voyages à cheval).

A Robert Mondrelois pour un voyage que, de l'ordonnance et commandement de Mess. maieur et eschevins, il a fait ès villes de Bruges Lescluse Ardenbourg, villages et pais environs, Lille et environs icelle ville de Lille, pour en chascun desdits lieux faire informacion se ceulx qui esdits lieux sentremettoient de faire warances en paioient aucune disme, laquelle chose il fist et de le fourme et manière qui estoit diversse en aucuns diceulx lieux il bailla par déclaration par devers mesdisseign. afin que plus seurement et au même pris que faire se pourroit on peust traictier avec ceulx de cappitre de l'église Saint-Aumer des dismes quilz prétendoient avoir des warances que nouvellement avoient esté commenchié faire par les bourgeois en le banlieue de ceste dite ville VII^l XVI^s auquel voiage il vaca par XIII jours fini le derain jour de novembre mil IIII^c XLIX pour jour XII^s qui valent VII^l XVI^s.

Et pour despens extraordinaire par lui paié tant pour vins donnez à diversses fois à ceulx par qui il fu informé des choses dessus dictes comme pour guides que prendre lui convint pour doubte des eaues et mauvais chemins et aussi pour le addrechier en aucunes des places autour dudit lieu de Bruges XXXI^s VI^d val. XXVII^s.

(id. f. IIII^{xx}XII).

nales ¹, il s'empara de l'office du clerc de l'argentier, et, par lettres patentes données à Gand le 24 février ², il conféra « l'office de clergie de l'argenterie » à Jehan Hazard, qui en était déjà titulaire, ayant été nommé régulièrement par l'échevinage en 1488. Mais la ville reprit la recette des menues rentes, et il intervint entre elle et Jehan Hazard une convention ³ en vertu de laquelle l'argentier devint receveur des rentes et toucha alors 80 livres : 60 comme argentier et 20 pour la recette des menues rentes, etc. Hazard se contenta de 52 livres par an. A sa mort, en 1511, l'échevinage paraît avoir usé comme auparavant du droit de nommer le clerc de l'argenterie. Après le décès du sʳ Duval, qui exerçait cette fonction en 1577, la charge fut incorporée à celle d'argentier et il n'y eut plus de clerc distinct, mais jusqu'en 1612 on retrouve dans tous les comptes la distinction des gages que touche l'argentier, comme argentier, d'avec ceux qu'il reçoit en outre comme clerc de l'argenterie ⁴. Ce n'est que dans le compte de 1612-1613 que le titre de clerc de l'argenterie, qu'il avait joint à celui d'argentier, disparaît enfin et qu'on ne voit plus figurer que celui d'argentier ⁵.

1. Pagart d'Hermansart. *Histoire du Bailliage de Saint-Omer*, t. I, p. 253 et suiv.
2. Compte de l'argentier 1501-1502.
3. Nous n'avons pu retrouver la date de cette convention dont l'existence est mentionnée successivement dans une série de comptes pour justifier la recette des rentes faites par l'argentier.
4. La formule est généralement celle-ci : « A ce compteur argen-« tier de ceste ville pour une année de ses gaiges dudit estat cent « livres et pour celui de clercq de largenterie durant ce dit an selon « lordonnance cinquante deux livres, ensemble CLII¹ ». Compte de 1598-1599).
5. Dans les conditions de l'état d'argentier imposées le 6 novembre 1619 à Jehan Liot le jeune, il est parlé des « gaiges, prouffictz et « emolumens que l'argentier thiroit *tant en qualité d'argentier que*

Plus tard, on voit reparaître, il est vrai, un clerc de l'argenterie, mais c'est alors un simple commis dont les gages sont portés dans les comptes en même temps que ceux du serviteur de l'argenterie [1], gages qui ne sont guère plus élevés que ceux de ce dernier. A la fin du dix-septième siècle les dépenses les concernant sont généralement ainsi libellées : « Au « clercq de largenterie a esté payé six livres quinze « sols selon que de toutte antiquité lon est accous- « tumé de faire, ci. . . . . 6 livres 15 sous.

« Au serviteur de l'argenterie en recognoissance « des debvoirs par luy rendus durant l'an de ce « compte. . . . . xv livres [2]. »

Ces employés avaient encore d'autres petits avantages pécuniaires dont on rencontre la mention dans divers articles des comptes. Le dernier compte complet des octrois de ville, celui de l'année 1787, mentionne encore que le clerc de l'argenterie a reçu 6 l 15 s, et le sergent 45 livres 10 sous.

On trouve aussi, outre les rentiers et le clerc de l'argenterie, des *receveurs des amendes et fourfaitures* qui sont bien des fonctionnaires de la ville puisque leurs pensions figurent dans chaque compte au chapitre des « Pensions de le cambre ». Dans celui de 1412-1413 on lit :

« A s^re Estevene Despleque, à luy ordené par « Nosseigneurs pour se pension et paine davoir

---

« *clercq de l'argenterie.* » *(Reg. des délibérations du Magistrat* P, f. 195 v°). Ainsi donc les deux charges étaient bien réunies sur la même tête à cette époque.

1. Le serviteur ou valet de l'argenterie existait très anciennement, il recevait en 1436-37 « une robe brun et azur » comme les petits officiers de ville.

2. Compte de 1682-1683, p. 199.

« reçeu les amendes et fourfaitures de le ville pour cest
« an lxˢ à xiᵈ lacroupy, sont au par. lviˢ iᵈ par.

« A sʳᵉ Jaque Platel à luy ordené par Nossei-
« gneurs pour se pension et paine d'avoir reçeu
« avoecq ledit Estevan lesd. amendes et fourfai-
« tures pour cest an xlˢ à xiᵈ lacroupy, sont
« au par. . . . . lviˢ iᵈ p. ¹ »

En 1417-1418, il y a plusieurs receveurs au lieu de deux, mais les années suivantes leur nombre reste fixé à deux. Du reste ils ne produisent jamais un compte spécial, leurs recettes figurent dans le compte général des argentiers. En 1412-13 elles forment un chapitre intitulé : « Value des amendes « et fourfaitures appartenans à le ville rechus par « sʳᵉ Estevan Despleque et sʳᵉ Jaque Platel » et porté pour 78ˡ 6ˢ 6ᵈ monnaie courante valant au parisis 58ˡ iiˢ iiiᵈ ²; l'année suivante au mot « value » on substitua le mot : « Rechoipte » et la somme portée est de 69ˡ 5ˢ et il en est ainsi dans les comptes suivants jusqu'en 1423, le montant de la recette et les noms des receveurs seuls varient.

A partir de 1423-24, ces receveurs disparaissent et leurs fonctions sont confiées pendant quelques années au clerc ou greffier criminel³, jusqu'à ce qu'elles soient plus tard réunies à celles de l'argentier.

On rencontre aussi au xivᵉ siècle un receveur

---

1. Comptes des argentiers de 1412-13, fº 42.
2. id. fᵒˢ 16 et 17 rº et vº.
3. « Recettes des amendes et fourfaitures appartenant au droit de « la ville reçues par Nicaise Wallebrun, clerc criminel de la ville à « ce commis par Mess. maieur et eschevins d'icelle... » (*Compte de 1448-1449*). Ces recettes sont encore attribuées au clerc criminel Jean Le Caron en 1476-77.

spécial du *fouich*. Le fouage ou fouich, dit M. Giry [1], était une « débite que on queille pour aparfondir et « netoier la rivière ». Le registre E au renouvellement de la Loy mentionne en ces termes en 1317 l'existence de ce fonctionnaire municipal et de son commis ou valet : « Lan xvii fu recheus Jehan le « Camere pour queillir le fouic, et est sua pensio « xx lib. tourn. Jura comme valles à queillir le « fouich Willes Zenede bien et loialment au pourfit « de le ville et doit avoir pour sen labeur xx lib. torn. « par an. »

Il y avait peut-être anciennement d'autres receveurs spéciaux pour divers revenus qui devaient être appliqués à un certain ordre de dépenses ; ils durent être successivement absorbés par l'argentier, lorsque celui-ci parvint à réunir entre ses mains toute la comptabilité de la ville.

---

[1]. *Histoire de Saint-Omer*, p. 243. — Dans la Préface ci-dessus nous avons dit que c'était un droit dû sur les marchandises venant par eau.

CHAPITRE II

L'ARGENTIER

CONDITIONS GÉNÉRALES DE SES FONCTIONS

Recrutement. — Incompatibilité. — Nomination et durée des fonctions, démission. — Age. — Bourgeoisie. — Banquet. — Caution. — Gages, drap de robe, cire, vins, charbon, exemptions de diverses charges. — Logement. — Serment. — Rang et préséance. — Salle de l'argenterie à l'hôtel de ville.

Ainsi donc, les deux argentiers qui existèrent jusqu'en 1434, puis l'argentier seul depuis cette époque, étaient chargés des recettes et dépenses de la ville concurremment, soit avec le rentier jusqu'au xve siècle, soit avec le clerc de l'argenterie jusque vers la fin du xvie, et l'argentier devint enfin le seul comptable responsable de la ville vers 1577.

Cette charge, qui était des plus honorables, fut remplie à l'origine par des échevins désignés à cet effet par leurs collègues de l'échevinage[1], ou par des échevins et même des mayeurs sortant d'exercice

---

[1]. Le compte de 1437 est rendu par Aléaume de Rebecque « eschevin et argentier ». — A Abbeville également avant l'ordonnance de 1388 les fonctions d'argentiers étaient remplies par des échevins en exercice.

et généralement par des personnes issues des plus illustres familles de Saint-Omer, telles que les de Wissocq, de Morcamp, de Mussem, de Rebecques, Flourens, de Wallehey, d'Ablain, etc. Mais au milieu du xv° siècle on décida qu'on ne pouvait cumuler la charge d'argentier avec aucune autre, ni l'exercer lorsqu'on avait en même temps un intérêt dans les fermes des impôts de la ville. On trouve sur le grand registre en parchemin aux archives municipales, à la date du 18 avril 1450, un « Mémoire que il est « ordené par esquevins vieux et nouveaux et les « dix le xviii° jour davrill lan de grâce mil cccc « chinquante, que, puis en avant, aucun de Nos. « esquevins, aucun des dix, ne aucun chensier « aians auchune cense de le ville ou tamps de « l'année de leur esquevinage ou cense durant, ne « porra estre argentier de le ville »[1]. L'ordonnance de 1447 confirma ce règlement en ne permettant pas à l'argentier d'être en même temps mayeur ou échevin, ni de remplir aucune charge à l'hôtel de ville ; en 1661 on lui défendit de rester receveur de l'hôpital et de la Madeleine et de la bourse commune des pauvres. Différents règlements faits au moment de leurs nominations interdirent également à plusieurs argentiers de continuer un négoce ou un commerce soit par eux-mêmes, soit par personnes interposées[2]. Jehan Lamaury, nommé en 1664, était raffineur de sel, le 23 mars 1668 il fut mandé en halle et il lui fut enjoint de se défaire de sa saline[3],

---

1. Archives de Saint-Omer, *Grand registre en parchemin*, f. 43.
2. Cependant en 1547, Pierre Dubois, argentier, paraît être resté drapier.
3. Arch. de Saint-Omer, *Reg. aux délibérations du Magistrat* EE, f° 74 v°.

tout négoce lui étant défendu par l'article 9 des conditions qu'il avait acceptées de l'échevinage lors de sa nomination. Cet officier ne pouvait non plus vendre aucune marchandise à la ville [1]. Dans le règlement de 1706, l'échevinage renouvela encore au titulaire l'interdiction de faire le commerce.

Dans les villes où nous avons déjà indiqué le nom des agents comptables, ceux-ci n'étaient élus le plus généralement que pour un an. A Amiens les fonctions du grand compteur, comme celles du receveur de rentes, du maître des présents et payeur de rentes à vie et du maître des ouvrages étaient annuelles. Il en était de même à Abbeville, et en 1388, quand il n'y eut plus qu'un argentier, il fut nommé chaque année le jour de la St Barthélemy (24 août) par les maieurs de bannières. A Bruges les deux trésoriers créés le 19 décembre 1298 exerçaient aussi des fonctions annuelles. Mais à Lille la durée de celles de l'argentier fut fixée en 1467, par le duc de Bourgogne Philippe-le-Bon, à trois ans, avec faculté pour le titulaire d'être continué [2]. Il en était de même à Saint-Omer. Les argentiers n'étaient nommés par l'échevinage que pour trois ans, toutefois ils étaient rééligibles pour une nouvelle période de même durée. La charte de Philippe-le-Bon en 1447 ne fit que confirmer à cet égard les anciens usages qui furent longtemps conservés [3], et quand plus tard plusieurs

---

1. Arch. de Saint-Omer, *Reg. aux délibérations du Magistrat* GG perdu. Règlement de 1681.
2. Derode. *Histoire de Lille*, t. II, p. 421 et 422.
3. Le *Registre aux délibérations du Magistrat* B porte f. xv v°, à la date du 14 janvier 1450 : « L'argentier n'est nommé que pour trois « ans, mais, s'il semble expédient et prouffitable, cellui qui aura esté « argentier trois ans porra estre entretenu et continué oudit office « pour aultres trois ans. »

argentiers exercèrent leur charge au delà de six années, ce fut toujours en vertu d'autorisations du prince jusqu'aux édits de municipalité de 1764, 1765, 1768 et 1773. Mais la première nomination appartenait de droit au Magistrat, et ce fut en vain que, par lettres du 5 janvier 1455, le duc de Bourgogne prétendit nommer un nouvel argentier au lieu de Clay Le Hap [1] qui allait terminer une période de trois ans, la ville ne consentit pas à recevoir le candidat du prince, et le 1er février 1456 celui-ci dut maintenir le trésorier choisi originairement par l'échevinage.

Bien que nommés pour trois ans, c'étaient des fonctionnaires essentiellement révocables comme les autres officiers de ville [2] ; ainsi qu'eux d'ailleurs, ils étaient obligés chaque année de remettre sur le bureau des échevins les clefs de l'argenterie la veille du jour de l'Epiphanie, et le nouvel échevinage élu pouvait les leur rendre ou les donner à de nouveaux titulaires.

---

1. *Arch. de Saint-Omer*, CCXLIV-1.
2. Voir plus loin chap. IV la révocation en 1715 et 1746 des argentiers Duriez et Titelouze. Le *Mss. d'Haffrenghes,* n° 879, à la Bibliothèque de Saint-Omer, contient aussi t. II, p. 26, à la date du 6 décembre 1640, la menace faite à un argentier de le destituer à raison des circonstances suivantes : « Adrien de Wavrans, argentier.
« se trouvoit indisposé « pour entendre à ce devoir » (achat de quel-
« que nombre de houile requise à la provision de 6 semaines), au-
« quel sa charge semblait l'obliger ; en conséquence son beau-père
« Guillaume Meurin, qui était sa caution, fut prié d'engager son crédit
« pour cet achat, et comme ledit Meurin tergiversait, demandant
« tems du jour pour s'adviser, lui fut dit que si en dedans le soir il
« n'avait donné résolution favorable selon l'intention de Messieurs,
« que dès maintenant et pour lors Messieurs du Magistrat déclaroient
« l'état d'argentier pourvoiable pour le conférer par Messieurs à qui
« bon leur sembleroit. »

L'argentier ne pouvait démissionner que du consentement des échevins.

On ne voit pas qu'il lui ait été imposé de condition d'âge, mais il devait être bourgeois. A Lille on exigeait à l'origine qu'il eût été « manant de 3 ans et « 1 jour », c'est-à-dire qu'il eût résidé dans la ville pendant ce temps, et en 1671 qu'il eût été reçu bourgeois depuis huit ans [1].

Comme les autres officiers du bureau, les argentiers devaient, lors de leur réception, offrir un repas à Messieurs du corps échevinal à l'hôtel de ville, ce qui était extrêmement coûteux. En 1681, Roels n'en fut dispensé qu'en donnant à la ville deux cents patacons comptants et en lui en prêtant 300 autres. Quand ils étaient renommés au bout des trois premières années d'exercice, il leur fallait aussi renouveler le repas ; Roels s'en dispensa une seconde fois en faisant encore don à la ville de 200 patacons ; en 1716, Antoine-Jérosme Titclouze fut autorisé à lui faire présent de 600 livres pour le rétablissement et l'embellissement de la chapelle de la halle, et ne donna point de repas.

Ils étaient responsables de leur gestion, et leurs comptes, à leur sortie de charge, donnèrent lieu plus d'une fois à des procès avec l'échevinage.

En outre ils étaient astreints à donner caution [2]. En 1447 elle s'élevait à 2000 livres et on voit qu'en 1450 elle était fournie par trois personnes qui se présentaient

---

1. Derode. *Histoire de Lille*, t. II, p. 422.
2. Il en était de même dans la plupart des villes de Flandre, notamment à Bruges en 1439. — Voir les listes à la fin de ce travail.

en halle et répondaient solidairement de la gestion de l'argentier [1]. Plus tard le chiffre du cautionnement s'éleva et devint proportionné à l'importance des recettes ou à celle des sommes que le comptable pouvait garder par devers lui après ses versements à la caisse communale. Ce cautionnement monta jusqu'à 50.000 livres au XVIIIe siècle pour être réduit en 1765 à 20.000 [2].

A leur tour ils exigeaient des cautions des fermiers des terres, échoppes et divers étaux, et dans les trois jours de l'adjudication l'argentier et le premier sergent à verge recevaient ces cautionnements ; s'ils n'étaient pas fournis, ils devaient en faire rapport au Magistrat, sous peine d'être responsables eux-mêmes de l'insolvabilité ou de la mauvaise foi des adjudicataires des fermes [3].

La recette des revenus de la ville étant à l'origine peu considérable put être faite gratuitement par des particuliers désignés par l'échevinage, mais les premiers argentiers que l'on rencontre touchaient des gages. En 1413-1414, Adrien de Morcamp et Julien le May avaient chacun XX livres XI deniers, soit en parisis XX livres, payables en deux termes à la St Jean et à Noël. Cette pension fut élevée en 1433-34 à LX livres. La charte de Philippe-le-Bon, comte d'Artois, en 1447, laissa les gages de l'argentier à la discrétion du bailli et du Magistrat représenté par les trois corps de ville. En 1500, d'après

---

1. Arch. de Saint-Omer. *Reg. aux délibérations du Magistrat* B, f. 15 v°, à la date du 14 janvier 1450. — En 1447 il y avait eu quatre cautions ainsi qu'en 1483, il y en eut cinq en 1499.
2. Voir chap. IV.
3. Arch. de Saint-Omer, *Reg. aux délibérations du Magistrat* V, année 1639, f. 36.

l'article xi des lettres de Philippe-le-Beau, archiduc d'Autriche, les gages de l'argentier étaient de 60 livres, et il avait un commis payé par la ville [1] ; ce prince les porta à 80 livres, mais à la condition que l'argentier n'aurait à son service aucun clerc payé par la ville et celui-ci fut supprimé [2]. Nous avons mentionné déjà au chapitre I les augmentations de gages que valut à l'argentier la réunion à sa charge des fonctions de receveur des menues rentes et de clerc de l'argenterie. Quand Robert Baron traita avec la ville et fut nommé argentier pour trois ans à compter de la Chandeleur 1536, il exigea 100 livres en principal, et ses successeurs jouirent de ces gages jusqu'à ce qu'on eût attribué aux argentiers la recette générale de tous les revenus de la ville, ils eurent alors 400 livres. Mais ces gages ne restèrent pas à ce taux, ils augmentèrent à la fin du xviie siècle à mesure que s'aggravèrent les charges imposées à ces comptables, comme nous le verrons plus loin [3].

Les argentiers ne paraissent pas avoir reçu d'étoffe de drap comme les autres officiers de la ville, c'est qu'ils n'avaient pas le droit de siéger à la chambre échevinale ; ce ne fut qu'en 1693 qu'on accorda le drap de robe au sieur Duriez en même temps qu'aux jurés au conseil pour se présenter à la chambre échevinale quand ils y seraient convoqués.

Mais ils avaient droit à des distributions de cire les jours du Sacrement et de St Nicolas d'hiver (6 décembre), leur part et celle du clerc de l'argenterie étaient

1. Pagart d'Hermansart. *Histoire du Bailliage de Saint-Omer*, t. II. Pièces justificatives, p. 379.
2. Malgré la suppression ordonnée par le prince, il y eut encore un clerc jusqu'en 1577.
3. Chap. III et IV. Conditions faites par les argentiers et exigences de la ville à compter du xvie siècle.

en 1436-37 de 12 livres chacun [1]. Cette quotité fut portée à 24 livres et paraît avoir été réduite de nouveau à 12 livres au xviie siècle [2]. Ils recevaient à titre de présents deux kennes de vin à Pâques, à la Pentecôte et à Noël [3]. Ils eurent droit aussi, ainsi que les clercs de l'argenterie, jusqu'en 1580, à huit rasières de charbon, mais à cette époque cet avantage fut supprimé [4].

Ils n'étaient pas logés par la municipalité ; ils devaient avoir leur résidence près de l'hôtel de ville, afin qu'on pût les envoyer chercher et les mander plus rapidement si l'on avait besoin d'eux. Jehan Lamaury qui n'avait pas exécuté l'article 12 du règlement particulier souscrit par lui, qui l'obligeait à quitter sa maison des Salines pour venir demeurer près du marché, y fut contraint en 1668 [5].

En outre l'argentier ne pouvait s'absenter sans avertir le mayeur ou son lieutenant [6].

---

1. Voir à la fin de ce travail : *Extraits de Comptes* V : *Vins et cires*.
2. « Mais en regard des douze livres de cyre qu'il (Jehan Coels) a « requis luy estre accordé, au lieu des vingt-quatres que avoit son « prédécesseur, Mess., par l'advis de ceulx de l'an passé et des dix « jurés, luy ont faict déclaré qu'il se contentera de la convenance « faicte avec lui à sa réception d'argentier ». (Arch. de Saint-Omer, *Reg. aux délibérations du Magistrat* P, 1611, f. 5 v°). Cet argentier a été reçu le 22 novembre 1610. Le registre des délibérations du Magistrat de cette année manque, de sorte qu'on ne peut savoir s'il avait réellement droit aux douze livres de cire qu'il réclamait.
3. Voir à la fin de ce travail : *Extraits de Comptes* VII.
4. *Arch. de Saint-Omer*, Reg. K perdu.
5. Arch. de Saint-Omer, *Reg. aux délibérations du Magistrat* EE, f. 71 v°.
6. Arch. de Saint-Omer, *Reg. aux délibérations du Magistrat* GG perdu. Règlement de 1681.

Il devait prêter serment devant l'assemblée des trois corps par qui il était élu [1]. Voici ce serment tel qu'il était prononcé sous la domination des ducs de Bourgogne.

Serment d'argentier

Vous jurez que l'estat et office d'argentier où Messieurs vous ont présentement esleu pour le temps de trois ans advenir, vous exercerez bien et léaulment, tant en la recepte du domaine et autres revenus de laditte ville, imposts de fortiffications, garde et supplément d'jcelle et entretenement de la rivière comme en la despence d'jcelle [2], recevrez à serment les ouvriers que payerez par ordonnance et mandement, ferez estat par escrit en brief de trois mois en trois mois, ou touttes les fois qu'il vous sera ordonné, de la despence et mises quy par vous s'en feront, sans avoir part ny portion en aucune manière ès fermes de la ville, fortifications, garde ou autres, le tout selon les articles contenus ès ordonnances de l'institution de la Loy, et en tout ce et autres choses quy concernent le fait dudit office vous vous y acquitterez fidèllement et en célant au surplus le secret sy avant qu'il appartiendra. Ainsy vous veuille Dieu ayder [3].

En 1764 le sieur Lenglart le prêta devant l'assemblée des notables tenue le 8 novembre, par provision et jusqu'à ce qu'il plût au roi de fixer l'autorité devant laquelle ce serment devait être donné. Peu après l'arrêt du Conseil du 15 juillet 1768 décida que le mayeur en exercice recevrait le serment de tous les officiers de ville.

---

1. Jehan Liot le prêta cependant le 5 novembre 1619 devant deux commissaires. (Arch. de Saint-Omer, *Reg. aux délibérations du Magistrat* P, f. 196 v°).

2. Ces mots : « *et entretenement de la rivière comme en la despence d'icelle* » n'existent plus dans le serment tel que le relate d'Haffrenghes, t. I, p. 204. (M. 879 de la Bibliothèque de Saint-Omer).

3. Arch. de Saint-Omer, AB. XXVII. *Formulaire de serments*.

Dans les cérémonies publiques et processions, l'argentier marchait à la suite de l'échevinage et de ses officiers. Jehan Coels[1], qui avait été échevin, voulut en 1611 assister à une procession en y portant la chaînette qui distinguait les membres du Magistrat[2], et on l'autorisa seulement à y venir en robe.

La salle de l'argenterie, où se trouvait le bureau de l'argentier, faisait partie des anciens bâtiments de l'hôtel des sires de Sainte-Aldegonde qui formait l'angle de l'hôtel de ville sur la tenne rue et la place du marché. Elle était située au centre du premier étage, avait quarante pieds du nord au sud et douze de l'est à l'ouest. Elle était éclairée par une fenêtre ogivale donnant sur la tenne rue. Elle communiquait au sud avec la grande salle d'audience. Dans une salle voisine, qui dépendait aussi de l'argenterie, éclairée par deux fenêtres sur la tenne rue grillées de barreaux de fer, étaient déposés la caisse municipale ou trésor de la ville, celle des orphelins et d'autres contenant divers dépôts appartenant à des particuliers[3].

---

1. « Sur la requête verbale de Jehan Cielz (Coels) argentier, lui a « esté accordé de marchier aux processions aprez Mess. et leurs « officiers, comme ont faict ses prédécesseurs, maismes de porter « robe saulf la chaynette selon qu'il faisoit estant eschevin ». (Arch. de Saint-Omer, *Reg. aux délibérations du Magistrat* P, de 1611 à 1620, f. 5 v°).

2. C'était une chaine avec deux lévriers que portèrent les échevins à dater du XVIe siècle. (Pagart d'Hermansart. *Les anciennes Communautés d'arts et métiers à Saint-Omer*, t. I, p. 80-x).

3. Deschamps de Pas. *Essai historique sur l'hôtel de ville de Saint-Omer.* (*Mém. des Antiquaires de la Morinie*, t. IV, p. 311 et 312).

La clef de l'argenterie fut conservée jusqu'en 1588 par l'argentier, il la remit ensuite entre les mains du greffier principal lorsque la caisse municipale eut été transportée chez ce dernier [1].

---

1. Arch. de Saint-Omer, *Reg. aux délibérations du Magistrat*, 1588, f. 19. — Cette délibération qui n'est pas très claire a été interprétée dans les termes ci-dessus par M. Deschamps de Pas, *loc. cit.*, p. 368, note D.

CHAPITRE III

ATTRIBUTIONS

L'argentier jusqu'à la réunion de Saint-Omer à la France en 1677

L'argentier est seul chargé des recettes et dépenses de la ville sous la surveillance des échevins en exercice et des douze jurés au Conseil. — Exercice financier au moyen âge. — Les registres des comptes, Lacunes. — Analyse des registres des comptes, dépenses, recettes. — Ouverture de divers comptes particuliers à la fin du XVIe siècle et aux XVII et XVIIIes siècles. — Recettes pour le compte du souverain. — Monnaies des comptes. — Reddition des comptes ; états sommaires à fournir. — Dépôt d'un double du compte annuel à la chambre des comptes de Lille. — Pas de budget, variété et incertitude des dépenses, exemples tirés des aides, des emprunts, des dépenses de guerre, etc. — Dettes de la ville à diverses époques. — Comment elle y pourvoit : 1° Emprunts à court terme, rentes perpétuelles et à vie, créanciers de la ville ajournés par les lettres de répit ou de surséance, paiement des dettes suspendu, poursuites de la ville contre ses débiteurs ; 2° Augmentation des assises ; 3° Aliénation du domaine communal ; 4° Engagements *personnels des échevins, du clergé ; 5° Main mise sur les sommes appartenant aux orphelins et sur les dépôts faits au greffe de la ville.* — *Responsabilité de l'argentier.* — *Reversibilité d'un compte à l'autre.* — *Conditions faites par les argentiers et exigences que leur impose la ville à compter du XVIe siècle.*

Les échevins, dès le XIIIe siècle, avaient la direction et l'administration des finances de la cité et ordonnançaient les dépenses, les argentiers, étaient chargés de percevoir les revenus et d'effectuer les dépenses sous la surveillance des échevins en exercice et des douze jurés au Conseil, certaines dépenses même étaient autorisées par les trois corps du Magistrat et des mentions en marge de quelques articles des comptes constatent cet usage.

La date où commençait et se terminait l'exercice financier variait suivant les villes. A Amiens elle s'étendait d'une fête de saint Simon et saint Jude (28 octobre) à l'autre, comme l'année administrative [1]. A Abbeville l'année échevinale commençait le 24 août jour de la St Barthélemy et l'argentier était nommé ce jour-là. A Saint-Omer l'exercice financier ne cadrait point avec l'année échevinale, car le Magistrat était renouvelé dans la nuit de l'Epiphanie, tandis que, ainsi que nous l'avons dit

---

1. M. de Calonne, dans sa *Vie municipale au XVe siècle dans le nord de la France*, écrit p. 10 : « C'est effectivement le 29 octobre « que se faisait presque partout l'élection des municipalités dans le « nord de la France. Nous pourrions cependant citer telles villes où « elle avait lieu le 25 avril, le 25 juin, le 25 août ou à d'autres épo- « ques déterminées par les fêtes mobiles. »

ailleurs[1], l'exercice financier allait d'une Chandeleur (2 février) à l'autre et cet usage se maintint jusque vers la fin du dix-septième siècle. Pendant cette longue période, on ne trouve que peu d'exceptions à cette règle : on peut citer le compte de 1464 qui commence à l'Epiphanie, sans qu'on eû puisse apprécier la raison, et celui de 1538 qui date du 4 janvier parce que l'argentier titulaire était mort.

La ville de Saint-Omer a conservé une série considérable de ses comptes depuis 1412-1413.

Chaque compte annuel forme un volume soigneusement relié en parchemin[2]; ils sont écrits nettement en français. Jusque vers la fin du XVIe siècle, ces registres sont tous de la même grandeur, ils ont 41 centimètres sur 30 de largeur, celui de 1413-1414 contient 138 feuillets, plus tard il y en eut plus de 200 et même souvent 250 ; ce sont les plus intéressants parce que l'argentier ne se borne pas à enregistrer purement et simplement les dépenses, mais qu'il tient un véritable journal où se trouvent mentionnés les motifs de chacune d'elles. Quelques-uns seulement sont foliotés[3]. Plus tard ces registres ont beaucoup moins de feuillets, soit qu'on ait pensé que les détails précédemment donnés étaient inutiles puisqu'ils se trouvaient dans les pièces justificatives des comptes, soit parce que la comptabilité fut divisée entre plusieurs receveurs. Malheureusement cette belle collection de comptes n'est pas aussi com-

---

1. *Histoire du Bailliage de Saint-Omer*, t. I, pp. 69, 258, 264.
2. Il y en a quatre qui sont reliés en veau, ce sont ceux de 1412, 1420, 1435 et 1436.
3. Dans le registre de 1412-1413, il n'y a que les 44 premiers feuillets qui soient numérotés, ceux de 1446-47, 1448-49 et 1476-77 sont foliotés en entier.

plète que le pensait M. Giry[1], de 1412 à 1764 il manque environ 77 volumes[2], et quelques-uns de 1764 à 1790[3], soit plus d'un cinquième.

Les comptes présentent deux parties : la recette et la dépense et comprennent chacun un exercice. Ils sont divisés par chapitres suivant une règle fixe que les comptables suivaient très exactement.

Au XVe siècle, la recette comprend les rentes héritières, les louages, les droits de hallage et d'étalage, la cense du petit poids, les droits de cauchie, de fouich, l'aunage des toiles, l'issue, la « rechoipte des « nouviaux bourgois, celle des nouviaux aprentis des « trois métiers », la value des amendes et fourfaitures, les droits de la hanse, les droits d'entrée sur les vins, les deniers empruntés, l'assise du grain, la recette commune, celle sur les tisserands étrangers, et les assises diverses dont le comte d'Artois prend différentes parts.

Les dépenses sont divisées ainsi : rentes héritières, rentes viagères, aides du roi, pensions de la chambre c'est-à-dire traitements des magistrats et employés de la ville, pensions foraines, vins et cires délivrés à l'échevinage, draps des sergents et autres officiers de ville, voyages et messageries à pied et à cheval, procès, chevaucheurs des quatre sergents de

---

1. *Notice sur les archives communales anciennes de la ville de Saint-Omer* (Bibl. de l'Ecole des Chartes, 29e année, t. IV, 2e série, 1868) et *Histoire de Saint-Omer*, p. 249-250 où il dit : « Cette série « de comptes, qui commence à 1413, continue presque sans lacunes « jusqu'à la Révolution ».

2. Le compte de 1568 manquait déjà en 1595, car le Magistrat fit publier alors un monitoire pour le retrouver. *(Reg. aux délibérations du Magistrat* M, f. 174).

3. Les registres, à partir de 1704, sont divisés en deux parties : biens patrimoniaux et octrois, et l'un commence le registre d'un côté, l'autre de l'autre côté.

l'échevinage, rentes viagères rachetées, présents de
vins, poisson et volaille, dons et courtoisies aux
arbalétriers et archers, aumônes, franche fête, le
caltre et eswart des draps, pauvres prisonniers,
cateux d'orphelins, le guet, dépense de bouche, dons
et courtoisies en l'honneur de la ville, visitation des
comptes, prêts au comte d'Artois, dépense commune,
perte de monnaie, vins pris par le prince, ouvrages
de la ville.

Les différents chapitres sous lesquels se répartissaient les divers articles de recettes varient peu
dans le cours des siècles, on voit cependant disparaître, avec la décadence du commerce et de la draperie, les droits sur les nouveaux apprentis des trois
métiers, sur les tisserands étrangers, comme on voit
diminuer les droits de hallage, d'étallage et ceux de
la hanse. Quant aux dépenses, le nombre des chapitres reste invariable sauf celle motivée par la vérification des draps au caltre [1].

Les comptes restèrent toujours établis sur ce plan,
cependant il faut signaler que dès la fin du seizième
siècle et aux dix-septième et dix-huitième plusieurs
comptes particuliers furent ouverts et tenus sur des
registres spéciaux. On ne peut préciser l'époque où
ils commencent, car beaucoup d'entre eux sont perdus
et leur classement ainsi que celui d'une masse de
pièces justificatives qui les accompagnaient est à peine
commencé [2], d'autre part il y a dans la série des comp-

1. Nous donnons aux *pièces justificatives* les titres des chapitres des comptes de 1320-1321, 1412-1413, 1716, 1765 et 1786-87.
2. M. Giry n'a pas pu non plus se rendre un compte exact de ces divers registres. Il dit dans sa *Notice sur les archives communales de la ville de Saint-Omer*, loc. cit. : « Pour les xviie et xviiie siècles
« il y a des comptes particuliers des fortifications, des pâtures et

tes généraux des lacunes qui ne permettent pas de savoir quand une recette a pu en être détachée pour être transportée sur un registre particulier. On voit seulement qu'il y eut des registres spéciaux pour les comptes des casernes, de l'état-major, du guet, des fortifications [1], des brais [2], des pâtures [3], de la cave de la ville [4] ; tous n'étaient pas tenus par les argentiers, il y eut notamment des receveurs spéciaux pour le guet, pour les pâtures. Bien que les reliquats de ceux de ces comptes particuliers que tenait l'argentier semblent avoir été reportés au grand compte général [5], il devient cependant plus difficile alors de se faire une idée aussi exacte de la gestion des deniers de la ville que lorsqu'il n'y avait qu'un compte unique.

L'argentier avait un double mandat à remplir, il ne percevait pas seulement les revenus affectés en

« autres propriétés de la ville. A ces comptes s'adjoint une masse
« considérable de pièces justificatives empilées sans ordre ».

1. Impôt sur la vente du vin, de la bière, du sel, du charbon, du savon, du cuir et du brandewin. Il rapportait 21.000 livres et plus au XVIIe siècle.

2. Nous avons expliqué dans les *Anciennes Communautés d'arts et métiers à Saint-Omer,* p. 425, ce qu'était cet impôt sur les *brais* ou *brays,* c'est-à-dire sur l'orge broyée pour la fabrication de la bière. Une partie était affectée à l'entretien des casernes.

3. En 1695, l'intendant Bignon se plaignait de ce que les comptes des pâtures n'étaient pas rendus dans l'assemblée des trois corps du Magistrat en présence de son subdélégué ; il prescrivait que cette formalité fût accomplie régulièrement et qu'elle eût lieu aussi pour le compte du guet et pour celui de l'issue. *(Table alphabétique des délibérations du Magistrat,* analyse du registre HH perdu).

4. Il y avait un règlement pour la distribution du vin appartenant à la ville dans les caves de la Conciergerie. Le concierge en rendait compte tous les trois mois, il fournissait une caution de 2000 florins en 1598 et touchait 9 deniers par lot. *(Reg. aux délibérations du Magistrat* M, f. 266).

5. Voir Pièce justificative IV les titres des chapitres du compte de 1716.

totalité à la commune, il était chargé de perceptions diverses pour le prince et notamment du quart auquel celui-ci avait droit sur certaines assises et du cinquième qu'il prélevait seulement sur d'autres. L'argentier rendait des comptes spéciaux pour ces assises, à la suite de son compte général. Il en était de même pour certaines perceptions temporaires autorisées par le souverain et pour quelques revenus qui devaient être appliqués à un certain ordre de dépenses, telle fut pendant de longues années l'assise sur le sel arrivant au port de Gravelines et qui était vendu et distribué tant en ville qu'au dehors, assise dont le produit était affecté à l'entretien du hâvre de Gravelines.

Les recettes et les dépenses étaient comptées en monnaies du temps réduites en livres parisis. On voit alternativement mentionnées la monnaie courante, la monnaie du roi ou royale et l'acroupy [1] dans le même compte, celui de 1412-1413 et dans un certain nombre des suivants ; on voit ensuite des gros de Flandre, puis des livres avec leurs divisions ordinaires, des gros du Roi, des florins sous la domination espagnole, enfin des livres de France ; dans quelques articles il y a lieu de relever des saluts d'or [2] des francs, des fleurettes, des clinquarts [3], des Philippus, des patacons, des écus divers, etc.

---

1. *Accroupis* : monnaie qui avait cours en Flandre, c'étaient des espèces marquées d'un lion assis, frappées par Philippe-le-Hardi (1384-1404). Comme elles comprenaient le *double gros,* le *gros* et le *demi gros,* l'usage s'était introduit de désigner les trois divisions monétaires par un terme général. Dans le compte de 1412-1413, le grant accroupy représente xi deniers.

2. Ancienne monnaie de Charles VI et de Henri VI d'Angleterre qui représentait sur une de ses faces la salutation angélique.

3. *Clinquart :* monnaie de Flandre.

— 38 —

Nous avons expliqué ailleurs comment et à qui les argentiers rendaient les comptes de la ville [1] et nous sommes entrés dans les détails de leur vérification. Ces comptables étaient en outre obligés à donner tous les mois un état sommaire de la situation de leur caisse, il était arrêté par messieurs des trois corps de ville conformément à l'article 37 de l'ordonnance de Philippe-le-Bon du 1er août 1447. Plus tard on n'exigea cet état que tous les trois mois à peine de 50 florins d'amende [2].

Ce ne fut qu'à grand'peine que les ducs de Bourgogne, comtes d'Artois, parvinrent à faire déposer à leur chambre des comptes de Lille le double des comptes de l'échevinage : Dans la commission datée de Gand du 7 avril 1415 après Pâques, par laquelle le comte de Charolais, agissant au nom de son père, prescrit à trois commissaires d'ouïr et vérifier les comptes de 1412-1413, il ordonne ce dépôt, mais les commissaires constatent le refus des échevins « qui « ont respondu que cest chose nouvelle et non « accoustumée et ilz ont esté délayans de les vouloir « baillier ». Les comptes suivants présentent pendant un certain temps la même déclaration, quelquefois les commissaires ajoutent « et plus avant navons « pu entériner lesd. lettres pour les causes dittes [3] ». Mais l'article 38 de l'ordonnance de Philippe-le-Bon de 1447 obligea l'argentier à dresser un double de chaque compte sur lequel les commissaires chargés de la

1. *Histoire du Bailliage de Saint-Omer*, t. I, p. 67 à 76, et *Les Anciennes Communautés d'arts et métiers à Saint-Omer*, t. I, p. 71.
2. Arch. de Saint-Omer, *Reg. aux délibérations du Magistrat* X, f. 193 v° : Règlement concernant Antoine Le Wittre du 22 mars 1646. — Voir aussi le serment des argentiers publié ci-dessus p. 28.
3. Compte de 1413-1414.

vérification mettaient leurs apostilles, et qui était ensuite transmis à Lille [1]. Ce système dura jusqu'à la création du bureau des finances institué en cette ville par Louis XIV [2].

Rien n'indique que les comptes correspondissent à des budgets préalablement établis, mais l'ordre dans lequel se présentent chaque année avec la même régularité les chapitres de recettes puis ceux de dépenses, fait bien voir que le Magistrat connaissait ses ressources habituelles. L'argentier également, avant d'accepter la gestion des finances communales, était au courant de ses avantages et de ses charges. On pouvait peut-être établir approximativement les recettes, cependant le produit des octrois accordés par le prince, celui des fermes des impôts n'étaient pas toujours réguliers, la guerre ou les épidémies empêchaient le commerce ou ruinaient les fermiers. Quant aux dépenses, ni le Magistrat ni l'argentier ne pouvaient prévoir avec précision celles qui incomberaient à la ville pendant une année. En effet, en dehors de quelques dépenses à peu près fixes, telles que les traitements des magistrats et employés de l'échevinage, celles habituelles pour la franche fête, pour les dons faits aux arbalétriers et archers à l'époque de leur fête, presque toutes les autres variaient ; pouvait-on savoir les aides qu'il faudrait fournir au roi, les emprunts que pourrait faire le prince, les frais des procès, ceux des voyages, des messagers à pied et à cheval, les présents, dons,

---

1. *Histoire du Bailliage de Saint-Omer*, t. I, p. 76.
2. L'*Histoire du Bailliage de Saint-Omer*, t. I, p. 67 à 76 et 254 à 266 donne toute la série des mesures prises par le pouvoir central pour la surveillance et le contrôle de la comptabilité communale. Nous y renvoyons.

courtoisies et dépenses de bouche, « fais, comme il « est dit, pour l'estat et honneur de le ville et « recepvoir des seigneurs venans en icelle », les variations de la valeur des monnaies, les réparations aux bâtiments de la ville, et surtout les dépenses de guerre qui consistaient dans l'entretien des fortifications, leur artillerie, l'armement de la milice, les fournitures aux troupes qui venaient tenir garnison, etc. ?

Ainsi plusieurs boîtes aux archives municipales contiennent des demandes d'aides variées faites par les souverains, notamment par les rois Jean, Charles V et Charles VI [1].

Quant aux emprunts, nous citerons celui du 7 avril 1385 portant avance de 1000 francs d'or sur le terme à échoir des assises, faite au comte de Flandre Philippe I, duc de Bourgogne, fils du roi de France [2]; un prêt de 4000 francs d'or effectué le 20 mars 1395 au même prince, à recouvrer sur des assises qu'il permet à la ville de lever [3] ; en 1401 on lui avance 8000 livres ; on en prête 1000 à la comtesse Marguerite, sa femme, le 25 janvier 1404 [4]. Jean-sans-Peur, duc de Bourgogne, reconnaît le 17 juin 1406 devoir 500 livres à la ville [5] ; en décembre 1407 on lui prête encore 2000 écus d'or [6], etc.

---

1. *Arch. de Saint-Omer* XLVI-1, 2, 4, 5, 6, 7, 8, 9. Les plus intéressantes de ces lettres sont celles de 1361 à 1366 relatives à la rançon du roi Jean, et celles de 1396 imposant des aides de 1350 livres et 10.000 livres pour le mariage d'Isabelle de France, fille du roi Charles VI avec le roi d'Angleterre Richard II. *(Arch. de Saint-Omer* LIII-19).
2. *Arch. de Saint-Omer,* CLXXVI-9.
3.   id.   CLXXVI-12, vieux style.
4.   id.   CLXXVI-13, id.
5.   id.   CLXXVII-14.
6.   id.   CLXXVII-12.

Sous les rois d'Espagne, ces prêts continuent ; on peut en citer un de 8000 florins fait en 1583 à Philippe II, afin qu'il pût chasser les troupes françaises qui étaient à Bergues[1], et un autre de 25.000 livres en 1626[2].

Signalons encore les dépenses de guerre qui varient si souvent dans de grandes proportions. En 1412-1413 elles ne sont que de 12 livres 12 deniers, l'année suivante elles s'élèvent à 1038 livres 6 sous 11 deniers ; à la fin de la guerre de cent ans, en 1435-1436, le total de ces dépenses monte à 118 livres 11 sous 6 deniers, en 1472-1473 elles sont de 49 livres 6 sous 3 deniers, puis on les voit s'élever en 1476-1477 à 3294 livres 16 sous 4 deniers. Lors du siège de 1638 le Magistrat avait avancé 80.844 livres pour construire divers ouvrages de fortifications, fournir des rations aux troupes, soigner les soldats blessés[3].

Enfin les malheurs publics ne diminuaient pas seulement les recettes, elles augmentaient les dépenses ; on ne sait point ce que coûtèrent à la ville les pestes qui désolèrent souvent la cité, mais l'on voit porté au grand compte le total de celui « de la contagion de l'an 1637 clos le 11 mai » s'élevant à 4148 livres 17 sous 11 deniers.

Sans nous arrêter aux autres dépenses, il y a lieu d'observer que la ville était le plus souvent endettée. Les ordonnances de 1306 rendues par la comtesse Mahaut le constatent ; en 1316 une demande de lever une assise est motivée par « la grant charge « de dette dont la ville est oppressée ». L'ordonnance de réforme des finances de 1447 témoigne

---

1. Arch. de Saint-Omer, *Reg. aux délib. du Magistrat* L, f. 89 à 91.
2. id. CLXXVI-16 et CLXXVIII-1.
3 id. *Reg. aux délibérat. du Magistrat* V, f. 27.

encore dans son préambule qu'elle est « moult fort endestée »[1]. En 1493, elle devait 50.000 livres outre les rentes[2] et les ordonnances de 1500, provoquées par la plainte du bailli royal, sont motivées, comme celles que nous venons de citer, par le déplorable état des finances communales[3]. En 1639 on ne put payer les gages de l'échevinage, on donna une promesse signée du trésorier qu'on mit dans les bourses où se plaçait ordinairement l'argent des gages[4] ; il en fut de même en 1640 et en 1642[5]. On chercha en 1644 à emprunter 6000 florins[6]. En 1650 les dettes de la ville, sans cesse accrues, montaient à 800.000 florins[7]. Il fallut encore lever, au moment du siège de 1677, 25.000 florins en constitution de rentes.

Les vicissitudes politiques et les malheurs publics exerçaient donc alors, sur le budget des villes, une bien plus grande influence qu'aujourd'hui où les dépenses causées par ces événements sont supportées presque en entier par le trésor public.

Comment, en présence d'une telle incertitude dans ses ressources et ses charges, la ville parvenait-elle cependant à subvenir chaque année à des dépenses imprévues? C'est au moyen d'emprunts à court terme, de création de rentes perpétuelles ou de

---

1. Giry, *Histoire de Saint-Omer*, p. 247 et 248.
2. Arch. de Saint-Omer, *Table alphabétique des délibérations du Magistrat* reg. F perdu.
3. *Histoire du Bailliage de Saint-Omer*, t. I, p. 255. Nous y avons signalé aussi la mauvaise administration des échevins.
4. Arch. de St-Omer. *Reg. aux délib. du Mag.* V, f. 131.
5.   id.   id.   V, f. 207, W, f. 3-5.
6.   id.   id.   X, f. 93.
7.   id.   id.   Z, f. 3.

rentes à vie, de l'augmentation de certains impôts, d'aliénations du domaine communal, quelquefois d'engagements pris par les échevins eux-mêmes, d'emprunts à la caisse des orphelins ou aux dépôts faits au greffe, et enfin au moyen des sommes souvent considérables qu'elle se faisait avancer par l'argentier [1].

Nous ne dirons rien des emprunts à court terme, sans ou avec intérêts. Quant aux rentes perpétuelles, en en aliénant, la ville se procurait un capital, sauf à en payer les arrérages dont elle affermait la perception, et il ne semble pas que pour cette opération financière, ni pour les emprunts à court terme, elle ait eu besoin à l'origine d'autorisations du prince [2].

Quand il devenait manifeste par les déficits accumulés ou par les charges extraordinaires qui avaient pesé sur ses finances, que la ville ne pourrait suffire à ses dépenses, elle obtenait du souverain de constituer des rentes viagères [3], elle devenait alors propriétaire de certains capitaux moyennant des rentes proportionnées à la durée présumée de la vie des vendeurs. Ces rentes étaient d'ailleurs onéreuses et se constituaient le plus souvent au denier dix et même au denier huit.

1. On trouvera dans l'ouvrage de M. G. Espinas déjà cité : les *Finances de la commune de Douai*, les détails les plus complets et les plus précis sur ces diverses ressources que les villes du Nord employaient généralement pour subvenir à leurs dépenses.
2. M. G. Espinas, *loc. cit.* p. 35, note B, pense que la commune de Douai avait à l'origine « toute liberté de faire des emprunts à « courte échéance et de vendre des rentes perpétuelles ». Il en était sans doute de même à Saint-Omer.
3. D'après M. Espinas, *loc. cit.*, dans la ville de Douai les émissions de rentes viagères et les tailles et assises devaient à l'origine être autorisées par le comte.

Mais il arrivait souvent à la ville de faire bon marché des obligations qu'elle avait passées avec ses créanciers à terme ou avec ses rentiers, les uns et les autres étaient ajournés, parfois même spoliés. Elle obtenait en effet assez facilement des rois ou des princes suzerains qui gouvernaient l'Artois, des lettres de répit ou de surséance, surtout lorsque les dettes contractées par la ville l'avaient été, comme cela arrivait souvent, pour le service de ces princes.

Parmi les lettres de cette nature accordées par les rois de France, on peut mentionner celles de Philippe IV, du 4 octobre 1311, accordant un répit d'un an au Magistrat pour solder les dettes de la ville, à moins qu'il ne s'agisse de sommes dues pour obligations contractées dans les foires de Brie et de Champagne, ou de dettes concernant la comtesse d'Artois [1]; celles de Philippe V, du 7 janvier 1317, autorisant les mayeur et échevins à imposer aux créanciers de la ville un délai de huit ans pour payer ses dettes par huitièmes [2]; celles de Philippe VI, du 28 juillet 1348, accordant une surséance d'un an [3]. Le roi Jean, le 23 octobre 1350 ; Charles V, le 31 décembre 1367, le 18 décembre 1369 [4] et le 27 mars 1375 [5]; puis Charles VI, le 21 mars 1400 [6], stipulent des avantages identiques.

Les princes feudataires souverains de l'Artois étaient entrés dans la même voie sur les demandes réitérées de la ville. Le 23 septembre 1375 Jean sans-

---

1. *Arch. de Saint-Omer*, CLVIII-1 et *vidimus* CCXCII-13.
2. Nous l'avons publiée dans le *Bulletin historique et philologique du Ministère de l'Instruction publique de 1894*.
3. *Arch. de Saint-Omer*, CLVIII-3.
4.   id.   CLVIII-4, 5, 9.
5.   id.   CLVIII-7, vieux style.
6.   id.   CLVIII-10, id.

Peur, duc de Bourgogne et comte d'Artois, accorde une surséance d'un an pour le paiement des dettes du Magistrat, et, en 1418 son fils, le comte de Charolais, au nom de son père, favorise la ville par une décision semblable. Philippe-le-Bon empêche, par commission du 21 avril 1420, les poursuites contre le Magistrat à raison des rentes viagères qu'il avait créées à cause de la réduction de la valeur des monnaies. Charles-le-Téméraire va jusqu'à décider le 26 août 1471 que la ville ne sera pas tenue de payer les arrérages des rentes d'une année lorsqu'il s'en trouvera six d'écoulées [1]. Puis vient encore une surséance de cinq ans octroyée le 27 novembre 1497 par l'archiduc Philippe, comte de Flandre et d'Artois, pour le paiement des dettes à condition de payer le cours des rentes, et une autre de six ans du 24 mars 1502 [2].

Quand Saint-Omer tombe sous la domination espagnole, le roi d'Espagne vient à son tour au secours de la ville obérée ; le Magistrat ayant fourni pendant quinze jours du blé et du pain à ses troupes qui assiégeaient la ville d'Ardres, Philippe II accorde le 5 juin 1598 [3] à la ville une surséance d'un an pour le paiement de ses dettes. D'autres surséances de six mois, d'un an, d'un an et six mois, de deux ans ou de trois ans sont encore obtenues par l'échevinage de 1640 à 1674 [4]. Mais l'arriéré remontait bien plus haut, puisque, en 1661, le roi d'Espagne constatait que la ville « se trouve à présent en plus grande

---

1. *Répertoire des titres reposant aux Archives de la ville,* t. I. V. *Dettes de la ville.*
2. *Arch. de Saint-Omer,* CLVIII-24 et 25.
3.   id.   CLXXVII-1.
4. Dans cet intervalle il y eut une période de guerre qui dura 25 ans de 1647 à 1660. — *Arch. de Saint-Omer,* CLVIII-26, 27, etc.

« nécessité qu'elle n'auroit oncque été, et sourcourue
« de toute part par ses créditeurs dont les rentes
« seroient arriérées de vingt cinq à vingt six années,
« ayans depuis vingt ans en ça jouy de nos grâces,
« bénéfices de répit, attermination état et surséance
« de toutes exécutions et procédures »[1].

Non seulement la ville obtenait des lettres de répit
ou de remise, on lui permettait même à l'occasion
de suspendre complètement le paiement de ses dettes.
En 1476-77 et même auparavant, le duc de Bourgogne autorisa la ville à ne pas payer les rentes
viagères qu'elle devait aux habitants « tenant party
« contraire à Monseigneur ». Cette opération est
ainsi indiquée :

Autre recepte de rentes viagères dues par lad. ville
tant par ce compte comme des années précédentes aux
personnes cy après déclariés tenans party contraire à
Monseigneur le duc de Bourgoingne, lesquelles rentes
avec tous les arriérages lad. ville a droit de prendre par
vertu du don à elle fait par mond. seigneur le duc comme
à lui confisqués ainsi que plus à plain il appert par les
lettres et mandement de mondit seigneur donnée en sa
ville   le   jour de   l'an mil IIII^c[2].

Le montant de ces confiscations s'élève à 4340 l
15 deniers ; la comptabilité en est très bien tenue :
en effet, pour que la ville fasse recette de ces
rentes, il faut qu'elles les aient soldées, aussi chaque
article de recette correspond-il à un article de dépense dont le folio est indiqué, de manière à ce que

---

1. Lettres patentes du 9 août 1661 imprimées.
2. *Arch. de Saint-Omer*, Comptes de la ville 1476-77, f. XLVII v°.
La date du mandement a été laissée en blanc sur le registre.

la balance soit exactement établie et qu'il en résulte que la ville n'a rien payé.

Si la ville traitait à l'occasion si peu favorablement ses créanciers, elle n'hésitait point à poursuivre ses débiteurs, même quand ils semblaient couverts par la protection royale. En 1326, il est vrai, par lettres du 24 septembre, le roi Charles IV rejeta sa requête et lui fit défense de poursuivre les habitants pour les dettes qu'ils pourraient avoir contractées envers elle, en considération des grandes charges auxquelles la guerre les obligeait, et jusqu'à qu'il en ait été ordonné autrement[1]. Mais plus tard le Magistrat obtint le 27 décembre 1333, de Philippe VI, des lettres par lesquelles il déclarait que la surséance qu'il avait accordée à différentes personnes pour le paiement de leurs dettes ne pouvait préjudicier aux droits de la ville qui pouvait agir contre ses débiteurs[2]. Le même roi donnait encore, le 12 février 1345, des lettres à peu près semblables[3].

La ville s'adressait même au roi pour se faire restituer les sommes qu'elle avait prêtées pour son service. Charles V, le 16 mai 1365, mandait aux trésoriers de Paris de restituer au Magistrat de Saint-Omer 400 écus d'or que celui-ci avait prêtés au comte de Boulogne, si toutefois ce dernier les avait employés au service de Sa Majesté[4]. Le 29 novembre 1389, Charles VI reconnut que le Magistrat lui avait prêté mille francs d'or et ordonnait qu'ils lui fussent rem-

---

1. *Arch. de Saint-Omer*, CCLIX-16.
2.   id.   *vidimus* CLXXVII-7, vieux style.
3.   id.   CLXXVII-5 (v. s.)
4.   id.   *vidimus* CLXXVI-6.

boursés sur la portion du roi dans les assises [1]. Ou bien encore la ville demandait des garanties pour les prêts qu'elle faisait au prince. C'est ainsi qu'elle obligea Charles VI à déclarer, le 21 août 1411, qu'il affectait ses aides et son quart dans les assises pour sûreté d'une somme de 1116 livres que lui avait prêtée la ville [2].

Une des ressources que nous avons signalée comme employée par la ville pour parvenir à équilibrer son budget, c'était encore l'autorisation qu'elle obtenait, soit d'augmenter temporairement les assises dont le prince touchait une partie, soit d'en établir de nouvelles pour un temps plus ou moins long. Ces concessions, appelées généralement octrois, étaient extrêmement nombreuses, et les titres en remplissent plusieurs boîtes aux archives municipales. Elles n'étaient pas d'ailleurs toujours au profit seul de la commune, celle-ci, en échange de l'autorisation, était souvent obligée de s'engager à payer au prince une certaine somme [3].

Il fallut enfin à une certaine époque procéder à quelques aliénations partielles du domaine communal. En 1636 la ville était dépeuplée par la guerre et la peste [4], il avait été nécessaire d'accorder des diminutions importantes aux fermiers des divers impôts « empêchés ou décédés de laditte contagion, « laissant leurs maisons et leurs biens au grand

---

1. *Arch. de Saint-Omer*, CLXXVI-11.
2.   id.   CLXXVII-13.
3. Giry, *Histoire de Saint-Omer*, p. 245.
4. Pendant les années 1636 et 1637 la peste emporta 12 à 13.000 habitants, les fermes de la ville diminuèrent d'un tiers.

« détriment de laditte ville » et on pouvait évaluer l'arriéré des fermes à 51.300 florins. Dans ces conjonctures, l'échevinage délibéra le 27 novembre d'exposer ces faits au roi d'Espagne, et ajouta que le compte de 1634 présentait un déficit de 4700 florins et plus, celui de 1635 une moins value de 7550 florins, qu'il n'était plus possible de recourir à un emprunt quelconque « le crédit et moyen manquant à laditte « ville » ; ce prince, constatant en outre que l'arriéré était pour l'année 1636 de 17.600 florins, accorda le 28 juillet 1637 des lettres patentes autorisant les mayeur et échevins à aliéner 4 à 500 mesures[1] des pâtures et bruyères données autrefois le 14 avril 1127 par Guillaume Cliton, duc de Normandie, à charge par les acquéreurs de payer au domaine 5 sous par mesure de cens annuel, relief double de la censive en cas de mutation par mort et le douzième denier en cas de vente[2]. D'autres lettres du même roi des 2 avril 1647, 9 septembre 1651 et 9 août 1661 permirent aux mayeur et échevins de faire de nouvelles ventes dont le total s'éleva à plus de 1100 mesures[3].

Dans les calamités publiques, quand tout crédit était épuisé, les échevins n'hésitaient pas à s'engager eux-mêmes[4]. C'est ainsi que lors du siège de 1638 qui coûta 120.000 florins, les échevins empruntèrent sur leur propre crédit 5.500 florins et les ecclésiastiques 16.400 sur le leur. Ce n'était pas

1. *Mesure :* l'ancienne mesure locale équivalait à 35 a. 46 c. 67.
2. *Arch. des Comptes de Lille,* reg. des chartes 67. f° XLIII.
3. Ces lettres ont été imprimées.
4. Cependant on verra plus loin dans les conditions imposées à Antoine le Wittre le 26 février 1652, et plus tard à d'autres argentiers, que les échevins entendaient être payés exactement de leurs gages, quelle que fut la détresse de la caisse communale.

la première fois d'ailleurs que l'on faisait appel au clergé et notamment à la puissante abbaye de Saint-Bertin.

Enfin, on sait que la ville était dépositaire de certains deniers mis « en warde » dans sa caisse ; parmi ces sommes, les unes appartenaient à des mineurs orphelins, et avaient été versées conformément à la coutume ; d'autres étaient déposées entre les mains des magistrats municipaux librement ou par autorité de justice, et la ville payait l'intérêt de ces divers deniers à un taux fixé ; elle remplissait ainsi, à l'égard des bourgeois, le rôle de notre caisse des dépôts et consignations. Or, quand elle était pressée d'argent, elle mettait la main sur ces dépôts. En 1416 elle devait pour les rentes des orphelins 790 livres 2 sous 4 deniers. Le compte de 1420-21, porte la mention suivante : « Senssieut autres
« debtes que la ville doit de deniers empruntés tant
« de catelz d'orphenins comme dautres empruns
« dont la ville est chargée et non les argentiers
« pour ce quilz en ont fait recepte ou profit de la
« ville ». En 1434-35, le compte se termine ainsi :
« dû à l'argentier 2037^1 4^s 10^d, lequel deu led.
« argentier doit aux personnes déclairiés cy aprez
« et si doit led. ville les sommes et deniers emprun-
« tées aux advoez doffelins déclairiés ci après ».
On voit dans celui de 1436-37, 1924 livres valant au parisis 1740 livres 11 sous 9 deniers empruntés également aux orphelins.

On a un exemple de la main mise par l'échevinage sur les dépôts d'argent faits au greffe, ce fut pendant le siège de 1638 : la ville ne pouvant plus trouver à emprunter, ordonna au greffier du bailliage de remettre à l'argentier les nantissements ou consignations qui avaient été déposés aux deux greffes de la ville en or ou en argent monnayé [1]. L'accomplissement de ces natures d'opérations financières est attesté par les lettres du roi d'Espagne du 9 août 1661 que nous avons déjà citées [2]; elles autorisaient la vente de deux cents mesures de pâtures communales, en expliquant que c'était non seulement pour « avoir deniers suffisans au rem-« boursement des rentes », mais aussi « à l'entière « indemnité.... ensemble des sommes et parties de « qui avoient été levées pendant ledit siège (celui « de 1638) des livres des orphelins et rapports « comme pareillement des nantissements aussi levés « ès greffes desdittes ville et bailliage. »

Dans sa comptabilité l'argentier était donc forcé de tenir compte de ces multiples circonstances qui diminuaient les recettes prévues et qui augmentaient les dépenses, et il eût été obligé de retarder les paiements délégués sur la caisse communale si ses obligations formelles ne le lui eussent interdit. Les argentiers faisaient en effet à leurs risques et périls les recettes et les dépenses de la ville ; quand les dépenses excédaient les recettes, ce qui arrivait le plus souvent, ils pourvoyaient au déficit en empruntant au nom de la ville, et la plupart des comptes se terminent par la déclaration des personnes qui ont fourni les sommes nécessaires pour faire face aux dépenses, ces sommes sont toujours égales au déficit constaté. Ainsi celui du premier compte 1412-1413

---

1. *Mém. des Antiq. de la Morinie*, t. XV, p. 481. Reg. aux résolutions prises en halle eschevinale en l'an 1638.
2. Pp. 45 et 49.

est de 5569 l. 11 s[1], et la déclaration qui le suit donne en 136 articles les noms des personnes auxquelles la dite somme de 5569 l. 11 s est due. Il faut remarquer que le report du solde du compte précédent est toujours fait après l'arrêté du compte de l'année, et que le résultat total indique si la ville est créancière ou débitrice des argentiers, de sorte que la déclaration ne comprend pas seulement les créanciers de l'année, mais tous ceux antérieurs qui n'ont pu être remboursés. Quand le compte courant se solde en excédant, les déficits antérieurs en sont déduits, mais il ne reste pas toujours de boni, car l'arriéré transforme quelquefois cet excédant en déficit. De toutes façons la responsabilité de l'argentier est tellement réelle que le débit ou le crédit est établi au point de vue du comptable et non à celui de la ville.

En présentant les résultats de quelques comptes, ce mode de comptabilité apparaîtra plus clairement.

En 1413-1414 la dépense est de 21.490 liv. 3 sous 1 denier et la recette de 19.782 livres 7 sous 6 deniers. L'arrêté de compte porte en conséquence qu'il est dû aux argentiers 707 l. 15 s. 7 d, de plus d'après le compte précédent ils sont créanciers de la ville de 5579 livres 11 sous, de sorte qu'il leur est dû en tout 7277 livres 7 deniers. Un déficit signale aussi l'année 1415-1416 ; cependant en 1416-1417 la dépense est de 14.909 l. 9 s. 7 d, la recette de 17.856 l. 2 s. 5 d, ce sont alors les argentiers qui doivent 2946 l. 12 s. 5 d ; mais il leur est dû pour le solde du compte précédent 7034 l. 10 s. 6 d, de sorte qu'ils restent encore créanciers de la ville pour 4087 l. 17 s. 7 d.

1. Voir ce compte entier aux Pièces justificatives.

Il n'y a pas de déficit en 1417-1418, mais il reparait en 1420-21. L'année suivante 1421-22 la situation est encore favorable aux argentiers; le compte constate qu'il leur est dû 1708 livres et des arrérages montant à 307^l 2^s 1^d, de sorte que tant pour cette année que pour les précédentes on leur doit 2074^l 2^s 1^d.

En 1430-1431 la recette est de 19.789 livres 11 sous 9 deniers et la dépense seulement de 18.816 livres 16 sous 11 deniers, les argentiers doivent donc 972 livres 12 sous 10 deniers, mais le compte précédent s'était soldé par un passif de 3612 livres 14 sous 8 deniers, il en résulte qu'en réalité la ville est leur débitrice de 2640 livres 20 sous 10 deniers.

L'année suivante la dépense est de 18.588 livres 12 sous 9 deniers, mais la recette est supérieure et s'élève à 18.774 livres 5 sous 4 deniers, par conséquent les argentiers sont débiteurs de 185 livres 12 sous 6 deniers, mais d'après le compte précédent ils étaient créanciers de 2640 livres, en définitive la ville reste donc leur débitrice de 2454 livres 9 sous 3 deniers. « Cette somme, porte le compte est par « ceulx de lad. ville due à plusieurs personnes des- « quelles les noms sont cy après déclairiés..... » et plus loin : « Cette somme est portée au compte « ensuivant et ainsi quitte. »

En 1434-1435, époque où il n'y a plus qu'un argentier, la balance se solde encore en sa faveur, car si la recette de l'année est de 18.606 livres 19 sous 8 deniers et la dépense, qui s'élève à 1869 livres 17 sous 7 deniers, de quelque peu supérieure à la recette, on lui doit d'après le compte précédent 2033 livres 17 sous 10 deniers, ce qui porte sa créance sur la ville à 2037 livres 4 sous 10 deniers.

Le compte de 1474-1475 se termine de la manière suivante qui indique d'une façon plus précise que les autres comptes, les moyens de comptabilité employés :

« S'ensuit la décl^{on} des noms de ceulx auxquels la
« somme de xiii^m iie iiii^{xx} l iii^d ob. que doit la ville,
« comme il appert par la fin de ce compte f° vii^{xx},
« est deue ; laquelle somme en plusieurs parties est
« prinse et passée en despense par l'argentier tant
« par ce compte comme par le compte des années
« précédentes ès chappitres de rentes héritables,
« viagères et autres... »

Ces déclarations qui, dans les premiers comptes, suivaient l'arrêté en indiquant comment il avait été pourvu au déficit, ne se rencontrent plus dans les comptes plus récents ; elles sont remplacées par une mention qui renvoie à un « état final », régulièrement arrêté, mais qui ne figure pas au registre.

Toutefois le principe de la réversibilité d'un compte à l'autre au delà même de la gestion de chaque argentier reste toujours la loi invariable [1]. Cependant lorsqu'il sortait de charge les avances personnelles qu'il avait pu faire devaient en principe lui être remboursées [2] ; mais tous les emprunts qu'il

---

1. A Bruges une décision de l'échevinage prise le 15 avril 1439 maintint ce principe des reports d'un exercice à l'autre. (Gilliots van Severen, *Archives de Bruges*, t. V, p. 228).

2. C'est ce que constatent encore en 1637 des lettres *déjà citées* du roi d'Espagne portant octroy aux mayeur et échevins de Saint-Omer de pouvoir vendre 4 à 500 mesures de pâtures : « sans y comprendre,
« portent ces lettres, 6000 florins avancés par l'argentier à son entrée
« en entremise pour lui en faire restitution à sa sortie qui sera à la
« chandeleur 1638 ». *(Arch. de la Chambre des Comptes de Lille,* Reg. des chartes 67, f. xliii).

Souvent l'impossibilité par la ville de rembourser les avances faites

avait pu contracter au nom de la ville subsistaient
dès que le Magistrat et les commissaires avaient
approuvé les comptes.

On comprend que l'obligation de faire des avances
souvent considérables à la ville[1], imposée à l'argentier et engageant sa fortune propre, ait obligé l'échevinage à ne confier cette charge qu'à des bourgeois
riches qui, en outre, comme nous l'avons vu[2],
étaient obligés de fournir caution. Assurément ces
fonctionnaires, outre leurs gages, trouvaient quelque
avantage à exercer cette charge ; on ne peut préciser
dans quelles conditions étaient faits les emprunts
qu'ils concluaient pour le compte de la ville, mais
eux-mêmes avaient par leurs fonctions de nombreuses occasions de placer leurs capitaux en rentes
diverses, et peut-être en rentes sur la ville. Cependant, à certaines époques, quand la ville était obérée
de dettes de toutes natures, elle ne pouvait choisir
ses argentiers, elle était obligée d'offrir la place ou
d'accepter ceux qui voulaient bien se présenter, et
il fallait souvent en passer par des conditions onéreuses. Ces conditions et les exigences de la ville
sont mieux connues à partir du xvie siècle, époque
à laquelle on les trouve sur ceux des registres aux
délibérations du Magistrat qui sont parvenus jus-

---

par l'argentier était le motif de la prolongation de sa gestion ; d'autres
fois on imposait au nouveau titulaire l'obligation de rembourser son
prédécesseur.

1. Simon Ogier, fils de l'argentier qui géra les finances de la ville
de 1563 à 1570, dit de son père : Civitatem enim non semel pecunia
laborantem juvit et sublevavit *(Etymologiæ Ep. dedic. au Magistrat)*
et dans ses Epitaphes : Pecunia egentem et laborantem divitiis et
opibus suis amicè et benignè et sinè morà et cunctatione juvit et
recreavit. *(Epitaph. 17).*

2. Page 24.

qu'à nous. Nous allons les exposer brièvement.

Pierre Dubois, drapier, fut nommé argentier en 1547 à charge de fournir 1200 livres pour acquitter les aides dont l'époque de paiement allait échoir.

En 1556 Georges Gautran fut mandé à la Chambre échevinale et on lui proposa la charge d'argentier. Il déclara qu'il n'avait aucun argent pour faire des avances à la ville, et il demanda à être autorisé à contracter un emprunt au nom de celle-ci dans le cas où les dépenses excéderaient les recettes. Les échevins ne voulurent point lui accorder cette faculté et ils décidèrent qu'au cas où la ville serait « courteresse », il les avertirait, et qu'alors ils prendraient les mesures nécessaires. Gautran fut reçu mais il imposa encore la condition de ne pouvoir être inquiété pour les sommes avancées par Jehan Slinghes, son prédécesseur.

On offrit en 1561 l'office à Nicole Gavelle qui hésita longtemps et n'accepta qu'à certaines conditions qu'on finit par admettre ; il prêta serment et promit de donner caution le 18 décembre 1561. Mais, à peine installé, il souleva de nouvelles exigences, et, plutôt que d'y satisfaire, les échevins aimèrent mieux recevoir sa démission en octobre 1562.

Allard Ogier fut alors reçu à condition qu'il prierait le sr Gavelle de prêter à la ville 600 livres, qui lui seraient restituées au bout de trois mois par Ogier, mais qui ne seraient rendues à ce dernier qu'à la fin de sa gestion. Le nouveau titulaire eut le maniement de tous les deniers communaux, et le 19 décembre 1564 il fut continué, mais à de nouvelles conditions : tous les deniers de la ville continueraient à lui passer par les mains, il serait exempt de tous logements de gens de guerre et des fournitures à leur faire, et on lui paierait les intérêts de 1200 livres dont il était lui-même créancier. Ce dernier point seul donna lieu à quelques difficultés, la ville préféra, au lieu de ces intérêts, lui donner une somme de 40 florins de gros de flandres.

Philippe le Porcq, nommé le 1er décembre 1570, ne voulut s'engager à faire aucune avance pendant le temps de sa gestion qui commençait à la Chandeleur suivante.

Jehan Villem, qui prêta serment le 23 janvier 1579, avait aussi refusé de payer « aucuns deniers excé-« dents de sa recette ».

Jehan Coels, élu en 1610, eut droit à 400 florins pour le grand compte, à 50 pour le compte des rivières sans autre gratification, à 350 pour les comptes des fortifications et gardes, et en outre à des gages et droits sur les comptes des vins desdites fortifications et gardes et à d'autres gratifications que pourraient lui faire les députés aux Etats. On supprima d'autre part tous les profits qu'il pouvait avoir tant en qualité d'argentier qu'en celle de clerc de l'argenterie, c'est-à-dire les cires, papiers, encres, chandelles, charbons, bois, gigot, quartier et épaule de mouton[1], bière, vin, layette de sucre, droits pris

---

1. La table alphabétique donne l'explication suivante d'après les registres des délibérations perdus W et GG, à l'égard de ces distributions de viande :

Mouton. — « Le gigot ou quartier de mouton se distribuait la « veille des rois au Magistrat et à d'autres officiers et était taxé à « 5 fl. » (1642).

Mouton des Rois. — « Il se distribuait au Magistrat, aux officiers « du bureau, aux dix jurés et autres, et cette dépense allant à « 400 livres, le Magistrat résout que ce droit se payeroit en argent, « savoir : 7 livres 10 sous à chacun de ceux à qui on donnait un quar-« tier de mouton, 3 livres 15 sous à ceux qui avaient des épaules et « à proportion pour les autres, au moyen de quoi il n'en coûteroit à « la ville que 260 livres ». (1684).

sur le rôle de paiement des ouvriers, sauf les droits de vins dont il prenait sa part avec les mayeur et échevins lors de l'adjudication des fermes [1]. A ces conditions on obligea l'argentier à faire honneur aux mandats de la ville jusqu'à concurrence de 6000 florins au delà des fonds de sa recette et sans intérêts ; cette somme devait lui être restituée quand, en sortant de charge, il rendrait son compte définitif [2].

Le règlement imposé en 1619 à Liot le jeune précise les attributions de l'argentier. Il fut obligé de recevoir tous les revenus de la ville, le quart du prince, les revenus provenant du hâvre de Gravelines, les impôts applicables à l'entretien de la rivière, aux fortifications, à la garde et autres. Il dut payer toutes dépenses et mises, rentes et mandats, au jour fixé, faire solder à ses risques et périls les rentes dues à Arras au receveur des aides et s'obliger solidairement avec la ville pour l'argent qu'on serait forcé de prendre en constitution de rente et pour en payer les intérêts à chaque échéance. Le crédit de l'argentier se trouvait ainsi appuyer celui de la ville qui n'offrait pas assez de garantie aux prêteurs. Comme compensation à cette onéreuse condition on rendit à l'argentier les gigots, quartiers, épaules de mouton, vins, layette de sucre et autres petits avantages qu'on lui avait enlevés en 1610 [3].

En 1625, le 17 juillet [4], Jacques Thieullier promit d'avancer aussitôt après son installation la somme de 6000 florins, et le 28 novembre 1628 il ne fut

---

1. Art. 3 et 4 du règlement intervenu avec Jehan Coels le 22 novembre 1610. (Reg. O perdu).
2. Art. 2 et 5 du même règlement.
3. Arch. de Saint-Omer, *Reg. aux délib. du Magistrat* P, f. 196 v°.
4.   id.   id.   Q, f. 179 v°.

continué qu'à la condition que cette somme ne lui serait remise que trois mois après son compte final.

Adrien de Wawrans, nommé argentier en 1637, fut obligé d'avancer 6000 florins qui servirent sans doute à rembourser son prédécesseur d'une semblable avance. Il n'avait point encore soldé en 1641 les gages, robes, vins et cires dus à Messieurs des deux années, aux dix jurés et aux officiers du bureau, ainsi que diverses autres sommes dues aux clercs de la ville, aux soldats portiers, guetteurs et hallebardiers pendant les années finissant la veille des Rois 1639 et 1640, parce qu'il était en déficit de 3000 florins, outre les 6000 qu'il avait versés en entrant en charge. Il n'en fut pas moins continué sur sa demande au mois d'août 1641, mais le 22 décembre l'échevinage prit une délibération sévère pour le forcer à payer l'arriéré de ces diverses dépenses dans l'année qui suivrait la Chandeleur prochaine, et à fournir en attendant une caution suffisante, à peine de nullité de sa nomination [1].

Antoine Le Wittre dut avancer en 1643 la somme de 4500 florins [2] ; il paya encore assez irrégulièrement les gages des officiers du bureau, car le conseiller pensionnaire d'Haffringhes se pourvut devant l'échevinage en octobre 1645 pour obtenir le paiement des siens [3]. Le 22 mars 1646 Le Wittre fut continué à charge de payer encore 1562 florins dix sols de rente que la ville devait sur le prêt de 1625 [4]. Cet

1. Bibliothèque de Saint-Omer, *Ms. 859*, p. 36.
2. Arch. de Saint-Omer, *Reg. aux délib. du Magistrat* W, f. 12.
3. Bibliothèque de Saint-Omer, *Ms. 879*, t. II, pp. 215 et 217.
4. Arch. de Saint-Omer, *Reg. aux délib. du Magistrat* X, f. 193. — Il s'agit de l'avance de 6000 florins faite par Thieullier. V. ci-dessus p. 58.

argentier fut maintenu successivement en fonctions le 25 juin 1648 et le 26 février 1652. Parmi les conditions qui lui furent imposées alors, il faut remarquer la première qui l'obligeait à payer aux termes ordinaires les gages, profits et émoluments dus à l'échevinage et aux officiers du bureau. Les échevins n'entendaient plus sans doute attendre le paiement de leurs gages, comme ils avaient dû le faire sous l'administration de l'argentier précédent à cause de la détresse des finances municipales, et, à défaut de paiement, l'argentier pouvait être poursuivi en vertu d'actes signés de l'échevinage ou de son greffier. Le Wittre fut encore maintenu le 23 avril 1655 [1]; cette dernière nomination n'avait été autorisée par le roi qu'à condition que Le Wittre ne serait plus réélu; cependant comme il avait avancé à la ville 18.000 florins qu'il était impossible de lui rendre, les mayeur et échevins se pourvurent encore au mois de mai 1658 devant le roi pour qu'il leur fût permis de nommer encore le même argentier, ce à quoi ils furent autorisés par décision rendue à Bruxelles le 10 juin [2]. Mais à l'expiration des trois années pour le temps desquelles il avait été renommé personne ne se présenta pour remplir ces fonctions, malgré les affiches apposées par les échevins et les avis indiquant qu'il y avait lieu de pourvoir à la place, de sorte qu'il fallut encore continuer le précédent titulaire le 22 avril 1661 [3]. On lui imposa cette fois l'obligation de payer mois par mois, avant toute autre dépense, les gages des officiers de ville, mayeur, échevins, jurés au conseil, dix jurés pour la

1. Voir les listes des argentiers à la fin de ce travail.
2. Arch. de Saint-Omer, *Reg. aux délib. du Magistrat* CC, f. 185.
3. Ou le 22 août. Le registre de cette année manque.

communauté, officiers du bureau, et en outre ceux des sergents à verge, escarvettes et autres petits officiers, plus les gages des chefs des portes, hallebardiers, portiers, soldats de la compagnie de Messieurs.

Jehan Lamaury, raffineur de sel, fut élu argentier en 1664. Il accepta un long règlement en vingt-sept articles contenant presque toutes les conditions imposées à ses prédécesseurs, on y stipula d'une manière plus précise encore l'obligation de payer avant tout les gages des échevins et autres officiers de la ville, qu'il y ait de l'argent appartenant à celle-ci ou non, et sous peine de saisie des biens du comptable ; on y fixa ses gages à 400 florins pour le grand compte, 50 florins pour celui des rivières, 350 florins pour les comptes des fortifications et on lui accorda un supplément de 100 florins pour ceux de la garde et des fermes. Un article particulier portait aussi qu'il ferait faire par un commis assermenté la recette du droit de 30 sous perçu en vertu d'un octroi du roi d'Espagne Philippe IV du mois de juillet 1662 sur chaque bélandre, ou bateau équivalent, chargeant des marchandises sur la rivière de Saint-Omer ; mais, sur cette nouvelle recette il dut faire l'avance d'une somme de 6000 florins [1].

---

[1]. Dans un grand nombre de villes l'argentier était obligé à faire des avances comme celles que nous venons de signaler :

Une curieuse étude publiée dans la *Revue de Paris* du 1er septembre 1901, n° 17, par M. Sébastien Charléty, et intitulée : *Une opération financière sous Louis XIV,* montre que la ville de Lyon devait à son receveur en 1653, 1.275.000 livres, en 1654, 1.600.000 livres, et en 1677, 500.000 livres au receveur en exercice, et 1.900.000 livres au receveur précédent (pp. 142 et 150).

En 1680 on réunit au compte principal celui des impôts perçus pour l'entretien des rivières appartenant à la ville, et les comptes furent intitulés : « Compte... tant du domaine de la ville comme des « assises... ensemble des impôts de l'entremise des « rivières et bateaux en conséquence de la résolution « de Mess. du Magistrat du 3 juin 1680. »

CHAPITRE IV

ATTRIBUTIONS (suite)

L'argentier depuis 1677 jusqu'en 1790

Modifications à l'exercice financier après 1677 : en 1681 et en 1773. — Comptes de 1677 et 1678. — Mesures du gouvernement royal pour mettre de l'ordre dans les finances communales. — Autres comptes jusqu'en 1692. — La charge d'argentier devient vénale en 1692, la ville la rachète. — Influence des intendants. — Les argentiers jusqu'aux édits de municipalité de 1764, 1765 et 1773. — Modifications successives apportées par ces édits dans la comptabilité communale, l'argentier prend le nom de receveur, puis de syndic receveur et enfin de trésorier receveur. Division des comptes en deniers d'octrois et deniers patrimoniaux. — Derniers comptes. — Suppression de l'échevinage.

Peu après la prise de Saint-Omer par les Français en 1677 on modifia les dates de l'exercice financier : le compte de 1681 comprend encore les recettes et les dépenses depuis la Chandeleur de cette année, mais il s'étend jusqu'au premier août 1682; et depuis cette époque jusqu'à l'édit de novembre 1773, l'année financière alla du 1er août au 31 juillet. Puis, cet édit décida qu'elle irait du 1er janvier au 31 décembre [1]. Mais, comme nous le verrons plus loin, on avait distingué dès 1765 deux comptes : celui des deniers patrimoniaux dont les recettes et les dépenses cadraient exactement avec l'année, et celui des octrois dont les dépenses seules étaient effectuées dans l'année, tandis que les recettes en étaient faites du 1er août de l'année précédente au 31 juillet suivant.

Si nous parcourons le premier compte rendu par l'argentier après la réunion de Saint-Omer à la France, nous voyons que celui clos par l'intendant le Tonnelier de Breteuil le 14 septembre 1678 présente un excédent de dépense de 23.932 florins 5 sous 9 deniers, et que, déduction faite de ce que le comptable a reçu pour le hâvre de Gravelines, comme il lui était dû, d'après le compte de 1676, 824 florins 11 sous 11 deniers, il reste créancier « de la somme de vingt deux mille deux cens « nonante cinq florins sept sols vii deniers ».

Pour l'année 1678 l'arrêté du 25 octobre 1679 constate que l'argentier a plus payé que reçu, qu'il lui reste dû . . . .   6115 fl. 10 s.
qu'il lui est dû sur le compte
précédent . . . .   22295 fl. 7 s. 7 den.
de sorte qu'on lui doit en
tout . . . .   28410 fl. 17 s. 1 d. [2]

Le gouvernement de Louis XIV chercha presque de suite à mettre de l'ordre dans les finances com-

---

1. L'entrée en charge du Magistrat fut également fixée au 1er janvier.
2. Le compte suivant mentionne encore des florins.

munales, il voulut d'abord se rendre compte de ses dettes, et un arrêt du Conseil du 22 octobre 1680 commença par accorder une surséance pendant deux ans [1] et à faire défense à tous créanciers de diriger aucune poursuite contre la ville à peine de nullité de la procédure, de 3000 francs d'amende et de tous dépens, dommages et intérêts ; puis il obligea le Magistrat à faire appeler pendant ce délai tous les créanciers devant M. de Breteuil, intendant, pour être procédé à la vérification de leurs créances et parvenir à leur liquidation définitive. Ces mesures ne suffirent pas et elles furent complétées par les dispositions d'autres arrêts du Conseil des 1er juin 1682, 20 octobre 1684 et 27 février 1686 accordant de nouvelles surséances pour deux ans [2]. La connaissance de tous les procès et de toutes les difficultés relatives aux dettes de la communauté urbaine appartint à l'avenir à l'intendant.

En 1682, Adrien Roels avait été nommé trésorier, il avait obtenu de la ville 500 livres de gages pour le grand compte, 62 livres 10 sous pour celui des rivières et 125 livres pour la garde et les fermes. Il était en outre exempt des fermes et des droits de guet et garde et du logement des gens de guerre. Son premier compte commence le 1er août 1682, il eut un boni « à recouvrer, d'après l'arrêté « du 6 juillet 1683, sur la ville ou tous autres qu'il « appartiendra ». Mais d'après le compte de 1683 (du 1er août 1682 au 31 juillet 1683) il devait au

---

1. Un arrêt précédent du 22 octobre 1677 avait accordé à la ville une surséance de trois ans pour le paiement de ses dettes.
2. *Arch. de Saint-Omer.* — Toutes les lettres de surséances ci-dessus se trouvent classées sous divers numéros dans les boîtes CLVII et CLVIII.

contraire 15.187 livres 5 sous 10 deniers, il est dit dans l'arrêté : « le comptable demeure déchargé du « présent débet au moyen de l'employ qui en a esté « fait par lestat final du compte arresté cejourd'huy. « Fait le 28 juillet 1685 » [1].

La dépense, en 1692, dépassa la recette et il était dû au comptable . . . . . . 15128 liv. 17 s. 10 den.
mais il était redevable d'après le compte précédent de . . . . 24793 liv. » s. 10 den.
de sorte qu'il ne devait plus que. . . . . 9664 liv. 3 s.
et l'intendant Bignon, en arrêtant le compte le 18 juillet 1694, déclara le comptable déchargé de la même façon qu'en 1685.

Cependant, par l'édit de 1692, les fonctions municipales devinrent vénales et les échevins voulurent les acheter. La charge d'argentier valait 73.000 livres de principal, plus deux sols pour livre soit 7300, ce qui faisait en tout 80.300 ; la ville n'était point en mesure de verser pareille somme au domaine du roi, de sorte qu'on décida de conférer l'état d'argentier à celui qui offrirait la plus forte avance pour effectuer le paiement. Louis Duriez, ancien échevin, s'engagea à donner 30.000 livres à condition qu'il aurait la recette générale des biens de la ville tant patrimoniaux que d'octroi, pour en jouir sa vie durant, aux gages, profits et émoluments ordinaires, et, en outre, qu'on lui paierait les intérêts de la somme qu'il prêtait à la ville. Personne n'ayant offert de meilleures conditions, Messieurs acceptèrent le

---

1. Compte arrêté par l'intendant Chauvelin.

sieur Duriez qui prêta serment le 17 juillet 1693.

Sous l'autorité des intendants la ville ne disposa plus volontairement de la charge. M. Bignon fit connaître en 1708 à l'échevinage par le mayeur M. de la Tour qu'il lui serait agréable de voir nommer Jacques Duriez en survivance de son père. En conséquence il fut admis dès le 4 avril 1708 mais ne prêta serment que le 10 avril 1711.

A cette époque la ville fut obligée d'avancer pour payer la garnison qu'elle avait dû recevoir en 1708 et 1709, une somme de 38.737 livres ; le roi autorisa la constitution de rentes pour payer l'intérêt de ce capital, mais cet intérêt fut réduit à un pour cent en 1720 lors du système de Law. La ville continua à recevoir ces rentes et en distribua les arrérages aux particuliers qui avaient contribué au prêt. C'était encore un compte spécial [1].

Jacques Duriez ne resta pas longtemps argentier ; le 1er décembre 1715 il fallut fermer les mains au protégé de l'intendant [2] et commettre, pour achever le temps de son exercice, Jacques Gaverlot. Un arrêté de compte final en date du 15 janvier 1716, modifié le 30 mars, constate que le sieur Duriez devait à la ville 24.585 l. 05 s, tant sur le grand compte que sur ceux des brays, des rentes, de l'aide d'Artois, des domaines de Saint-Omer et des fortifications. Pour compenser ce déficit il solda environ 18.338 l. en abandonnant notamment pour 15.000 livres une rente

---

1. Cette explication est donnée au *Registre des Notables* A, en 1765, où sont citées des lettres patentes du 30 juillet 1711 autorisant la création de ces rentes.
2. *Arch. de Saint-Omer*, CCXLIV-4.

de 750 livres sur la ville qui lui appartenait, et une autre de 83 l. 6 s 8 d imposée sur les fortifications. Le surplus, soit environ 6247 livres, lui fut remis grâce à la protection de l'intendant[1].

En conséquence des ordres du roi du 16 mars 1716 on procéda à l'élection d'un nouveau titulaire. Le duc d'Elbœuf, gouverneur de la province, recommandait le sieur Ruffin, mais il s'était présenté un nouveau candidat Antoine-Jérôme Titelouze, qui, dans l'assemblée électorale des échevins, obtint 19 voix, alors que son concurrent n'en eût que 8. Titelouze fut donc élu pour trois ans, et il fut chargé de rendre le compte de l'année précédente ; il eut aussi 500 livres de gages pour le grand compte, mais ses autres émoluments furent augmentés. Il fut autorisé à toucher 400 livres pour celui des fortifications, 325 pour celui des casernes, 12 livres 10 sous pour celui des brays et 15 livres pour celui des bateaux. Exempt du guet, de la garde et du logement des gens de guerre, il eut droit à une part dans les vins donnés à l'époque du renouvellement des fermes des impôts. Ces avantages furent compensés par l'obligation de prêter à la ville sans intérêts une somme de 12.000 livres qui lui fut remboursée en 1718.

Le premier compte qu'il présenta à M. de Bernage, intendant de Picardie et d'Artois, en présence de Messieurs du Magistrat et des dix jurés pour la communauté, pour la période du 1er août 1715 au 31 juillet 1716, accusa les résultats suivants : dépen-

1. On lit dans le compte d'août 1715 rendu en août 1716, en marge d'une dépense p. 239 : « qu'il a esté remis au sieur du Riet ce quil « estoit redevable par ses comptes au delà des deux rentes qu'il a « cédé à la ville en paiement » et p. 239 : « que la ville lui a fait « modération du surplus par agréation de monseigneur l'Intendant ».

ses 74.503 livres 18 sous 8 deniers, recettes 121.324 livres 2 sous 2 deniers pite et 1/2 ; il devait donc 46.820 livres 16 sous 6 deniers pite et 1/2.

Titelouze fut continué le 21 février 1719. La perte des registres de délibérations du Magistrat de 1677 à 1750 ne permet pas de savoir les époques où il fut réélu plusieurs fois contrairement aux usages anciens, mais sans doute avec l'approbation de l'intendant. En 1726 on le renouvela en l'obligeant à avancer à la ville 20.000 livres pour contribuer en partie au rachat de son emploi réuni au Domaine du roi en 1692 et qui n'avait pu être encore entièrement soldé aux créanciers de la ville qui avaient prêté les fonds nécessaires.

En 1730 il rendit le compte d'août 1729 à 1730 qui fut arrêté par l'intendant le 22 juin 1731 et qui présentait encore l'argentier comme débiteur de la ville. La dépense, divisée en
25 chapitres, y est de . . 105.277 liv. 8 s. 8 d. p.
la recette de . . . . 208.938 liv. 9 s. 10 d. p.
Il y avait donc excédant
de . . . . 103.661 liv. 7 s. 2 d. p.
dû par l'argentier. On trouve encore Titelouze titulaire pendant plusieurs années, mais, comme son prédécesseur, il fut obligé de se démettre de ses fonctions et rendit son compte final le 26 juin 1745. Il devait en effet à la ville, tant pour le compte général que pour ceux des casernes et de l'Etat-major, des fortifications, des brais, du prêt de la garnison et de la cave de la ville, 50.905 livres 9 sous sept deniers obole pite. Le Magistrat fit vendre son mobilier qui produisit 12.104 l. 2 s et divers immeubles lui appartenant ; son successeur reçut à sa décharge

17.360 livres 11 sous, ce qui réduisit la dette du sieur Titelouze à 37.544 livres 18 sous 7 deniers obole pite [1]. Du reste l'échevinage délibéra en 1747 « de le garantir » [2].

On trouve ensuite Jacques-Hubert Hémart qui, nommé en 1746, exerça pendant dix-huit ans sans paraître avoir été assujetti au renouvellement triennal. Dans les dix dernières années de sa gestion, la dépense moyenne excéda chaque année la recette de 13.510 livres 18 sous [3].

La surveillance des intendants n'avait pas donc amené de beaucoup meilleurs résultats que celle organisée autrefois par les ducs de Bourgogne et les rois d'Espagne. Le dangereux principe de la réversibilité d'un compte à l'autre avait été maintenu, les argentiers étaient restés les banquiers de l'échevinage, et deux d'entre eux, Duriez et Titelouze n'avaient pu tenir leurs engagements envers la ville, ce qui ne s'était pas produit sous les régimes précédents. Les finances municipales, il est vrai, étaient chargées d'une quantité de rentes auxquelles s'étaient ajoutées celles constituées pour le prêt de la garnison en 1711 [4] et pour le don gratuit demandé par le roi en

---

1. Compte du 1er août 1745 au dernier juillet 1746 rendu par l'argentier Hémart, *in fine,* sous le titre : « Autre dépense extraordinaire « concernant le sieur Antoine-Jérôme Titelouze, cy-devant argentier « de cette ville. »

2. Arch. de Saint-Omer, *Table alphabétique des délibérations du Magistrat,* analyse du registre OO perdu, 1747 et CCXLIV-4 et 5.

3. *Reg. des Notables* A, f. 43.

4. Les comptes du prêt de la garnison comprenaient la recette et la dépense des fonds destinés au paiement des rentes créées et constituées en conséquence des arrêts et lettres patentes des 23 juin et 30 juillet 1711, pour le remboursement des sommes fournies au commis de l'extraordinaire des guerres par la ville de Saint-Omer et par plusieurs particuliers et communautés sur billets d'emprunts

1758 [1] ; elles supportaient en outre les dépenses de fournitures pour les troupes de la garnison, les octrois particuliers pour ce genre de dépenses étant insuffisants [2], et une contribution générale aux dépenses des casernes, pavillons et fortifications de la province, pour lesquelles les octrois spéciaux ne suffisaient pas non plus, depuis qu'ils n'étaient plus appliqués comme auparavant, aux constructions ou réparations à faire dans la ville seulement.

L'édit d'août 1764, qui modifia l'administration de toutes les villes et des principaux bourgs du royaume, créa aussi de nouvelles règles de comptabilité. L'argentier prit le nom de syndic-receveur et dut être élu dans une assemblée tenue par les notables. Hémart cessa d'exercer ses fonctions le 8 novembre 1764 et le même jour le sieur Thomas-Joseph Lenglart fut élu receveur par vingt-quatre voix à charge de donner caution. Une autre assemblée fut tenue le 8 janvier 1765 pour régler l'application des différents articles de l'édit. On y décida que le receveur ne pourrait garder plus de 10.000 livres dans sa caisse, que le surplus serait remis, conformément à l'article 27 de l'édit, dans une caisse à trois clefs qui serait déposée dans la chambre des archives ; une des clefs était entre les mains d'un notable, une autre entre celles d'un échevin, et le comptable avait la troisième. Ce dernier devait tenir un registre de l'état de sa caisse,

---

du Magistrat pour les troupes de la garnison pendant les quartiers d'hiver de 1708 et 1709. V. ci-dessus p. 67.

1. Don gratuit extraordinaire que le roi avait demandé à toutes les provinces du royaume par l'édit du mois d'août 1758. La ville devait en 1764 supporter de ce chef 28.324 livres 2 sols.

2. Voir Pièce justificative VI au compte des octrois de 1786-1787 celui des casernes.

qui restait entre les mains d'un échevin. On réduisit son cautionnement à 20.000 livres [1] représentant le double de la somme qu'il pouvait avoir devant lui. Le nouveau receveur tenta de faire augmenter ses appointements, mais il fut prouvé qu'il touchait environ pour la recette des impôts et casernes 329.19
pour celle de l'état-major 130
pour celle des fortifications. 400
pour celle de la ville. 620

ce qui représentait. 1479.19
et fut trouvé suffisant. Il dut tenir un journal coté et paraphé, en deux colonnes, de ses recettes et de ses dépenses et le représenter le premier lundi de chaque mois pour être arrêté dans l'assemblée du Magistrat, ce journal était en outre vérifié et arrêté dans toutes les assemblées des notables et un double en était envoyé à l'intendant [2]. Le nouveau receveur présenta à l'assemblée des notables un état sommaire des finances de la ville [3] la dépense
excédait la recette de . .   78.980 liv. 37 s.
et il était dû au sieur Hémart, précédent receveur   22.543 liv. 15 s. 6 d.

L'édit du mois de mai 1765, portant règlement pour l'exécution de celui d'août 1764, nécessita une autre réunion des notables qui se tint le 12 août 1765. Il y fut réglé que le receveur ne rendrait plus que deux comptes conformément à ces deux édits : l'un des deniers patrimoniaux, l'autre des octrois. Les premiers composaient en quelque sorte le patrimoine de la ville et provenaient des droits et des fonds lui

---

1. Il montait auparavant en dernier lieu à 50.000 livres.
2. Arch. de Saint-Omer, *Registre des Notables* A, f. 2.
3. Pièce justificative V.

appartenant en propre, tels que les cens, rentes, terres et maisons ; les deniers d'octrois consistaient en taxes qu'elle était autorisée à lever sur certaines denrées et certaines marchandises, on y fit rentrer les anciens comptes spéciaux des rivières, du guet, des casernes et de l'état-major [1]. Nous avons expliqué au commencement de ce chapitre comment furent réglés les exercices financiers pour chacun de ces deux comptes [2].

Le sieur Lenglart, qui avait été nommé pour un an, fut continué dans l'assemblée des notables du 31 octobre 1765, mais il donna sa démission dans une troisième assemblée tenue le 28 décembre 1765. La municipalité qui l'accepta sans consulter ni aviser le ministre reçut de celui-ci une réprimande conçue en ces termes le 8 janvier 1766 :

« Il est assez extraordinaire, Messieurs, que le
« sieur Lenglart, dont l'élection à la place de rece-
« veur a été faite au mois de novembre dernier, ait
« donné sa démission de cette place..... Cependant
« puisqu'il a rendu ses comptes et que sa démission
« a été acceptée dans une assemblée de notables, il
« paraît indispensable de procéder à l'élection d'un
« autre sujet pour le remplacer. Je suis etc. Dela-
« verdy contrôleur général [3]. »

En conséquence de cette lettre, Charles-Antoine Lecomte-Thomassin, ci-devant commissaire des pou-

---

1. Nous avons analysé dans l'*Histoire du Bailliage de Saint-Omer*, p. 261 à 266, toutes les autres dispositions des édits de 1764, 1765 et de ceux de 1768 et 1773 ; nous y renvoyons.

2. Il faut remarquer que le solde du compte des octrois était reporté au compte des deniers patrimoniaux, de sorte que c'est à la fin de celui-ci que se trouve indiquée la situation financière de la ville.

3. La correspondance du Magistrat de cette année n'existe plus. Cet extrait se trouve dans le mss. Deschamps de Pas.

dres, fut élu dans une assemblée des notables tenue le 3 février 1766. Il prêta serment entre les mains du mayeur en exercice le 14 du même mois, en présence du procureur syndic, et fut continué le 31 octobre 1769 dans l'assemblée des notables qui eut lieu ce jour-là.

En 1773 l'édit de novembre régla de nouveau la constitution municipale des villes d'Artois, révoqua les édits précédents de 1764 et de 1765 et supprima les assemblées de notables ; il désigna l'ancien argentier sous le nom de trésorier receveur. L'emploi put être aliéné par les Etats de la province ou donné en exercice pour trois ans (art. 6 et 20 de l'édit). L'âge requis pour le remplir fut fixé à 25 ans (art. 23), et le titulaire n'avait aucune voix délibérative dans les assemblées municipales (art. 25) ; la régie ainsi que l'administration des fonds communaux furent réglées par les articles 27 à 33 [1]. Cet édit décida aussi qu'il n'y aurait qu'un seul trésorier receveur pour tous les biens de la ville, que ses appointements seraient réglés par les maire et échevins dans une assemblée du conseil de ville et que tous les ans, au mois de mars, il serait tenu de donner un état sommaire de ses recettes et de ses dépenses [2].

Les derniers comptes complets que l'on puisse examiner sont celui des deniers d'octrois de ville, des rivières, du guet, des casernes et de l'état-major depuis le 1er août 1786 jusqu'au 31 juillet 1787 quant aux recettes, et du 1er janvier au 31 décembre 1787 quant aux dépenses, et le compte des

1. Nous y renvoyons.
2. Art. 27, 30 et 31 de l'édit de 1773.

deniers patrimoniaux de 1786 à 1787[1]. L'excédant général de la recette est de 2985 l. 16^s 3^d ob. pite. Les comptes suivants manquent. La veuve du trésorier Lecomte-Thomassin en rendit deux derniers comprenant les deniers d'octroi du 1er janvier au 8 juin 1790 et les patrimoniaux pour la période du 5 février 1790 jusqu'au 8 juin suivant[2]; il en résulte que le comptable était redevable vis-à-vis la ville de la somme de 6332 livres 11 deniers. Telle était la situation financière de la municipalité au moment de la Révolution.

Cependant la loi du 14 décembre 1789 avait supprimé l'échevinage de Saint-Omer, comme toutes les autres municipalités du royaume, en déclarant que les officiers municipaux en exercice continueraient leurs fonctions jusqu'à ce qu'ils aient été remplacés (art. 1).

---

1. On trouvera aux Pièces justificatives n° VI le résumé de ce compte.
2. Lecomte-Thomassin avait donné sa démission le 8 juin 1790 et il était mort quelque temps après.

LISTES

des Rentiers, des Clercs de l'argenterie et des Argentiers

I

LISTE DES RENTIERS

1316-1317. — Jakeme Li Roveres [1].
1317-1318. — Antoine de Gant,
Jakemes Bollart,
argentiers et rentiers [2].
1318-1319. — Jakes le Rovere [3].
1319. — Josse Maran [4].
1328. — Jakes Le Reude [5].
1321. — Willame Sandre.
1324. — Jake Rouare.
1335-1337. — Willame Sandre.
1340. — Jehan Dane et Eustache de Lindes [6].
1344. — Jehan Dane.
1347. — Willame Sandre et Willame Toursel [7].

Nota. — Pour ces listes nous avons suivi l'ancien style jusqu'en 1576.

1. *Registre au renouvellement de la Loy* E gothique, f. LII v°.
2.   id.   E, f. LV r°.
3.   id.   E, f. LVI v°.
4.   id.   F, f. II r°.
5.   id.   A, f. XXVI r°.
6.   id.   G, f. II r°, XX v°, XXIII r°, XXXIV v° et LXIV v°.
7.   id.   E mod., f. VIII v° et XIII.

1348. — Jehan Dane.
1350. — Jehan Angheboc et André de Morcamp [1].
1351. — Jehan Delecourt et Nicolle Bollart.
1352. — Adenoufle de Ste Audegonde et Andrieu de Morcamp.
1353. — Jehan Danel et Nicole Bollart.
1354. — Adenoufle de Ste Audegonde et Andrieu de Morcamp [2].
1355. — Jehan Danel et Nicole Bollart.
1356. — Adenoufle de Ste Audegonde et Andrieu de Morcamp.
1357. — Jehan Danel et Nicole Bollart.
1361. — Nicole Bollard.
1362. — Tasse de Morcamp.
1363. — Nichole Bollard et Jaque de Leuvin [3].
» Lacune.
1402. — Jacques Platel [4].

---

1. *Reg. au renouv. de la Loy* E moderne, f. XXIII r° et XIIII v°.
2.   id.   id.   f. XXIIII r°, XXVI r°, XXXII et XXXIII r°.
3.   id.   C, f. XI, XIII, XIIII, XXVIII r° et v° et XXXXI r°.
4.   id.   H, f. LXXIX.

II

LISTE DES CLERCS DE L'ARGENTERIE[1]

1412-1416. — Robert BACHELER.
1417. — Robert BACHELER.
        Jacotin D'OFFRETUN.
1419. — Jacotin D'OFFRETUN.
1420. — Pierre DE LE RUELLE, devint receveur des rentes en 1434.
1436. — Jaques D'OFFRETUN, receveur des rentes.
1438. — Robert MONDRELOIS, receveur des rentes.
1475. — Aléamet MONDRELOIS, receveur des rentes.
1488. — Jehan HAZARD, nommé par le duc en 1500 quoique déjà titulaire, mort en 1511.
1511. — Jehan DE HONVAULT.
1570. — Robert DUVAL, mort en 1577.
Réunion à l'état d'argentier.

---

1. Extraite des registres des comptes de la ville.

III

LISTE DES ARGENTIERS

1316[1]. — Antoine DE GANT.
　　　　　Jakemes DE BONINGUES.
1317 à 1319[2]. — Antoine DE GAND.
　　　　　Jakeme BOLLART.
1320[3]. — Antoine DE GAND.
　　　　　Jehan DE WISSOC.
1321[4]-1324. — Jacquemon BOLLART.
　　　　　Jehan DE WISSOC.
1328[5]. — Denis DRUBROT.
　　　　　Jakemes LE BOSQUILLON.
1331[6]. — Denis DRUBROQ.
　　　　　Jacques BOSQUILLON.
1334[7]. — Clay DU BARISEL.
　　　　　Willame TOURSEL.

---

1. *Reg. au renouv. de la Loy* E gothique, f. LII v°.
2. 　　　*id.*　　　E, f. LVI r° (1317 et 1318) — F, f. II (1319).
3. 　　　*id.*　　　F, f. XVII v°.
4. 　　　*id.*　　　F, f. XXXVIII v° et f. LX et LXIIII (1322 et 1323).
5. 　　　*id.*　　　A, f. XXVI r° et f. XXXVI r° (1329).
6. 　　　*id.*　　　G, f. II r°.
7. 　　　*id.*　　　G, f. XX v° et f. XXIII v°. Williame Toursel et Clay du Barisel en 1335.

1337[1]. — Jake Bosquillon.
   Jehan Drubrot.
1340[2]. — Jacques Bosquillon.
   Jehan Drubrod.
1343. — . . . .
1344 et 1347[3]. — Jehan Drubroet.
   Jehan Neveline.
1348. — Andrieu de Morcamp.
   Jehan Neveline.
1350-1351. — Jehan Neveline.
   Jacques le Reude.
1352[4]. — Jacques le Reude.
   Denis Bollart.
1357[5]. — Jacques le Reude.
   Denis Bollart.
1361-1364[6]. — Jacques le Reude.
   Baudin Lomme.
1365[7]-1367. — Jacques le Reude.
   Jehan de Wissoc.
1368. — Jacques le Reude.
   Jacques le Boen.
1371 à 1374[8]. — Jacques le Reude.
   Jacques le Boin ou Boen.

---

1. *Reg. au renouv. de la Loy* f. xxxiiii v°.
2.   id.   f. lxiiii v°.
3.   id.   E moderne, f. viii v° et xiii r°.
4.   id.   E, 1348 à 1352, f. xiii r°, xxiiii r° et xxvi r°.
5.   id.   C, f. xiiii.
6.   id.   C, f. xxviii r°. En 1361 et 1363 le nom du 2ᵉ argentier est écrit *le Man*, c'est-à-dire l'homme (Lomme). 1363, f. xli r° — 1364, f. xlv r°.
7. *Reg. au renouv. de la Loy* C, 1365, f. xlviii v° — 1366, f. li v° — 1367, f. lviii r°.
8.   id.   C, 1368, f. lxii r° — 1371, f. lxxiv r° — 1372, f. lxxxv r° — 1373, f. lxxxx r° — 1374, f. cxvi r°.

1379 à 1382 [1]. — Jacques LE BOEN.
           Chretien FOULKE.
1384 à 1387 [2]. — Jehan LE BROC.
           Clay DE WISSOCQ fils de Jean.
1393 [3]. — Clay DE WISSOCQ.
           Andrieu DE MORCAMP.
1402 à 1403 [4]. — Andrieu DE MORCAMP.
           Julien LE MAY.
1409 à 1412 [5]. — Andrieu DE MORCAMP écuyer.
           Julien LE MAY [6] écuyer.
1419. — Jaque DE LA TANERIE.
           Aléaume DE LOMPREY.
1420. — Nicole DE WISSOC.
           Andrieu DE MORCAMP.
1421. — Andrieu DE MORCAMP.
           Pierre DE MUSSEM « pour non lieu de
           « s. Nicole DE WISSOC ».
1424. — Andrieu DE MORCAMP, écuyer.
           Pierre DE MUSSEM.
1426. — Pierre DE MUSSEM.
           Jacques LE REUDE.
1430. — Pierre DE MUSSEM.
           Jacques LE REUDE.
1434 [7]. — Pierre DE MUSSEM.

1. *Reg. au renouv. de la Loy* II, 1379, f. XII r° — 1380, f. XV r° — 1381, f. XVIII r° — 1382, f. XXII r°.
2.   id.   II, 1384, f. XXVIII r° — 1385, f. XXXI r° — 1386, f. XXXIV r° — 1387, f. XXXVIII r°.
3.   id.   II, f. LVI r°.
4.   id.   II, 1402, f. LXXIX r° — 1403, f. LXXXII r°.
5. A partir de 1412, les noms des argentiers se trouvent sur les registres contenant leurs comptes, ou à défaut de ces registres sur ceux des Délibérations du Magistrat.
6. Mort en 1421.
7. En 1434 les comptes de la ville sont rendus par un seul argentier : Pierre de Mussem.

18 *mars* 1436 à 1447. — Alliaume DE REBECQUES, écuyer [1].

12 *octobre* 1447. — Clay LE HAP [2]. Cautions : Jehan de Sus-Saint-Légier, Jehan de Manneville, Thomas de Fernacles et Stay le Hap frère de Clay, jusqu'à 2000 livres.

14 *janvier* 1450. — Continué [3].

1er *décembre* 1453. — Continué.

1er *février* 1456. — Continué [4].

9 *janvier* 1458. — Jehan FLOURENS [5]. Cautions : Guillaume de Longprey et sire Jacques Flourens.

13 *janvier* 1461. — Continué [6].

24 *janvier* 1464. — Lambert DE LE NEUVERUE [7]. Cautions : Jehan de Ste Aldegonde écuier, Jacques de Rebecque écuyer et Guillaume de le Neuverue.

26 *avril* 1468. — Continué [8].

29 *janvier* 1470 [9]. — Jehan FLOURENS. Cautions : Robert de Rebecque et Bauduin Zeluere, écuyers. Mort le 7 août 1473.

. . . . 1473. — Lambert DE LE NEUVERUE.

. . . . 1479. — Jehan DE MUSSEM.

21 *janvier* 1482. — Jehan EGLÉ [10] élu pour un an,

---

1. Devint mayeur le 13 août 1447 et ne fut remplacé dans la charge d'argentier que quelque temps après son élection.

2. Il prêta serment le 19 octobre. Il rend le compte de la Chandeleur 1447 à 1448.

3. *Reg. aux délibérations du Magistrat* B, f. 15 v°.

4. *id.* B, f. 21 et 30. Continué en vertu d'une lettre du duc de Bourgogne, comte d'Artois.

5. *Reg. aux délibér. du Mag.* B, f. 43. Serment prêté le 1er février.

6. *id.* B, f. 53. Nouveau serment du 13 fév.

7. Serment du même jour. — Cautions présentées le 1er février 1464. (*Reg. aux délibérations du Magistrat* B, f. 64 r°).

8. *Reg. aux délibérations du Magistrat* B, f. 72.

9. Date de son serment. — Il ne présenta ses cautions que le 21 août. (*Reg. aux délibérations du Magistrat* B, f. 76 v°).

10. Il prêta serment le 22 janvier. — Il mourut le 30 mars 1483.

avec l'assistance *(sic)* de Lambert Vincent, Pierre le Caucheteur et Pierre Masse.

1er *avril* 1483. — Sire Jacques DE REBECQUES, écuyer, échevin au conseil [1]. Cautions : Nicole d'Averhout, écuyer, Guillaume de le Neuverue et Guillaume du Tertre dit Gaillot.

. . . . 1486. — Lambert D'ESPERLECQUES.

. . . . 1487. — Jehan POLLART.

. . . . 1488. — Nicaise LABITTE.

. . . . 1490. — Nicolas LE BOULLENGUIEZ.

21 *janvier* 1491. — Nicaise LABITTE.

21 *janvier* 1494. — Gille TRAVERS.

16 *janvier* 1497. — Continué.

28 *novembre* 1499. — Sire Jacques DE REBECQUES, écuyer, ancien mayeur [2]. Cautions : Jehan de Bournel, chev. seig^r de Boncourt, sire Loys de Rebecques, Martin de Wissocq, Jehan de Clarques, écuyer, sire Guillaume de Rebecques, écuyer.

22 *janvier* 1503. — Continué.

4 *janvier* 1506. — Continué [3]. Cautions : Jehan de Bournel et Louis de Rebecques.

29 *décembre* 1508. — Robert WALLEHEYS. Cautions : Jacques de Rebecque, s^r de la Jumelle, Antoine Walleheys, Pierre Pepin.

22 *décembre* 1511. — Continué.

21 *décembre* 1514. — Robert D'ABLAIN [4]. Cautions : Pierre Baillet, gressier [5], et Me Jehan Slinghes, médecin.

1. Serment du 15 avril 1483.
2. Nommé pour trois ans à compter de la Chandeleur 1500. — Argentier pour la seconde fois. V. ci-dessus.
3. Il fut continué en vertu de lettres patentes de l'archiduc en date du 26 décembre 1506 et suivant l'avis de sire Augustin de Renty, lieutenant général du bailliage. *(Arch. de Saint-Omer,* CCXLIV-2.) Il rend encore le compte de 1508-1509.
4. Robert d'Ablain devint mayeur en 1525, 1527, 1529 et 1549.
5. Graissier, marchand de graisse.

5 *décembre* 1517. — Continué. Cautions : Jehan Slinghes et Nicolas Slinghes.

19 *décembre* 1521. — Nicolas SLINGHES, nommé par Adrien de Croy, comte du Rœulx, bailli, et par les trois corps du Magistrat[1]. Cautions fournies le 14 janvier : Sire Robert d'Ablain, M⁰ Jehan Slinghes, Jehan Vise.

21 *novembre* 1526. — Antoine COCQUILLAN.

12 *décembre* 1530. — Continué.

21 *décembre* 1533. — Nicolas SLINGHES pour la seconde fois.

1ᵉʳ *décembre* 1536. — Robert BARON, mort en exercice.

4 *janvier* 1538. — Louis LE CLERCQ.

Décembre 1540. — Continué.

14 *novembre* 1544 [2]. — Jehan LE RETHERE.

18 *janvier* 1547. — Pierre DUBOIS, drapier [3].

13 *janvier* 1550. — Continué. Cautions : Jean Dubois et Martin Legrand.

5 *décembre* 1553. — Jehan SLINGHES. Caution : son père Nicolas Slinghes. Celui-ci étant mort le dernier mars 1555, les nouvelles cautions furent : Jean Chiéret et Robert Slinghes.

2 *janvier* 1556. — Georges GAULTRAN.

8 *janvier* 1559. — Bernard DU CHOQUEL.

18 *décembre* 1561. — Nicole GAVELLE, démissionnaire en octobre 1562.

15 *octobre* 1562. — Allard OGIER, nommé pour 2 ans [4].

---

1. Comme il ne fut remplacé qu'en 1526, il dut être continué, nous ignorons à quelle date.
2. *Reg. aux délibérations du Magistrat* H, f. 9.
3. id.   H, f. 53.
4. Son premier compte va de 1563 à 1564.

19 *novembre* 1564. — Continué.

22 *décembre* 1567. — Continué. Cautions fournies le 14 juillet 1570 : Philippe le Porcq et Ansel.

1er *décembre* 1570. — Philippe Le Porcq [1].

2 *décembre* 1573. — Continué.

12 *novembre* 1576 [2]. — Jean de Balinghem. Cautions du 15 : Jean Scodite, Jean Lois et François Sarrase.

23 *janvier* 1579. — Jehan Villem [3].

11 *janvier* 1581. — Continué.

10 *décembre* 1584. — Denis de Vavrans [4]. Caution constituée le 14 : sire Augustin de Vavrans.

5 *janvier* 1588. — Continué [5]. Cautions : Enguerand de Vavrans son père, Symphorien son frère, Jean son cousin.

15 *octobre* 1590. — Nicolas Michiels [6]. Cautions : Denis Carré et Jean de Vavrans.

16 *décembre* 1593. — Continué [7].

16 *juillet* 1596. — Continué par ordonnance royale [8].

12 *novembre* 1599. — Jacques Vanderwoestine [9].

1. Serment du 26 février 1571.
2. A compter de 1576 le renouvellement de l'année fut fixé au 1er janvier en vertu d'un édit de Philippe II, roi d'Espagne, du 16 juin 1575.
3. Serment du même jour.
4. *Reg. aux délibérations du Magistrat* L, f. 136 v°.
5.   *id.*   L, f. 275 et 276.
6.   *id.*   M, f. 71 v°. Il fut préféré à Jean Liot, beau-fils de Jean Bonvoisin, lieutenant-mayeur, qui l'avait recommandé à l'échevinage. Michiels épousa demoiselle Marguerite Verbier, fille de Christophe, avocat et lieutenant-mayeur ; il mourut à 86 ans le 19 ou 20 mai 1629. Son neveu Bernard Michiels fut abbé de Clairmarais.
7. *Reg. aux délib. du Magistrat* M, f. 142.
8.   *id.*   M, f. 205 v° et *Arch. de Saint-Omer*, CCXLIV-3.
9.   *id.*   M, f. 278 r°. En considération des services rendus par son beau-père sire Regnauld du Bois.

Cautions présentées le 22 : Regnaud Dubois, échevin et Pierre Radoul, bourgeois [1].

28 *novembre* 1602. — Continué [2]. Décédé le 3 juillet 1604 [3].

4 *novembre* 1604. — Jehan HANON. Nommé pour 3 ans à compter de la Chandeleur [4].

20 *septembre* 1607. — Continué.

22 *novembre* 1610. — Jehan COELS [5].

17 *décembre* 1613. — Philippe DE PENIN.

26 *septembre* 1616. — Continué.

5 *novembre* 1619. — Jehan LIOT le jeune [6]. Cautions fournies le 12 : Anne de Vavrans sa femme, Jehan Liot son père, Philippe de Vavrans son beau-père.

15 *novembre* 1622. — Continué [7].

17 *juillet* 1625. — Jacques THIEULLIER [8]. Cautions fournies le 24 : Olivier Gautran et Martin Thieullier.

28 *novembre* 1628. — Continué.

15 *décembre* 1631. — Josse DU CIGNE. Cautions du 17 : Claudine Lœuillet sa femme, Antoine Dubois, s^r de Vindal, son oncle.

28 *février* 1635. — Continué [9].

20 *juillet* 1637. — Adrien DE VAVRANS. Cautions : Catherine Meurin, sa femme, et Guillaume Meurin, juré au Conseil.

1. *Reg. aux délibér. du Magistrat* M, f. 278 r°.
2.   id.   N, f. 29 r°.
3.   id.   N, f. 50 r°.
4.   id.   N, f. 54 r°.
5. Jehan Coels figure à la coutume de Saint-Omer de 1613 comme âgé de 50 ans.
6. *Reg. aux délibér. du Magistrat* P, f. 195 r°.
7.   id.   Q, f. 59 v°.
8.   id.   Q, f. 174 v°.
9. *Arch. de Saint-Omer*. Pièces de procédure relatives au compte de l'an 1637, CCXLIV-7.

26 *août* 1641. — Continué.

4 *septembre* 1643. — Antoine Le Wittre [1]. Cautions : Anne Desgrange, sa femme, et Jean Clarbout, son beau-frère.

22 *mars* 1646. — Continué [2].

25 *juin* 1648. — Continué avec permission royale [3]. Cautions : Marie Matissart, sa femme, et Jean Clarbout, échevin des dix jurés.

26 *février* 1652. — Continué. Cautions : Marie Matissart, sa femme, et Hermand Desgrange, son beau-fils.

23 *avril* 1655. — Continué en vertu d'une décision royale du 2 mars [4].

10 *juillet* 1658. — Continué en vertu d'une décision royale du 10 juin [5].

22 *avril* ou *août* 1661. — Continué.

29 *avril* 1664. — Jean Lamaury, raffineur de sel [6].

26 *novembre* 1669. — Continué à commencer de la Chandeleur 1671 [7], puis en 1675 [8].

8 *juillet* 1682. — Adrien Roels [9].

20 *juin* 1685. — Continué.

1. *Reg. aux délibér. du Magistrat* W, f. 12.
2.   id.   X, f. 193 v°.
3.   id.   Y, f. 126.
4.   id.   BB, f°s 23 à 25.
5.   id.   CC, f. 185 r°. Serment du 11 septembre.
6. Serment du 7 mai 1664.
7. *Reg. aux délibér. du Magistrat* EE, f. 116 r°.
8. *Arch. de Saint-Omer*, CCXLIV-6. Il fut encore continué plus tard puisque le 30 juillet 1682 sa veuve, Claire Thuin, demande aux échevins d'accepter la démission qu'elle faisait de l'état d'argentier dont son mari était pourvu et de nommer à sa place Adrien Roels pour achever le temps du sieur Lamaury jusqu'à la Chandeleur 1683. D'autre part, il existe un compte rendu depuis la Chandeleur 1681 jusqu'au 1er août 1682 par le tuteur des enfants mineurs de Lamaury.
9. Son premier compte commence au 1er août 1682.

6 *février* 1688. — Continué.

1ᵉʳ *juin* 1691. — Continué.

17 *juillet* 1693. — Louis Duriez.

4 *avril* 1708. — Jacques Duriez, en survivance de son père [1]. Interdit de ses fonctions le 1ᵉʳ décembre 1715, et remplacé le 4 par Jacques Gaverlot, commis pour achever le temps de l'exercice du sʳ Duriez.

20 *mars* 1716. — Antoine-Jérosme Titelouze.

21 *février* 1719. — Continué. Interdit de ses fonctions en 1746.

. . . . 1746. — Jacques-Hubert Hémart [2]. Caution : Marie-Anne Bruninghe, sa femme.

8 *novembre* 1764. — Thomas-Joseph Lenglart, sʳ d'Haffringhes, receveur [3].

31 *octobre* 1765. — Continué. Démission du 28 décembre 1765.

3 *février* 1766. — Charles-Antoine Lecomte-Thomassin [4].

31 *octobre* 1769. — Renouvelé pour 3 ans. Successivement renouvelé jusqu'en 1790, donna sa démission le 8 juin et mourut peu après [5].

---

1. Il ne prêta serment que le 10 avril 1711, année où il entra en fonctions.
2. Son premier compte va du 1ᵉʳ août 1745 au 1ᵉʳ août 1746. Il mourut le 13 novembre 1767.
3. Cautionnement du 10 septembre 1764 par ses frères et sœurs. (*Arch. de Saint-Omer* AB, xxxvi-2).
4. Il donna pour caution le sieur Dominique-Augustin Tresca, négociant, jusqu'à concurrence de 20.000 livres.
5. Son dernier compte va du 1ᵉʳ janvier jusqu'au 8 juin 1790, il est rendu par sa veuve dame van Pradelles Catherine-Thérèse.

PIÈCES JUSTIFICATIVES

I

1320-21

Compte des deux argentiers.

« Les Rechoites Antoine de Gand et Jehan de Wissoc
« commenchans à le Candelier lan xx, durans dusques
« à le Candelier lan xxi. »

RECHOITES

Pour vin à broke............	v^m v^c lib.
Vin en gros................	v^c xxx lib.
Goudale	xix^c x lib.
Poise	xi^c xxxiii lb.
Draperie..................	xiii^c lb.
Bley	xx^c lxxii lb.
Graterie..................	vii^c viiii lb. x ^{s}.
Quartier..................	xi^{xx} xix lb. xvi ^{s}.
Quiretaine................	xii^{xx} vii lb. iiii ^{s}.
Cordewan	vi^{xx} x lb.
Sayes	cent ix lb.
Taintelerie	xiii^{xx} v lb.
Boucherie.................	viii^{xx} xii lb. xviii ^{s}.
Pisson de mer	v^c lxxvi lb. xvi ^{s}.
Pisson de douce ewe.......	lxv lb.
Scel ^{1}	vi^{xx} iii lb. xii ^{s}.
Seelet	lvii lb. x ^{s}.
Filey	xl lb.
Le aune..................	xxix lb.

1. Dans le compte de 1332: « pour seel asconnissances viii^{xx} viii lb. »

Lissue	v^c xv lb.
Borgoisie.................	lxviii lb.
Catels dorfenins............	vii^{xx} lb.
Hanse	xlvii lb. vi ^{s} iiii ^{d}.
1 restor	cxviii lb. xviii ^{s}.
1 dette due à le ville	v^c xv lb. iii ^{s}.
Le verghe	vi lb.
Amendes	xii lb. xvii ^{s}.
Fouich	viii^c iiii^{xx} vii lb.
Tonlieu de Gisnes	xx lb. viii ^{s} vi ^{d}.
Cauchie...................	vii^{xx} xvii lb. xviii ^{s}.
Les censes de le terre.......	vi^{xx} viii lb. xx ^{s} xi ^{d}.
Les molins de Blendecques...	vii^{xx} x lb.
Halle au détail.............	cent lb.
Borgois forains	iiii^{xx} xi lb. xv ^{s}.
Caltre.....................	lxx ^{s}.
Rentier	vi^c lxiii lb. vii ^{s} ii ^{d}.
Somme des rechoites ...	xviii^m ii^c vii lb. vi ^{s} vii ^{d}.

Che sont les mises des dis argentiers en ladite année.

Pour menus frais	cxiiii lb. xii ^{s} xi ^{d}.
Pour grosses causes........	xix^c x lb. xiii ^{s} xi ^{d}.
Pour présens et p̄s ma dame.	iii^c lxxvi lb. xvii ^{s} vii ^{d}.
Pour pencion et draps de sergans..................	vi^c lxxvii lb. ix ^{s} vi ^{d}.
Pour rente yritaule..........	vi^{xx} iii lb. xvi ^{s}.
Pour rente à vie et leur arriéré	iiii^m xi lb. xvii ^{s} vii ^{d}.
Pour manaies et arriéré de manaies	iii^c lxxiii lb. xii ^{s}.
Pour detes deues...........	v^m vii^{xx} xiiii lb. xvii ^{s} x ^{d}.
Pour prest de lan xix	vii^c iiii^{xx} iiii lb. ix ^{s} vi ^{d}.
Pour catels d'orfenins	xv^c xxv lb. xxvi ^{d}.
Pour poures personnes......	x lb. xii ^{d}.
Pour roberie et arsin........	xiii ^{c} lviii lb. iii ^{d}.
Pour le œvre de le ville......	xiii ^{c} xxi lb. iiii ^{d}.
Somme des mises	xvii^m vii^c xliii lb. vii ^{d}.

(*Reg. au renouvell^t de la Loy* F, f. xvii v^o).

Chest chou que li ville doit de rente à vie dehors le ville et dedans par an — rente yritaule, catels dorfenins, et pluiseurs autres dettes lan Mil ccc et xxi, adont Maiieurs Jakeme de le Deverne et Jehan Bonenfant et eschevins leur compagnons.

Pour rente à vie dehors le ville	iiii^c iiii^{xx} xix lb.
Pour rente à vie dedens le ville	ii^m ix ^c x lb. x ^s.
Somme pour rente à vie dedens le ville et dehors..........	iii^m iiii^c ix lb. x ^s.
Pour rente yritaule.........	lxxvi lb. xi ^s iiii ^d.
Somme pour rentes à vie dehors le ville et dedens et pour rente yritaul.............	iii^m iiii^c iiii^{xx} vi lb. xvi ^d.
Pour catels dorfenins........	iiii^m ii^c xliii lb. v ^d.
Somme que li ville doit sour lettres obligatoires darrieres de rentes à vie yritaul, manaïes, pres, pensions et pluisieurs autres dettes......	ix^m ix^c iiii^{xx} xii lb. viiii ^s xi ^d.
Somme que on doit à ma dame dartois pour cause de nos revenues	vii^m lb.
Somme que on doit as bones gens de le ville du premier arsin du roy des forbours..	viii^m vi^c xxxii lb. v ^s iiii ^d.
Item pour reuberie et arsin par les aliiés.................	v^m xxxix lb. xix ^s vii ^d.
Somme que on doit dehors le ville et dedens darriérages et as orfenins de los catels et à me dame dartois	xxxiiii^m ix^c viii lb. iiii ^d.
Somme que on doit à le ville..	ii^m xxxv lb. xix ^s v ^d.
Somme que li ville doit, rabatu che que on li doit..........	xxxii^m viii^c lxxii lb. vi ^d.
Somme que li ville doit mains auwan¹ que antan.........	viii^m v^c xxxvi lb. xv^s v^d.

(*Reg. au renouvell^t de la Loy* F, f. xviii r°).

---

1. Auwan : en cette année.

II

1412-1413

Résumé du compte des deux argentiers

« *Compte de le Recepte et despense des deniers de le
« Ville de Saint-Omer faites par Andrieu de Morcamp
« et Julien le May, argentiers de led. ville, commenchans
« à le Chandeleur lan mil* IIII^c *et douze et finans à le
« Chandeleur lan mil* IIII^c *et treze, tant du domaine
« comme des assis, esquels assis Mons. le Duc prend le
« quart, reservé lassise du blé et autres grains et es cer-
« voises brassées en le ville où il prent le quint seulement,
« et se fait iceulx comptes à monnoie roial, oy ce compte
« par Mons. de le Viesville, Jehan de Pressy et Jaques
« de le Tanerie ad ce commis par Mons. de Charolois*[1]* ».*

Voici les titres des divers chapitres :

RECETTE

Rechoipte des rentes héritaules appartenans à la dite ville[2], paié à monnoie du roy.

Autre recepte pour tenemens baillées à pluiseurs personnes leurs vies durans.

Louaiges qui se paient à trois termes est assavoir Noel, Pasques et Saint Jehan Baptiste (maisons, prés, fossés, moulins).

Autres louaiges qui se paient à la St Michel.

Hallages et estalages pour les termes de Noel et de St Jehan Baptiste

    des candilliers de chire.

---

1. « Mons. le comte de Charolois aiant en l'absence de Mons. le
« duc de Bourgoigne le gouvernement de ses pais et contés de
« Flandre et d'Artois » porte la commission donnée à Gand le
19 février 1414 pour la vérification du compte de 1412-1413.

2. Se paient aux termes de Noel, « au jour Saint Thomas après
Noel » à Paques, St Jehan et Saint Miquiel (Michel).

    des cordewaniers de la ville.
    des keuriers des bouchiers.
Etalages des boulenghiers.
    des tanneurs.
Halles des toilles.
    des laines.
    des merchiers.
    des wantiers.
    des fripiers.
    des nouveaux vairiers.
    des coniniers.
    des caucheteurs.
    des tasseteurs et coroyeurs.
    des pourpointiers.
    des draps à détail.
    des draps deskirés sans loy qui se vendent en
      la halle devant le maison de le Royne
      en le tenne rue[1].
    des laynes (en sacs).
    des couteliers.
y compris la cense du petit pois...... 709^l 19^s 11^d.
 Senssient les parties qui sont à le ville, lesquelles ont esté vagues pour ceste présente année, et autres qui sont bailliés à vie qui ne rendent aucun pourfit. »
 Value de..... et baronnie du Wal[2]. »
 Value de cauchie et fouych...... 642^l
 Aunages des draps et toilles..... 47^l 12^s 3^d ob.
 Issue...................... 300^l
 Rechoipte de nouviaux bourgois qui paient cascun

---

1. V. Pagart d'Hermansart : *Les anciennes Communautés d'arts et métiers à Saint-Omer*, t. I. p. 531.

2. « Ladite terre na rendu aucun pourfit cest an pour fait des « guerres, et pour ce nient. » Cette baronnie, dite la ville de Walle-lez-Surque, avait été vendue par décret sur le s^r Griffon, de Licques, à la requête du Magistrat et du s^r de la Personne, conseiller de ville, le 16 janvier 1403.

pour une fois au pourfit de le ville x^s à xi^d le grant acroupy...................... 57^1 10^s 1^d par.

Value des nouviaux aprentis des III mestiers qui paient cascun pour une fois x^s le grant acroupy pour xi^d........................ 28^1 19^s 8^d par.

Value des amendes et fourfaitures appartenans à le ville, rechus par s^{re} Estevene Despleque et s^{re} Jaque Platel....................... 58^1 11^s 2^d par.

Senssient les noms de pluiseurs qui en lan de compte ont esté bany, et leur a esté quittiet, et nient rechupt.   »

Senssient les noms de pluiseurs qui en l'an de ce compte ont esté tenus d'amendes, desquels on na peu recevoir le droit de le ville, tant pour leur povreté comme parce quilz sont fugitifs et ne repairent point en led. ville, bailliés oultre par s^{re} Estevene Despleque et s^{re} Jaques Platel, qui ou dit temps ont rechupt lesd. amendes et fourfait.   »

Item senssient les noms de pluiseurs autres, ou temps du compte précédent tenus damendes et fourfaitures qui nont point paiet les drois de le ville pour les causes paravant dites, bailliés outre par s^r Jehan le Reude alors argentier, comme il appert oudit compte.   »

Item senssient les noms de pluiseurs autres qui furent tenus damendes et fourfaitures, qui nont point paiet les drois de lad. ville pour les causes paravant dites, baillés oultre par s^{re} Estevene Despleque et s^{re} Jaques Platel en lan mil IIII^c et onze, comme il appert par le compte de lan XII.   »

Value des drois de le hanse a esté fait à xi^d lacroupy, et doit cascun pour x ans duran, xl^s.... 50^1 9^s 10^d

Value des hallages sour le fait de le drapperie nommé le caltre............................. 625^1

Autre recepte de vins venus au roy, appartenant as marchans estrainguiers, dont cascune pièce paie vi^d monnoie courante...................... 3^s 6^d p.

Value des deniers empruntés pour les besongnes de le

ville pour cest an, monnoie roial [1]............. 900 l
    Rechoiptes de vieuses debtes (id)...... 14 l 2 s 10 d
    Rechoipte de lassis du grain..... 1046 l 9 s 7 d ob.
    Rechoipte commune à monnoie roial. Autre recepte de tisserans de toilles qui sont estraingiers et viennent faire et tenir leur d. mestier après ce quilz sont juré bourgeois en le ville, dont à le ville en appartient pour cascun v s monnoie courante............. 28 l 7 s 1 d
    Somme des recettes du Domaine de le ville..................... 3931 l 9 s v d
    Autres rechoiptes de pluiseurs assis, esquels monsieur le duc prent son quart, réserve des cervoises brassées en le ville dont il ne prent que le quint [2].
    Recepte de lassis du vin.
    Cense de lassis des cervoises, esquelles monsieur le duc ne prent que le quint de celles qui sont brassées en ceste ville.
    Censes de lassis du blé... de le drapprie et sayes... de le taintelerie... du cuir tanné et à tout le poil, cordewan et bazane... de le boucherie... de bos et quartier... de pois et graterie... du poisson de mer.................. 12.522 l 12 s 11 d ob. p.

DÉPENSE

    Rentes héritaules .... 70 l 15 s 10 d
    Rentes à vie que la ville doit ...... 5788 l 16 s 4 d
    Autre despense de rentes viagières que mons. le duc doit sour son quart des assis, lesquelles le ville a paiet pour mond. sengneur lan de ce compte .... 1483 l 19 s 9 d
    Autre despenses pour les Aides du Roy (monnoie roial)...................... 1800 l 4 s 1 d p.
    Despense pour pensions de le cambre (traitements du chapelain, du clerc de le halle, des deux argentiers, du clerc de l'argenterie, des sergans, wettes, messagers,

---

1. Il s'agit d'un seul prêt fait en juillet 1413.
2. Ce quint valait 3440 l.

escarwette, roy des ribaux, commis, receveurs des amendes et fourfaitures de le ville)......... 313¹ 12ˢ v ᵈ.

Despense pour pensions foraines, gaiges et salaires des consilliers tant dehors le ville comme dedens, et autres serviteurs d'icelle............ 1441¹ 12ˢ 8 ᵈ ob.

Despense de vins et chires délivrés aux maieurs, eschevins les dix, clerc et argentiers de le ville, et se compte au par..................... 84¹ 16ˢ 11 ᵈ.

Despense pour draps des sergens et autres officiers de le ville, et se fait à monnoie roial ..... 84¹ 16ˢ 11 ᵈ.

Despense pour voyages, messageries de cheval et de piet qui se comptent à xi ᵈ lacroupy 309¹ 6ˢ 9 ᵈ, qui valent au par........................ 289¹ 5ˢ.

Despense pour procès, escriptures, impétracions de mandemens et salaires de sergans et autres semblables, et se fait à monnoie du roy............. 191¹ 15 ˢ.

Despense pour les chevaucheurs des iiii sergans de Messieurs (monnoie courante) 74 ˢ à xi ᵈ lacroupy, val. au par............................... 69 ˢ 2 ᵈ ob.

Despense pour rentes à vie racatées au pourfit de le ville (monnoie du Roy) .... 10 ˢ.

Despense pour présens de vins, poissons et volilles.
13¹ 16ˢ 8 ᵈ.

Despense pour poisson et volille   20¹ 7 ˢ monn. cour.
Présens fais par Pierre de Morcamp...... 6¹ 6 ᵈ.

Despens pour dons et courtoisies fais aux arbalestriers et archiers de le ville tant pour le jour de may comme autrement, et se fait lacroupy à xi ᵈ 44¹ 6 ˢ 8 ᵈ ob., val. au par............................... 41¹ 9ˢ 2 ᵈ.

Despense pour dons daumosne, monnoie courante 86¹ 16ˢ, val. au par..................... 74¹ 8ˢ.

Despense pour le franque feste qui se fait à xi ᵈ lacroupy 86¹ 3ˢ 11 ᵈ, val. au par........ 80¹ 12ˢ.

Autre despense pour le fait du caltre et eswart des draps fais en la ville, monnoie courante 256¹ 14ˢ, val. au par............................... 220¹ 7 ᵈ.

Despense pour povres prisonniers (acroupy val. 12 ᵈ)

15ˢ monnoie courante, val. au par........ 12ˢ 10ᵈ.

Despense pour cateux dorphelins paiet par les argentiers, ci...................... 194ˡ 1ˢ 9ᵈ par.

Despens pour gaiges, salaires et autres frais pour le gait de jour et de nuit aux portes, tour du castel et forteresses de le ville, à xıᵈ lacroupy 653ˡ 15ˢ 6ᵈ, val. au par............................ 611ˡ 6ˢ 4ᵈ.

Despens de bouche fais par nos seigneurs maieurs et eschevins pour lestat et honneur de le ville et recepvoir les singneurs venans en icelle, monnoie courante 59ˡ 7ᵈ, val. au par....................... 50ˡ 9ˢ 10ᵈ.

Despens pour dons et courtoisies fais pour lonneur de le ville, monnoie courante 1298ˡ 14ˢ, val. au par................................ 1113ˡ 4ˢ 5ᵈ.

Despens pour le visitation des comptes de le ville pour lan commenchant à le Candeleur lan mil ııııᶜ et xı et finant à le Candeleur lan ııııᶜ et douze par les commissaires chy après nommez pour ce envoyés par Mons. le duc de Bourgoigne, et se fait à monnoie du Roy .... 84ˡ 16ˢ 11ᵈ.

Autres despens pour prests fais à Mons. le Duc. Monnoie du roy................... 1213ˡ 6ˢ 11ᵈ.

Despense commune, monnoie courante 4054ˡ 9ˢ 9ᵈ ob., val. au par.................... 3891ˡ 19ˢ 10ᵈ ob.

Despens pour le fait de la guerre, monnoie courante 12ˡ 12ᵈ, val. au par................... 10ˡ 6ˢ 7ᵈ.

Despense pour pertes de monnoies, monnoie courante 10ˡ 11ᵈ, val. au par............... 8ˡ 12ˢ 2ᵈ ob.

Despense pour les mises du vin prins par Mons. le Duc depuis le xxvᵉ jour de septembre jusques al xıᵉ jour doctobre, monnaie courante 368ˡ 19ˢ 9ᵈ, val. au par............................... 340ˡ 8ˢ 4ᵈ.

Chy apres senssient les ouvraiges de le ville fais de puis le thiephaigne lan mil quatre cens et douze jusques à le thiephaigne mil ııııᶜ et treze, auxquelles frais faire viseter et certefler pour ledit temps ont par noss. esté commis s. Jaque Platel et s. Nicole de Wissocq, monnoie courante 1637 ¹ 10 ˢ 10 ᵈ, val. au par.   1403 ¹ 12 ˢ 3 ᵈ.

Autre despense de pluiseurs parties de maises ⁱ debtes qui ont été bailliés oultre par aucuns de nosseigneurs qui ont rechupt ou nom de le ville aucunes des fermes dicelles, et de pluiseurs autres debtes comme cy après sera déclariet. De quoy les argentiers nont peu avoir aucune cose, au par.................   409 ¹ 18 ˢ 5 ᵈ.

Autre despense de vieuses debtes bailliés en arriérage au compte précédent et paiés ou temps de ce compte, au par............................   2936 ¹ 8 ˢ 2 ᵈ.

Comme pour toute la despense de ce présent compte.
      xx^m vi^c xviii ¹ vii ˢ ix ᵈ par.

Et la rechoipte monte..   xvi^m ii^c xxxiiii ¹ iiii ˢ vii ᵈ.

Ainsy est deu as argentiers   iiii^m iii^c iiii^{xx}iiii ¹ iii ˢ i ᵈ.

Et ils doivent pour arriérages pour lan de ce compte.
      ii^m ix^c xxxvi ¹ viii ˢ ii ᵈ.

Par ainsi est deu as dis argentiers.
      mil iiii^c xlvii ¹ xviii ˢ xi ᵈ.

Item leur est deu par le fin du compte précédent.
      iiii^m cxxi ¹ xvi ˢ ob. par. ²

Reste quil leur est deu par le fin de ce présent compte et de tous autres précédens .....   v^m v^c lxix ¹ xi ˢ. ³

Suivent : l'arrêté de compte par les trois commissaires ci-dessus désignés, appelés le procureur général d'Artois, les bailli et receveur de Saint-Omer, et en présence des mayeurs, échevins et autres de la ville « sur « la fourme et manière escripte ès marges dudit « compte », et la constatation du refus par ces derniers « de baillier la coppie dud. compte » pour la déposer en la chambre des comptes de Lille ⁴.

Le 7 avril 1445 après Pâques.

1. Menues.
2. En marge : « Il est ainsy au compte précédent. »
3. En marge : « Laquelle somme est deue par lesd. argentiers à « pluiseurs personnes cy après declariés p. arriérages de lannée de « ce compte et autres précédens. »
4. Voir ci-dessus chap. III. p. 38 et 39.

Suit la Commission du duc de Charolais datée de Gand le 19 février 1414, ordonnant ce dépôt.

« Senssient le déclaration de pluisers personnes
« auxquels ledite somme de v^m v^c LXIX ^{1} XI^s par. chy
« dessus est deue, etc. »

III

18 Janvier 1673

Ordonnance du roi d'Espagne Charles II, réglant les gages du Magistrat[1].

« *Consept de règlement pour ceux du Magistrat et*
« *aultres officiers de la ville de St Omer* ».

« Charles par la grâce de Dieu roy de Castille, de
« Léon, d'Arragon, etc... Scavoir faisons qu'ayant ouy
« ceux de nostre Conseil d'Arthois sur diverses repré-
« sentations que nous ont faict les Mayeur et Eschevins
« et dix Jurez pour la communaulté de nostre ville de
« St Omer, et eu l'advis de noz très chers et féaux les
« chef président et gens de nostre Conseil privé, Nous
« avons ordonné par forme de reglement provisionel et
« ordonnons par ceste, à la délibération de nostre très
« cher et féal cousin Don Juan Domingo de Zuniga et
« Fonseca, comte de Monterey et de Fuentes, marquis
« de Ferracona, gentilhomme de nostre chambre...
« lieutenant gouverneur et capitaine général de nos
« pays bas et de Bourgoigne..., que tous les vieux gages,
« récompenses, robbes, chires, vins ordinaires et
« extraordinaires dont ont jouy cy-devant ceux du
« magistrat de St Omer et leurs suppôts seront et
« demeureront anéantyz et qu'au lieu d'iceux ils auront
« les gages suivans :

1. Nous avons déjà cité ce règlement dans nos Notices sur les conseillers pensionnaires, les procureurs et les greffiers de la ville de Saint-Omer.

« Sçavoir le mayeur quatre cent soixante huit florins
« treize solz six deniers.

« Le lieutenant du mayeur pour pareilles causes deux
« cens soixante huict florins treize solz six deniers.

« Eschevins commis à l'artillerye deux cens trente
« quatre florins treize solz six deniers chacun.

« Eschevins commis aux ouvrages pour les mesmes
« raisons deux cens soixante cincq florins treize solz
« six deniers, ordonnant que doresenavant tous ouvraiges
« se donneront à raval[1], et que nulz vins seront mis
« au marchez, interdisant pareillement ausd. commis
« de despescher mandat pour plus de six florins, vou-
« lant et entendant que les aultres se despescheront par
« le Magistrat quy en debvrat tenir registres et nottice
« pour ne charger les entremises oultre leur portée, et
« qu'en oultre ilz n'auront plus à se servir des maistre
« pionnier.

« Aux commis aux rivières à chascun deux cens
« trente huict florins treize solz six deniers.

« Aux aultres eschevins ordinaires deux cens vingt
« huict florins treize sols six deniers, sauf qu'au
« commis aux logemens lesd. mayeur et eschevins, par
« dessus iceulx deux cens vingt huict florins treize solz
« six deniers, luy pourront donner par forme de gages
« vingt florins, eux touttesfois entiers (: veuz les tra-
« vaux :) de les pouvoir augmenter jusques à la somme
« de cincquante florins, à condition néantmoins de ne
« faire aulcuns fraiz en la maison de ville à la charge
« d'icelle.

« Au Mayeur juré au conseil cent dix huit florins.

« Aux Eschevins jurez au conseil chacun cinquante
« noeuf florins huict solz.

« Aux Eschevins commis aux portes, par chacun an,
« par dessus l'ordinaire des aultres, chacun vingt
« florins.

---

1. Rabais.

« Au mayeur desdits jurés vingt huict florins douze
« solz par dessus ce quy luy revient aux choeures.

« Aux neuff aultres trente deux florins douze solz
« chacun.

« Au conseillier principal six cens florins treize sols
« six deniers, attendu qu'il jouyt encore d'une maison
« appartenante à la ville.

« Au conseillier second cincq cens florins huict solz.

« Au greffier principal six cens trente sept florins
« treize solz six deniers, sans toucher aux émolumens
« ordinaires et journaliers de sa charge.

« Au procureur de ville trois cens septante sept
« florins huict solz.

« Au greffier du crime deux cens quatre vingt dix
« noeuf florins dix huict solz, sans y comprendre les
« émolumens de son greffe.

« Au petit bailly nihil.

« Au premier sergeant à verges cent et vingt florins.

« Au second soixante florins.

« Au troiziesme soixante florins.

« Au quatriesme soixante florins.

« Au premier escrauwette[1] quarante florins.

« Au deuxiesme quarante florins.

« Au messagier à cheval septante et ung florins
« huict solz.

« Au serviteur des dix jurez vingt quatre florins.

« Aux hallebardiers noeuff solz à chacun par jour.

« Au chepier[2] dix florins pour gages, à condition
« néantmoins que se payeront ses desboursés sur la
« déclaration qu'il en debvra dresser, laquelle il debvra
« affirmer chacque année.

« Au maistre maresquier vingt florins pardessus les
« journées quil travaille.

« Concierge de la halle trente florins.

1. Escarwette.
2. Gardien des prisons.

« Portier de Lizele cincq florins par mois.

« Distributeurs des chandelles et houiles de la garde
« huict florins.

« Maitre pionnier nihil pour icelluy n'estre néces-
« saire.

« Ramonneur du marché six florins par mois, en
« livrant par luy les ramons.

« Conducteur de l'horloge dix florins.

« Le greffier des orphelins trente florins.

« Et au major Rambert cincquante florins tant et sy
« long temps que le Magistrat ne luy pourvoira de
« logement et qu'il continuera ses debvoirs.

« Sy, ordonnons à ceux dudict Magistrat et à tous
« aultres à quy ce peut toucher, de se conformer au
« présent règlement, sans loutrepasser en façon quel-
« conque, ny donner aulcune récompense soit en argent,
« vin ou aultre à quy quil ce puisse estre, déclarant
« que cedit règlement commencera avoir effect pour la
« magistrature de la présente année, et que, pour le
« passé, pourront estre passées aux comptes de la dicte
« ville les récompenses accordées antérieurement par
« ledict Magistrat.

« Car ainsy nous plaist-il. Donné en nostre ville de
« Bruxelles le dix huictiesme de janvier l'an de grâce
« mil six cent septante trois et de noz règnes le
« huitiesme.

« Par le Roy,
« en son Conseil.

« VAN . . . . . » (illisible).

Grand sceau de cire rouge brisé.

(Arch. de Saint-Omer CXXI-14).

IV

1715-1716

Aperçu du compte de l'argentier.

Le compte est présenté par le compteur à M#gr# de Bernage, intendant de Picardie et d'Artois, en présence de Messieurs du Magistrat et 10 jurés pour la communauté.

Il est intitulé :

« *Compte premier que fait et rend M#e# Antoine-Jerosme Titelouze, argentier de la ville de Saint-Omer, pour un an commencé le 1#er# août 1715 et fini le dernier juillet 1716, tant de la recette que les sieurs du Rietz, Gavelot* [1], *et luy, depuis quil est en place, ont faite des biens et revenus attachés à l'entremise de la ville et à celle des rivières et batteaux qui y sont jointes par résolution du Magistrat du 3 juin 1680, que de la dépense que les dits sieurs du Rietz, Gaverlot et luy ont faite par tous les payemens et déboursez couchez cy-après, le tout en monnoye présentement courante conformément à l'édit de Sa Majesté, avec protestation de faire reprise par chapitres séparés ou autrement des sommes et parties que le rendant compte justifiera de n'avoir pu recevoir des fermiers et débiteurs soit par insolvence ou autrement.* »

Voici les titres des divers chapitres :

RECETTES

Recette des rentes et reconnaissances dues à la ville sur les maisons cy-après.... 50 #l# 17 #s# 1 #d# 9 chapons.

Recette des accords et consentemens anciens faits et donnez à plusieurs personnes par M#rs# du Magistrat

---

1. Gaverlot avait remplacé par intérim Durietz après qu'on eût fermé les mains à ce dernier. (V. chap. IV, p. 67.)

pour les causes et à la charge des reconnaissances cy-après.

Autres accords depuis 1604.

Accords nouveaux depuis 1680.... 35¹ 5ˢ 4 chap.

Recette des rentes et reconnaissances dues à la ville sur les moulins à leau et à vent situéz en la ville et banlieue .... 83¹ 17ˢ 6ᵈ.

Recette des droits et reconnaissances dues à la ville, à raison de six sols trois deniers à la mesure, sur les parties de pâtures communes aliénées en conséquence de lettres patentes de S. Mᵗᵉ du 2 avril 1647.

11¹ 6ˢ 16ᵈ pite.

Autre recette de pareils droits sur parties de pâture aliénées en conséquence de lettres de S. Mᵗᵉ du 9 décembre 1651...................... 24¹ 16ˢ 10ᵈ.

Autre recette à raison de 5 sols à la mesure sur parties de pastures aliénées les 22 et 23 nov. 1661.

18¹ 11ˢ 5ᵈ 1/2.

   id.   aliénation d'octobre et nov. 1662.

13¹ 14ˢ 3ᵈ.

   id.   id. 20 et 24 sept. 1661. 8¹ 10ˢ 8ᵈ.

   id.   lettres de S. Mᵗᵉ des 21 août, 25 sept. 1696 et 8 juin 1697...................... 3¹ 7ˢ 06ᵈ.

Recettes des rentes héritables dues à la ville, tant sur le quart du Roy dans une partie des fermes que par aucunes autres personnes............. 91¹ 7ˢ 6ᵈ.

Rentes engagées à la table des pauvres de Sᵗᵉ Aldegonde et de Sᵗ Denis.................. Mémoire.

Recette des rendages des terres et fonds appartenant à la ville........................ 250¹.

Recette des loyers des maisons, échoppes, voûtes et caves appartenant à la ville.............. 282¹ 6ˢ.

Recette des estalages : des poissonniers, des bouchers, des cordonniers, des gantiers............ 235¹ 13ᵈ.

Etats et offices afférans à cette ville, donnés en ferme et vendus à vie pendant l'année de ce compte (boucher, porteur au sac, mesureur, brouetteur, etc.).. 2983¹.

Value de la hanse et d'aucuns autres droits dus à la ville. »

Value du droit d'issue. »

Bourgeois nouveaux receus à charge de payer le droit ordinaire de 25 sols chacun,

Amendes des fourfaitures,

   id. des escauwages,

               ...ensemble...... 692 ^{l} 6 ^{s}.

Recette pour un an, du 1er août 1715 au dernier juillet 1716, de la value des assises et crües, dans partie desquelles Sa M^{té} a droit d'un quart. Autres impost de l'entremise des rivières prinse et annexée à celle de le ville ensuite de la résolution de Mess. du M^t du 3 juin 1680...................... 63197 ^{l} 13 ^{s} 4 ^{d}.

Value des assises et criées dans lesquelles Sa M^{té} n'a aucun droit de quart............... 14108 ^{l} 6 ^{s} 8 ^{d}.

Produit des barques............. 4005 ^{l} 11 ^{s} 5 ^{d}.

Rendage des hemps situez près de la ville de Gravelines .... 8444 ^{l} 19 ^{s}.

Recette extraordinaire .... 26832 ^{l} 17 ^{s} 5 ^{d}.

DÉPENSES

Despense pour le payement des rentes et droits héritables deus par la ville .... 3139 ^{l} 11 ^{s} 1 ^{d}.

Autres rente dont les deniers principaux sont renseignez au compte de l'an 1593........ 1462 ^{l} 14 ^{s} »

Autres rentes : compte de 1523...... 131 ^{l} 10 ^{s} 10 ^{d}.

   id.   1612...... 612 ^{l} »

   id.   1627...... 611 ^{l}

   id.   1632, 1633,

      1635, 1637......... 4297 ^{l} 0 ^{s} 9 ^{d}.

Redevance pour la part de la ville en l'ancienne aide d'Artois .... 2066 ^{l}.

Rentes concernant les rivières et autres redevances.
                                          1527 ^{l} 18 ^{s}.

Pension de la chambre .... 9460 ^{l} »

Autres pensions et gages non compris dans le règ^t de

Sa M^té du 18 may 1673 [1], et Draps de robe et autres.
Ensemble.... 3177 l 16 s 5 d.
Voyages à pied et à cheval .... 580 l 13 s 6 d.
Procez et écritures............... 512 l 16 s 0

Chevauchées ordinaires pendant l'année du présent compte : l'une la veille de Noel 1715 et l'autre la veille de St Jean-Baptiste 1716, Présence aux deux expositions qui se sont faites du chef de St Omer pendant l'année .... 98 l 10 s »

Vins extraordinaires, autrement dits vins d'honneur, présentés par MM. du M^t aux personnes cy-après. — Courtoisies le jour du 1er may aux arbalestriers, archers et arquebusiers. — Récompense de leschevin commis au logement et de son commis. — Franche feste de la veille de St Jean-Baptiste. — Dons gratuits accordés par MM. du M^t .... 839 l 8 s 3 d.

Despense au renouvell^t de la loy de lan 1716. — Despense pour les vins de St Martin, mouton et vins des Roys, vins de Carnaval et poisson de Carême. — Les Escauwages de 1716................. 893 l 16 s 7 d.

Dons d'aumosnes................. 1560 l 12 s 0

Dépense commune : Despense pour la manufacture (de draps). — Entretien des bâtiments de la ville et autres ouvrages, des pipes. — Levée des boues, immondices pour le nettoyement des rues et places publiques. — Réparation des chemins de la banlieue et pavement des rues de la ville. Ensemble .... 5919 l 6 s 2 d.

Provision des estoffes, matériaux et autres fournitures achetez pendant le temps de ce compte.
2249 l 19 s 6 d.

Despense concernant les rivières, ponts et barques. — Gages des commis aux rivières. — Despense pour la reconnaissance deue à Sa M^té sur les impôts des rivières. — Despenses pour la closture du compte des rivières, du compte des barques et bateaux.. 4160 l 1 s »

---

1. Il s'agit sans doute du règlement publié ci-dessus III.

Despense tant pour le quart du Roy en plusieurs fermes que pour autres droits deus à Sa M^té   4690 l. 0

Despense concernant les hemps près de la ville de Gravelines .... 818 ¹ 9 ˢ »

Despense à cause des malys des comptes de l'estat major et des cazernes de l'année 1716.   5066 ¹ 11 ˢ 6 ᵈ.

Despense extraordinaire : Paiement d'aucuns anciens arrérages. Modérations accordées à diverses personnes.
20110 ¹ 11 ˢ

Despense des vins tant ordinaires qu'extraordinaires à Mgr l'Intendant, auditeur de compte.   82 ¹ 8 ˢ 9 ᵈ.

Despense pour l'audition du compte.   433 ¹ 14 ˢ 0

La dépense est de.....   74503 ¹ 18 ˢ 8 ᵈ
La recette...........   121324 ¹ 2 ˢ 2 ᵈ pite et 1/2.
Le comptable doit ....   46820 ¹ 16 ˢ 6 ᵈ pite 1/2.

V

8 Janvier 1765

Etat sommaire des finances de la ville

La recette générale tant en rentes, redevances, loyers de terres et de maisons et des impôts montait à .... 81130 ¹ 1 ˢ 8 ᵈ

L'année commune du boni des comptes des cazernes............ 1578 ¹ 10 ˢ 10 ᵈ

82708 ¹ 12 ˢ 6 ᵈ

La dépense portait :
Pour l'ancienne aide de la ville due au roi et pour l'indemnité à cause du fief du poids............ 2083 ¹ » »

Différentes rentes.............. 11264 ¹ 6 ˢ »

Les pensions et gages des officiers municipaux................. 9252 ¹ 3 ˢ 4 ᵈ

22599 ¹ 9 ˢ 4 ᵈ ob.

Report.......	22599 l	9 s	4 d ob.
Autres pensions et gages.......	6544 l	5 s	1 d
Les frais de députations, conduite des criminels et autres......	1202 l	6 s	»
Les frais de procès civils et criminels......................	1467 l	2 s	9 d
Les chevauchées, etc..........	101 l	15 s	5 d
Les vins d'honneur...........	2239 l	6 s	5 d
Les frais de renouvellement de la loy, vins, poissons et les écauwages......................	925 l		
Aumônes...................	12081 l	5 s	»
Entretien de bâtiments.........	6993 l	14 s	3 d
Entretien de lanternes, chemins, pavés.......................	6934 l	12 s	6 d
Achats d'étoffes, matériaux, etc..	4724 l	18 s	
Curements de rivières, barques, ponts, etc..................	16266 l	12 s	6 d
Différents droits dus au roi.....	432 l	10 s	»
Dépense pour la chapelle, la prison, les vingtièmes, etc........	6525 l	12 s	3 d
Ce qui restait à payer pour les réparations des fontaines [1].......	21000 l	»	»
Par le bref état du s^r Hémart, précédent trésorier, la ville paraissait lui devoir..............	22543 l	15 s	6 d
Les entretiens, entreprises, réparations, pavés................	24192 l	13 s	3 d
Pour ce dont la ville devoit contribuer, année commune, pour la dépense de l'état major, l'impôt à ce destiné ne suffisant pas......	4912 l	12 s	10 d
Total de la dépense....	161688 l	16 s	1 d
Total de la recette.....	82708 l	12 s	6 d
Excédant de la dépense....	78980 l	3 s	7 d »

(*Registre* A *des notables 1765*, f. 4 et suivants).

1. La réparation des tuyaux coûta en tout 25.000 livres.

VI

1786-1787

Comptes de l'argentier

1.

COMPTE DES OCTROIS SAINT-OMER 1786 A 1787

« *Compte vingt-deuxième que fait et rend le sieur*
« *Charles-Antoine Lecomte-Thomassin, trésorier-rece-*
« *veur de la ville de Saint-Omer, tant des recettes*
« *concernant les octrois de ville, des rivières, du guet,*
« *des cazernes et d'Etat-major de cette ville, que des*
« *dépenses par lui faites dépendantes desdites parties,*
« *pendant l'exercice commencé : quant aux recettes le*
« *premier aoust mil sept cent quaire vingt six et fini le*
« *dernier juillet mil sept cent quatre vingt sept, et quant*
« *aux dépenses, commencé le premier janvier et fini le*
« *dernier décembre de ladite année mil sept cent quatre*
« *vingt sept, le tout en monnoye courante, conformé-*
« *ment aux édits de Sa Majesté, à protestation de faire*
« *reprises par chapitres séparés ou autrement des som-*
« *mes et parties que le rendant justifiera n'avoir pu*
« *recevoir des fermiers ou débiteurs, soit par insolvance*
« *ou autrement.* »

RECETTE

« 1° Accises et crues de la ville de St Omer adjugées
« le 13 juillet 1786 pour un an commencé le 1er aoust
« de ladite année et fini le dernier juillet 1787 ; dans
« quelques-unes desquelles le Roy a certaines parts.
            79246^l 13^s 9^d.

« 2° Octrois concernant la partie des cazernes de
« cette ville pour le même terme que celui du chapitre
« précédent...................... 48905^l 1^s 10^d.

« 3° Octrois concernant la partie de l'Etat major de

« cette ville pour le même terme que celui mentionné
« aux chapitres précédents........ 10805¹ 12ˢ 7ᵈ.
« Somme totale des trois chapitres 138957¹ 8ˢ 2ᵈ ¹.

DÉPENSE

« 1° Payement des cours des rentes et redevances dont
« les différents renseignements sont au compte de 1774
« à 1775 .... 11925¹ 9ˢ 6ᵈ pᵗᵉ

« 2° Pensions, gages et autres
« émoluments réunis du Magistrat
« et des officiers et suppôts atta-
« chés à l'hôtel de ville.......... 14156¹ 17ˢ 3ᵈ

« 3° Autres pensions et gages
« à divers en faveur du bien pu-
« blic et dons gratuits 7234¹ 1ˢ 4ᵈ

« 4° Députations, frais de voya-
« ges et messages.............. 916¹ 12ˢ »

« 5° Procès et écritures....... 999¹ 17ˢ 3ᵈ

« 6° Visites des maisons et rues
« de cette ville et des chemins et
« canaux de la banlieue, etc..... 346¹ 15ˢ »

« 7° Dons d'aumônes......... 16961¹ 12ˢ 9ᵈ

« 8° Dépense commune....... 1327¹ 14ˢ 6ᵈ

« 9° Réparations et entretiens
« des lanternes et reverbères pu-
« blics, fontaines et chemins.... 23833¹ 16ˢ 8ᵈ

« 10° Bois de chauffage et ha-
« billements de suppôts......... 2466¹ 12ˢ 3ᵈ

« 11° Rivières, digues et ponts. 10551¹ 13ˢ 6ᵈ

« 12° Dépense extraordinaire ². 14089¹ » 9ᵈ

« 13° Reprises sur les octrois
« de la ville.................. 2045¹ 2ˢ 2ᵈ

« Somme totale............ 106855¹ 4ˢ 11ᵈ pᵗᵉ

1. Arrêté le 19 juin 1788 dans l'assemblée des mayeur, échevins, conseil et anciens échevins et vu par l'intendant Esmangart le 8 janvier 1789.

2. « Parmi ces dépenses on voit : au sʳ Couture, architecte du Roy
« à Paris pour frais de voyages par lui faits en cette ville, avoir visité

DÉPENSE DES CAZERNES

« 1º Payement des cours des rentes. 7¹ 10ˢ 2ᵈ p.

« 2º Payements aux portiers et
« consignes des portes de la ville,
« aux guetteurs, escarwettes, etc.,
« pour leurs gages et autres émo-
« luments...................... 1719¹ »

« 3º Chauffages et chandelles
« aux troupes................. 10332¹ 5ˢ 5ᵈ

« 4º Fournitures de lits et ustensiles aux officiers et
« soldats de la garnison, des loyers et fournitures des
« corps de gardes et des magasins pour l'entrepôt des
« bleds de munition, des entretiens des pavillons et ca-
« zernes ; des logemens ordinaires et extraordinaires
« d'officiers ; des transports de troupes ; petites fourni-
« tures et conduites de soldats provinciaux à Arras et
« autres frais................. 41534¹ 18ˢ 10ᵈ

« 5º Emoluments aux officiers
« municipaux 536¹ 5ˢ 6ᵈ
« Somme totale.............. 54129¹ 19ˢ 11ᵈ p.

DÉPENSE D'ÉTAT-MAJOR

« 1º Payement des cours des
« rentes..................... 474¹ 1ˢ 10ᵈ ob.

« 2º Etrennes, logements, us-
« tensiles et autres émoluments à
« MM. les officiers de l'Etat-major
« de cette ville, et autres objets
« qui les concernent........... 13735¹ 9ˢ »

« 3º Emoluments aux officiers
« municipaux .... 239¹ 12ˢ »
« Somme totale.............. 14449¹ 2ˢ 10ᵈ ob.

« les bâtiments de l'hôtel de ville et fourni au Magistrat les plans en
« projet de sa reconstruction . . . . 6000 l. »

Il serait curieux de retrouver ces plans, car cet ancien hôtel de ville fut démoli seulement en 1832 et on commença en 1834 la reconstruction du nouveau dans un style absolument différent de l'ancien.

RÉCAPITULATION

« Les trois espèces de dépenses
« s'élèvent à.................... 175434¹ 7ˢ 9ᵈ
« La recette à 138957¹ 8ˢ 2ᵈ

« La dépense excède la recette de 36476¹ 19ˢ 7ᵈ [1]

2.

COMPTES DES PATRIMONIAUX SAINT-OMER 1786 A 1787

« *Compte vingt deuxième que fait et rend le sieur*
« *Charles Antoine Lecomte Thomassin, trésorier-rece-*
« *veur de la ville de St Omer, des Recettes et Dépenses*
« *des revenus des biens patrimoniaux et droits apparte-*
« *nans à icelle pendant l'exercice commencé le premier*
« *janvier et fini le trente-un décembre mil sept cent*
« *quatre vingt sept, le tout en monnoie courante, con-*
« *formément aux édits de Sa Majesté à protestation de*
« *faire reprises par chapitres séparés ou autrement des*
« *sommes et parties que le comptable justifiera n'avoir*
« *pu recevoir des fermiers et débiteurs par insolvance*
« *ou autrement.*

RECETTE

« 1° Soldes des comptes :
« la recette du compte 1785
« à 1786 ayant excédé la
« dépense de 26050¹ 14ˢ
« 10ᵈ p. 1/2 il s'en fait re-
« cette cy................ 26050¹ 14ˢ 10ᵈ p. 1/2
« Excédant de recette pour
« le compte des foires...... 96¹ 8ˢ 3ᵈ
« Excédant de recette pour
« le compte du droit d'issue. 72¹ 14ˢ »

26219¹ 17ˢ 1ᵈ p. 1/2

---

[1]. Arrêté en la même forme que le compte des biens patrimoniaux le 16 juin 1788 et vu par l'intendant le 8 janvier 1789.

« 2° Reprises du compte
« précédent............... 5871¹ 3ˢ 3ᵈ p. 1/2
« 3° Menues rentes et re-
« connaissances tant sur les
« maisons que sur les ter-
« res .... 166¹ 19ˢ 9ᵈ ob. 1/2 p.
« 4° Cours des rentes héri-
« tières et rendages d'arren-
« temens.:............... 987¹ 4ˢ 9ᵈ
« 5° Loyers des terres et
« fonds appartenans à la
« ville, consistant en ferme
« à St Momelin, terres,
« herbages et marais à
« Boninghem, terres à Wi-
« zernes, pâture à Salper-
« wick .... 559¹ » »
« 6° Loyers des maisons
« et caves appartenantes à
« la ville................. 2362¹ 1ˢ »
« 7° Droits d'étalages et
« des places et offices appar-
« tenans à la ville......... 3477¹ 8ˢ 7ᵈ
« 8° Bourgeois nouveaux,
« reçus des amendes et for-
« faitures, et des amendes des
« visites des rues, flégards,
« rivières et autres lieux dé-
« pendans de la juridiction
« de cette ville, dites des
« Ecauwages............. 26¹ 5ˢ »
« 9° Autres droits appar-
« tenans à cette ville...... 3889¹ 17ˢ 10ᵈ
« 10° Produits des coches
« d'eau et des barques de
« cette ville............... 3905¹ 6ˢ 8ᵈ
« 11° Recette extraordi-

« naire¹................. 5418ˡ 12ˢ 6ᵈ

« 12° Dettes actives dues
« à cette ville............ 17884ˡ 11ˢ 8ᵈ

« Somme totale des douze
« chapitres de recette...... 52883ˡ 16ˢ 6ᵈ 1/2 p.

DÉPENSE

« 1° Soldes des comptes :
« du compte des octrois de ville, cazernes et d'état
« major de l'exercice actuel de 1786 à 1787.

« Fait dépense le comptable de 36476ˡ 19ˢ 7ᵈ, va-
« leur dont la dépense du compte des octrois du
« présent exercice de 1786 à 1787 a excédé la re-
« cette, cy................. 36476ˡ 19ˢ 7ᵈ

« 2° Payement des cours
« des rentes et redevances à
« la charge des biens patri-
« moniaux de cette ville.... 1193ˡ 16ˢ 7ᵈ 1/2 p.

« 3° Procès et écritures
« concernant les Patrimo-
« niaux.................. Mémoire.

« 4° Vins d'honneurs pré-
« sentés. Néant.......... Mémoire.

« 5° Dépense commune². 6836ˡ 11ˢ 8ᵈ

« 6° Coches d'eau et bar-
« ques .... 555ˡ 7ˢ »

« 7° Dépense extraordi-
« naire³................. 359ˡ 19ˢ »

1. Ce sont : Produit d'une maison par les dames
  Sᵗᵉ Claire 133ˡ 10ˢ
 Don gratuit ordinaire des Etats d'Artois . 151ˡ 2ˢ 6ᵈ.
 Produit de la levée des boues et immondices 4670ˡ »
 Loyers de certaines écuries et appentis . 464 »

2. On y trouve : impôt des centièmes et vingtièmes pour maisons appartenant à la ville, redevance du chapeau de roses en l'église Saint-Bertin, encouragement des manufactures, réparations et entretiens de bâtiments, égouts et quais.

3. Ce sont des reliures de livres, réparations aux horloges.

« 8° Reprises des menues
« rentes et reconnaissances..   4475^l 6^s 4^d ob.

RÉCAPITULATION

« Somme totale de la dé-
« pense ....   49898^l 0^s 2^d ob. 1/2 p.
« Somme totale de la re-
« cette ....   52883^l 16^s 6^d p. et 1/2

« Excédant de la recette..   2985^l 16^s 3^d ob. p.

EXTRAITS
DES COMPTES DES ARGENTIERS
DE LA VILLE DE SAINT-OMER
DU XVe SIÈCLE

La collection malheureusement incomplète des comptes de Saint-Omer est d'un grand intérêt pour l'histoire de cette ville. Divers auteurs en ont déjà fait usage à l'appui de leurs travaux. MM. Alexandre Hermand et Deschamps de Pas les ont cités lorsqu'ils ont écrit sur les monnaies. M. Albert Legrand surtout, dans ses *Réjouissances des écoliers de Notre-Dame de Saint-Omer le jour de S. Nicolas* 1417[1], a donné une nombreuse série de textes sur les mystères ou anciennes représentations théâtrales, sur l'évêque des sots ou des innocents, sur les allocations accordées pour ces divertissements, sur les écoles, sur les chirurgiens et sur l'opération de la taille faite à Saint-Omer en 1416[2], sur les auberges de la ville, etc. M. Giry a aussi utilisé ces comptes dans

---

1. *Mém. des Antiquaires de la Morinie,* t. VII, 2e partie, p. 161, en 1846. M. A. Legrand avait recueilli quelques autres notes dans les comptes de la ville, nous les avons complétées et nous nous en sommes servis pour la présente publication.

2. Avant pareille opération faite en 1474 par Germain Collot sur un archer de Meudon.

son *Histoire de Saint-Omer* et a donné un aperçu de celui de 1413-1414. Nous-même, nous en avons fait usage dans plusieurs de nos ouvrages, et notamment dans les *Anciennes Communautés d'arts et métiers à Saint-Omer,* dans l'*Histoire du Bailliage,* et dans nos études sur les divers officiers de l'échevinage [1].

D'autres, sans citer de comptes de la ville, ont, sur certaines matières, rédigé des travaux complets que la publication de ces comptes n'éclairerait pas d'un jour nouveau. C'est ainsi que MM. Eudes et Deschamps de Pas ont raconté l'histoire des rues de la ville [2] et de l'hôtel de ville [3] et que ce dernier a donné sur l'art des constructions [4] plusieurs écrits tirés des comptes des fabriques et des registres capitulaires ; que MM. Piers, Eudes [5] et Albert d'Hermansart [6] ont décrit des tournois, joûtes et pas d'armes, et qu'enfin M. l'abbé Bled a donné une *Histoire des arbalétriers* [7].

Avec les comptes de l'abbaye de Saint-Bertin et ceux des diverses villes du Nord et du Pas-de-Calais existant aux archives départementales, le baron de la Fons Mélicocq a composé une longue notice sur les *Artistes dramatiques des provinces de Flandre et d'Artois au XVe et au XVIe siècles* [8].

---

1. *Les Conseillers pensionnaires de la ville de Saint-Omer, Les Procureurs de ville à Saint-Omer* et *Les Greffiers de l'échevinage de Saint-Omer.* (Saint-Omer, D'Homont, 1892, 1894, 1901.)
2. *Mém. des Antiq. de la Morinie,* t. II, 2e partie, p. 3, en 1834.
3.   *id.*   t. IV, p. 281, en 1838.
4.   *id.*   t. IX, 2e partie, p. 159, et t. XXIII. V. aussi *Statistique monumentale du Pas-de-Calais.*
5. *Mém. des Antiq. de la Morinie,* t. I, p. 302 et 322, en 1834.
6. Saint-Omer, D'Homont, 1882, in-12, 62 p.
7. *Mém. des Antiq. de la Morinie,* t. XXII, p. 327, en 1892.
8.   *id.*   t. XX, p. 341 à 454, en 1887.

La publication d'extraits de comptes de la ville ne peut donc aujourd'hui présenter de l'intérêt que s'ils ne touchent pas aux travaux que nous venons d'énumérer. Dans les extraits de quelques comptes du xiv° siècle que nous donnons ci-après dans l'ordre même où ils figurent sur les registres, on ne trouvera par conséquent aucun renseignement sur le commerce, les institutions politiques, les rues de la ville, les halles municipales, les constructions ou ouvrages de la ville, les tournois, les représentations théâtrales, ni sur les « dons ou courtoisies fais « aux arbalestiers et archiers », le « hallage des « draps et eswart », les « povres personnes et les « povres prisonniers », les « cateux d'orphelins », la « visitation des comptes », la « perte de monnaie », qui forment quelques-uns des chapitres habituels des comptes. Mais nous indiquerons le nombre des officiers de la ville, comment ils étaient payés soit en argent, soit en draps, vins et cire ; nous donnerons des détails sur quelques-uns des banquets annuels en usage, sur les aides, le vin délivré au prince et les dépenses de bouche « pour l'estat et « honneur de ceste ville », sur les envois de messagers au dehors, la franche fête, le guet, les « dons et courtoisies pour l'onneur de le ville », la guerre, etc. ; et on trouvera dans tous ces textes un grand nombre de mentions intéressant l'administration échevinale et son personnel, ainsi que les mœurs et les usages du temps.

Nous n'indiquerons le plus souvent la dépense qu'en monnaie parisis ; lorsque nous mentionnerons la monnaie courante, c'est que, ou celle-ci aura été seule relatée, ou il s'agira d'une mention relevée dans un article plus étendu, car la conversion en parisis n'est pas toujours faite par l'argentier pour l'article de dépense cité en entier, mais seulement pour plusieurs à la fois, ou même quelquefois à la fin du chapitre. Mais nous n'omettrons pas d'indiquer les monnaies spéciales.

I

Aydes du roi [1]

1435

Le texte indique la somme payée par la ville et la banlieue pour le quart des aides échu le 30 février 1435. Il s'agit d'aider le roi « pour le fait de le « guerre ès païs et contez dartois, de Boulenois, de « Saint-Pol », etc.

A Jehan Sacquespée, receveur des aides accordez au Roy nostre sire pour le fait de le guerre ès païs et contez dartois, de Boulenois, de Saint-Pol, ressors et villes enclavées, en deniers paiez comptant à Pierre Enreleuc, conseiller et receveur général des finances de Monsieur le conte de Saint-Pol, à cause de certaine assignacion faite à feu Mons. le conte de Saint-Pol, cui Dieu pardoinst, tant et jusques à ce que certaines rentes viagères par ledit feu vendues soient rachetées. Pour ung quart de ses aydes, qui monte pour le terme du derrain jour de feuvrier lan mil iiii^c et trente chincq. Est assavoir : pour la ville v^c viii fr. et pour les villages de la banlieue d'icelle viii fr. et demi, sont v^c xvi francs et demy paiez en iii^c lxxv salus dor et xiiii^s paris. alouez chascun salut

---

1. § XII. Aides pour Mgr le Duc.

XXII^s paris. dite monnoie royale, lesquels constèrent selonc le cours de le monnoie de ceste ville à XXIII^s VI^d la pièce..... sont............... III^c LXXVIII^l VII^s I^d.

(*Quittances des 8 et 13 mars 1435.*)
(*Dépense pour les aides du Roy 1435-1436.*)

II

Pensions de le Cambre

1436-37

Cet article, que nous avons abrégé, donne pour l'année 1436-37 les traitements du secrétaire ou greffier principal, du clerc de la halle ou greffier criminel, du chapelain, de l'argentier, du clerc de l'argenterie, des quatre sergents à verge, des deux messagers, des quatre wettes, du roy des ribauds et le chiffre d'indemnités accordées aux deux mayeurs.

Toutes les subventions touchées par les officiers de l'hôtel de ville ne sont pas réunies sous ce chapitre, il faut voir aussi les dépenses de draps, les vins et cires, les vins de présents (§§ IV, V et VI qui suivent) et d'autres indemnités que nous avons indiquées déjà dans les *Anciennes Communautés d'arts et métiers à Saint-Omer* [1].

A Philippe de Sus-Saint-Légier, secrétaire de la ville, pour sa pension de c livres.

A luy, pour le louage de se maison eschéant pour tout lan au jour et terme de le Saint Jehan Baptiste .... XVIII^l.

A Robert Bacheler, clerc de le hale, pour se pension de XL^l par an quil prent à cause de

---

[1]. Saint-Omer, D'Homont, 1879-1881, t. I, p. 72 à 77. — Voir aussi notre *Histoire du Bailliage de Saint-Omer*, t. I, pp. 74 à 76, 255 et 256.

ladite clergie aux termes des xve jour davril et doctobre .... XL^l.

Au cappelain de le hale, pour se pension de xii^l par an qui eschey aux termes de Pasques, Saint Remy et Noël...................... xii^l.

A sire Pierre de Mussem, nagair argentier de le ville, et *(plus loin)* Aléaume de Rebecque *(qui lui a succédé)* à raison ensemble par an de .... LX^l.
moitié à le Saint Jehan et moitié au Noël.

A Pierre de le Ruelle, naguères clerc de largenterie de la ville, et *(plus loin)* Jaques doffretun *(son successeur)* à raison ensemble par an de.. XL^l.
moitié à le St Jehan Baptiste et moitié au Noël.

Aux 4 sergens à vergue de Mess., chacun. XXI^l.
payable aux mêmes termes (ainsi que les quatre articles suivants).

Aux 2 messagiers de le ville, chacun...... x^l

Auz 4 wettes de Mess., pour leur pension chacun.. XVI^l.

A Jehan Pelet, roy des ribaux, par an..... x^l.

Aux 2 escarwettes de MM., par an........ VIII^l.

A Monsieur le mayeur sire Nicole de Wissoc, à luy ordonné par le consentement de Mess. des deux années, pour lexercice de lad. mayerie .... CXX^l.

A Monsieur le mayeur sire Jacques Lescot¹, pareillement à luy ordonné pour lexercice dudit office .... C^l.

(1436-1437.)

---

1. Second mayeur.

III

Dɘspenses pour pensions foraines, gaiges et salaires des conseilliers, tant dehors le ville comme dedans, et autres serviteurs d'icelle.

1436-37

Ces dépenses sont nombreuses, nous les donnons d'après le compte de 1436-37, en supprimant toutefois les articles transitoires. On y voit figurer le médecin et les deux chirurgiens de la ville, l'horloger, le maître maçon, le bourreau, le procureur général, les deux conseillers pensionnaires, les deux connétables des grands et des petits arbalétriers, ceux des grands et petits archers, les sonneurs de cloches, le maître maraîcher, le greffier des vierschaires, le paveur, le visiteur de la rivière à Blendecques, le canonnier, puis les personnages employés au dehors de la ville : le procureur et le conseiller en la chambre du Conseil de Gand, le conseiller et l'avocat en la Cour du roi à Montreuil, le procureur et le conseiller en la Cour spirituelle de Térouanne, le conseiller et maître des requêtes du duc de Bourgogne, l'avocat de la ville en la Cour du roi à Amiens, les deux procureurs et l'avocat au Parlement de Paris.

A maistre Wille de Paradis, maistre médechin de le ville, pour se pension à lui ordonnée par Mess.................. x l.

A Wille Pierlay, maistre des orloges de led. ville............ xx l.

A maistre Jehan Bacheler, maistre machon de led. ville......... viii l.

A Jehan Blondel, maistre de la haultœuvre de ledicte ville.......	c s.
A Robert du Val, procureur général de ceste ville.............	xxx l.
A maistre Guérard Diclebecque, licencié ès lois et conseillier de ceste ville	ii c v l xiiii s iii d ob.
A luy pour le louage de se maison ¹.....................	xvii l ii s x d.
A maistre Jehan Coquillan, licencié ès lois, conseiller de ledite ville, pour se pension de xi l pour l'an	xl l.
A Jaquemart du Castellet, connestable des grans arbalestriers de le ville ²	viii l.
A Jehan deblinghem, aussi connestable.................	viii l.
Au sonneur des cloques des œuvres et du guet ³...............	viii l.
Au sonneur de la verde cloque ⁴	lx s.
A maistre Pierre Le Bareteur,	

1. Note des examinateurs du compte : « Soit recouvré sur ledit « maistre Guérard, veu quil a maison sienne et en soit fait recette au « proffit de le ville. Pour ceste fois il a esté paié, mais doresnavant « pour lui en sera paié aucune chose. »

2. Payables en deux termes : St Jean-Baptiste et Noël, ainsi que les sept articles suivants.

3. La cloche de l'Œuvre ou du Guet, nommée Marie, était dans le clocher de l'église Saint-Denis comme cloche de l'Œuvre ou des œuvres, elle réglait les heures auxquelles les ouvriers devaient commencer et finir de travailler. Comme cloche du guet, elle signalait les incendies ou feux de « meschief », les « alarmes ou effrois » qui pouvaient venir des ennemis « tant de nuit comme de jour ». (Abbé Bled. Notice sur la cloche de l'église Saint-Denis. *Bull. des Antiq. de la Morinie*, liv. 124 et 125, 1883.)

4. Verde clocke, au xiiie siècle c'était la cloche gardienne ou d'alarme (id.)

surgien de le ville [1]	IIII l.
A maistre Jehan de le Sale, surgien de le ville............	c s.
Au maistre maresquier........	x l.
A Thomas de Fernacles, clerc des vierschaires [2]..............	xii l.
Au procureur en le Chambre de Gand pour se pencion d'un an...	IIII l. v s. viii d. ob.
A maistre Jehan de Sus-Saint-Légier, licencié ès lois et conseillier de ceste ville en le court du Roy nostre sire à Monstreul, pour se pencion dun an................	xx l.
A Baudin de Hesdin, procureur de le ville en le court espirituelle à Térouenne [3], pour se pencion de tout lan	c s.
A maistre Nicole de Bouberch, licencié ès lois, advocat et conseillier au siège royal à Monstreul, pour	viii l.
A maistre Robert Descamps, canoine de Térouenne, conseillier de le ville de Saint Aumer en le court espirituelle audit lieu......	x l.
A maistre Nicole de Kendale, conseillier et maistre des requestes de Mons_gr_ le duc de Bourg_ne_....	x l.
A Pierre de Pardieu, procureur de ceste ville en le court du roy nostre sire à Monstreul.........	x l.

1. Voir ci-après chap. XIII, *Despense commune*, les gratifications payées au chirurgien de la ville.

2. Juridiction féodale. V. notre *Histoire du Bailliage de Saint-Omer*.

3. Aujourd'hui Thérouanne, canton d'Aire, autrefois ville forte et siège de l'évêché des Morins, détruite par Charles-Quint en 1553.

A Guille de Lespierre, procureur de ceste ville en le court du roy nostre sire à Amiens........ c ˢ.

A maistre Pierre Jonglet, advocat en le court du roy nostre sire à Amiens.................... VIII ˡ.

A Jehan du Mont, paveur de cauchies ¹.................... VIII ˡ.

Aux 2 connestables des petis arbestiez, chascun LX ˢ, ensemble. VI ˡ.

Aux 2 connestables des grans archiers, chascun LX ˢ, ensemble. VI ˡ.

Aux 2 connestables des petis archiers, chascun XL ˢ, ensemble. IIII ˡ.

Au visiteur de le rivière de Wiserne à Blendecques ²........... XXXII ˢ.

A maistre Jehan Roussel, procureur de le ville en parlement, pour se pencion .... VIII ˡ.

A maistre Jehan Luillier, advocat en parlement............... X ˡ.

A maistre Oudart Le Sac, procureur en parlement........... VIII ˡ.

A maistre Aumer Le Sac, conseiller, advocat en le chambre du conseil de Monsˢʳ le duc de Bourgⁿᵉ à Gand, pour se pencion. XI ˡ VIII ˢ II ᵈ par.

A Jehan le Goldenare de Erffort, canonnier de le ville, pour se pencion .... XX ˡ XI ˢ V ᵈ.

(1436-1437.)

---

1. Rues.
2. Wizernes et Blendecques, canton sud de Saint-Omer.

IV

Despenses pour draps de Messieurs et autres

1436-37

Des draps de robes étaient donnés, d'après le même compte, aux bailli, maieurs et échevins anciens et nouveaux ; ces robes étaient noires. Les « livrées » du clerc criminel, du procureur, des sergents à verge, du maître maçon, du maître charpentier et du maître maraîcher étaient « moitié noir, moitié vermeil » ; celles du paveur, des quatre waites, des deux messagers, du valet de l'argenterie et du roy des ribauds étaient « brun azur » et « cler bleu ».

A Guilbert le Chevalier, pour neuf draps noirs, chascun de vint aunes, à luy prins pour les robes de Mess. bailli, maieur, eschevin et le conseil, xxxv^s pour aune, valent iii^c et xv^l monnoie courante. — *Item* pour xvii aunes et demie de drap, moitié noir, moitié vermeil, à luy prins, employé en le livrée du clerc criminel, procureur, sergens à vergue, maistre machon, maistre carpentier, et maistre maresquier de le ville, xxiii^s par aune, valent lxxvii^l xii^s vi^d monnoie courante. Montant lesd. parties au par..... iii^c xxxvi^l x^s viii^d ob.

A sire Jehan Widoit, pour quatre draps à luy delivrés pour le livrée de Mess. bailli, maieurs, eschevins et conseil de le ville, chascun drap contenant xx aunes, xxxv^s par aune, valent au par.............. vi^{xx}^{l}.

A Jehan Letour, pour xxii aunes de brun asur à luy accatté pour le livrée du paveur, des quatres waites, deux messagers, du valet de l'argenterie et du roy des ribauds, xvi^s par aune, valent au par.. xv^l xv^s v^d.

A Jehan Panel, pour xviii aunes et iii quartiers de drap cler bleu à luy accatté, employé pour le livrée des waites, messagers, escarvaittes, roy des ribauds et maistre paveur de le ville, xvi ^{s} par aune, valent au par.................................... xii ^{l} xvii ^{s} i ^{d} ob.

A Pierre le Caucheteur, pour xv aunes et demie de drap asur et xviii aunes et iii quartiers de drap bleu à luy accaté pour le livrée des waites, messagiers, escarwaites et autres officiers de leur sorte, xiiii ^{s} par aune, au par................................... xx ^{l} xi ^{s}.

(1436-37).

V

Despense pour vins et cires délivrez à Mess. Maieurs, eschevins, les dix, argentier et clers de la ville.

1436-37

Les maieurs, les échevins vieulx et nouveaulx, les dix jurés, les deux greffiers, l'argentier et son clerc avaient droit à des distributions de cire le jour du Saint-Sacrement et le jour de Saint Nicolas d'hiver (6 décembre). L'argentier, son clerc, les quatre waites, les deux messagers et le roy des ribauds étaient chargés de brouetter ces cires au poids public, de les y peser, de les répartir suivant les droits de chacun et de porter leur part chez ceux qui participaient à cette distribution.

Diverses sommes d'argent représentant des vins étaient distribuées aux maieurs et échevins de l'année et aux deux greffiers la nuit du 13 janvier, jour de l'entrée en fonctions du nouvel échevinage[1], le premier vendredi de chaque mois, jour où se tenaient les plaids, le jour de la franche fête

---

1. Voir au § X le repas donné à cette date.

(29 septembre), à la Saint-Martin (11 novembre) et à la nuit de la sortie de l'échevinage[1].

A Mes. Maieurs et eschevins vieulx et nouveaulx, aux dix, aux deux clers de le cambre du Conseil, à l'argentier et son clerc, IIII^c XII livres de cire : est ass. à chacun des IIII maieurs XXIIII livres, à XIX eschevins à chascun XII livres, à dix hommes des dix à chascun XII livres, aux deux clers de le cambre du Conseil à chascun XII livres, audit argentier et son clerc à chascun XII livres. Pour le jour du Saint Sacrement.................................. XL^l VIII^s III^d ob.

Item, y a eu de frais VI^l de cire à peser et partir *(partager)* lesd. chires aud. pois de XXIII^d le livre, ci   IX^s X^d.

A l'argentier, son clerc, les IIII wettes, II messagiers, le roy des ribaux et autres, pour leurs paines et travaux davoir party, pezé et porté les dictes cires aux dessus nommez à leurs hotelz, et aussy pour avoir broueté icelles au pois et dudit pois là où elle fu partie, ci....................................... XXXV^s.

A Nossieurs Maieurs et eschevins vieulx et nouveaux, aux etc... IIII^{xx}XII livres de cire distribuées *ut suprà* le jour Saint-Nicolay dyver comme il est acoustumé.................... XL^l VIII^s III^d ob.

Frais pour peser la cire........   IX^s X^d

A l'argentier etc... *ut suprà*.....   XXXV^s

A Nosseigneurs Maieurs et eschevins de lan présent, à Philippe de Sus Saint Légier, secrétaire, et à Robert Bacheler, clerc de le cambre du conseil, pour leurs vins de tout comme il est acoustumé, Est assavoir : la nuit du XIIIme à l'entrée de leschevinage, le premier venredi des plais et pour chascun mois en lan, la franque feste, la Saint Martin, le derrain venredi des plais, et le nuit du XIIIeme à lyssue de leschevinage, à chascun des dits

---

1. Nous avons déjà indiqué ces époques de distributions de salaires ou vins dans les *Anciennes Communautés d'arts et métiers à Saint-Omer*, t. I, p. 73 et 74, en y analysant le compte de 1437-1438.

maieurs xxviii escus ; à chascun eschevin xiiii escus, à Philippe de Sus Saint Légier vii escus et à Robert Bacheler iii escus et demi, sont ii^c vi escus philippus et demi nouveaux forgiez à Gand au pois de xxiiii^s de denier la pièce valent cy........ ii^c xiii^l xvii^s vi^d.
    Total.......... ii^c xiii^l xvi^s vi^d.
(1436-37).

VI

Despense pour voyages, messageries à cheval et de piet[1]

Les dépenses pour voyages et messageries sont très nombreuses et très variées. Il s'agit pour l'échevinage de se tenir au courant des événements politiques qui surviennent dans le comté ou dans le royaume de France, des sièges de villes, de la marche des Anglais, du passage des princes dans le voisinage de la ville. Il se plaint des pillages des gens de guerre dans la banlieue, réclame des indemnités pour l'incendie de ses faubourgs (1412 v. s.) et envoie ses messagers au duc de Bourgogne, au chancelier de la reine et au roi lui-même à Paris. A chaque instant les sergents à cheval ou à verge vont aussi vers les capitaines de gens d'armes ou les commandants de forteresses voisines pour les inviter à faire le guet avec soin, ou bien ils sont chargés de prévenir les habitants de la marche de l'ennemi. Les messagers de l'échevinage annoncent encore la tenue des foires, ou sont envoyés pour des négociations commerciales

---

1. « Qui se comptent à xi^d lacroupy » dans les comptes de 1412-1413, 1413-1414. — L'acroupy ou accroupis était une monnoie marquée du lion assis, frappée par Philippe-le-Hardi (1384-1404), elle comprenait le double-gros, le gros et le demi-gros, et avait cours en Flandre.

et remplissent une quantité d'autres missions. C'est une dépense très importante dans les premiers comptes de la ville que celle des voyages et messageries.

A Lambert Craibien, pour 1 jour de cheval, viii[s] **Dunkerque**
i grant acroupi pour xi[d], alant, par lordenance de Noss., hastivement en le ville de Dunquerque pour savoir le vérité de ce que on avoit dit à nos dis singneurs, que les Englés avoient venu à poissance pour prendre ledicte ville de Dunquerque, dont il nen fu riens. Et parti le ix jour de juillet, pour ce.................... viii[s].

. . . .

A Pierre de Morcamp, sergant de Nosseig., pour **Thérouanne** 1 jour de cheval au foeur dess. dit, portant lettres de par Noss. au baillieu et eschevins de le ville de Terrewane audit lieu, pour ii hommes et une femme qui estoient prisonniers audit Terrewane, lesquelx estoient soupechonné davoir intention de bouter le fu en le dicte ville de Terrewane et en aultres boines villes. Et parti ledit Pierre le xiiie jour de juillet, pour ce.......... viii[s].

. . . .

A Franchois de Pois, messagier, pour 1 voyage fait **Paris** par le commandement de Nosseigneurs, à Paris, portant lettres de par Mons. le Bailleu et Nosdis singneurs maieurs et eschevins à Mons. le duc de Bourgoigne, Mons. de Croy, et Mons. le chancelier de la royne, pour eux sénéfier et faire savoir le arsin fait le vii jour davrilz dairin passé, par les Englés, des fourbours de le rue boulizienne, et que ad ce fust pourveu et remédiet, adfin que plus grant inconvénient nen peust ensievèr par iceux Englés. En quel voyage il a vacqué de cheval xi jours, viii[s] parisis monnoie du roy pour jour. Et parti le viii[e] jour davril, soit à xi[d] lacroupy   iiii lib. xiiii[s] i[d].
(1412-1413).

. . . .

A Vincent Lescot 1 jour de cheval, alant à Ardre **Ardres**

portant lettres de par Nosseig. le bailleu et Noss., à Mons. de la Paulme, lieutenant du capitaine dudit lieu, pour savoir nouvelles du conte darondel et du conte de Werwic (Warwich), englés, lesquels on disoit estre venus à Calais à grant puissance. Et parti le second jour dudit mois daoust, pour ce vııı^s à x^d lacroupy et au par... vıı^s vı^d.

. . . .

Aire-sur-la-Lys

A Jehan Poulain, wette de le ville, pour ııı jours de cheval, alant, demourant et retournant par deux fois de ceste ville à Ayre, portans lettres de par Noss. à Mons. de Croy, touchant le fait des gens de Ector de Saveuses qui sont de soux ledit Mons., logiés à Blendecque[1], à Hellefaut[2], à Bilques[3] et ailleurs environ le banlieue de ceste ville, lesquels avoient prins lor et l'argent, pilliet et robé les lincheux[4] et tout ce quils pooient avoir et emporter, appartenant aux bourgois et habitans demourant en ledicte banlieue, et oultre, avoient navré plusieurs desdits bourgois et habitans et les aucuns tué ; adfin quil pleusist aud. Mons. y remédier. Et parti le xme jour daoust, pour ce xxıııı^s à xı^d lacroupy et au par .... xxıı^s vı^d.

. . . .

Diverses localités voisines de Saint-Omer

A Pierre Faynient, pour ııı jours de cheval, alant par lordonance de Noss. ès villes de Faukenberghe[5], Fruges[6], Coupele[7], Cléty[8] et ès marches denviron, pour savoir et enquerre où Ector de Saveuses et les gens darmes estoient en se compaingnie ès dis lieux, avoient intention de aler, pour ce que on disoit quils devoient

1. Canton sud de Saint-Omer.
2.   id.
3. Commune d'Helfaut.
4. Draps de lit.
5. Arrondissement de Saint-Omer.
6. Arrondissement de Montreuil.
7. Coupelle-Vieille, canton de Fruges.
8. Canton de Lumbres.

avoir venu jésir et logier à Tilques¹, à Arques², Blendecques, Hellefaut et ailleurs ou pays par dechà et quils avoient propos de tout gaster, adfin que sur ce nosdis Sing. y peuissent pourveir³. Et parti le xvime jour pour ce xxiiii^s à x^d lacroupy et au par.... xxii^s v^d.

(1413-1414.)

A Pierrequin Coulon, de Hesdin⁴, qui, le premier jour de juing un matin, apporta les premières nouvelles de lentrée en Paris par les gens du roy et de Monseigneur et le prinse du comte d'Armagnac⁵. A luy ordonné par Nosseigneurs pour son vin un clincart d'or, vault au parisis........................... xviii^s v^d.

<small>Prise du comte d'Armagnac à Paris en 1418</small>

. . . .

Au messagier de le ville de Breuillet, venant de Dieppe, qui apporta nouvelles à Noss. du siège des Englois estans devant Rouen⁶ le vi^e jour doctobre, au par.............................. viii^s.

<small>Anglais devant Rouen</small>

(Despense pour dons et courtoisies, 1417-1418).

A Lambert Craiebeen, pour deux chevauchies quil a fait en ce mois davril en banlieue, par le commandement de Mess., à faire savoir aux habitans quilz se retraissent pour les nouvelles qui estoient venues que les Angloiz devoient chevauchier en pais. Fait le xxiiii jour davril lan mil iiii^c et xix, pour ce........ viii^s.

<small>Anglais</small>

. . . .

A Jaques Planté, messagier de le ville, pour le derrain jour davril lan mil iiii^c et xix que il, à cheval, du com-

<small>Tournehem</small>

---

1. Canton nord de Saint-Omer.
2. Canton sud de Saint-Omer.
3. Ledit Pierre était parti aussitôt pour Aire et Terrewane, et rapporta la nouvelle certaine que Ector de Saveuse et ses gens « ne ven- « roient point par dechà ».
4. Chef-lieu de canton (Pas-de-Calais), ancienne ville forte.
5. Bernard VII, comte d'Armagnac, connétable de France et premier ministre de Charles VI, massacré par le peuple à Paris après la prise de la ville par Jean-sans-Peur, duc de Bourgogne, que la reine Isabeau avait appelé à son secours (30 mai 1418).
6. Les Anglais avaient attaqué Rouen le 26 août 1418.

mandement de Mess., porta lettres closes par devers David le Marvere à Tournehem[1], afin que lui et autres compagnons de le forteresse faissent escoutes celle nuit pour estre garandi contre les Angloiz, silz fuissent venus, pour les gens de trait et autres de ceste ville qui le lendemain alèrent au may à Rihoud[2] en le manière acoustumé, pour ce...................... VIII s.

. . . .

Pontoise — A Jaques Planté, chevaucheur de le ville, pour un voiage par lui fait à Pontoise par devers le roy et Mons. pour savoir des nouvelles, et parti par lordonnance de Mess., le vi^e jour de juing lan mil iiii^c et xix, si retourna le xxiii jour dicellui mois (y reste 18 jours). VII l IIII s.

Pontoise et Paris — A Jaques Planté, messagier de le ville, pour un iie voiage par lui fait de lordonnance de Mess. par devers le roy et Mons. à Pontoise et à Paris pour savoir des nouvelles, ouquel voiage il a vaqué par xxv jour, pour jour VIII s paris., valent...................... x l.

(Despense pour voyages, messageries, 1418-1419).

23 JANVIER 1420

Roi et reine d'Angleterre — A Coppin Planté, chevaucheur de le ville, envoyé de par Noss., avec mons. de le Viesville, alans devers le Roy et le Royne dengleterre[3] partis damiens à venir entrer en mer à Calais pour aler en Engleterre, et ce pour savoir silz venroient en ceste ville, ouquel voiage led. Coppin vaca par 6 jours et parti le xxiiie jour de janvier lan mil iiii^c et vint, pour jour xxiiii s par., val. à monnoie de ce compte...................... VI l.

. . . .

1. Canton d'Ardres (Pas-de-Calais).
2. *Rihoult,* bois et château à Clairmarais près Saint-Omer.
3. Catherine de France, fille de Charles VI et d'Isabeau de Bavière née en 1402 ; elle venait d'épouser Henri V, roi d'Angleterre, à la suite du traité de Troyes du 21 mai 1420 par lequel la reine Isabeau et le nouveau duc de Bourgogne Philippe-le-Bon resserraient leur alliance avec les Anglais.

26 janvier 1420

A Aléaume daudenfort, boursgrave de ceste ville, qui, **Roi et reine d'Angleterre**
à la requeste de Noss., le diemenche xxvie jour de janvier lan mil iiii^c et vint, ala à deux chevaulx par devers Mons. de la Viesville estant à Térouenne par devers le roy dengleterre qui y arriva au giste ledit jour, passant à aller en Engleterre, avec lui la Royne, et ce pour savoir quel chemin il tenroit et sil venroit par ceste ville, lequel y vaca... etc., monnaie de ce compte.................................. c^l vi^s iiii^d.

(Despense pour voyages, messageries, 1420-21).

27 janvier 1420

A Henry Craye sergent de Noss., pour despens de **id.**
bouche faiz par nosdiz seig. le lundi xxviie jour de janvier lan mil iiii^c et vint que ensemble ils alèrent jusques au chemin de Leveline[1] faire la révérence au Roy et à le Royne dengleterre qui passoient par le dit quemin, alans à Calés, pour ce monnoie de ce compte. LXIIII^s.

(Despense de bouche, 1420-1421).

20 juin 1421

A Pierre Lecouvreur pour lui et Martin de Hordain **Roi d'Angleterre**
qui ont vacquié, est assavoir led. Pierre par vi jours et led. Martin par deux jours, chascun à un cheval, en avoir alé à Calés, par l'ordenance de Nosseigneurs, tant pour le fait de le drapperie avec Colart Lehure, comme pour savoir lestat de le venue du roy dengleterre et quel chemin il tenroit ou mois de juing lan mil iiii^c et xxi, pour jour à chascun deulz xx gros et xl gros que Mesdit sieurs ont ordenné au dit Pierre pour considération de le grande despense et chierté de vivres qui est au dict lieu de Calés... le xxe jour dudit mois de juin, pour ce au par.................. xxvi^l xiii^s iiii^d.

(Despense pour voyages, messageries, 1420-21).

---

1. *Leuline* ou *Leulène* (la), voie romaine de Térouanne aboutissant à la mer à Sangatte.

Paris   A Coppin Planté, chevaucheur de le ville, pour un voiage quil a fait à Paris, portans les procurations et besoingnes touchans le ville pour faire les présentations aux jours darains du présent parlement assigné au ix⁰ jour de décembre lan mil iiii⁰ et xxi, en quel voiage il a vacqué par xxii jours par le péril et dangier des chemins et pour attendre compaignie à aler et retourner le plus seurement quil pooit, pour jour x ˢ valent xi lib. p. nouvelle monnoye du roy, lescu dor pour xviii ˢ.

... *Item* lui a esté baillié quil a affirmé avoir paié à se part pour guides sur le chemin viii ˢ par., pour tout au par.................................... iiiiˣˣxi¹ iiii ˢ.

(id. 1420-21).

VII

Despense pour vins de présens fais par les IIII sergens de Nosseigneurs, à monnoie courante.

Des présents en vins étaient faits chaque année à diverses époques, notamment à Pâques, à la Pentecôte, à la Saint-Jean, à la Toussaint et à Noël, les jours des fêtes de Saint-Omer en juin et en septembre, et pour certaines chevauchées. Ces présents augmentaient assurément les gages des nombreux officiers de la ville qui recevaient déjà argent, robes, cires et vins¹, mais on voit en outre participer à ces distributions le bailli et son lieutenant, le châtelain et les sergents du bailliage, puis divers ordres religieux, les Dominicains, les Cordeliers, les Clarisses, les Chartreux du Val de Sainte-Aldegonde et enfin les trois recluses² de la ville ; le vin employé est du

---

1. Voir ci-dessus II, III, IV, V. Nous aurions rapproché ce chapitre VII de ceux-ci si nous n'avions tenu à suivre l'ordre même des comptes dont nous voulons conserver la physionomie.

2. Voir aussi, chap. XI, *Dons et courtoisies.*

vin « franchois », du vin « de poitau » et du vin « raimois »[1].

Pour chevauchies as trièves, le premier jeudi de ce présent eschevinage : A Mons. le bailly de Saint Aumer pour IIII kennes de vin à II s le lot, sont XVI s. — Au lieutenant dudit bailly *idem*. — Au chastellain *id*. — Aux IIII sergens à mache du seigneur pour IIII kennes de vin aud. pris, sont XVI s.

A'Mons. le maieur sire Nicole de Wissoc IIII kennes de vin aud. pris, sont XVI s. — *Idem* au 2ᵉ mayeur, au clerc de le hale une kenne de vin audit pris IIII s. — Aux IIII sergens à vergue de Noss. pour IIII kennes de vin XVI s. — Aux IIII wettes, II messagers et le roy des ribaux pour VIII los de vin audit pris XVI s.

Pour le jour de Pasques aux quatre maieurs IIII kennes chascun XVI s — au secrétaire de le ville II kennes VIII s — au clerc de le ville une kenne IIII s — aux IIII sergens à vergue IIII kennes XVI s — à l'argentier de le ville II kennes VIII s — au clerc de largenterie une kenne IIII s — aux IIII wettes, II messagiers et au roy des ribaux VIII los XVI s — VI kennes de vin dont III franchois à III s le lot et les III vin de poitau à II s VI d le lot présentées aux frères prescheurs[2] XXXIII s — VI kennes de vin de poitau aux frères mineurs[3] XXX s — VI kennes de vin les trois vin Raimois à IIII s le lot et les III aultres vin franchois à III s aux dames religieuses de Sainte Claire[4] XVII s — IIII kennes de vin à II s VI d aux chartreux[5] XX s — III lots de vin de poitau au pris de II s VI d le lot présentez aux trois rencluses de le ville VII s VI d — à plusieurs taverniers

---

1. C'est-à-dire de Poitou et de Reims.
2. C'étaient les Dominicains établis à cette époque hors de la porte Boulenisienne.
3. Les Cordeliers dont le couvent hors la ville fut démoli en 1477.
4. Le couvent des Clarisses, sœurs mineures de sainte Claire, ordre de saint François, était situé dans la rue Sainte-Claire. Elles tenaient des écoles.
5. Leur couvent était situé hors la ville dans le val de Ste Aldegonde.

ii kennes de vin franchois à iii^s le lot pour les iiii sergens à vergue — waittes et autres officiers de le ville qui essayèrent les vins dont on fist lesd. présens le jour de pasques, xii^s.

Pour le jour de le Penthecouste ut suprà et :

A sire David Daverhoud et sire Baudin le Pap eschevins, pour iiii kennes de vin, à chacun ii kennes à ii^s le lot, pour avoir esté emprès le chief mons. Saint Aumer le jour Saint Aumer au mois de juin comme il est accoustumé, xvi^s.

A Ector de Morcamp sergent à vergue de Nosseigneurs, pour une kenne de vin aud. pris de ii^s le lot, pour avoir esté avec nosdis seigneurs au dit chief le dit jour comme il est accoustumé, iiii^s.

Pour chevauchier as trieves, le nuit St Jehan ut suprà.

ii kennes de vin à iii^s le lot aux portiers de la porte du brûle le jour de la Magdalaine xii^s. — iiii kennes de vin aux Jacobins[1] le jour St Jaque xviii^s. — ii kennes de vin iii^s le lot aux portiers de le porte boulizienne le jour Saint Jaques ix^s. — iiii kennes de vin de le muison[2] au pris dessusdis aux Jacobins le jour Saint Dominicque xviii^s. — vi kennes de vin de le muison au pris dessusdis présentées aux dames religieuses de Sainte-Claire le xiie jour daoust jour Sainte Claire xxvii^s. — A sire David Daveroud et à sire Baudin le Pap eschevins, pour avoir esté emprès le chief mons. Saint Aumer le jour Saint-Aumer, ixe jour de septembre, à chacun deux kennes de vin pour iiii kennes à ii^s le lot comme il est acoustumé, xvi^s. — A Ector de Morcamp, sergent à vergue de Noss., pour une kenne de vin pour avoir esté emprès nosdis sires aud. chief de Saint Aumer comme il est acoustumé, iiii^s. — Aux portiers de le porte Sainte Croix le jour Sainte Croix, xiiiie jour de septembre, deux

1. Ce sont les Dominicains, qu'on désignait en langage familier sous le nom de *Jacobins*, du nom de la rue Saint-Jacques, à Paris, où fut établie la première maison que ces religieux eurent en France.

2. Mesure.

kennes de vin ix.ˢ. — Aux frères Cordeliers le jour saint franchois, IIIIᵉ jour doctobre, vi kennes de vin de le muison xxvii ˢ.

Pour le jour de Toussaint : aux quatre Maieurs seulement chacun IIII kennes.

Pour les chevauchies à trièves le nuit de Noël ut suprà.

Pour le jour de Noël comme à Pasques.

(1436-37)[1].

VIII

Despense pour le franque feste[2]

La franche feste était la foire qui se tenait le jour de la fête de Saint-Michel (29 septembre). Les textes ci-dessous des comptes de 1412 et 1417 indiquent, par la perception des droits d'estocage, de rouage et de portage[3] perçus par différents seigneurs à diverses portes de la ville, le nombre de voitures qui y entraient à ce moment par les portes Boulenisienne, du Brûle, de Sainte-Croix, du Colhof, et qui dépassait 3396.

Le compte de 1417-1418 donne la dépense des bannières aux armes de la ville et celle de la publication de la fête[4], et en outre l'importance des tonlieux perçus par le chapitre et par l'abbaye de Saint-Bertin[5].

A Allart Dane, pour le droiture de son estocage de le   estocage

---

1. Il n'y a pas de total de la dépense à la fin de l'article.
2. V. *les Anciennes Communautés d'arts et métiers à Saint-Omer*, t. I, p. 134 à 148.
3. *id.* t. I, p. 156.
4. *id.* t. I, p. 140.
5. Toutes ces dépenses sont indiquées en monnaie courante.

porte Boulizienne durant la dicte feste XL^s par: valent monn. cour.................... XLIII^s IX^d.

rouage — A Mons. de Fremesent, pour les rouages de mil IX^c IIII^{xx} cars, à IIII^d pour cascun car, passant par les portes du brûle, boulizienne et Sainte-Crois en le dicte feste, sont yci.................... XXXIII lib. XX^d.

portage — A Jehan de la Jumelle, pour le portage de mil XXIII cars, à I denier pour cascun car, passant par la porte du Colhoff en ledicte feste, sont yci....... IIII^l V^s III^d.

id. — A Mons. le Maieur sire Jacques de Nortquelmes, pour le portage de VI^c IIII^{xx}XIII cars, I denier pour cascun car, passant par le porte Sainte Crois en le dicte feste, sont yci....................... LVII^s IX^d.

id. — A sire Jaque de Wissoc, pour le portage de VII^c cars, I denier pour cascun car, passant par le porte boulizienne en le dicte feste.................. LVIII^s IIII^d.

(1412-1413).

bannières — A Philippe de Fernacles, pour avoir refait VI bannières appartenant à le ville, les V de soye et une de baterie armoiées des armes de mons. et de le dite ville. XII^s.

. . . .

trompettes — A Jehan de Westandrenne, Estienne Le Conte, Andrieu Le Boc pour Pierre Faynient, Pierre de Noefgardin dit Affiquet, ménestreux et trompettes, qui trompèrent et cornèrent à le dicte feste, comme il est accoutumé, à chascun XII^s monnoie courante.

. . . .

tonlieu — A capitre de Saint Omer, pour leur tonlieu de le dicte franque feste XII lib.

Aux religieux de Saint Bertin, pour leur tonlieu de le dicte franque feste XII lib.

(1417-1418).

moule à méreaux — A Robinet de Lisques, coroier, pour un maulre en pierre dure à méreaux et pour IIII^c et XLIIII méreaux destain par luy sur ce fais et délivrez, vu quel sont en double entailliez limage Saint Miquiel et les armes de le ville pour faire le contreule du rouage et portage.. les cars venront à le franque feste de le dicte ville ; tant pour cest an comme pour les ans avenir.

Fait le xxviii⁰ jour de septembre, pour ce an   xxxvi ˢ.
(1418-1419).

IX

GUET

Despense pour gaiges, salaires et autres frais pour le gait de le ville de jour et de nuit aux portes, tour du chastel et forteresses de le ville.

Les dépenses pour le guet et la garde de la ville sont intéressantes [1]. En 1417-1418 il y avait deux portiers à chacune des portes Boulenisienne, Sainte-Croix et du Colhof, un seul aux portes du Haut-Pont, de l'Erbostade et de Lyzel ; on entretenait en outre deux gardiens pour les portes les plus importantes : celles Boulenisienne, Sainte-Croix et du Brûle. Les gardiens des clefs des portes n'avaient entre les mains qu'une des clefs de ces trois portes, les autres étaient entre les mains des échevins [2]. Il y avait deux touriers à la grande tour du château. Des chandelles placées dans des falots et des torches servaient à l'éclairage et on se chauffait avec du charbon et du bois ; des marchands de l'Ecluse et de Gand fournissaient des milliers de torches pour falots.

Les échevins et le mayeur avaient la responsabilité de la ville, et ce dernier était chargé de faire ouvrir les portes le matin, de les visiter à toute occasion,

---

1. V. Pagart d'Hermansart, *Les Anciennes Communautés d'arts et métiers à Saint-Omer*, t. I, p. 92 et suiv., et Gyry. *Histoire de Saint-Omer*, p. 272.

2. Ceux des échevins à qui étaient confiées les clefs des portes de la ville recevaient dix livres par an (Comptes de la ville 1423-1424).

« avec l'assiette de la guarde et conduite journalière
« d'icelle au soir. » On sait qu'après la nomination
du Magistrat les électeurs désignaient chaque année
le rang que chacun des échevins devait occuper [1] ;
les sept derniers étaient soumis au guet de nuit
« en quatorze jours une fois », les autres étaient
exempts. Les échevins de service veillaient dans une
chambre au-dessus de la scelle ou petit auditoire [2]
sur la grande place, non loin de l'hôtel de ville,
ils y étaient éclairés, en 1448, par des chandelles
placées dans une « corne de cerf en fourme de can-
« delier ou couronne », il y avait aussi en 1476 un
lit et ses accessoires. C'est sur la cheminée de cette
chambre où l'échevin faisait le guet, qu'on plaça un
bas-relief en pierre destiné à perpétuer le souvenir
de la tentative infructueuse faite en 1594 par les
Français commandés par le duc de Longueville pour
surprendre la ville du côté de la porte Sainte-Croix [3].

portes
 A Ghis de Loestende, dit boursier, pour se pencion
davoir esté portier à le porte boulizienne pour tout lan
de jour et de nuit finissant la nuit du XIIIe lan XVII,
XXIIII^l lacroupy pour XI^d, et au par.. XXII^l VIII^s X^d.
 A Obry de Morcamp, deuxième portier........ id.

1. Pagart d'Hermansart. *Les Greffiers de l'échevinage*. Saint-Omer, D'Homont, 1901, p. 35, règlement de 1644.
2. Ce bâtiment s'appelait aussi : la Conciergerie.
3. Ce bas-relief, qui est aujourd'hui au musée, était le témoignage de la fidélité des habitants à leur souverain qui était alors le roi d'Espagne. Les échevins se faisaient honneur de leur résistance aux Français. Cela est si vrai que M. Deschamps de Pas explique *(Mém. des Antiq. de la Morinie*, t. X, 1re partie, p. 137) que ce bas-relief en pierre blanche « resta à la conciergerie jusqu'en 1677, époque où,
« par suite de la reddition de Saint-Omer aux Français, on jugea à
« propos de le faire disparaître, afin de ne pas se mettre mal avec ses
« nouveaux maîtres ». Les temps sont changés, et on a glorifié le vaincu en donnant, il y a quelques années, le nom de Longueville à la rue qui passe sur l'ancienne porte Sainte-Croix démolie.

A Jehan Fenene, dit Mauvais, et Gilles le Mandemaire, portiers de le porte Ste Crois.... id. à chacun.

A Wille le Calwe et Roland Lanswert, portiers de le porte du Colhof.................. id. pour chacun.

A Obry de Wisque, pour se pencion davoir esté tourier en le grant tour du Chastel pour tout lan de jour et de nuit finissant audit xiii°, xxiiii^l lacroupy pour xi^d, et au par........................ xxii^l viii^s x^d.   chastel

A Henri de Nortquelmes, au lieu de feu Jean de Wissoc, pour se pencion davoir esté tourier, avec ledit Obry, en led. grant tour pour led. an, jour et nuit, xxiiii^l lacroupy pour xi^d, et au par.. xxii^l viii^s x^d.   id.

A Jehan de Thiennes, pour ses gages davoir esté portier à le porte du Haultpont, de jour et de nuit, pour tout lan finant aud. jour, xvi^l lacroupy pour xi^d, et au par........................ xiiii^l xix^s ii^d ob.   portes

A Henry Dankart pour ses gages davoir esté portier à le porte de Lisle... xii^l lacroupy... au par. xi^l iiii^s vi^d.

A Pierre le Prévost, pour ses gages davoir fait le sousgait ou chastel avec les bourgeois de le ville pour tout lan finissant oud. jour, xiii^l lacroupy pour xi^d, et au par........................ xii^l iiii^s i^d ob.

A Jaques de Strathem, pour ses gages davoir esté portier à le porte derbostade, de jour, pour tout lan finissant aud. jour, xii^l lacroupy pour xi^d, et au par........................ xi^l iiii^s v^d.

A Lizebette van Brest, demourant à Lescluse[1], pour vii^m de torques à falots à iiii^l monn. cour. chacun millier, quelle vendit et délivra à le ville au mois de janvier lan xvii, lesquelles ont esté arses[2] et usées ès gais et gardes de le ville et en partie mises en le garnison dicelle, sont xxviii^l monn. cour., et au par.. xxiiii^l.   torches

---

1. L'Ecluse, petite ville hollandaise reliée à Bruges par un canal, était au moyen âge le port de cette grande ville commerçante. (Voir *Les Anciennes Communautés d'arts et métiers à Saint-Omer*, t. I, p. 126.)

2. Brûlées.

— 146 —

| | A Ghiestrut Staes, demourant en le ville de Gant, pour huit milliers de torques à falot, à III frans et demi monn. cour. (même usage), sont XXVIII frans monn. cour., et au par...................... XIX^l IIII^s. |

charbon A Jehan de Westandrene... (qui a fourni VII^c et XV sacs de charbon pour les bourgeois de la ville qui ont esté à ces portes, plus pour le chambre du Conseil, largenterie, etc.), pour tout lan commenchant la nuit du XIIIe lan mil IIII^c et XVII jusques à la nuit du XIII^c mil IIII^c et dix huit, mont. au par.... LXXVI^l XVIII^s.

bois A Jehan Puchel, marchant de bos, pour II^m C et III quarterons de bos que on nomme pacques, à XVIII^s monn. cour. le cent, lequel bos a esté ars et usé ès gais portes et gardes de le ville et en le grande tour du chastel (même époque), pour ce au par.. XLIIII^l XIIII^s X^d ob.

Au carton qui a amené ce bois..... XLIX^s VIII^d ob.
Au coppeur de bois qui l'a coupé.. LXXIIII^s VII^d ob.

chandelles A Wille de Spicre, craissier[1], pour XVII^c LXXIX l. de candelles de sieu[2], à IX^d paris. le livre, arses et usées es gais, portes, en le grant tour du chastel et wardes de le ville... au par.................. LXVI^l XIIII^s III^d.

clefs des portes A Jehan de Heuchin, pour sen salaire davoir tenu et gardé une porcion des cley de le porte boulisienne pour tout lan... X^l à XI^d lacroupy, et au par.... IX^l VII^s.

A sire Folque de Rebecque, dit hustin, pour sen salaire davoir tenu et gardé semblablement lune porcion des clez de ledicte porte pour tout lan........... id.

A sire Guillebert d'Yvregny — portion des clez de le porte Ste Croix... au p.................. IX^l VII^s.

A sire Wille le Rude... id............. id.

A sire Jaque Platel — portion des clez de le porte du Brûle, au par...................... IX^l VII^s.

A sire Jaque de Beutin... id........... id.

A sire Vinchent Flourens — clez de le porte du pré labbé, au par.................... LXXIIII^s IX^d ob.

1. Graissier.
2. Suif.

A sire Baudin Ore — clez de le porte de Lisle, au p.................... IX^l VII^s.

A sire Estienne desperlecques — clez de le porte du Hautpont, au p.................... IX^l VII^s.

A sire Jaques de le Desuerene — clez de le porte derbostade, au par.................... IX^l VII^s.

A sire Jaques Platel — clez de le porte coulpier, au p.................... LVI^s I^d.

A Miquiel Cawe — clez de le gante cheze emprès le flotte... au par.................... XXXVII^s V^d.

A Jehan Neudin — clez de le porte de Malevaut, au par.................... XXXVII^s V^d.

A Willes Jaquemin, pour se paine et labeur davoir tenu les clez de le kaine qui est dehors de ledicte porte de Malevaut, au par.................... XXIX^s XI^d.

A Jehan de Westrandene, pour faire savoir aux connestables de veiller toutes les nuits de lan et à yceulx baillier bos, carbons et candelles, au par. CXII^s II^d ob.

Somme pour despens pour le gait de le ville de jour et de nuit.................... CLXIX^l VIII^s I^d ob.

(1417-1418).

A sire Guérart le Merchier, pour une corne de cherf en fourme de candelier ou couronne servant pour y asseoir candelles en le cambre deseure le salle où messieurs et ceulx qui font le guet ont accoustumé de eulx tenir.................... XVI^s.   guet des échevins

(Despense commune 1448-1449, f° VII^{xx} XIX v°).

A Mahieu du Castel, pour ung lit et travessain XLVIII^s.   id.
Item pour une sarge[1].................... XVII^s.
Item pour ung loudier[2].................... XX^s.
Item pour ung oreiller estoffé.................... X^s.
Et pour estrain[3].................... XII^d.
Montent lesdites parties qui ont été employés et

---

1. Serge et le meuble fait de cette étoffe.
2. Matelas.
3. Paille.

mises en le chambrette estant dessus le scelle hault, là
où les eschevins faisant le guet pour la nuit ont accous-
tumé de repposer . . . .   IIII^l XI^s.
(Despense commune 1476-1477, f° VII^{xx} VIII).

bannière A Jehan Estevenne, paintre, pour son sallaire de
avoir paint la bannière que le guet du jour boutte hors,
sur le tour de Sainte Audegonde, quant les gens d'armes
viennent de cheval vers le ville. . . . .   VIII^s.
(Despense du guet 1476-1477, f° VI^{xx} XIII v°).

A Jehan Le May (et 9 autres) qui ont fait le guet sur
la muraille de ceste ville pour la seureté dicelle depuis
le XVIIe jour de janvier lan LXXVI includ jusques au
XIIIIe jour davril ou dit an LXXVII aussi includ, ou sont
IIII^{xx} VIII jours, à XVIII^d chacun deulx par chacune
nuit. . . . .   LXVI^l.
(Mandat du 3 mai 1477).
(id. 1476-1477).

Le guet se faisait aussi hors la ville quand on
craignait que les ennemis qui battaient le pays
d'alentour ne vinssent à surprendre la place.

JANVIER ET MAI 1412

guet au dehors de la ville A Gilles Le foel, Hans Wouten et Jehan Erquet,
bourgois, pour avoir fait le sourgait au dehors de le
ville de St Omer ou mois de janvier par eux trois par
deux mois, adfin on ne fust souprins des Englés. Et
leur a esté ordené à cascun IIII^s le nuit, monnoie courante.

id. Audit Gilles Le foel, Jehan Le Zuttre, Jehan Le
Copman et Simon Le Pap, pour avoir fait le sourgait à
cheval, au dehors de le dicte ville, le nuit et jour de
may, adfin que on ne fust souprins des Englès, pour ce
que on avoit fait courre renommée que iceux Englès
devoient avoir venu au may, et leur a esté ordené à
cascun XVI^s.

id. Item aux mêmes pour avoir fait le sourgait au dehors

de le dicte ville par cent et wit nuis, à cascun IIII ˢ monnoie courante pour le nuit.

(1412-1413).

MARS 1416

A Jehan Brisse, maistre et connestable des archers de le ville pour luy et ses compaignons... tous archiers, pour les paines et diligences quilz firent en le première sepmaine de mars, darain passé, pluiseurs fois, et mesmement firent guet toute une nuit et firent escoutes au dehors de le porte boulizienne, pour doubte que les gens darmes dont Jehan du Clo estoit capitaine et autres pillars qui estoient logiés à Quelmes et environ ceste ville¹ ne vinssent pillier et ardoir² les fourbours ; pour lesd. conestables VIII ˢ et pour cascun des autres qui sont sept IIII ˢ, sont XXXVI ˢ monnoie courante, et au paris.................... XXX ˢ X ᵈ. *guet au dehors de la ville*

(1416-1417).

MARS 1476

A Chretien le Bacre, Silvestre le Rustre (et 2 autres) pour avoir fait les escouttes hors la porte Boullizienne depuis le VIᵉ jour de mars an de ce compte jusques au XVIᵉ jour dudit mois, ou sont XI nuytz, pour chacune nuit et à chacun deulx II ˢ, ci................. CX ˢ.

(Mandat du 20 mars 1476).

A Notmet Crocquelois, Jehan Limosin et Ganiot Ducrocq qui ont fait les escouttes à cheval pour ung jour et nuyt sur le pays entour ceste ville et banlieue pour savoir se aucun franchois venroient envers ceste dite ville, à chacun deulz pour eulx et leurs chevaulx X ˢ, ci....,........................ XXX ˢ.

(Mandat du 1ᵉʳ août 1477).

(1476-1477).

---

1. Il s'agit des Bourguignons. — *Quelmes,* canton de Lumbres (Pas-de-Calais).
2. Brûler.

X

Despense de bouche fais par Noss. Maieurs eschevins pour l'estat et honneur de le ville, monnoie courante.

Les dépenses de bouche concernent des repas assez nombreux faits aux dépens de la ville, notamment au moment du renouvellement et de l'installation de l'échevinage, de la reddition et de « la visitation » des comptes, et ceux offerts dans certaines circonstances exceptionnelles à divers personnages [1].

Nous avons déjà parlé de ceux donnés avant l'ordonnance de 1447 [2] la nuit de l'Epiphanie, époque où avait lieu le renouvellement du Magistrat. Après cette ordonnance, le nombre des convives fut modifié et on y adjoignit les électeurs, c'est ce qu'indique la dépense ci-après faite en 1448-1449 :

<small>Diner de la nuit de l'Epiphanie lors de l'élection de l'échevinage</small> A largentier, quil a paié pour la moictié de le despense des deux disners fais le nuit des roys mil iiii^c xlix après le renouvellement de le Loy, en la manière accoustumée : l'un à lostel Mons. le maieur sire Aleaume de Rebeque, où estoient Mess. maieur et eschevins de lan de ce compte, les conseillers, les dix jurés dudit an et ceulx qui avoient esté évoquiés à faire ledit renouvellement est assavoir : trois des curez, trois des nobles hommes et trois des bourgois de ceste ville, et ensuivant les ordonnances sur ce faites. — Et lautre, à lostel sire Jacques Muselet, où estoient Mons. le bailli, son lieutenant, le receveur, le chastellain, mess. maieur et

---

1. Voir ci-après XI, *Dons et courtoisies*.
2. *Les Anciennes Communautés d'arts et métiers à Saint-Omer*, t. I, pp. 77 et 78. Comptes de 1420-1421. — *Histoire du Bailliage de Saint-Omer*, t. I, pp. 71 à 73. Vérification du compte de 1416-1417.

eschevins, les x jurez renouvellez ledit jour, largentier, clers et autres officiers de la ville.......... xv^l ɪ^s.
(1448-49, f. vɪ^{xx} xɪ r°).

En outre, le jour de l'installation du nouvel échevinage, le 13 janvier, avait lieu un autre dîner où assistaient les nouveaux élus, l'argentier, les clercs, sergents et autres officiers ; on distribuait aussi du vin aux quatre vettes, aux messagers et au roi des ribauds.

A Monsieur le maieur Jaqueme de Nortkelmes, pour ɪ disner fait en son ostel, où furent tous Nosseig. du nouvel eschevinage, argentier, clers, sergans et plusieurs autres officiers de Noss., le nuit du trésime lan dessusdit leschevinage renouvelé......... ɪx^l xɪɪ^s. Installation de l'échevinage le 13 janvier

. . . .

As ɪɪɪɪ wettes, ɪɪ messagiers et le roy des ribaux, à eux donnez en courtoisie, par l'ordenanche de Noss^{grs}, le nuit du xɪɪɪ^e quant cest présent eschevinage fu renouvelé, pour faire leur royaume, ɪɪɪɪ kennes de vin. xvɪ^s. id.
(Despense pour dons et courtoisies, etc., 1412-1413).

A Mons. le maieur sire Jaque de Nortquelmes, auquel Noss. et les dix ont ordonné, en récompensation de deux divers par luy fais les nuis du xɪɪɪ^{me} l'an xvɪɪɪ et xɪx, pour la chierté des vivres, oultre ce qui en est escript au capp^{tre} des despenses de bouche, au par....... vɪɪɪ^l. id.
(Despense de bouche, 1418-1419).

Aux ɪɪɪɪ waites, ɪɪ messagiers et le roy des Ribaux pour leur royaume la nuit du xɪɪɪ^{me} quand ce présent eschevinage fu renouvellé, à eulx donné en courtoisie, de l'ordonnance de Mess., comme il est acoustumé, ɪɪɪɪ kennes de vin tenant deux los, le kenne à ɪɪ^s vɪ^d le lot, sont............................... xx^s. id.
(Despense pour dons et courtoisies, etc., 1436-1437).

A la Chandeleur (2 février) après « le rebail des

fermes » et le renouvellement du mandat annuel des cœuriers ou égards des corps de métiers, on voit, en 1412-1413, une distribution de dragées et de vins au profit du bailli, du châtelain, du lieutenant du bailli, du receveur, des maieurs et échevins et d'autres officiers :

<small>Distribution de dragées et vin à la Chandeleur</small>

A Malin de Bouloingne, sergant de Noss., pour iii lb. de dragée à x ^{s} le livre, viii los de vin à ii^s iii ^{d}, despendus en le cambre du Conseil par mons. le baillieu, le chastelain, le lieutenant, le receveur, noss. maieurs et eschevins et austres officiers de Mons. et de le ville le nuit nostre Dame Candelier, lan dessusd...... x^l viii^s.

(1412-1413).

XI

Despense pour dons et courtoisies fais pour l'onneur de le ville

Les dépenses pour dons et courtoisies sont extrêmement variées. On trouverait successivement dans ce chapitre des comptes tous les dons en or, argent ou orfévrerie et autres[1] faits non seulement aux comtes d'Artois, mais à leurs principaux officiers à l'occasion de leurs visites dans la ville ou de divers événements politiques.

Les deux premiers des textes qui suivent comprennent des dépenses pour joyeux avènement. Philippe-le-Bon, qui fit son entrée à Saint-Omer le 9 septembre 1421 et y prononça le serment de maintenir les anciens privilèges de la cité, reçut alors le don de la ville à l'occasion de son joyeux

---

1. Il y a des dons en nature : voir ci-après celui d'une haquenée (jument ou cheval) au comte d'Etampes.

avènement, et diverses sommes furent aussi payées aux officiers qui l'accompagnaient : son principal chevalier et conseiller, son échanson, son héraut roy d'armes, son fournier, son portier, l'huissier de la salle, l'huissier d'armes, le sergent d'armes, deux trompettes, des pages, deux chevaucheurs, un valet de pied et son fou. L'échevinage paya même les frais de la lettre contenant le serment du prince.

De plus, ces courtoisies ne sont pas seulement faites « pour l'onneur de le ville, mais aussi dans son intérèt, car l'échevinage sollicite fréquemment par des présents la bienveillante attention des personnages qui peuvent s'intéresser à ses affaires, et même celle des magistrats qui doivent en décider. C'est là aussi qu'on rencontre les libéralités faites aux hôpitaux, à des ordres religieux, des gratifications variées, des secours aux voyageurs, etc.

Présents pour joyeux avènements

A Mons. le maieur s. Jaques de Nortquelmes, pour 1 pot, une couppe à couvercle et éghier [1], tout dargent doré et pesant xi mars et demi, accaté à fœur fait xi^{xx} escus d'or à xviii ^{s} vi ^{d} lescu, laquelle dicte vaisselle a esté présentée à Mons. de Charrolois, aisné fils de Mons. le duc de Bourgoigne [2], à son joieux advènement le xxve jour de septembre, pour ce...... vi^{xx} ix ^{l} x ^{s}. *Le comte de Charolais*

A Pierre Clay Zoene, orfève, pour avoir rebruni le dicte vaisselle.......................... iiii ^{s}.

(1412-1413).

---

1. Aiguière.
2. Il s'agit ici du fils du duc Jean-sans-Peur, qui porta plus tard le nom de Philippe-le-Bon et qui était né en 1396. En 1448 il accorda, au nom de son père, à la ville, une surséance d'un an pour le paiement de ses dettes (v. ci-dessus p. 45). Plus tard, Charles-le-Téméraire porta aussi du vivant de son père le titre de comte ou de duc de Charolais (voir ci-après XV).

Philippe-le-Bon

A nostre très redoubté seigneur Mons. le duc de Bourgoigne, comte de Flandre et d'Artois, pour son joyeux avénement, les parties qui sensuient :

Primes, pour lui faire présent, IIII^c escus dor.

Item, à Mons. de Robais, son principal chevalier et conseiller, XL escus dor.

Item, à Jehan de Quillent, escuier, son eschancon, III nobles.

Item, à son hérault roy darmes, I noble.

Item, à Richart, son fournier, I escu de durdrecht[1] dit clincart[2].

Item, à Jehan le Bloc, portier, I escu de durdrecht.

Item, à Herman, huissier de le sale, I escu de durdrecht.

Item, à Lyonnel de Gand, huissier darmes, I noble et demi.

Item, à Jehan Huchelin, sergent darmes, I noble.

Item, à Coppe Trippe et Andrieu, trompettes de mon dit seigneur, II mailles de Ghelre[3].

Item, aux pages de Mons., II escus de Durdrecht.

Item, à Jehan le Boulenghier, son chevaucheur, I escu dor.

Item, à Guillui, son valet de pié, I moutanchel dor.

Item, à Willequin, son fol, VIII gros.

Item, à Jehan Grehée, chevaucheur de mondit seigneur, de sourhabondant pour ce quil est prisonnier raenchonné des arminas, I maille de Ghelre.

Item, pour le lettre en las de soye et chire vert baillée par Mons. de son serment quil a fait à le ville, par lequelle il confirme les privilèges dicelle, tant pour les secrétaires comme pour le scel : XX nobles.

Item, pour lescripture de la lettre XXIIII gros de Flandres.

1. Dordrecht, ville de Hollande.
2. Clinquart, monnaie de Flandre.
3. Gueldre, province de Hollande.

Fait le ixme jour de septembre lan mil iiii^c et xxi [1], pour ces parties à monnoie de ce compte ii^m viii^c x^l i^s iiii^d.
(1420-1421).

Repas et dépenses lors des entrées de princes [2]

On trouve dans le compte de 1420-21 la mention de repas donnés lors de la première entrée de Philippe-le-Bon, duc de Bourgogne et comte d'Artois, le 9 septembre 1421 et des sommes payées aux wettes et ménestrels qui allèrent au devant de lui.

A Mons. le maieur sire Extasse de Morcamp, pour despens fais par aucuns de Noss. à disner et à soupper en son hostel le jour Saint-Omer derrain passé que nostre très redoubté seigneur Mons. le Duc fist son entrée première comme seigneur dedens le ville, x^l iii gros de Flandres (dépense réglée le vi^e novembre 1421 monnaie courante).................................. vi^l viii^s.

Entrée du du de Bourgogn le 9 septembre 1421

(Despense de bouche, 1420-1421).

Aux wettes et ménestrels de le ville, pour despens quils firent mardy derain passé à la venue de Mons^gr, xii^s le gros du Roy pour iiii^d. Passé par Noss. en hale le xiie jour de septembre lan mil quatre cens et xxi, pour ce les d. xii^s, qui valent monnoie de ce compte xlviii

(Dons et courtoisies, 1420-21).

A Jehanne, vefve de feu Clay le Pap, pour avoir burni vi tasses dargent lesquelles doivent estre présentées à madame de Bourgogne...................... xx^s.

(Despense commune, 1420-1421).

En 1437 le duc et la duchesse de Bourgogne viennent en la ville le 19 juillet : nouvelles courtoisies :

---

1. C'est le jour de l'entrée du duc à Saint-Omer, ainsi qu'il résulte de la pièce qui suit.
2. Voir § XV. *Despense pour poisson et volille.*

Entrée du duc et de la duchesse de Bourgogne le 19 juillet 1437 — A plusieurs personnes dénommées cy après, pour xviii gros beques, vi carpes et xxv perques présentées de par le ville à Mons. le duc et à Madame la duchesse venus en ceste ville le xix° jour de juillet lan mil iiii° et xxxvii.

Dépense, avec tous les frais accessoires, montant à .... xlii^l xviii^s.

(Mandat du 26 juillet).
(Dons et courtoisies, 1436-37).

Le 19 août 1449, Philippe-le-Bon se trouvait à Saint-Omer, et, « comme accoustumé est », la ville fait diverses libéralités à quelques officiers inférieurs :

Libéralités à des officiers inférieurs 14 août 1449 — A largentier, quil a paié à ceux qui sensuient : primes au palfernier de Mons. le duc xiiii^s, aux huissiers de salle xiiii^s, aux valet de piet xiii^s et aux portiers amez piettre de xviii^s, sont pour les parties lx^s qui, de lordonnance de Mess. maieur et eschevins, le xix° jour daoust mil iiii° xlix que mon dit sieur estoit en ceste ville leur furent donnés en courtoisie, comme accoustumé est une fois en lan pour tant que mon dit sieur viengne en ceste dicte ville, pour ce cy .... lx^s.

(1448-1449, f° vi^{xx} xii v°).

Présents pour recommander les affaires de la ville à différents personnages

Puis viennent les présents intéressés faits à tel ou tel personnage soit, « afin que les affaires dicelle « ville il eust doresnavant plus agréables et recom- « mandez par devers mond. s^{gr} le duc », soit « en « remuneracion des paines et labeurs qu'il a fais à « icelle ville en pluiseurs manières ». Et ce sont ou le bailli d'Amiens, ou le procureur d'Artois, ou des

conseillers du duc et du roi, ou encore « aucuns
« amis et bienveillans » que l'on ne veut pas désigner
autrement.

A Pierre Silvestre, orfeure, pour une aiguière dargent — Bailli
boullonniée et de bonne fachon à lui accatée, pesans   d'Amiens
trois marcs et demi mains I sisain, présenté et donnée
de par le ville à Mons. le bailli damiens à se première
venue à lassise de Monstreuil au mois de janvier lan
mil IIII^c XXXV, pour marc de VIII onches, VIII lib. VIII s,
vault.................................... XXIX¹ IIII^s.

Au procureur dartois, pour courtoisie à luy faite pour   Procureur
les noches de son mariage, VI philippus dor le VIIIe jour   d'Artois
de feuvrier lan mil IIII^c XXXV. Et pour ce lesd. VI philippus dor à XXIIII^s le pièche valent....... VII¹ IIII^s.
(1435-1436).

A sire Aléaume de Rebeque, pour une haghenée de   Cte d'Etampe
poil gris pumelée, à lui achettée lescus de XLVIII gros
pièce, laquelle considéré laffection et désir que y avoit
Mons. le conte destampes¹, fu, de lordonnance de Mess.
maieur et eschevins, eu sur ce ladvis et délibéracion
des dix jurez du commun, donnée et présentée ou nom
de le dite ville, par mes ditss. au dit Mons. le conte, afin
que les affaires dicelle ville il eust doresnavant plus
agréables et recommendez par devers mon dit s^{gr} le duc.
Mandement du IIIIe jour davril avant pasques mil
IIII^c XLVIIII................................... XL¹.
(1448-1449, f. VI^{xx} XII r°).

A l'argentier, qui, de lordonnance et commandement   Divers

---

1. Jean de Bourgogne, dit Jean de Nevers, comte de Nevers, de
Rethel et d'Eu, cousin germain et protégé du duc Philippe-le-Bon.
(Léon Marquis. *Les seigneurs d'Etampes, chronologie des barons,
comtes et ducs d'Etampes.* Etampes, L. Humbert-Droz, 1901, pp. 17
à 20.)

de Mess. maieur et eschevins, et eu sur ce ladvis et délibéracion des dix jurez du commun de ceste ville, il a paié et qui ont esté donnez à aucuns amis et bienveillans dicelle, en rémunéracion des dilligences et labeurs quilz ont faictes à lentretenement des ordonnances de par Mons. le duc de Bourgoigne certain temps a bailliez et confirmées au bien de le justice, gouvernement et police dicelle ville, et pour eulx avoir emploié en diverses manières à lexpédicion des affaires de la dicte ville, et afin que iceulx ilz aient plus recomendez devers mondit sieur, comme ilz ont tousjours démonstré ainsi quil a esté rapporté à Mesdis sieurs et à iceulx jurés : II^c escus dor du prix de XLVIII gros lescu, valent par mandement du XVe jour davril après Pasques mil IIII^c XLIX, ci.   II^c XL^l.

(*Id.*, f. VI^{xx} XII r^o).

. . . .

Conseiller du roi

A sire Jaques Flamens, pour VIII^c de menu vaer[1] que, de lordonnance etc., ont esté par maistre Jehan de Sussaint Légier, conseiller, ou nom dicelle ville, présentez et donnés à lun des conseillers du roy nostre sire pour et en rémunéracion des paines et labeurs quil a fais à icelle ville en pluiseurs manières, dont mesdiss. et iceulx jurez ont esté bien acertenez, et afin que plus il eust les besoingnes et affaires de le dicte ville en espéciale et singulière recommandacion . . . . XIIII^l VIII^s.

(Mandement du XIIe jour de décembre mil IIII^c XLIX).

(*Id.*, f. VI^{xx} XIII).

. . . .

Bailli d'Amiens

A largentier, que il a délivré à maistre Guillebert Dausque XXIIII escus du pris de XLVIII gros lescu, lesquelz, de lordonnance de mess. maieur et eschevins, eu sur ce ladvis des dix jurez du commun, ont esté par ledit maître Guillebert présentez et donnez ou nom de ceste ville à Mons. le bailli damiens, lui requérant que

---

1. *Vair*, fourrure blanche et grise très à la mode au moyen âge : on distinguait le menu vair et le gros vair.

les affaires et drois dicelle ville, comme ses prédécesseurs fait avoient, en justice il eust recommandez et en sa mémoire, sans faire ne souffrir les bourgois de ceste dicte ville traictier par appeaulx, ne autre manière, par les officiers du roy nostre sire, contre leurs franchises, libertez et previllèges. (Mandement du xv décembre mil IIII^{c}XLIX), ci.................... XXVIII[1] XVI^s.
(*Dons et courtoisies, id.*, f. VI^{xx} XIII).

. . . .

A l'argentier de la ville, que, de lordonnance de Mess. maieur et eschevins, eu sur ce ladvis des dix jurez du commun de ceste dicte ville, il a délivré et qui a esté présenté et donné à aucun seigneur du grant et prochain conseil de Mons. le duc de Bourgoigne, conte de Flandre et d'Artois, pour rémunéracion des paines et labeurs quil prinst à remonstrer à mon dit sieur lestat et povreté et charge de ceste dicte ville, et de avoir tenu la main à la diminucion et défalcacion faicte à icelle ville des deux aides extraordinaires à lui derainement consentis par les trois estas de sa dite conté dartois, dont icelle ville a esté tenue quicte pour mil escus, et afin que doresnavant vers mon dit sire icelli seignieur du Conseil ait les affaires dicelle ville plus agréables et recommandez, la somme de II^c escus du prix de XLVIII gros lescu, qui valent par mandement du XIIII^c jour d'aoust mil IIII^c XLIX.................... II^c XL[1]. (*Dépense commune, 1448-1449,* f. VII^{xx} III). Membres du grand Conseil du duc de Bourgogne

Libéralités diverses

Nous avons déjà signalé les Recluses de la ville à qui on distribuait du vin à Pâques, à la Pentecôte et à Noël[1] ; elles en recevaient aussi à la Toussaint,

---

1. Voir ci-dessus, chap. VII, comptes de 1436-1437. On les retrouve d'ailleurs dans presque tous les anciens comptes, aussi bien en 1416-1417 qu'en 1448-1449. M. J. de Pas dans ses *Testaments transcrits à l'échevinage de Saint-Omer de 1486 à 1495*, Saint-Omer, D'Homont, 1902, mentionne, p. 20, six dons testamentaires

et on le leur apportait dans des pots de terre contenant chacun un lot [1] :

Recluses

Pour ix los de terre dont on a fait les présens aux trois recluses de le ville aux nataulx [2]........ xii^d.
(Dons et courtoisies, 1416-1417).

Béguines

A Jehan Gente, fustailler, pour xii pos de terre quil a livrez pour porter aux jours des nataulx de par le ville le vin aux Beghines [3] et Rencluses, comme il est accoustumé, pour chascun pot ii^d............... .....
(Despense commune, 1420-1421).

C'est dans ce chapitre que l'on trouve l'indication de travaux exécutés à l'hôpital du Soleil [4] en 1417 et 1418, consistant en réfection du chœur de la chapelle et en la pose de deux verrières :

Hôpital du Soleil

A lospital Nostre Dame du Soleil dehors le porte du hault pont auquel en lan de ce compte on a fait le cœur tout de nouvel, et ont tous Noss. vieux et nouveaux donné et ordené de y faire mettre deux nouvelles verrières de voire, dont en lune ara fait limagerie Mons. Saint-Omer armoyet des armes de le ville ; et en lautre,

faits à la recluse de Saint-Martin-en-Lisle. Le compte de 1420, chap. des ouvrages de la ville, indique qu'elle demeurait près de la rivière : « le mur de la rivière contre la maison de la Rencluse de Saint-« Martin-en-Lisle ». Saint-Martin-en-Lisle était une ancienne église paroissiale vis-à-vis l'abbaye de Saint-Bertin.

1. Le lot contenait 4 pintes équivalant à 2 litres 0833.
2. On appelait autrefois *les quatre nataux :* les fêtes de Noël, de Pâques, de la Pentecote et de la Toussaint.
3. *Béguines.* Il est probable que leur établissement à Saint-Omer date du xiiie siècle. Leur maison était située sur le bord de la rivière de Sainte-Claire attenant à la pâture de l'hôpital et près du cimetière de Saint-Adrien. En 1549 elles furent remplacées par les sœurs de l'Ecoterie. *(Recherches étymologiques etc., sur la ville de Saint-Omer, revues par le bibliophile artésien.* Saint-Omer, 1867, pp. 91 et 92.)
4. Cet hôpital fut fondé en 1318 par Guilbert de Sainte-Aldegonde, près la porte du Haut-Pont.

sera fait limagerie de Ste Audegonde armoyé des armes de le dicte ville. Et, par marquiet fait, on doit paier de cascune verrière vi¹ parisis, dont en lan de ce compte la première verrière sera assise et lautre en lan IIII^c et XVIII. Pour ce ici pour lune des dictes verrières, au par.. vi¹.

(1416-1417).

A Jehan de Faukembergue, paintre, pour une seconde verrière faite à lospital du Soleil par lordonnance de Nosseigneurs au nouvel cœr que fait y est, fait le xe jour de juing, au parisis.................... vi¹.

(1417-1418).

Gratifications

A Guillebert le berquier, Coppin sen fil, pour eulx et pluiseurs autres compaignons demeurant à Wisque¹ que Noss. leur ont donné en courtoisie pour un leu² quilz ont prins en le banlieu de cette ville le XVIIIe jour de février oud. an IIII^c XX, pour ce monnoie de ce compte   XLVIII^s.

(Despense commune, 1420-1421).

Aux compagnons demourans en le rue dehors le porte Sainte Croix, à eulx donné en courtoisie, pour ce quilz avoient en ce présent mois prins ung leu en le dicte rue, lequelz y avoit fait plusieurs maulx, du XXIIIIe jour de février lan mil IIII^c XXXVI, pour ce monnoie de ce compte... XL^s.

(Dons et courtoisies, 1436-1437).

Secours aux voyageurs

Au conte et prince de Valachie en Grèce, parent du roy nostre sire et de Monsigneur, qui a perdu son pais, femme et enfans par les Turcs³ comme certeffié est par lettres patentes de mon dit seigneur ammonestrans tous

Prince de Valachie

---

1. Canton de Lumbres (Pas-de-Calais).
2. Loup.
3. Nous n'avons pu découvrir qui était ce personnage.

bons Xtiens quils lui aidassent à vivre. A luy donné par Nosseig. le xxviiie de juillet six escus de Durdrecht valent au parisis .... cxs viid.

(1417-1418).

Egyptiens voyageurs

A Messire Andrieu, duc de le petite égipte, passant par pais avec pluisieurs hommes, femmes et enfans, ses genz et subgez [1], pour courtoisie que font Nosseigneurs :

Primes, pour se personne, ix mailles de Ghelre.

Item, pour son commun, iii couronnes dor.

Et pour le baptisement d'un leur enfant, ii mailles de Ghelre.

Fait par Noss. le pénultième jour de septembre lan iiiic xxi. Pour ce en monnoie de compte

lix lib. xis vid ob.

(1420-21).

XII

Despense pour aides accordez à Monseigneur le Duc [2]

Il s'agit d'aides accordées à certaines conditions à Philippe-le-Bon, duc de Bourgogne, comte d'Artois, par les gens d'église et les bonnes villes du pays d'Artois, pour lui permettre d'assiéger Calais en 1436 (n. s.) à la tête d'une armée de Flamands. Cette tentative pour reprendre cette ville ne réussit pas : à peine l'arrivée du duc de Glocester avec un corps de troupes anglaises fut-elle connue que les flamands crièrent à la trahison et annoncèrent leur départ.

A Jehan de Diéval, conseiller de Mons. le duc de

---

1. Voir Bon de Calonne. *La vie municipale à Amiens au XVe siècle,* pp. 189 et 316 à 318. Il signale en 1427 le passage à Amiens de quarante Egyptiens dont le chef était un certain Thomas, « conte du « petit Egypte », ils appartenaient à l'une des troupes nomades qui parcoururent l'Europe pendant le quinzième siècle.

2. Rapprocher du § I. *Aides pour le Roy.*

Bourgoigne et de Brabant, et receveur général des aides dartois, commis par nostre dit seigneur à recevoir les deniers à luy accordez, tant des gens déglise comme des bonnes villes dudit pays dartois et autres, pour le fait de son siège de Calés, auquel a esté paié, baillié et délivré des deniers venant de ceste ville le somme de mil et xxxiii f. de xxxii gros monnoie de Flandre le franc, pour le porcion de ceste ville dun demy-aide accordé par les dites bonnes villes chascun mois, durant quatre mois se le dit siège de Calés dure tant, à paier : le premier terme de paiement au ixme jour de ce présent mois, jour du partement de nostre dit sire de sa ville de Gand pour venir en son présent voiage ; le second à compter du jour que les monstres des gens darmes de nostre dit seigneur se feront en ung mois ; et ainsi en avant de mois en mois tant que lesditz quatre mois seront si le dit siège dure tant comme dit est. (Mention de la quittance de Jehan de Diéval du 20 juin 1436) au paris.................... vii^c viii lb. vi^s x^d.

(1435-1436).

XIII

Despense commune

Il faut ranger dans la dépense commune les frais de bureau : papier, parchemin, cire, éclairage, bourses où étaient déposés les fonds destinés aux gages des échevins, sacs à procès, etc. Au xve siècle c'est à Bruges que l'échevinage s'approvisionnait de papier grand format ; et Poperinghe[1] fournissait le parchemin, qui avait beaucoup renchéri vers 1436, parce que cette ville avait été brûlée récemment par les Anglais. Dans ce chapitre se classent aussi

---

1. Ville de 9857 habitants située entre Saint-Omer et Ypres (Belgique — Flandre occidentale).

les petites réparations aux bâtiments municipaux et les diverses fournitures de joncs et de nattes pour la halle et la chambre du Conseil, les gratifications à divers agents de la ville, les frais d'habillement des enfants trouvés, les dépenses de police telles que l'enlèvement des boues et le nettoyage des marchés à certains jours et à certaines heures, le service des incendies, et une foule d'autres dépenses qui ne rentraient pas d'une manière précise dans un chapitre déterminé.

cire — Demi quarteron de chire verde et vermeille pour sceller, à III^s VI^d le livre [1].

(1416-1417).

papier grand format — A Jehan Sauvage, pour V mains et demie de pappier de le grant fourme, à VIII^s le main, pour ce présent livre et pour un autre livre à mettre les receptes de le ville de cest an mil IIII^c et dix nœuf, pour ce au parisis XLIIII^s.

id. — A sire Nicole de Wissoc, pour XII mains de pappier de le grant fourme accatés à Bruges, pour les affaires de le ville XII^s II^d de gros, le XXIXe jour de may, pour ce.................................. CII^s X^d.

id. — A sire Nicole de Wissoc, pour douze mains de pappier de le grant fourme par luy accatées à Bruges pour le hale [2], à faire les registres et pappiers dicelle, pour ce...................................... CII^s X^d.

(1418-1419).

parchemin — A un marchant de Poperingues, pour une XII^{ne} de parchemin acheté par Pierre de le Ruelle [3], nécessaire pour largenterie....................... LXIIII^s.

(1420-1421).

1. Compris dans un article plus considérable.
2. L'hôtel de ville.
3. Argentier.

A Jaques le Clerc, librarier, pour une xii^ne de grant parchemin
parchemin à lui prinse pour le registre de le ville où len
a acoustumé enregistrer les chartres...... xvii^s ii^d.

. . . .

A Baudin Andrieu, pour encre depuis trois ans et id. et encre
parquemin depuis le mois de septembre lan mil iiii^c et
xxxvi, qui a esté moult quier pour les guerres, car on
nen a peu trouver à Poperinghes qui a esté arse des
Englés, où acoustumé estoit la prinze.. v^l xvii^s x^d.
(1436-1437).

Pour xiii bourssettes de cuir de chamois noir, esquel- bourses
les, le nuyt des Roys mil iiii^c lxxvii, furent mis les de cuir
deniers que prendent Mess. les eschevins et clers de le
halle pour leurs gaiges et vins de tout lan..... xxi^s.
(1476-1477, f. vii^xx iiii).

Petites réparations aux bâtiments municipaux, fournitures diverses, halle échevinale

A tristam le Boeghere, paintre, pour avoir fait et livré verre
de nouvel i penel de voirre¹ à la fenestre qui est contre
le dossal², refait ce que y estoit rompu, refait pluiseurs
treus qui estoient ès fenetres de le cambre du conseil,
de le cambre des dix à le maison.......... xxiiii^s.
(1412-1413).

A Mehaut Svlieghers, pour avoir livré tous les joncs joncs
qui ont esté mis en le hale pour tout lan finant au dit
jour de toussaint lan xvii.................. xx^s.

. . . .

A Jehan Le Paintre, faiseur de nattes, pour avoir fait nattes
et livré les nates... mises en le cambre du conseil à le
toussaint derrain passé................·. xxiii^s.
(1416-1417).

A Xristien Le pair, paintre, pour avoir remis en verrière
nouvel plonc xxxvi piez de verrière en le cambre du

---

1. *Penel de voirre :* un panneau de verre.
2. Espèce de tribune placée dans un angle au fond à droite de la halle, d'où l'on faisait certaines publications.

conseil en hale et en pluiseurs lieux, y avoir mis voirre nouvel pour piet, IIII gros du roy[1].

pavement   A Jehan du Val, fustailler... pour v quarterons de pavement à réparer le hale en auscuns lieux.   xv gros[2].
(1420-1421).

La scelle[3]

peintures diverses   A Wille Jaquemins, peintre, pour avoir ouvré de sen mestier et paint par pris douvriers listore de Mons. Saint-Omer et plusieurs autres paintures en le selle de le ville, qui est devant le capelle nostre dame sur le grand marquiet. Et avoir livré lor, azur et toutes austres estoffes ad ce appartenans, lequel ouvrage a esté prisiet par maistres Gilles de Faukemberghe[4], Pierre de Faukemberghe son frère, Jehan Brietbart de Bailloeul[5] et Wantier, paintres, à le somme de LXXVIII livres monnoie courante, ci.................... LXXVIII l.

Aux dessus dits priseurs, paintres, pour leurs salaires davoir prisiet ledit ouvrage, xxIIII s monnoie courante, dont le ville a paiet le moitié et le dit Wille Jaquemin lautre moitié, pour ce..................... XII s.

Audit Jehan Brietbart, demourant audit lieu de Bailloeul, li quels fu envoiez querre par nosseig. pour venir prisier, avoec les autres dessus dis, en ceste ville, ledit ouvrage, pour ce li a esté ordené par nos dis singneurs pour ses despens yci..................... xx s.

Audit Jehan Courte ruwe, pour L lib. de plonc quil a livré à Wille Jaquemins, paintre, pour avoir fait plusieurs et grant quantité fleurs de lis en le painture quil

---

1. Extrait d'un article de dépense plus étendu.
2.   id.
3. Bâtiment sis sur la Grand'Place où se tenaient les audiences de la scelle ou petit auditoire, juridiction inférieure et de police jugeant les contestations jusqu'à 15 livres. (Voir *les Anc. Communautés d'arts et métiers à Saint-Omer*, t. I, pp. 68 et 69.)
4. Fauquembergues, bourg, arrondissement de Saint-Omer.
5. Bailleul, département du Nord.

a fait en le selle sur le grant marginet à IIII ᵈ ob. le livre, pour ce ici.................... XVIII ˢ IX ᵈ.
(1412-1413).

Eglise Saint-Denis [1]

A Willeaume Vistelet, fèvre, pour avoir mis une bande pesant IIII l. et demie, à VIII ᵈ le livre, à I nouvel siège où Noss. de le loy de le ville ont accoustumé de séir en léglise Saint Denis, pour ce ici .... III ˢ. *Sièges des échevins*
(1412-1413).

Chapelle de Notre-Dame des Miracles [2]

A Jehan le Sauvage, eschoppier despisserie, pour avoir livré par marquiet chierges ardans de jour et de nuit ou bassin dargent de le ville devant lymage Nostre Dame en le cappelle sur le grant marquiet, pour tout lan.................... XVII ˡ II ˢ X ᵈ. *cierges*
(1416-1417).

Prix de la journée de divers ouvriers en bâtiments

Journée de maçon	III ˢ.	
»	manœuvre............	II ˢ.
»	carpentier	III ˢ VI ᵈ.
»	plaqueur de terre.......	IIII ˢ VIII ᵈ.
»	manœuvre............	II ˢ IIII ᵈ.
»	couvreur de tieule *(tuiles)*	IIII ˢ.

A rompre les glaches des fossez autour

---

1. Nous avons déjà signalé dans *les Anc. Communautés d'arts et métiers à Saint-Omer,* t. I, p. 79, que les échevins avaient coutume d'assister aux solennités religieuses dans l'église Saint-Denis et qu'ils y occupaient des stalles dans le chœur. En 1412 on refit ces stalles : « nouvel siège où Noss. de la loy de le ville ont accoustumé de séir « en l'église Sᵗ Denis » (Compte de 1412-1413).

2. Chapelle sur le grand marché. (V. Pagart d'Hermansart. *Inventaire des reliquaires, joyaulx et ornements de la chapelle N.-D. des Miracles à Saint-Omer en 1559. Bull. archéologique du Comité des travaux historiques et scientifiques 1891,* n° 2, p. 379.)

de le ville pendant xvi jours, à chacun
iiis (17 hommes).................... xvl xvis.
(Passim 1418-1419) ¹.

Gratifications au chirurgien de le ville ²

A maistre Jehan de le Sale, surgien, pour avoir fait pluiseurs visitations et cures, tant au couvent des frères mineurs, à pluiseurs personnes gisans en pluiseurs ospitaux de le ville et pluiseurs autres povres personnes bourgois dicelle, lesquels ne lavaient de quoy paier ne contempter, et en ait eu grans paines et mises, sur quoy Noss., eu sur ce considération, lui ont ordené, outre le pension quil a de le ville.................. lis vid.
(1416-1417).

A maistre Jehan de le Sale, surgien de le ville, qui en lan passé, ouquel lépedimie a fort régné en ceste ville, visita aux hospitaulx les malades qui y ont esté tant de ladicte maladie comme de navrures, dapostumes et autres maladies, lesquels malades estoient povres et navoient dont leur aidier, et en sont, les aucuns garis, les autres mors, en quoy il a employé temps et péril et fait grande diligence................ vil xviis iid.
(1435-1436).

A maistre Jehan de le Sale, surgien, pour les grandes paines et labeurs quil a eu audit an, pour avoir visité et aidié de son dit mestier plusieurs povres, tant as hospitaulx comme ailleurs parmi le ville, lesquels ne avoient de quoy le paier, et fuissent mors les plusieurs se aidié ne les eust, dont il a monstré toutes les parties en nommant les personnes .... viiil xvs viiid.
(1436-1437).

---

1. Le compte de 1416-1417 donne aussi la journée d'un batelier : « à cascun pour jour à tout se neuf iiis. »

2. On a déjà vu mentionnés le « maistre médechin de le ville » et deux « surgiens », au chap. III, *Pensions foraines.* Ici ce sont des gratifications accordées au chirurgien.

Enfants trouvés

A Willes Robbes, dit Diers, pour les parties qui sensuivent est assavoir :

LXI^s IX^d pour IX aunes et demie de **drap gris** dont Noss. ont fait faire II hupelandes, II cotes, II capperons et IIII paires de cauches pour deux jovenes enfants trouvez, qu'ils font warder au dit Wille pour Dieu et en aumosne.

Item III^s VI^d pour II paires de solers.

Item III^s pour drap vermeil et blanc dont on a fait doubles crois sur les dictes hupelandes[1].

Item X^s pour les fachons des dictes hupelandes, cotes, capperons et cauches, et X^s pour IIII kemises pour iceux enfans, tout accaté à le franque feste de ceste ville daenrainement passée, toutes ces parties ici IIII^l VIII^s III^d monn. cour. comme il appert par quitance donnée le XII jour de novembre lan XVI, font au paris.   LXXV^s VIII^d.

(1416-1417).

Dépenses de police

1

Enlèvement des boues

A Miquiel Coelman, benneleur[2], par marché à lui demouré par cry et rabais, pour avoir tout lan de ce compte emmené les boes, fiens[3] et ordures des grans et petis marchiés et de toutes les rues pavées et aussi des portes... par condicion quil est tenu de emmener chacun jour de poisson lordure du marché au poisson sur lart en dedens le vespre, et lordure et boe des dits marchiez et autres rues chacun jour de sabmedi en dedens le

---

1. Ce sont les armoiries de la ville : de gueules à la **double croix** d'argent. A Amsterdam, les élèves de l'orphelinat communal portent encore aujourd'hui des vestes noires et rouges (couleurs de la ville).
1. Du mot *benne :* tombereau.
2. *Fiens :* fumier.

vespre, au moins en dedens lendemain vIII heures du matin, et lordure et boe des dictes portes et rue Sainte Croix une fois le sepmaine, bien et souffisament en telle manière que sil y avoit faulte on le feroit faire à ses despens, pour ce au par.................. xIII lib.
(1476-1477, f^{os} vII^{xx} vIII v° et vII^{xx} Ix r°).

2

Incendies [1]

pots de terre — A Jehan Cauwe, pottier de terre, pour II° pos de terre quil a livré pour porter yauwe à la rescousse du fu de mesquief qui fu dans lospital de lescoterie ou Brûle [2] ou mois daoust lan mil IIII^c et xIII, à luy ordené par Noss^r .... xII^s.

. . . .

eskippars — A Robert Hendebant, fustaillier, pour vIII grans eskippars [3] livré pour aidier à jeter yauve au fu de meskief qui fu à le maison miquiel de Woulfrethun ou Brûle, ou mois daoust, à xvIII^d le pièce font xII^s, pour II autres eskippars livré as mesureurs de blé pour leurs bas [4] pour aler as dis fus de mesquief quant le cas y eskiet, ci III^s.

. . . .

chariot — A Coppin de Holst et Pierre Lepic, carpentiers, à cascun III jours, III^s vI^d cascun pour jour, pour avoir refait et amendé IIII carios que les mesureurs de blé ont de par le ville pour amener certain bas quils ont pour aler querre yauve à le rescousse diceux fus..... etc.
(1412-1413).

---

1. Nous renvoyons pour le « feu de malheur » ou « feu de meschef » aux *Anc. Communautés d'arts et métiers à Saint-Omer*, t. I, pp. 275-276. Ces extraits de comptes complètent ce que nous y avons exposé.
2. *Brûle*, de *bruhl* : marécage, quartier de la ville avoisinant la rue du Brûle, aujourd'hui rue d'Arras. Il s'agit de l'hôpital de *N.-D. de l'Escoterie* (du vieux mot *escot*, délivré).
3. Pelles de bois pour vider l'eau.
4. Bacs.

A Miquel du four, tonnelier, pour avoir fait tout de nouvel xvi tines[1], à iiii^s chacune, et pour avoir refait et mis lxxii nouveaux chevales aux vieses tines, à ii^s led. chevalet, livrées aux connestables des brouteurs[2], porteurs au sacq et aux maistres des clobers et winscroders de le ville, nécessaires et servant à porter eauwes aus fus de meschief...................... xix^l iiii^s.   tines réparations de tines

. . . .

A Jehan Lodebarne xxxii gros et à Martin Daudenton lxiii gros pour pos de terre prins à leurs maisons, car ilz sont potiers de terre, et ce le diemenche xxie jour de décembre l'an mil iiii^c et xxi pour le fu de meschief qui avint en Lisle[3]...................... xii^l xvi^s.   pots de terre

(1420-1421).

A Jehan Le Hap, quil a paié pour le ville par marchiet fait à ung ouvrier de Brousselles pour lx seillons[4] de cuir délivrez à Bruges, pour pièce xxi gros. *Item* pour les avoir fait amener dudit lieu de Bruges par Wille Carre, careton, en ceste ville, mis en garnison pour pourveir au péril du feu, ci iii^s vi^d de gros, valent au p..................... xxix^l ix^s x^d.   seillons de cuir

. . . .

A plusieurs compaignons qui apportèrent les dits seillons de le maison Jehan Le Hap et les mirent en le nouvelle hale le xxviiime jour de juillet, au p... xii^d.   id.

(1417-1418).

A Wille de Peret pour cincquante scillons dosiere que il a fait et délivré pour provision au fu de mesquief qui poet avenir en le ville, trois gros pour pièce, au parisis .... lxiiii^s iii^d ob.   seillons d'osier

. . . .

1. Cuves en bois.
2. Les *brouteurs* ou *brouetteurs*, les *winscroders* (avaleurs de vin), les *clobers*, les *chartiers* et les *porteurs au sac*, appelés ensuite *portefaix*, se partageaient le transport des marchandises et denrées ; leur matériel était requis pour les incendies.
3. Faubourg de Lyzel.
4. Seaux pour incendie.

seillons d'osier

A Déderic le Suint pour avoir poyé (enduit) de tere les scillons dosiere mis en le garnison de le ville pour sen aidier au fu de mesquief, ung gros pour pièce, qui font au parisis.......................... XXI^s V^d.
(1436-1437).

Dépense pour un incendie en octobre 1418

Pour le rescousse du fu de mesquief qui, ou mois doctobre lan mil IIII^c et XVIII fu à le maison sire Eustace de Morcamp : primes à Wille Clais, potier de terre, pour poterie prinse par Lambert Happe XXVIII^s, à Colaert le Cordier pour pottrie de terre prinse par led. Lambert VIII^s, à Jehan Gente, fustaillier, pour IIII quennes de terre, III^d pour pièce val. XII^d, pour huit ruffles, IX^d pour pièce val VI, à Jehan du Val, fustaillier, pour XVII esquippars, XXI^d pour pièce et pour XI ruffles, IX^d pour pièce, à Leureux Couders pour III tonneaux et III los de cervoise, XII^s pour tonnel, à Rasse de Holst pour LIIII los de cervoise quil envoia quérir en plusieurs autres lieux, III^d pour lot et pour le quenne de vin quil paia aux carpentiers IIII^s, à Jehan le Maistre pour deux noeves esquelles VI^s. Montent lesd. parties, lesquelles ont esté bailliés à Rasse de Holst qui a promis den acquitter le ville .... CXVIII^s IIII^d.
(1417-1418).

Feu grégeois[1]

A pluisieurs personnes envoiés par nosseig. maieurs et eschevins à Ghisnes[2]..., pour ce que Marguerite, alors amie de Richart Leulf, Englès, avoit fait assavoir secrètement à Nosseig. que le dit Richart avoit ordené et marquiet fait à aucuns quelle ne cognoissoit, de bouter le fu de nuit en IIII ou en V lieux en le ville de

---

1. V. Ducange, éd. Didot, 1850, t. VII, p. 352. *Extraits des Observations sur l'histoire de S. Louis escrite par le sire de Jouville : Ignis Græcus.* — Bibliothèque de l'Ecole des Chartes, t. III (VIII), 1846-1847.

2. Guisnes, chef-lieu du comté de ce nom qui appartenait alors à l'Angleterre.

Saint-Omer pour icelle ardoir et destruire de fus grigois et dautres matières adce appartenans. — Et pour et à lencontre adce remédier et savoir ceux à qui ledit Richard, englés, avoit marchandé de ce faire, Nos dis Seingneurs y envoièrent et firent fréquenter pluisieurs personnes audit lieu de Ghisnes et marches d'environ[1]... et pour lesd. messages.................. xx^l xi^s v^d.
(1413-1414).

XIV

Despense pour vin délivré au prince a monnoie courante

Lorsque les comtes d'Artois venaient séjourner à Saint-Omer, ils avaient le privilège, pour eux et leur suite, de ne payer le vin que 3 deniers le lot[2]. La dépense en vin faite en 1436, lorsque le duc resta en cette ville du 18 au 23 juillet, s'éleva à 261 livres 18 sous 5 deniers parisis, déduction faite des trois deniers par lot payés par le prince. En 1448, en mars, un seul tavernier fournit 232 lots de vin de Beaune et 22 lots de vin français qui coûtèrent 19 livres 16 sous 5 deniers.

A pluseurs personnes cy après nommées, pour despense de vin faicte par Mons. le Duc en ceste ville, depuis le xviiie jour de juillet lan mil iiii^c et xxxvi que il y vint jusques au xxiiie jour dudit mois après disner que il sen parti — déduire les trois deniers que il a acoustumé de paier pour chacun lot :

1. Le surplus du texte constate qu'on ne put rien savoir.
2. Ce privilège donna lieu plus tard à des contestations, notamment en 1453, quand le comte de Charolais vint à Saint-Omer comme représentant son père et ayant en son absence le gouvernement « de ses terres et seigneuries de par dechà ». — Le *pot* ou le *lot* équivalait à Saint-Omer à 2 litres 1 décilitre 1 centilitre 5/10. *(Anc. Communautés d'arts et métiers à Saint-Omer.)*

A Tassin, pour quatre pipes[1] et trois ponchons[2] ten. xi M et demi et trois setiers[3] de vin franchois blanc, huit frans pour muy[4], valent......... LXXIIII^l VIII^s.

A May Hoost, pour une pipe de vin vermeil tenant ung muy demi et ix setiers, xi^l et viii^s pour muy, valent............................. XVIII^l V^s.

A Clay Scolin, pour deux pippes de Poitau, lune vermeille tenant deux muis et iiii set., xi frans pour muy, lautre blanque tenant deux muys i set., v frans pour muy tout au rec, valent......... XXVII^l IIII^s VIII^d.

A luy, pour deux autres pippes de Poitau blanc au rec tenant iiii muys et v setiers, vii fr. pour muy, valent........................... XXVII^l IIII^s VIII^d.

A Simon de Kendale, pour une pipe de Poitau vermeil tenant ung muy demi xi setiers, xii frans viii^s pour muy, valent..................... XIX^l XI^s VIII^d.

A Enguerran le Caron, pour une pipe au rec de Franchois vermeil, xi^l et viii^s pour muy, valent   XXI^l VIII^s.

A Wille Craye pour une pippe de vin de Poitau blanc tenans deux muys, viii fr. et viii^s pour muy, valent............................. XIII^l XII^s.

A luy pour trois muys demi xi setiers de vin de Beaune, xvi f. pour muy, valent..... L^l XIII^s IIII^d.

A Jaques Brisse, pour deux pippes au rec de Poitau vermeil ten. iiii^{xx} v set., xi^l pour muy, valent............................ XXXVII^l VIII^d.

A Vaultier Brunet, pour une pippe tenant deux muys demi et ung setier franchois blanc, x^l pour muy, valent........................... XX^l VI^s VIII^d.

Somme III^c V^l X^s IIII^d courant qui valent II^c LXI^l XVIII^s V^d parisis.

(1436-1437).

1. *Pipe :* futaille.
2. *Ponchon :* poinçon, tonneau tenant à peu près les deux tiers du muid.
3. *Setier.* Mesure de capacité valant environ 7 litres 44 centilitres.
4. *Muid.* Il fallait 3 muids pour un tonneau.

« A Jehan Godde, tavernier, pour IIᶜ XXXIII los de vin de Beaune et XXII los de vin franchois à lui prins pour la despense de Mons. le duc de Bourgoigne estans en ceste ville ou mois de mars, comprins en ce compte, dont a esté prins sur mon dit sire III ᵈ pour chascun lot, et le surplus paié par la ville, à cause de le franchise que mon dit sieur le duc maintient avoir de prendre et pouvoir avoir vin oudit pris de III ᵈ le lot pour la despense de lui et des gens de son estat comme conte dartois lui estans ès villes de sadite conté....... XIX ˡ XVI ˢ V ᵈ.
(1448-1449, fᵒ CXIX vᵒ).

XV

Despense pour poisson et volille [1]

Après le chapitre : *Despense pour vin délivré au prince,* vient dans les comptes celui intitulé : *Despense pour poisson et volille,* qui contient aussi des sommes payées à l'occasion du séjour des princes ; nous n'extrairons de ce chapitre que deux dépenses de cette nature [2], parce qu'elles donnent la date de l'arrivée à Saint-Omer du duc de Bourgogne le 23 juillet 1449, et celle de la présence de son fils le 27 juillet.

.... A Miquiel Zoetman, pour deux gros beques et une bresme CX ˢ, à Simon Achte pour deux becques LXX ˢ, à Abel le Croquelin pour III bresmes XXIIII ˢ, à Jehan Zoetmont pour IIII carpes et VI perques XLVIII ˢ, pour II grands beques et deux carpes VI ˡ X ˢ, à Pierre Frontin pour VI perques XII ˢ, à Jehan de Lattre pour VI coup-

---

1. *Volille :* volaille.
2. Voir aussi § XI. *Despense pour dons et courtoisies :* Nous y avons cité des repas et dépenses lors des entrées de princes, et notamment une dépense faite le 19 août 1449.

ples de soles et xii mules xxxii ˢ, à Jehan le Turc pour vi couples de soles xviii ˢ, tout présenté de lordonnance de Mess. maieur et eschevins le xxiiiᵉ jour de juillet à Mons. le duc de Bourgoigne arrivé en ceste ville..... (et divers salaires).................. xxiiii ˡ xiii ˢ.

(1448-1449, fᵒ vi^{xx}).

A Simon Achte, pour vi hairons et vi buhoreaux lxxiiii ˢ, à sire Jaques Hielle pour iii cappons xviii ˢ, à Jehan Le Naet pour autres iii cappons xxiii ˢ, tout présenté de lordonnance de Mess. maieur et eschevins par Denis de Seninghem le xxviiᵉ jour de juillet mil iiiiᶜ xlix à Mons. de Charolais[1] demouré en ceste ville après le partement de Mons. le duc.................. cxvi ˢ.

Somme toute xlix ˡ iiii ˢ, val.... xlii ˡ iii ˢ v ᵈ par.

(1448-1449, fᵒ vi^{xx} vᵒ).

XVI

Despense pour le fait de la guerre

Ce sont des armures de tête ou bassinets qu'on envoie chercher à Bruges ; des arbalètes faites par des ouvriers de la même ville et amenées à Saint-Omer, et qu'on prend soin d'essayer ; un grand nombre de viretons ou traits d'arbalètes dont on vernit les fers ; les archers sont munis de flèches ou saiettes, ils ont des trousses ou carquois pour les y placer. Il y a des approvisionnements de cailloux « à employer au tour des murs pour deffense contre « ennemis » ; des chausse-trappes pour semer dans les environs de la place afin d'y enferrer les hommes et les chevaux. Des lances peintes de vermillon et aux armes de la ville sont placées aux portes de la

---

1. Charles-le-Téméraire qui, du vivant de son père, porta le titre de comte de Charolais.

ville. Il y a aussi des piques, arme dont les Flamands se servaient d'une manière très habile. Puis vient l'artillerie. Des maîtres artilleurs, des coulevriniers, serpentiniers et canonniers, des guetteurs sont pensionnés par la ville. Les trompettes de guerre sont en taffetas rouge peint aux armes de Saint-Omer, et garni de franges de soie blanche, de houppes et de cordelettes. En 1412 on voit divers canons de cuivre, de fer, de différentes grandeurs, à une ou plusieurs chambres, des ribaudekins, des beughelars, des crappaudels, des bombardes, des hacquebusses, des couleuvrines, des serpentines [1], fournis ou forgés par des fèvres de la ville ; d'autres sont achetés en 1476 à Bruges par l'échevin commis à l'artillerie. Non seulement les remparts et les tours de l'enceinte sont garnis de ces engins, mais le château a des barbacanes et diverses espèces de pièces d'artillerie. Les affûts sont en bois d'aune. Toutes ces pièces sont nettoyées et entretenues par le charpentier de la ville, qui a soin de les oindre d'huile. Avant d'en faire usage, elles sont essayées, le plus souvent sur la motte châtelaine, quelques-unes éclataient ; en 1436 l'essai d'un crapaudel se fit dans la cour de l'hôtel de ville et une verrière y fut brisée. A l'origine de l'artillerie, les pièces se chargeaient par la culasse et elles étaient munies de plusieurs boîtes ou chambres mobiles, de manière à faciliter la rapidité du tir ; ces chambres étaient enfermées dans des tours voisines de l'endroit où étaient placés les canons. On en fabriquait dans la ville. Il y avait un matériel de service assez considérable, des entonnoirs pour remplir les canons de poudre, des boulets

---

1. Nous donnons l'explication de ces termes dans les notes qui accompagnent les textes où ils se rencontrent.

de pierre du Brabant, de grès ou de plomb, des moules pour boulets. La poudre était souvent achetée à Dunkerque. Quant à celle que les maîtres canonniers faisaient à Saint-Omer, elle nécessitait tout un atelier dont le compte de 1435-1436 donne la description. Il était situé dans une tour, éclairé par deux fenêtres garnies de toiles enduites de térébenthine en guise de verrières, on y trouvait une table sur laquelle on broyait le salpêtre et le soufre nécessaires à la confection de la poudre[1], le charbon de bois de tilleul[2], un chaudron ou mortier et un tamis servaient à affiner ces matières. Le salpêtre, le soufre étaient achetés à Dunkerque ou à Bruges; la ville les fournissait quelquefois à celui qu'elle chargeait de la façon de la poudre. On plaçait la poudre dans des sacs de cuir de mouton blanc et on la conservait dans des tours et dans une chambre fermée près de la porte Boulenisienne.

Ces dépenses s'étendent de l'année 1413 à l'année 1478; au commencement de cette période, la France est la proie de dissensions intestines; après le désastre d'Azincourt et le traité de Troyes qui, en 1420, livre le royaume au roi d'Angleterre, surviennent les triomphes de Jeanne d'Arc et l'expulsion des Anglais; Saint-Omer était alors placée sous la domination des ducs de Bourgogne, comtes d'Artois, suzerains du roi de France, mais tour à tour alliés des Anglais ou des Français. Le voisinage des Anglais qui conservèrent Calais continua à être pour

1. La poudre se compose de salpêtre, de charbon et de soufre, mais le salpêtre et le soufre étaient broyés à part.
2. On se servait en Allemagne de charbon de bois de coudre, en France on préférait le charbon de bois de bourdaine, il est à penser que le bois de tilleul que nous voyons employé à Saint-Omer n'était pas le seul dont on se servait.

la ville de Saint-Omer une cause d'alarmes continuelles. C'est ce qui explique les approvisionnements en matériel de guerre que l'échevinage ne cesse d'entretenir et de compléter [1].

1
Dépenses de matériel de guerre

Bassinets

A Jehan Baughe, armoyer [2], et Pierre Samuel, qui, par l'ordenanche de Nosseigneurs, furent envoiés ou mois daoust daerrain passé en le ville de Bruges pour y accater L bachines [3] pour les livrer à aucuns des bourgois de ceste ville qui nen avoient point, pour le doubte des guerres et défence de le dicte ville, lesquels ny trouvèrent alors que IX bachines qui fussent de valeur. Et cousta cascun V escus dor et XXVIII gros dont on en a livré V à V des bourgois de le ville audit pris et les autres IIII sont demouré à le maison du dit armoyer et appartiennent à le dicte ville, pour ce [4].... escus d'or et LVI s monn. cour. qui valent au par.... XXI^l I^s IIII^d.
(1413-1414).

Arbalètes et traits pour arbalètes

A Henry de Morcamp, pour LI arbalestres de bos de rouménie, avoecq les arbrières [5] estoffés et mis sus de tous poins, et cascun en corde de II cordes, quil a fait

arbalètes

---

1. Nous avons déjà publié dans le Bulletin historique et phil. 1896 des *Ordonnances* « *pour le warde et le sauvement* » *de la ville de Saint-Omer au commencement de la guerre de cent ans (1338 et 1339)*, on y voit tout le détail de l'enceinte fortifiée et toutes les mesures prises alors par le Magistrat pour la défense.
2. Armurier.
3. Armure de tête plus légère et moins forte que le haume.
4. Ce passage du registre a été mangé par les vers qui l'ont perforé.
5. *Arbrier* ou *fût*. C'est la pièce de bois, ayant une rainure dans une partie de sa longueur, sur laquelle est fixée la branche de métal flexible aux extrémités de laquelle est attachée une corde.

faire pour le ville, en se maison, par deux artilleurs quil amena de Bruges en ceste ville, pour le sûreté et garnison dicelle, et les firent Nosseig. essayer et traire cascun III caus[1] as bersaux et en y eut IIII rompus, lesquels ont cousté l'un parmi lautre au par.......................... IIII^{xx} VIII lb. XII^s V^d.

. . . .

arbalètes — A Jehan le Creunelare, demourant à Bruges, pour vint arbalestres quil a vendus et délivrés à Nosseigneurs au mois daoust daerin passé pour le garnison de le ville, pour ce au par................. XXI^l I^s VIII^d ob.

(1413-1414).

id. — A Menault Montastruc, forgeur dars dachier[2], pour XII arbalestres dachier montés et estoffées darbrière et de cordes par lui délivrées pour le garnison de lartillerie de le dicte ville, au pris de IIII^l le pièce..... XLVIII^l.

(1476-1477, f. VIII^{xx} III v°).

viretons — A Jehan de Bos, feuvre[3] demeurant à Herly[4], pour III^c IIII^{xx} IX fers à viretons[5] quil a fais et livrés pour les garnisons et pourvenanches de le ville ou mois de juillet darain passé, pour ce au par.......... LXXIX^s VIII^d.

. . . .

id. — A Wautier, paintre, pour avoir paint de vrenis XII^m de fers de viretons, V^s monnoie courante pour cascun millier, ou mois daoust, pour ce au par..... LI^s V^d.

id. — A Gilles Le Lormier, pour II^c fers de viretons quil a fais et livrés à Jehan Robbes, connestable des arbalestiers de le ville, ou mois de septembre, au par.. XXX^s X^d.

id. — A Leureux Le Camacre, huchier[6], pour avoir fait et

---

1. Tirer trois coups.
2. *Arc d'acier*. C'est la branche de métal flexible indiquée dans la note 5 de la page précédente.
3. *Feuvre, fèvre*. On désignait sous ce nom tous les ouvriers travaillant le fer.
4. Arrondissement de Montreuil (Pas-de-Calais).
5. *Viretons* : trait d'arbalète.
6. *Huchier*. Les menuisiers étaient autrefois appelés *huchiers*, faiseurs de huches, d'armoires.

livré ou mois daoust daerain passé II milliers de fust[1] de viretons en pennes de bos, au pris de LXXIIs monnoie courante le millier, mis ès garnisons de le ville, montant au par.................................... VIl IIIs Vd.

. . . .

A Ancel Quoitperminc, caron, pour avoir livré au comandement de Noss., pour le ville, à Thierry, le canonnier dicelle, IIc rais de fresne, desquels ledit canonnier fist fust pour viretons, au par........ XVs Vd.   viretons

. . . .

A Enlart de le Haye et Hillebrant, pour avoir acourchiet les fust, iceux tailliet à le nois et enferés XVIIIm de viretons tant de nouveaux fers comme de vieux que on nomme camguekus, que le dite ville avoit en garnison, au par.................................... IXl Vs IId.   id.

. . . .

A Jehan Deule, huchier, pour avoir livré à Jehan Robbes, connétable des arbalestriers de le ville, pour et ou nom dicelle, XXVIII nouvelles layes[2], IIs monnoie courante le pièche, esquelles on a mis tret pour arbalestres qui sont en garnison de le dicte ville.   XLVIIIs.   traits

(1413-1414).

A Regnault, cuvelier, pour trois milliers de fers de trait darbalestres au pris de XXIIs le cent....[3]   fers de trait

(1476-1477, f. VIIIxx XI).

Arcs

A Simon Dalo, Colart Dalo et Simon Burnel, bonionniers[4], pour LX dousaines de flèches, les XL *(sic)* douzaines à IIIs monnoie courante le dousaine et les autres XX dousaines à IIIIs le dousaine, quilz ont livré ou mois   flèches

---

1. *Fût :* bois ou monture du trait d'arbalète qui est terminé par un fer aigu.
2. Bois.
3. Extrait d'une dépense beaucoup plus détaillée.
4. Probablement fermiers (bonnier), paysans.

daoust daerain passé pour les garnisons de le ville, montant x¹ monn. cour. et au par....... VIII¹ XI ˢ V ᵈ.

(1413-1414).

saiettes — A Leurens Couders, pour trois douzaines de saiettes¹ qui furent délivrées par Colart Dalo en l'an mil IIII^c et XVII à plusieurs archiers qui se tinrent aux portes pour les gens darmes qui estoient au tour de ceste ville et sur le païs, pour ce....................... X ˢ.

(1418-1419).

arcs, trousses et flèches — A Jehan Godart, artillier, pour trois ars dif et une trousse² de flesches de douzaine et demi, pour ce XL ˢ.

A le vesfve Jehan le Tillier, aussi artillier, pour deux trousses de flèches, en chacune XIIe et demie, pour ce XX ˢ, lesquelles parties ont est délivrés à ceux de Langle de lordonnance de Mesd. ss^{grs} pour le préservation dud. pays de Langle³.

(1476-1477, f. VIII^{xx} III).

Cailloux

A Jehan Pigache, careton⁴, pour vinte-deux carées⁵ de gros cailloux par lui amenées dedens le ville, à employer au tour des murs pour deffense contre ennemis............................. VIII¹ X ˢ.

(1436-1437).

Chausses-trapes

A Jehan Le Boillonnere, feuvre, pour avoir fait et

1. *Saiette* : petite flèche.
2. Espèce de carquois.
3. *Pays de Langle* ou *de l'Angle,* comprenait quatre paroisses : Saint-Folquin, Sainte-Marie-Eglise (Sainte-Marie-Kerque), Saint-Nicolay (Saint-Nicolas) et Saint-Omer-Eglise (Saint-Omer-Capelle), aujourd'hui canton d'Audruicq. — Ce pays avait été réuni au Domaine du roi de France depuis 1350 à la suite de la confiscation qui en fut opérée sur Raoul de Nesle, comte d'Eu.
4. Charretier.
5. Vingt-deux charretées.

livré ɪ millier de caude-trèpes[1] pour les pourvanches et garnisons de le ville, pour ce ɪɪɪɪ ˡ monnoie courante, valent au par...................... ʟxvɪɪɪ ˢ vɪɪ ᵈ.

. . . .

A Jehan Caruelle, feuvre, (même livraison et dépense).
(1413-1414).

Lances

A Jehan Du Val, fustailler, et à Yvain du Molin qui, le xɪx ᵉ jour de mars lan mil ɪɪɪɪ ᶜ trente chincq, ont délivré pour le provision de le ville, est assavoir, le dit Jehan xɪɪ fust de lanches à v ˢ le pieche, sont ʟx ˢ, et le dit Yvain les dites lanches paintes de vermillon et en chacune lanche fait les armes de le ville et icelles ordonné pour estre aux portes de le ville, à ɪɪ ˢ vɪ ᵈ le pièche .... ɪɪɪɪ ˡ x ˢ.
(1435-1436).

Piques

A Collart Chocquel, sérurier, pour vɪ fers de picques de guerre, sans bendes, par lui délivrés pour la dicte ville au pris de xv ᵈ le pièce, font........ vɪɪ ˢ vɪ ᵈ.

Et pour xxɪɪɪ fers de picques à trois costés et à bendes au pris de ɪɪ ˢ le pièce, ci................... xʟvɪɪɪ ˢ.
(1476-1477, f. vɪɪɪ ˣˣ ɪɪɪ).

Artillerie de la ville

A Gilles Bailli, maistre artilleur[2] de le ville, pour le moitié de se pencion qui esquey en le feste S ᵗ Jehan vɪ ˡ à xɪ ᵈ lacroupy, sont au par........ cxɪɪ ˢ ɪɪ ᵈ ob. *Maitre artilleur et autres salaires*
(1412-1413, f. xʟɪɪɪ).

1. Chausse-trapes.
2. Ou maitre canonnier. Le duc de Bourgogne comte d'Artois avait aussi le sien :

« A Regnauld Poret, maistre carpentier de le ville, pour despens
« fais à pluseurs fois par luy et autres carpentiers par *le canonnier de*
« *Mons. le duc* et par le canonier de le ville, qui par les ditez fois
« ont visité pour faire traux à le muraille pour assir canons autour
« de le ville, etc. »
(1435-1436).

A Gilles Bailli, maistre artilleur de le ville, pour le moitié de se pension qui esquey en le feste St Jehan, vi^l à xi^d lacroupy, val. au par........ cxii^s ii^d ob.
(*Pensions foraines, 1413-1414*).

A Guillaume Fichel, maistre canonnier de ceste ville, aux gaiges de ii^s par jour et pour ung an entier fini le xxixe jour de janvier mil iii^c lxxvi....... xxxvi^l x^s.
(*Dépense pour la guerre, 1476-1477*, f° viii^{xx}).

bannière de trompette de guerre

A Jehan Gode, les parties et pour les causes cy-après déclarées, assavoir pour trois quartiers de tafetas rouge de quoy on a fait une bannière de trompette de guerre armoyé des armes de le dicte ville, à xviii^s l'aune, font............................... xiii^s vi^d.
Item, pour franges de soye blancque pour garnir le dicte bannière, pour ce............... xi^s vi^d.
Item, pour soye à faire houppes et cordelettes pour icelle trompette..... et au paintre qui a paint dedens la dite bannière les armes de lad. ville .... vi^s.
Montant des parties .... xxxv^s.
(*Despense commune, 1476-1477*, f° vi^{xx} vii v°).

canons divers

A Jehan Caruelle, fèvre, pour avoir fait iiii nouveaux boutefus^1, refait i vieux et foré le treu dun grant canon de coevre^2 qui est tout à la porte boulizienne, pour ce ici................................... vi^s.
A luy pour avoir fait i bachinet, à tout les piés, pour faire fu pour les canons d'icelle porte (Sainte Croix), fait un boute fu et un erche pour frumer iceux canons, sont................................... vii^s.
(*Dépense commune, 1412-1413*).

A maistre Jehan Payen, fèvre, pour avoir fait et livré les parties enssuivantes est assavoir :
xvi liv. monnoie courante pour i canon de fer.

1. *Boutefus, boute-feu* : baguette garnie d'une mèche à l'une des extrémités et servant à mettre le feu à certaines pièces d'artillerie.
2. Cuivre.

Item, cx l. pour xxii canons cascun à iii cambres[1] du prix de v livres la pièce.

Item, ix lib. x^s pour xix canons à plommées[2] de x^s pour cascun.

Item, xxxii^s pour i petit canon à une cambre.

Item, iiii lib. pour ii canons cascun à iii cambres.

Item, xvi lib. v^s iiii^d pour i grant canon à ii cambres pesant ii^c xliiii livres de fer à xvi^d le livre.

Lesquels canons ledit maistre Jehan a fait tout de nouvel et livré à le dicte ville depuis le my quaresme lan iiii^c xiii, mis en garnison de le dicte ville.

Item, ix lib. pour avoir refait i grant canon appartenant à le dicte ville, liquels estoit rompus, et xl^s donnés audit maistre et ses ouvriers pour le vin pour ce qu'ils essayèrent les dits canons.

Montant pour ces parties viii^{xx} viii^l vii^s iiii^d monn. cour., valent au par........ vii^{xx} iiii lib. vi^s iii^d ob.

A Jehan Le Sauvage, escoppier, pour i canon de coeuvre pesant xx l., à ii^s monnoie courante le livre prisiet par maistre Rasse de Holst, soit xl^s monnoie dicte et au par.................... xxxiiii^s iii^d.

A Jehan Payen, fèvre et cannonier, pour i grant canon estoffé de ii cambres, pesant ledit canon iiii^c lxxii et les dictes cambres lxxvi liv., à lui accatez xv^d le liv. monnoie courant, en lan de ce présent compte... xxviii^l v^s monn. cour., au par............ xxiv liv. vii^s ii^d.

A luy, pour i autre moinre canon estoffé de ii cambres, pesant iceli canon iii^c iiii^x i lib. et les dictes cambres lii lib., à luy accaté xv^d le livre... xxvii^l i^s iii^d monn. cour., au par.................... xxiii^l iii^s xi^d.

A maistre Thomas Barisel, feure, pour avoir fait et livré xx petits canons de fer pesans iii^c l., à xviii^d monnoie courante le livre, pour les pourvances et garnisons de le ville, monte pour ce xxvi^l v^s monn. cour., au par............................ xxii^l x^s.

---

1. Voir ci-dessus p. 177.
2. *Plommées :* petite boule de fer ou de plomb.

A Jehan Payen, canonnier, pour ɪ grant canon à tout une cambre, tout pesant mil xxɪɪɪ lib., à x ^{d} monnoie courant cascune livre, que Noss. ont accaté à luy, et icelui canon mis en le garnison de le ville, monte xlɪɪ ^{s} vɪ ^{d} monn. dicte, et au par...... xxxvɪ^l x ^{s} vɪɪɪ ^{d} ob.
(1416-1417).

A Pierre Bourderel, caron, pour avoir fait et délivré quatre paires de roees telles comme de car pour quatre ribaudekins[1] fais pour le garnison de le ville, pour paire xx ^{s}, soit................ ɪɪɪɪ ^{l} monnoie courante[2].
(1418-1419).

A Pierret Bernart, pour xlɪ pierre de beughelars[3] affaitties à luy accatées pour le provision de le ville............................ vɪ ^{l} xɪɪ ^{s} vɪ ^{d}.

. . . .

A Jehan Anesart, pour crappaudel[4] estoffé de deux cambres, tout pesant clɪɪɪɪ l. de fer, accaté pour xv ^{d} le livre .... ɪx ^{l} xɪɪ ^{s} v ^{d}.

. . . .

A Xrestien Steenwedre, feure, pour ung crapaudel à tout deux cambres pesans ɪɪɪ^c xvɪ l., à lui accatté xɪɪ ^{d} le livre pour le provision et deffense de le ville xvɪ ^{l} ɪɪɪ ^{s}.
(1436-1437).

A sire Guillaume de Northoud, eschevins de led. ville commis à lartillerie dicelle, lequel, par lordonnance de Mess. maieur et eschevins, a alé à Bruges acheter pouldres et autres matières d'artillerie comme il est ci-après : pour vɪɪɪ xɪɪ^{es} (douzaines) de picques de guerre au prix de vɪ ^{s} le pièce, sont .... xxvɪɪɪ ^{l} xvɪ ^{s}.

---

1. *Ribaudequin* : petit chariot servant d'affût qui paraît avoir donné son nom au canon qu'il portait.
2. Compris dans un article plus considérable dont le total est converti en parisis.
3. *Beughelars, voghelars, veuglaires* : bouche à feu moins puissante mais plus longue que la bombarde, se chargeant par la culasse.
4. *Crapaudel* : bouche à feu de petit calibre se chargeant par la culasse, lançant des boulets de pierre inférieurs à 1 kilo et 1/2.

Item, pour IIII culoeuvriniers de fer à XVI^s le pièche .... LXIIII ^s.

Item, LXXIIII ballons dachier marquié de le main droilte, au pris de IIII^s le ballon .... XIIII^l XVI^s.

Item, XLII ballons dachier nommé clappart, au pris de II^s VI^d chacun ballon.................. C^l V^s.

Item, VI^{xx} ars dif, au pris de VI^s le pièce.. XXXVI ^l.

Item, VII XIIes et demie de flesches, au pris de VII^s le XII .... LII^s VI^d.

(et grande quantité de flèches et d'arcs).

. . . .

A Jacques Coquempot, feure, pour pluiseurs parties de son mestier tant haquebusses [1], culoeuvrines, comme autre manière d'artillerie et ferailles, par lui délivrez à le dicte ville depuis la veille des roys mil IIII^c LXXVI jusqu'au XXVIe jour de janvier mil IIII^c LXXVII.

Cest à savoir deux hacquebusses pesans CL l. de fer.

Item, deux autres hacqbusses et deux grandes culevrines pesans CIII^{xx} XIII l.

Item, une autre hacquebusse pesans LXVI l.

Item, une grosse culevrine pesans XVI l.

Item, une serpentine à trois cambres pesans II^c IIII^{xx} VIII l.

Item, une hacquebusse à deux cambres pesans CLIX l.

Item, une hacquebusse à deux cambres et une aultre sans cambre pesans CLXIIII l.

Item, une hacquebusse à trois cambres pesans II^c LII l. etc., etc.

Item, audit Jaques, pour une grosse serpentine de fer à deux cambres, dont le cours dicelle serpentine poise XVII^c XXX l. et les deux cambres IX^c II l. poisant ensemble II mil VI^c XXXII l., au pris de XXI^d le livre par lordonnance de Messieurs.............. II^c XXX^l VI^s.

---

1. *Arquebuse :* ancienne arme à feu et à rouet qui se bandait avec une clef et se portait sur l'épaule. Il paraît que c'est au siège d'Arras, en 1414, qu'on fit usage pour la première fois des arquebuses qu'on appelait *canons à main.*

Item, audit Jaques, pour pluiseurs autres parties de ferailles par lui délivrez, qui ont esté mis et employés tant à loger et monter les serpentines, boeglares et hacquebusses sur affustz de bos....... III ᵒ v¹ III ˢ III ᵈ.

Et encoires audit Jaques, pour autres pluiseurs parties de son mestier quil a délivrez, tant pour xv nouvelles cambres et engeins à pourre estans sur les plommées de ville, xiii culoeuvrines à main, les viii culoeuvrines délivrez à Jehan de Menwenhove et les autres v aux maistres de lartillerie... ci.............. xxxiii ¹.

(1476-1477, fᵒ viii^xx rᵒ et vᵒ et viii^xx I rᵒ).

Fabrication de chambres de canons et de bombardes

A Jehan de Campagne, feure, les parties qui sensuient est assavoir : pour vᶜ et i liv. de fer dont il a forgé iiii nouvelles cambres de canons et reffait iiii bombardes' de vieulx canons appartenans à le ville, par marchié à lui fait xxvii ˢ du cent, sont vi liv. xv ˢ iii ᵈ. et pour le peser à wague ²......... xii ᵈ.

Item pour viii rasières de carbon de terre, à vi ˢ le rasière et iiii sous pour le portage sont........ lii ˢ.

Item pour le louage des forges et hostieulz ³ dont il a fait ledit ouvrage, car il nen avoit point, ii ˢ pour jour, soit........................... xxii ˢ.

Item ledit Jehan a forgié et fait de le dite estoffe iiii cambres de canon et iiii bombardes où il a vacquié xii jours et demi, pour se labeur à v ˢ pour jour valent........................... lvii ˢ v ᵈ.

Item il a eu iii valés qui ont oudié à forger ledit ouvrage, les deux valés chacun xi jours et le iiiᵉ valet iiii jours et demi, sont en tout xxvi jours et demi dun homme à iii ˢ le jour, valent........... lxxix ˢ vi ᵈ.

Montent les dites parties........ xvii ¹ xii ˢ iii ᵈ.

(1435-1436).

---

1. *Bombarde :* pièce d'artillerie grosse et courte avec une ouverture très large dont on se servait pour lancer de grosses pierres. Les plus grandes se chargeaient par la bouche.
2. C'est le poids public.
3. *Hostieulz, hostilz, outils.*

A Clément Dust, Carle Volpont, etc., carpentiers, pour leur sallaire de avoir fait et assis pluiseurs barbaquennes¹ à la muraille du chastel de ceste ville, fait x bancs pour boeuglaires, serpentines et hacquebuses et autres ouvraiges, ci .... vi ᶩ viii ˢ.

Défense du château

(*Dépense commune, 1476-1477,* f° vi^{xx} xi r°).

A Youkeryau, broueteur, pour luy et ses compaignons qui ont brouetté xxxviii voitures de canons autour des murs de le ville, et furent mis devant les traux² pour ce fais à traire lesdits canons, pour chacune voiture vi ᵈ, sont................................... xix ˢ.

Transport de canons

(*1435-1436*).

A Wille Vistelet, pour le feraille dun grant canon et de deux grans voghelars pesant, celle du canon cent et quarante trois livres et celle des voghelars lxxv livres de fer, viii ᵈ pour livre, valent......... vii ᶩ v ˢ iiii ᵈ.

ferrailles

(*1418-1419*).

A Mahieu le Roy pour une pièce de bos donel de xviii piés de long et xii et xiii palmes de grosse par lui délivré pour faire à aucuns bastons dartillerie à pourre les affustz, au pris de xviii ᵈ le piet... fait... xxvii ˢ.

bois d'aunelle pour affûts

(*1476-1477,* f° viii^{xx} iiii v°).

A Jaques de Holst, carpentier, pour xii jours que en ce mois de décembre il a ouvré pour nettoyer et oindre doelle³ les canons de le ville, pour jour iii ˢ; et à Jehan Renaut pour vi jours quil y a vacquiet et labouré, pour jour ii ˢ, et pour iiii los doele dont ont esté oins lesd. canons, pour lot ii ˢ vi ᵈ, sont ici lviii ˢ monn. cour. Fait par Noss. le xxiiime jour de décembre, au par.

Nettoyage de canons — huile

xlix ˢ viii ᵈ ob.

(*1415-1416*).

---

1. *Barbacane :* ouvrage de fortification avancé qui protégeait un passage, une porte ou une poterne.
2. Les embrasures ménagées pour tirer le canon.
3. Huile.

<small>Nettoyage de canons — huile</small> A Pierre le Pric, carpentier vi^s, à Jehan Renaut, manouvrier iiii^s, pour deux jours quils ont ouvré ou mois de décembre derrain passé en avoir aidié Rasse de Holst, garde des canons de le ville, à nettoier et oindre d'oele les dis canons et pour deux los d'oele y emploiez, ci monn. cour............ ii^s vi^d pour lot[1].

(1418-1419).

<small>Essai et visite de canons</small> A Gressin le connestable des porteurs au sac et broueteur, pour se paine et travail davoir porté sur se brouete viii canons à pierre et ii autres canons à plonc à vi cambres, de le maison Jehan Paien cannonier de hors le porte de Malevaut sur le mote castelaine, où iceux canons furent assayet le nuit du St Sacrement, au par................................. ii^s.

(Dépense commune, 1413-1414).

A Gressin de le Court, broueteur, pour se paine davoir admené les deux canons et cambres dessus dictes de le maison dudict Jehan Payen sour le mote castelaine, où ils furent assayet et de là les ramener où ils sont en le garnison de le ville, pour ce et au par....... v^s ii^d.

A Thierry Drut, cannonier, pour se paine et labeur davoir vacquiet deux jours et aviser le jet d'un boullewert et autres ouvraiges pour le sûreté de le ville ou mois de juillet darin passé, au par......... vi^s x^d.

(Guerre, 1413-1414).

A Rasse de Holst pour le menage sur le mote chastellaine de deux canons qui là furent essaiés en le sepmaine devant Noël derrain passé, dont lun se cassa à lessay, et pour les ramener en le hale des caucheteurs vii^s, et pour ii kennes de vin donné aux compaignons et autres présens à conduire et essaier les dis canons x^s, val.................................. xiiii^s vii^d.

A Rasse de Holst, maistre carpentier de le ville, pour avoir tenu nettement et visité les canons et habillemens à ce servans appartenans à ledicte ville et diceulx fait

---

1. Compris dans un article plus considérable.

essay, dont aucune fois a esté en moult grant péril, et aussi pour certain acat de salpêtre que ycelui Rasse fist à le ville de Bruges, duquel il eust eu pour son denier dieu, sil eust volu, la somme de II^c l. ou plus, mais pour le bien et honneur de le ville il lui laissa avoir ledit acat pour le prix quil lui avait cousté[1]. (On lui donna xx^l monnoie courante).

(1418-1419).

A Yvain du Molin, paintre, pour avoir réparé les verrières de le cappelle de le hale, dont lune avoit esté toute cassée par lespreuve dun crapaudel qui se fist en le court de le dite hale, le cambre duquel en faisant le dicte esproeve se cassa, et en volèrent les pièces contre le dicte verrière... au par.............. xxvii^s v^d.

(Dépense commune, 1436-1437).

A Jacques Venant, clerc des ouvrages de le ville, pour despens de bouche fais par les commis aux dis ouvrages avec les canonniers et le dit clerc qui alèrent entour de le ville visiter comment les canons estoient assis, en faire inventaire et mettre et enfermer seurement en tours prochaines les cambres de chacun canons pour les avoir prestes ou besoing.................... viii^s.

(Guerre, 1435-1436).

A Jehan de Calbare et Leurens le Boughele, tailleurs de grès, pour le fachon de II^m IIII^c et LXII gales[2] de pierres de brabant pour canons quils ont livré à Nosseigneurs ès mois de juillet et daoust daerain passés, (avec d'autres dépenses,) au par.................. LXVI^l x^s III^d.   boulets de pierre et de plomb

. . . .

A Malin Cacherat, quarrelier demeurant à Béthune, pour XIIII^c l. gales de pierre de grès à LX^s monnoie courant le cent et pour LXX autres grans gales de grès à XII^d monnoie dicte le pièce... servans à canons dicelle ville... au par.................. x^l vi^s viii^d ob.

. . . .

1. Voir plus loin cet achat de salpêtre.
2. *Gale :* galet, pierre ronde, boulet.

A Jehan Jefroy et Leurens le Boughele, machons, pour le fachon de xiiii grandes boules de grez servans à iiii grans canons de le ville mis ès garnisons de le ville ès mois de novembre et décembre daerin passez, pour ce au par.................................... xvi s.

. . . .

A Robert Gordemacht, pour xx benneliers de pierres dordun dont on a fait gales pour traire canons jusques au nombre de iim iiic et lxii... au par. xiii l xiiii s iii d ob.

(1413-1414).

A Nicole de Wissoc, pour xviic de pierres de canons de diverses tires, mises en le garnison de le ville, accatées lx s monnoie courant le cent par Noss. le xe jour de décembre, sont au parisis... xliii lb. xiiii s iii d ob.

(1416-1417).

A Jehan Le Duc, canonnier de le ville, qui livra pour icelle ville lx gales de plonc servans à ung crapaudel qui est mis sur deux roes, yceulx gales pesant deux livres le pièce, (avec d'autres dépenses,) au par..... lxxi s.

(1436-1437).

<small>Moules pour les boulets de plomb</small> A Jaques Courteruve, plommier, qui, au mois de septembre derain passé, a délivré viic et iiixx l. de tampons de plonc pour le provision de le ville servans aux canons, à liiii s le cent sont xxi l i s iii d. — *Item* pour xxii l de nouvel plonc dont on a fait maurle[1] pour boules de canons, à vi d le livre monnoie courante.. xxi l xii s iii d.

. . . .

A Jehan Gente, fustailler, qui, ou mois de septembre derain passé, a délivré viic et iii quarterons de tampons de bos de fresne pour le provision de le ville servans aux canons, à viii s le cent font xxi l i s iii d. — *Item* pour xxii l. de nouvel plonc dont on a fait maurles pour boules de canon, à vi d le cent soit xi s, montant le tout monnoie courante................... xxi l xii s iii d.

(1435-1436).

---

1. Moule.

Poudre à canon

A Godenert le Branlbere, de Dunquerque, pour LXXII liv. de pourre de canon, à luy accaté IIII ˢ monnoie courante pour le livre, ou mois de juillet, pour les pourvanches de le ville montant à .... XIIII ᴸ VIII ˢ. poudre à canon

A devandit Gordenet le Branlbere, de Dunquerque, pour CLXXV l. de pourre de canon, à lui accatez IIII ˢ monn. cour. pour la livre, le XIIIᵉ jour daoust, et pour LVIII lib. dautre pourre que Jehan Carisan avoit faite, laquelle ledit Gordenert a revisé et amendé, et puis ce y vaqua avec Jehan Courterubbe par deux jours, dont il eubt XX ˢ et pour lautre pourre à lui accatée XXXV lib.... lesquelles sont en le pourvanche de le ville en le tour devant le maison qui fu la dame de Biaime, pour ce : monnoie courante..................... XXXVI lib.

(Dépense commune, 1412-1413).

A Jehan le Duc, maistre canonnier, qui le XIIIᵉ jour de novembre et le XVᵉ jour de décembre lan XXXVI, luy et Evrard son valet ont afiné salpestre et autres matières à faire pourre de canon, ou ilz ont vacquié chascun XXIII jours, le dit Jehan à IIII ˢ le jour sont IIII ᴸ XII ˢ, et le dit Evrard à II ˢ VI ᵈ le jour sont LVII ˢ VI ᵈ. Fabrication de poudre

Item, le dit Evrard a nettoyé le tour où ledit Jehan demeure et a osté grande ordure qui gisoit devant le tour et si a porté à col les carbons de tilleul à le tour où il est logiez, et coppé le bos dont il a fait du fu pour affiner les matières dessus dictes, où il a vacquié pour tout faire II jours à II ˢ V ᵈ le jour, sont V ˢ.

Item, le dit Jehan le Duc a fait ramoner[1] le fons dun grand caudron en quoy il a affiné ses matières et a fait mettre ung chercle de fer à manuelle en 1ⁿᵉ paielle[2], pour tout ce VIII ˢ.

Item, il a fait faire les cassis[3] de deux verrières à

---

1. Nettoyer.
2. Bassin.
3. Châssis.

fenestres afin que le vent ne grève son ouvrage, pour
ce... VI^s.

Item, pour le toile servans à verrières... IIII^s VI^d.

Item, pour le teriventine¹ dont le toile estoit encrassée,
pour ce.. III^s.
et pour les claux de quoy le toile estoit clauée, pour
ce... XII^s.

Item, pour le portage de IIII sacs de carbon dont ils
ont fait fu pour affiner les dictes matières à faire la dicte
pourre de canon.

Item, pour coler et planer la table broière²..... II^s.

Item, pour les meulettes³................... II^s.

Item, pour ung tamis à tamiser les dictes matières,
pour ce.. XVIII^d.

Montent les dites parties.............. IX^l II^s.

(1435-1436).

A Jehan Leduc, canonnier, qui depuis le XIIIe jour de
mars lan mil IIII^c XXXVI jusques au XIIIIe jour de juing
lan XXXVII a ouvré tant pour affiner deux tonneaux
caques de salpêtre comme pour avoir fait V^c liv. de
pourre, tant à canons comme à culeuvrines, à IIII^s pour
jour.

Item, Jaque du Mont le a servy et aidiet à estamper
le dit pourre chuncg jours et demy à II^s le jour.

Item, Martin Wadin a livré trois los de vive yauwe⁴
pour faire lesdites pourres dont il doit avoir les deux los
XVIII^s et de l'autre X^s.

. . . .

Item, pour une esponge servans à faire ledit pourre
XII^d.

1. Térébenthine.
2. Table sur laquelle on broyait à part sous une meule le salpêtre
et le soufre.
3. Meules.
4. La composition faite pour la poudre doit être humectée avec de
l'eau pure, d'abord en la mettant dans le mortier, ensuite de trois
heures en trois heures.

Item, Baudin le Pape a livré demy cent de fusées.

Item, Pasquin le May a presté plusieurs payelles pour les dits pourres dont il doit avoir pour louage VI ^{s}.

Item, ledit Jehan Leduc a livré trois los de vin ègre de XII ^{d} le lot, sont III ^{s}.

. . . .

A l'argentier quil a paié pour sept sas[1] de carbon de tilleul accatez par Noss. pour faire pourre de canon.................................... XXI ^{s}.
(1436-1437).

A Mons. le maieur s^r Lambert de Bouloingne, pour les parties qui s'ensuivent, est assavoir VI^c XXX lib. de salpêtre à II ^{s} III ^{d} monnoie courant le livre.   salpêtre et soufre

Item, pour IIII^c XXXII lib. de souffre à XLII ^{s} le cent quil a accaté en le ville de Bruges... IIII^{xx} XIII[1] II ^{s} III ^{d} monn. cour., le tout au par............ LXXIX[1] XVI ^{s} III ^{d}.
(1413-1414).

A Rasse de Holst, maistre des engiens de le ville, pour trois mil trois cens et LX lib. de salpêtre accatées à Bruges en six caques[2] ci amenez et mis en le garnison de le ville, au par............. II^c XXIIII[1] XI ^{s} VI ^{d}.
(1418-1419).

A Jehan le Portere qui le premier jour de ce présent mois de may a délivré IIII entonnoirs pour emplir les canons de pourre pour traire aux ennemis..... IIII ^{s}.   entonnoirs
(1435-1436).

A Jehan Boutas, boursier, pour six sas de cuir de mouton quil a fait et livré à le ville pour y mettre poure de canons as portes et en pluiseurs tours et wardes de le ville, pour ce au par.................... VIII ^{s}.   sacs de cuir pour la poudre placée dans des tours
(Dépense commune, 1412-1413).

A Baudin Casier, wantier, qui au mois daoust derain   id.

---

1. Sacs.
2. Tonneaux.

passé a délivré v saquelles de blanc cuir esquels on a mis en provision de le ville pourre de canons et petis boules pour culeuvrinier... pour ce .... VII^s.

(Guerre, 1435-1436).

Chambre où on conservait la poudre des canons de la porte Boulenisienne

A luy (Jehan Caruelle, feure,) pour avoir destaquiet et retaquiet[1] une serrure, y fait une nouvele cleif et nouveles wardes à le cambre où on met le pourre des canons de ladicte porte (porte boulizienne), pour ce.. XII^d.

(Dépense commune, 1412-1413).

2
Dépenses diverses de guerre

Bataille d'Azincourt

Primes, à Jehan Poulain, ménestrel et wette de le ville, qui fu envoyés avec les archiers et arbalestiers dicelle à la bataille à Aisincourt[2], en quoy il eut grant dommage et y perdi se trompete et autres coses, pour quoy de présent il en a accaté deux nouvelles, lune pour guerre et lautre pour le paix. Pour récompensation de sesd. despens à luy aidier à paier sesd. trompetes, Noss. luy ont ordené VIII^l monn. cour. le XIe jour de septembre, val. au par..................... VI^l XVII^s II^d.

. . . .

Audit Rasse de Holst, les parties qui sensuivent : est assavoir pour une journée quil vacqua à cheval ou quaresme lan quinze, alant à Terewane pour ravoir I pavillon appartenant à le ville qui estoit demouré à le bataille à Aisincourt, dont le teste fu trouvé osté, pour ce VIII^s pour despens fais aud. lieu de Terrewane

---

1. Démonté et remonté.
2. M. l'abbé Bled, dans son *Histoire des Arbalétriers de Saint-Omer, Mém. des Antiq. de la Morinie*, t. XXII, p. 344, dit qu' « ils « ne purent arriver à temps pour prendre part à la bataille d'Azin-« court... qu'ils n'avaient pu se mettre en bataille, qu'alors ils pen-« sèrent à garantir leur corps et laissèrent là tout. »

avecq ceux qui li délivrèrent led. pavillon xx ˢ. Et pour le carton qui lamena xii ˢ ; pour toutes ces parties sont ici xl ˢ monn. cour. et au par...... xxxiiii ˢ iii ᵈ ob.
(Despenses de guerre, 1415-1416).

A lauwere le pois pour avoir alé en le ville daire quérir ii pauvais¹, armoiez des armes de le ville, qui y avoient esté portez de la place où fu le bataille daisincourt.............................. iiii ˢ.
(Despense commune, 1416-1417).

Robert Bollart culeuvrinier² à xx ˢ par mois. Gages
des artilleurs

A Coppin Gheers retenu serpentinier³ à xxx ˢ par mois.

A Jehan Quetelaire retenu aussi culeuvrinier à xxx ˢ par mois.

A Estienne de Durdrecht retenu cannonier.

A Noël de Lespine retenu cannonier au pris de xxx ˢ par mois.
(Despense de guerre, 1476-1477, f. viii²² xi).

A Gilles Denis, pour son sallaire davoir, par lespace de iiiᶜ xxxviii jours, commenché le iiiᵉ jour de febvrier mil iiiiᶜ lxxvi et fini le viᵉ jour de janvier mil iiiiᶜ lxxvii inclus, fait le guet de jour sur le cloquiet de léglise Sainte Aldegonde en ceste ville... pour descouvrir et advertir en sonnant le cloque⁴, la venue des François qui journelement viennent ou passent devant ceste dite ville, adfin que les labouriers et autres estans aux champs se puissent retraire en temps et en heure, et pour chacun diceulx jours lui a esté ordonné xxi ᵈ qui font ensemble..................... xxix ˡ xi ˢ vi ᵈ. Salaire
du guetteur
de
Sᵗᵉ Aldegonde
(1476-1477, f. viii²² xvi).

---

1. Pavois : tentes.
2. Soldat qui manœuvrait et tirait la coulevrine ; pièce d'artillerie qu'on appelait aussi *serpentine*.
3. La serpentine était une bouche à feu très longue, dont la volée était vissée à la culasse, elle se chargeait par la bouche.
4. La cloche.

TABLES

TABLE DES MATIÈRES

	Pages
Préface.	5 à 8

CHAPITRE Ier

ORIGINE DES ARGENTIERS

Le secrétaire de la commune.	9
Les argentiers ou trésoriers.	10
A Saint-Omer deux argentiers, puis un seul à partir de 1434.	11
Autres agents financiers :	11
Les rentiers jusqu'au XVe siècle.	11
Le clerc de l'argenterie jusque vers la fin du XVe siècle	12
Les receveurs des amendes et fourfaitures.	17
Autres receveurs.	19
Réunion de leurs fonctions à celles de l'argentier.	19

CHAPITRE II

L'ARGENTIER

Conditions générales de ses fonctions.

Recrutement.	20
Incompatibilité.	21
Nomination et durée des fonctions	22
Démission.	24
Age.	24
Bourgeoisie.	24

Banquet	24
Caution	24
Gages, draps de robe, cire, vins, charbon, exemption de diverses charges	25
Logement	27
Serment	28
Rang et préséance	29
Salle de l'argenterie à l'hôtel de ville	29

CHAPITRE III

ATTRIBUTIONS

L'argentier jusqu'à la réunion de Saint-Omer à la France en 1677.

L'argentier est seul chargé des recettes et dépenses de la ville sous la surveillance des échevins en exercice et des douze jurés au Conseil	32
Exercice financier au moyen âge	32
Les registres des comptes, Lacunes	33
Analyse des registres des comptes, Dépenses, Recettes, Ouverture de divers comptes particuliers à la fin du XVIe siècle et aux XVIIe et XVIIIe siècles	34
Recettes pour le compte du souverain	37
Monnaies des comptes	37
Reddition des comptes. Etats sommaires à fournir	38
Dépôt d'un double du compte annuel à la Chambre des Comptes de Lille	38
Pas de budget. Variété et incertitude des dépenses. Exemples tirés des aides, des emprunts, des dépenses de guerre, etc.	39
Dettes de la ville à diverses époques	40
Comment elle y pourvoit :	42
1° Emprunts à court terme. Rentes perpétuelles et à vie	43
Créanciers de la ville ajournés par lettres de répit ou de surséance	44
Paiement des dettes suspendu	46
Poursuites de la ville contre ses débiteurs	47
2° Augmentation des assises	48
3° Aliénation du domaine communal	48
4° Engagements personnels des échevins, du clergé	49

5º Main mise sur les sommes appartenant aux orphelins et sur les dépôts faits au greffe de la ville. . 50
Responsabilité de l'argentier 51
Reversibilité d'un compte à l'autre. 54
Conditions faites par les argentiers et exigences de la ville à compter du XVIᶜ siècle. 56

CHAPITRE IV

ATTRIBUTIONS (suite)

L'argentier depuis 1677 jusqu'en 1790.

Modifications à l'exercice financier après 1677 : en 1681 et en 1773 63
Résumé des comptes de 1677 et 1678 64
Mesures du gouvernement royal pour mettre de l'ordre dans les finances communales 65
Résumé d'autres comptes jusqu'en 1692. 65
La charge d'argentier devient vénale en 1692, la ville la rachète 66
Influence des intendants. 67
Les argentiers jusqu'aux édits de municipalité de 1764, 1765 et 1773 67
Modifications successives apportées par ces édits dans la comptabilité communale ; l'argentier prend le nom de receveur, puis de syndic receveur et enfin de trésorier receveur. Division des comptes en deniers d'octrois et deniers patrimoniaux 71
Derniers comptes 74
Suppression de l'échevinage 75

LISTES

des rentiers, des clercs de l'argenterie et des argentiers.

1. Liste des rentiers 77
2. — des clercs de l'argenterie 79
3. — des argentiers 80

PIÈCES JUSTIFICATIVES

I. 1320-1321. Compte des deux argentiers 91
II. 1412-1413. Résumé du compte des deux argentiers 94

III. 18 janvier 1673. Ordonnance du roi d'Espagne
   Charles II réglant les gages du Magistrat... 101
IV. 1716. Aperçu du compte de l'argentier..... 105
V. 8 janvier 1765. Etat sommaire des finances de la
   ville.................... 109
VI. 1786-1787. Comptes de l'argentier :
   1. Compte des octrois............ 111
   2. Compte des biens patrimoniaux...... 114

EXTRAITS

des Comptes des argentiers de la ville de Saint-Omer du XVe siècle.

Avant-propos 119
  I. Aides pour le roy............. 122
  II. Pensions de le cambre........... 123
  III. Despenses pour pensions foraines, gaiges et sa-
   laires des conseilliers, tant dehors le ville
   comme dedens, et autres serviteurs d'icelle. 125
  IV. Despense de draps............. 129
  V. Despense pour vins et cires délivrez à Mess.
   maieurs, eschevins, les dix, argentier et clers
   de le ville................. 130
  VI. Despense pour voiages, messageries à cheval et
   de pied.................. 132
  VII. Despense pour vins de présens fais par les IIII
   sergens de Nosseigneurs........... 138
  VIII. Despense pour le franque feste........ 141
  IX. Despense pour gaiges, salaires et autres frais
   pour le gait de le ville de jour et de nuit aux
   portes, tour du chastel et forteresses de le
   ville.................... 143
  X. Despense de bouche fais par Mess. maieurs,
   eschevins, pour lestat et honneur de le ville. 150
  XI. Despense pour dons et courtoisies fais pour
   l'onneur de le ville............. 152
  XII. Aides à Monseigneur le Duc......... 162
  XIII. Despense commune............. 163
  XIV. Despense pour vin délivré au prince...... 173
  XV. Despense pour poisson et volille....... 175
  XVI. Despense pour le fait de la guerre...... 176

TABLE ANALYTIQUE

DES EXTRAITS DES COMPTES DES ARGENTIERS

DE LA VILLE DE SAINT-OMER

du XVe siècle

Acroupy (monnaie), 132.
Aides pour le roy en 1435, 122.
— à Mgr le Duc en 1436, 162.
Aire-sur-la-Lys, 134, 197.
Amiens (ville d'), 136.
— Cour du roi, 125, 128 ; v. Bailli.
Anglais, 133, 135, 136, 148, 163, 165.
Ardres, 133.
Armagnac (comte d'), 135.
Artilleur (maitre) et canonnier de la ville, 183, 184.
Azincourt (bataille d'), 196.

Bailli d'Amiens, 157, 158.
— de St-Omer, 129, 139, 152.
Banlieue de St-Omer, 134, 135.
Bannières de la franche fête, 142.
— du guet, 148.
Bois d'aulne, 189.
— de frêne, 192.
— de tilleul, 193, 195.
— brûlé pour le guet, 146.
Boues (Enlèvement des), 169.
Bourgogne (Duc de) ; v. Philippe-le-Bon.
— (Officiers du duc de), 156.
— (Duchesse de), 155, 156.
Bourses de cuir pour les gages des échevins, 165.
Bruges (ville de Belgique), 163, 164, 176, 177, 178, 179, 180, 186, 195.

Calais, 134, 136, 137, 162, 178.
Canonniers, Couleuvriniers, etc. ; v. Gages.
Chandelles pour le guet, 146.
Chapelle N.-D. des Miracles, 167.
Charbon de terre, 188.
— pour le guet, 146.
Charolais (le comte de), 153, 176.
Chateau, 189.
— Tourier du, 145.
Chatelain, 152.
Chirurgien de la ville, gratifications, 168.
Conseil (Grand) du duc de Bourgogne, 159.

Dragées, 152.
Dunkerque (Ville de), 133, 178, 193.

Echevin ; v. Draps de robes, Frais de bureau, Gages, Guet, Repas, Robes, Siège.
Ecluse (L') (ville de Belgique), 143, 145.
Eglise St Denis, 167.
Egypte (Duc de la petite), 162.
Enfants trouvés, leur costume, 169.
Entrée de princes ; v. Philippe-le-Bon.
Estocage, 141.
Etampes (Comte d'), 157.

Fête (Franche), 141.
— Ménestrels, 142.
— Trompettes, 142 ; v. Bannières, Estocage, Moules, Portage, Rouage, Tonlieu.
Feu grégeois, 172.
Frais de bureau de l'échevinage. Cire, 164.
— Encre, 165.
— Papier, 164.
— Parchemin, 164, 165.

Gages des canonniers, couleuvriniers, serpentiniers, 197.
Gages des officiers de ville, en argent, 123.
— en draps, 129.
— en vins et cires, 130.
— en vins de présents, 138 ; v. Bourses.
Gages des officiers employés hors la ville ou pensions foraines, 125.
Gand (ville de Belgique), 143, 146, 163.
— Chambre du Conseil, 127, 128.

Guerre (matériel de), 179.
Affutz, 188, 189.
Arbalêtes, 176, 179, 180 ; v. Viretons,
Arbrier, 179.
Arcs, 181.
— d'acier, 180.
— d'if, 182, 187.
Arquebuses, 177, 187, 188.
Artillerie de la ville, 177, 183.
Ballons d'achier, 187.
Bannière de trompette de guerre, 184.
Barbacane, 177, 189.
Bassinets (armure de tête), 176, 179.
Beughelars, Voghelars, Veuglaires, 177, 186, 189.
Bombardes, 177, 188.
Boulets de pierre et de plomb, 191, 192 ; v. Maurles (moules).
Boute-feu, 184.
Cailloux, 182.
Cambres, Chambres de canons, 177, 185, 186, 187, 188, 190, 191.
Canon de cuivre, 184, 185.
Canons de fer, 184, 185.
Canons divers, 184 à 189, 192.
— Essai, 190, 191.
— Nettoyage de canons, 189, 190; v. Affuts, Cambres ou Chambres.
Chausse-trapes, 176, 182.
Clappart, 187.
Couleuvrines, 177, 187.
Crapaudel, 177, 186, 191.
Ferailles, 187, 188, 189.
Flèches, 176, 181, 187.
— Trousses pour, 182.
Gales ; v. Boulets.
Lances, 176, 183.
Maurles (moules pour boulets de plomb), 178, 192.
Piques, 183, 186.
Plommées, 185.
Poudre, 177.
— Achat, 193.
— Entonnoirs pour remplir les canons, 195.
— Dépôt dans les tours, 195.
— Fabrication, 193 à 195.
— Sacs de cuir pour la conserver, 195.
Ribaudekins, Ribaudequins, 177, 186.
Saiettes (petites flèches), 182.
Salpêtre, 178, 191, 193 à 195.
Serpentine, 177, 187, 188.
Soufre, 177, 195.
Viretons (traits d'arbalètes), 180, 181.
Voghelars ; v. Beughelars.

Guet dans la ville, 144 à 148.
— des échevins, 144.
— mobilier de leur chambre du guet, 147.
— Guet hors la ville, 148 ; v. Bannières, Bois,

Chandelles, Charbon, Portes, Torches.
Guetteur du clocher de l'église de Ste Aldegonde, 197.

Halle municipale, 165, 166, 191.
Hôpital du Soleil, 160.

Incendies, 170, 172.
Matériel.
— chariot, 170.
— eskippars, 170.
— pots de terre, 170, 171.
— seillons de cuir, d'osier, 171, 172.
— tines, 171.
Incendie des faubourgs de St Omer le 7 avril 1413 par les Anglais, 133.

Joncs, 165.
Joyeux avènement
— du Comte de Charolais en 1413, 153.
— de Philippe-le-Bon en 1421, 154.

Loup, 161.

Montreuil. Cour du Roi, 125, 127.
Motte chatelaine, 190.
Moules à méreaux d'estain pour le franche fête, 142.

Nattes, 165.

Officiers de l'échevinage. Leur nombre, 123 ; v. Gages, Robes, Vins.
Ouvriers en bâtiments. Prix de la journée en 1419, 167.

Paris (ville de), 133, 136, 138.
Parlement de Paris, 138.
— Procureurs et avocat de la ville de St Omer au Parlement, 128.

Philippe-le-Bon, duc de Bourgogne et comte d'Artois. Son entrée à St Omer le 9 septembre 1421, 155.
— Séjour du 18 au 23 juillet 1436, 173.
— Son entrée le 19 juillet 1437, 156.
— Séjour en mars 1448, 173, 175.
— Arrivée le 23 juillet 1449, 175.
— Séjour 19 août 1449, 156.
v. Joyeux avènement.
Poperinghe (ville de Belgique) 163, 164, 165.
Portage, 142.
Portes de la ville, 143.
— Clefs des portes, 146.
Présents pour recommander les affaires de la ville à divers personnages, 156.
Procureur d'Artois, 157.

Recluses (Les 3), 139, 159, 160.
Religieuses
— Béguines, 160.
— Clarisses, 139, 140.
Religieux
— Chartreux du val de Ste Aldegonde, 139.
— Cordeliers ou Frères mineurs, 139, 141.
— Dominicains, Jacobins ou Frères prêcheurs, 139, 140.
Repas. Chandeleur, 152.
— Installation de l'échevinage, 151.
— Renouvellement de l'échevinage, 150.
— Visitation des comptes, 150.
Rihoult (Bois et château de), 136.
Robes des officiers de ville. Leur couleur, 129.
Roi et Reine d'Angleterre, 136, 137.
Rouage, 132.
Rouen (Siège de), 135.

St BERTIN (Abbaye de), v. TON-
LIEU.
St OMER (Fêtes de), 140.
SCELLE (petit auditoire), 144, 166.
SIÈGE des échevins dans l'église St Denis, 167.

TÉROUANNE (Ville de), 133, 137, 196.
— (Cour spirituelle de), 127.

TONLIEU du chapitre de Saint-Omer et des religieux de Saint-Bertin, 142.
TORCHES pour le guet, 145.

VALACHIE (Comte et prince de), 161.
VINS ; v. GAGES.
VINS de présents, 138.
VIN délivré au prince, 173 à 175.

ERRATA

p. 18, ligne 17, *au lieu de* : II s III d   *lisez* : 2 s 3 d
p. 45, ligne 12, *au lieu de* : vient   *lisez* : viennent
p. 50, ligne 17, *au lieu de* : Senssieut   *lisez* : Senssient
p. 59, ligne 13, *au lieu de* : outre les   *lisez* : en outre des
p. 65, ligne 2, *au lieu de* : dettes   *lisez* : charges

SAINT-OMER. — TYP. H. D'HOMONT.

www.ingramcontent.com/pod-product-compliance
Lightning Source LLC
Chambersburg PA
CBHW070538230426
43665CB00014B/1737